REVISTA DE DIREITO MERCANTIL
industrial, econômico e financeiro

134

Publicação do
Instituto Brasileiro de Direito Comercial Comparado
e Biblioteca Tullio Ascarelli
do Departamento de Direito Comercial
da Faculdade de Direito da Universidade de São Paulo

Ano XLIII (Nova Série)
abril-junho/2004

MALHEIROS
EDITORES

REVISTA DE DIREITO MERCANTIL
industrial, econômico e financeiro

Nova Série — Ano XLIII — n. 134 — abril-junho de 2004

REVISTA DE DIREITO MERCANTIL
publicação trimestral de
MALHEIROS EDITORES LTDA.
Rua Paes de Araújo, 29, conjunto 171
CEP 04531-940
São Paulo, SP - Brasil
Tel. (011) 3078-7205
Fax: (011) 3168-5495

Diretor Responsável: Álvaro Malheiros
Diretora: Suzana Fleury Malheiros

Assinaturas e comercialização:
CATAVENTO DISTRIBUIDORA DE
LIVROS S.A.
Rua Conselheiro Ramalho, 928
CEP 01325-000
São Paulo, SP - Brasil
Tel. (011) 3289-0811
Fax: (011) 3251-3756

Supervisão Gráfica: Vânia Lúcia Amato
Composição: *Scripta*

SUMÁRIO

DOUTRINA

A OBRIGAÇÃO DE MELHORES ESFORÇOS (*BEST EFFORTS*) 7
— Luiz Gastão Paes de Barros Leães

LINEAMENTOS DA REFORMA DO DIREITO SOCIETÁRIO ITALIANO EM MATÉRIA DE INVALIDADE DAS DELIBERAÇÕES ASSEMBLEARES 12
— Erasmo Valladão A. e N. França

DESCONSIDERAÇÃO DA PERSONALIDADE JURÍDICA E GRUPOS DE SOCIEDADES ... 25
— Eduardo Secchi Munhoz

ATUALIDADES

O AVAL, O CÓDIGO CIVIL E OS BANCOS 48
— Werter R. Faria

INTERRUPÇÃO DA PRESCRIÇÃO PELO PROTESTO CAMBIAL 66
— Vinícius Jose Marques Gontijo

A LEI DE SOCIEDADES ANÔNIMAS SOB A ÓTICA DOS PRINCÍPIOS CONSTITUCIONAIS 72
— Norma Jonssen Parente

AS SOCIEDADES ANÔNIMAS E O *INTERIM MANAGEMENT* 77
— Rodrigo R. Monteiro de Castro e Marcelo Knopfelmacher

NOTAS SOBRE AS SOCIEDADES FICTÍCIAS, OU DE FAVOR 85
— José Inacio Ferraz de Almeida Prado Filho

UNA EXPERIENCIA COMPARADA RECIENTE: LA LEY CONCURSAL ESPAÑOLA 96
— Javier Valle

PROPRIEDADE INDUSTRIAL E TRANSFERÊNCIA DE TECNOLOGIA NO DIREITO TRIBUTÁRIO BRASILEIRO 107
— Heleno Taveira Tôrres

AS PARCERIAS PÚBLICO/PRIVADAS 130
— João Luiz Coelho da Rocha

ALCA E UNIÃO EUROPÉIA: INTERESSES ESPECÍFICOS E GERAIS DA POLÍTICA ECONÔMICA BRASILEIRA 138
— Frederico Augusto Monte Simionato

ARBITRAGEM NA CONCESSÃO DE SERVIÇOS PÚBLICOS. ARBITRABILIDADE OBJETIVA. CONFIDENCIALIDADE OU PUBLICIDADE PROCESSUAL? 148
— Selma M. Ferreira Lemes

RATING E RISCO-PAÍS 164
— Renato Sampaio Brígido

TELECOMUNICAÇÕES NO BRASIL: BALANÇO E PERSPECTIVAS 175
— Umberto Celli Junior e Cláudia Silva de Santana

BANCO CENTRAL DO BRASIL — PROCEDIMENTOS DE REGISTRO DE INVESTIMENTOS ESTRANGEIROS DIRETOS — EMPRÉSTIMOS EXTERNOS 187
— Thereza Maria Sarfert F. Montoro e Mariana Martins Ribeiro

ESPAÇO DISCENTE

A SOCIEDADE EM CONTA DE PARTICIPAÇÃO E OS CONTRATOS DE INVESTIMENTO COLETIVO: PARALELISMO E ASSIMETRIA 193
— Flavio Augusto Picchi

JURISPRUDÊNCIA COMENTADA

INSTITUIÇÃO FINANCEIRA. RESPONSABILIDADE DE EX-ADMINISTRADOR POR OBRIGAÇÃO ASSUMIDA NA FASE DE LIQUIDAÇÃO ORDINÁRIA 207
— Haroldo Malheiros Duclerc Verçosa

PARECERES

ARBITRABILIDADE SUBJETIVA. A COMPETÊNCIA DA ADMINISTRAÇÃO PARA A CELEBRAÇÃO DE CONVENÇÃO ARBITRAL 211
— Luiz Gastão Paes de Barros Leães

A DESCONSIDERAÇÃO DA PERSONALIDADE JURÍDICA NA FALÊNCIA 222
— Paulo Fernando Campos Salles de Toledo

NOTA BIBLIOGRÁFICA

CURSO DE DIREITO COMERCIAL, v. 1, de Haroldo Malheiros Duclerc Verçosa 235
— Marcos Paulo de Almeida Salles

TÍTULOS DE CRÉDITO. Teoria Geral e Títulos Atípicos em face do Novo Código Civil (Análise dos Arts. 887 e 903): Títulos de Crédito Eletrônicos (Alcance e Efeitos do Art. 889, 3º e Legislação Complementar), de Mauro Rodrigues Penteado (coord.) 237
— Marcos Paulo de Almeida Salles

Errata — O título correto da "Jurisprudência Comentada" pelo Prof. Haroldo Malheiros Duclerc Verçosa na *RDM* 133, p. 253, é: "EMPRÉSTIMO DE AÇÕES COMO ATIVIDADE DAS INSTITUIÇÕES FINANCEIRAS. TRATAMENTO JURÍDICO DOS PREJUÍZOS GERADOS EM TAIS OPERAÇÕES (PERDAS OPERACIONAIS). DATA E EFEITO RETROATIVO DOS ATOS DE REGISTRO DE COMÉRCIO NAS INCORPORAÇÕES".

COLABORAM NESTE NÚMERO

CLÁUDIA SILVA DE SANTANA

Advogada em São Paulo, especializada em Direito das Telecomunicações.

EDUARDO SECCHI MUNHOZ

Professor Doutor da Faculdade de Direito da Universidade de São Paulo — USP.

ERASMO VALLADÃO A. E N. FRANÇA

Professor Doutor de Direito Comercial da Faculdade de Direito da Universidade de São Paulo — USP. Advogado em São Paulo.

FLAVIO AUGUSTO PICCHI

Pós-Graduando da Faculdade de Direito da Universidade de São Paulo — USP.

FREDERICO AUGUSTO MONTE SIMIONATO

Doutor em Direito Comercial da Universidade de São Paulo — USP. *Master* em Estudos Europeus da Universidade de Florença, Itália. Professor da Pontifícia Universidade Católica do Paraná — PUC/PR. Advogado em Curitiba e São Paulo.

HAROLDO MALHEIROS DUCLERC VERÇOSA

Mestre e Doutor em Direito Comercial pela Universidade de São Paulo — USP. Professor de Direito Comercial das Faculdades de Direito da USP e da FAAP. Membro do Centro de Mediação e Arbitragem da Câmara de Comércio Brasil-Canadá. Consultor.

HELENO TAVEIRA TÔRRES

Mestre (UFPE), Doutor (PUC/SP) e Livre-Docente (USP) em Direito Tributário. Professor Associado de Direito Tributário do Departamento de Direito Econômico e Financeiro da Faculdade de Direito da Universidade de São Paulo — USP e Professor de Direito Tributário Internacional do Programa de Mestrado e Doutorado da Pontifícia Universidade Católica de São Paulo — PUC/SP. Ganhador do "16º Prêmio Tributarista IOB — Thomson" (biênio 2002-2003). Advogado.

JAVIER VALLE

Profesor de Derecho Mercantil, Universitat Pompeu Fabre (Barcelona, 1991-2003). Abogado Español.

JOÃO LUIZ COELHO DA ROCHA

Professor de Direito Comercial da Pontifícia Universidade Católica do Rio de Janeiro — PUC/RJ.

JOSÉ INACIO FERRAZ DE ALMEIDA PRADO FILHO

Advogado em São Paulo.

LUIZ GASTÃO PAES DE BARROS LEÃES

Professor Titular da Faculdade de Direito da Universidade de São Paulo — USP. Advogado.

MARCELO KNOPFELMACHER

Mestrando em Direito Tributário pela Pontifícia Universidade Católica de São Paulo — PUC/SP.

MARCOS PAULO DE ALMEIDA SALLES

Mestre e Doutor em Direito Comercial. Professor da Faculdade de Direito da Universidade de São Paulo — USP. Advogado em São Paulo.

MARIANA MARTINS RIBEIRO

NORMA JONSSEN PARENTE

Diretora da Comissão de Valores Mobiliários — CVM.

PAULO FERNANDO CAMPOS SALLES DE TOLEDO

Professor de Direito Comercial da Faculdade de Direito da Universidade de São Paulo — USP. Coordenador do Curso de Especialização em Direito Empresarial da Escola Paulista da Magistratura. Advogado.

RENATO SAMPAIO BRÍGIDO

Advogado em São Paulo.

RODRIGO R. MONTEIRO DE CASTRO

Pós-Graduando em Direito Empresarial pela Pontifícia Universidade Católica de São Paulo — PUC/SP. Advogado em São Paulo, com MBA Executivo em Administração de Empresas pelo IBMEC *Business School.*

SELMA M. FERREIRA LEMES

Mestre em Direito pela Faculdade de Direito da Universidade de São Paulo — USP. Membro da Comissão Relatora da Lei de Arbitragem. Professora do Curso GVLAW da Fundação Getúlio Vargas/SP. Membro do Grupo Latino-Americano da Corte Internacional de Arbitragem da Câmara de Comércio Internacional — CCI. Advogada.

THEREZA MARIA SARFERT F. MONTORO

Mestranda em Direito Comercial pela Faculdade de Direito da Universidade de São Paulo — USP. Advogada em São Paulo.

UMBERTO CELLI JUNIOR

Professor de Direito Internacional da Universidade de São Paulo — USP. Advogado em São Paulo especializado em Direito das Telecomunicações.

VINÍCIUS JOSE MARQUES GONTIJO

Doutor em Direito Empresarial pela Universidade Federal de Minas Gerais — UFMG. Mestre em Direito Empresarial pala UFMG. Professor no Curso de Mestrado *Stricto Sensu* da Faculdade de Direito Milton Campos, nos Cursos de Graduação e Pós-Graduação *Lato Sensu* da Pontifícia Universidade Católica de Minas Gerais — PUC/MG. Ex-Professor Substituto na Faculdade de Direito da UFMG e na Escola de Direito da Universidade Federal de Ouro Preto — UFOP.

WERTER R. FARIA

Professor de Direito Comercial da Universidade Federal do Rio Grande do Sul.

Doutrina

A OBRIGAÇÃO DE MELHORES ESFORÇOS (*BEST EFFORTS*)

LUIZ GASTÃO PAES DE BARROS LEÃES

1. Às tradicionais classificações em matéria de obrigações, distinguindo as categorias tendo em vista o conteúdo ou o sujeito da prestação, muitas delas perfilhadas pelo Código Civil, tem sido adicionada a que procura contrastar as *obrigações de meio* às *obrigações de resultado.* A distinção é geralmente atribuída a Demogue, que a formulou incidentalmente ao tratar do problema da repartição da prova em matéria de obrigações contratuais e delituais, no Tomo V de seu *Traité des Obligations*, publicado em 1928. Em certas relações de obrigações, o devedor está adstrito a observar um determinado comportamento na consecução de um resultado, competindo ao credor a prova de que tal não ocorreu.[1] Em outras, ao contrário, o cumprimento da obrigação só se verifica quando o resultado almejado é atingido, sem o que a obrigação se considera inadimplida, competindo ao devedor provar que a falta do resultado ocorreu sem culpa. As primeiras são chamadas de *obrigações de meio*; as segundas, de *obrigações de resultado.*

2. Ou seja, nas obrigações *de resultado*, o cumprimento só se verifica quando o devedor atinge um resultado certo e determinado em benefício do credor; nas *de meio*, a prestação não consiste num resultado certo e determinado a ser produzido pelo devedor, mas simplesmente numa atividade diligente em favor do credor. Nas primeiras, a inexecução se dá quando não se atinge o resultado almejado; nas segundas, a inexecução se caracteriza pelo desvio de certa conduta ou na omissão de certas precauções, sem se cogitar do resultado final.

3. A distinção logo obteve acolhida na doutrina francesa e alcançaria consagração definitiva na Corte de Cassação, em célebre aresto, de 1936, referente à prestação de serviços médicos, sendo relator Louis Josserand. A terminologia ainda hoje é inconstante, tendo Henri Mazeaud, que foi dos primeiros a adotá-la, proposto a substituição da díade *obrigação de meio* e *obrigação de resultado* pelas expressões "obrigações determinadas" e "obrigações gerais de prudência e diligência". André Tunc fala em "obrigações de resultado" e "obrigações de diligência". No direito italiano, Betti prefere se referir a "obrigações de conduta", e Mengoni, a "obrigações de simples comportamento", para caracterizar as obri-

1. Geneviève Viney, *Traité de Droit Civil. Les Obligation*, t. IV, Paris, LGDJ, 1982, pp. 629 e ss., "La reception par le droit positif de la distinction entre obligations de moyens et obligations de résultat"; Boris Starck, *Droit Civil. Obligations*, t. 2, 2ª ed., Litec, 1986, pp. 345 e ss.; Fábio Konder Comparato, "Obrigações de meios, de resultado e de garantia", in *Ensaios e Pareceres de Direito Empresarial*, Rio de Janeiro, Forense, 1978, pp. 521 e ss.; Fábio Konder Comparato, *Essai d'Analyse Dualiste de l'Obligation en Droit Privé*, Paris, Librairie Dalloz, 1964, pp. 36 e ss.

gações de meio em contraste com as obrigações de resultado. Há, em suma, certas obrigações cuja prestação não consiste em um resultado preciso a ser alcançado pelo devedor, mas simplesmente numa atividade diligente deste em benefício do credor.

4. Embora a paternidade da distinção tenha sido atribuída a Demogue, lembra Mengoni, em conhecido comentário,[2] que ela já era ensaiada na doutrina germânica nos fins do século XIX, nos trabalhos preparativos do Código Civil alemão. Refere-se Mengoni aos estudos de Bernhoeft e de Fischer. Para o primeiro, toda relação de obrigação implica na consecução de um certo resultado, mas há relações em que o devedor é obrigado a fazer apenas o que está em seu poder para conseguir o resultado, independentemente de atingir o escopo final, enquanto em outras têm-se em vista o resultado em si mesmo, e aí a obrigação não se extingue senão quando o resultado é alcançado. Mais tarde, Fischer retomaria a elaboração de Bernhoeft, dividindo as obrigações quanto ao conteúdo, em *subjetivas* e *objetivas*. Nas primeiras, o *id quod debetur* nada mais seria do que um *esforço pessoal* na direção de um resultado em si mesmo não compreendido no vínculo obrigacional; nas segundas, o resultado final seria o próprio conteúdo do vínculo obrigacional, de modo que o cumprimento só se verificaria quando o resultado em si fosse atingido.

5. Exemplos típicos de obrigações de meio ou de diligência são as assumidas nos contratos de prestação de serviços profissionais, como os providos por médicos e advogados. Em ambas as hipóteses, o conteúdo das obrigações é o comportamento diligente do profissional: médicos e advogados se comprometem a atender o paciente ou a servir o cliente da melhor forma possível, não se propondo, contudo, a conseguir a efetiva cura de certo mal ou o sucesso de determinada demanda. Não há culpa presumida, nem responsabilidade objetiva do médico ou do advogado, pelo desfecho funesto ou desfavorável. Em síntese, embora o resultado seja a *causa* determinante do contrato, o *conteúdo* da obrigação não é o resultado em si, mas a atividade desenvolvida pelo devedor, isto é, o *meio* tendente a produzir o resultado apontado.

6. A distinção em apreço, encarada como uma tentativa de introduzir uma nova classificação, de amplo espectro, nas relações de obrigação na vida privada, logo se disseminou pelos países europeus, tendo sido alvo de pronta recepção pela doutrina e pela jurisprudência brasileiras, mormente no quadro das atividades profissionais, onde, aliás, nasceu. Assim, vários são os acórdãos do Tribunal de Alçada de São Paulo e do Tribunal de Justiça de São Paulo que agasalham a distinção:

> O médico só se obriga a cuidar do doente e a tratá-lo convenientemente. Trata-se de uma obrigação de diligência e não de resultado (ap. civ. 39.893, Rel. Pacheco de Matos, *RT* 309/475).

> O fato de a operação não haver trazido cura ao paciente não o isenta de pagar o serviço médico-cirúrgico que lhe foi prestado. Via de regra, o médico só se obriga a cuidar do doente e tratá-lo convenientemente, na conformidade dos dados adquiridos pela ciência. Trata-se, em regra, de uma obrigação de diligência não de uma obrigação de resultado. Salvo estipulação excepcional, o médico ou o cirurgião não se obriga a curar o doente (ap. civ. 27.067, Rel. Lafayete Salles Jr., *RT* 283/641).

> A obrigação que o advogado assume para com o cliente é uma obrigação de meios e não uma obrigação de resultado. Se agiu corretamente, com diligência normal, na demanda, tem direito a honorários, ainda que não obtenha êxito (5ª CCível, ap. civ. 148-419, Rel. Rodrigues de Alckmin).

7. O *conteúdo* da prestação nas obrigações de meio consiste, pois, no compor-

2. Luigi Mengoni, "Obbligazioni di risultato e obbligazioni di mezzi", in *Rivista del Diritto Commerciale*, Parte I, pp. 185 e ss., Parte II, pp. 280 e ss. e Parte III, pp. 366 e ss., Milão, Vallardi, 1954.

tamento diligente do devedor dirigido a um determinado resultado, que não está, contudo, compreendido no vínculo obrigacional. Toda obrigação comporta naturalmente um resultado, que corresponde à sua utilidade econômico-social, mas nem sempre esse resultado faz parte do conteúdo da prestação, exercendo tão-somente a função de "motivo" do vínculo obrigacional. Assim, nas chamadas obrigações de meio, o conteúdo da prestação não é o resultado a ser produzido pelo devedor, mas a *atividade diligente* deste orientada no sentido da produção do resultado, em benefício do credor.

8. O *princípio da diligência* aplica-se, por certo, a todas as obrigações. No adimplemento das obrigações, seja qual for a sua natureza, o devedor deve sempre se comportar como o *bonus paterfamilias* agiria, isto é, com a diligência usual do homem que cuida equilibradamente dos seus próprios interesses. Esse dever de diligência, aferido pela comparação a esse tipo ideal, sem gradação, é exigido com relação aos devedores em geral. Nas obrigações de meio, porém, a diligência há de ser apurada *in concreto*, porque é o comportamento diligente o próprio objeto da obrigação, levando em conta (a) as qualidades ou atributos próprios do devedor, e (b) a natureza dos atos que devem ser prestados. Pois tal seja a natureza das obrigações ou a situação do devedor, o conteúdo da obrigação de meio varia, comportando uma apreciação ora mais, ora menos rigorosa. Assim, no adimplemento de obrigações correspondentes ao exercício de determinadas atividades profissionais, sempre se exige do devedor um comportamento adequado às regras institucionais que normalmente as presidem. Da mesma forma, certas obrigações assumidas pelo devedor exigem uma diligência que deve ser apreciada concretamente, dentro das circunstâncias que a cercam.

9. Essa classificação também pode ser encontrada no *Common Law*. Também ali a obrigação é encarada como um vínculo jurídico em virtude do qual uma pessoa se compromete a produzir um resultado determinado em proveito de outra. É a definição clássica dos romanos, incorporada às *Institutas* (Livro III, Tít. 14): "Obligatio est iuris vinculum, quo necessitate adstringimur alicuius solvendae rei, secundum nostrae civitatis iure", que poderia ser traduzida como: "obrigação é o vínculo jurídico ao qual nos submetemos coercitivamente, sujeitando-nos a uma prestação, segundo o direito de nossa cidade". Merecidamente, esse conceito de obrigação tem a preferência dos juristas do *Civil Law*, em virtude das interpretações que a expressão *solvere rem* comporta. Tomada no sentido literal e restrito de "pagar uma coisa", não abrange todas as espécies de obrigação, mas na acepção ampla de prestação admite uma diversidade de deveres jurídicos.

10. A teoria da *performance* no Direito anglo-americano é dominada pelo princípio da *reasonable expectation*, com idêntico elastério, o que permite distinguir obrigações contratuais suscetíveis de uma prestação específica e completa (*full and exact performance*) e obrigações sujeitas a graus inferiores da perfeição razoavelmente prevista, apurando-se, porém, um esforço honesto da parte do devedor na execução da prestação (*best effort*), que inibiria uma reposição das partes ao estado anterior, através da devolução da contraprestação (*consideration*). Nessa hipótese, o credor não poderá argüir o inadimplemento contratual, se sua pretensão não se fundar numa *reasonable expectation* em relação ao resultado previsto.

11. Dessa distinção para a identificação no direito anglo-saxão das obrigações "de melhores esforços" (*duties of best efforts*), ou seja, das obrigações de meio, foi apenas um passo. Segundo os comentaristas,[3] esse *dever dos melhores esforços* apareceria de três formas: algumas vezes o próprio contrato explicitamente limita a

3. E. Allan Farnsworth, *Farnsworth on Contracts*, v. 1, 2ª ed., Aspen, Aspen Law, 1998, pp. 130 e ss., e v. 2, pp. 350 e ss.

obrigação do devedor a despender os melhores esforços; outras vezes, a linguagem literal do contrato aponta para um resultado determinado, mas é interpretado como de melhor esforço; por fim, há os casos em que a redação do contrato é omissa, mas as Cortes impõem o dever dos melhores esforços. Em linhas gerais, tais obrigações dizem respeito a atividades em que se considera impossível que o devedor execute sua prestação sem um mínimo de desvio, devido às limitações normais da habilidade humana.

12. A decisão clássica sobre o assunto é de 1927 e se deve ao *Justice* Cardozo, então na Corte de Apelação de Nova Iorque, em que fala de *resonable efforts* no caso *Wood vs. Lucy Duff-Gordon (NE 214, 218 (NY 1917)*. Lady Duff-Gordon, uma criadora de modas, autorizou a Wood a utilizar-se comercialmente, pelo período de um ano, de desenhos de vestidos de sua lavra, desde que a ela fosse reservada metade dos lucros. Como a Wood nada fez para comercializar os desenhos, no período apontado, a licenciadora continuou a comercializar os modelos, o que levou a Wood a acioná-la. O Tribunal indeferiu o pleito da Wood, asseverando que ficara implícito que nesse período caberia à licenciada fazer "esforços razoáveis" para comercializar os modelos. Ou seja, havia no contrato uma obrigação de diligência a cargo da empresa licenciada. Hoje, o *leading case* sobre a matéria é o julgado da Suprema Corte de Minesota, de 1978 (*City of Mounds View vs. Walijarvi, 263 NW 2d 420, 424 (Minn. 1978*), freqüentemente citado como marco orientador das obrigações de meio no direito norte-americano: "Architects, doctors, engineers, attorneys, and others deal in somewhat inexact sciences and are continually called upon to exercise their skilled judgment in order to anticipate and provide for random factors which are incapable of precise measurement. The indeterminable nature of these factors makes it impossible for professional service people to gauge them with complete accuracy every instance... Because of the inescapable possibility of error which inheres in these services, the law has traditionally required, not perfect results, but rather the exercise of that skill and judgment which can reasonably be expected from similarly situated professionals".

13. Respondendo à pergunta de como aferir os esforços despendidos pelo devedor em cada caso concreto, de forma a concluir que eles foram, de fato, os melhores e mais razoáveis, a jurisprudência norte-americana se manifesta no sentido de que se deveria imaginar, para essas hipóteses, qual seria a conduta que uma terceira pessoa equilibrada tomaria, em condições e circunstâncias similares, o que, ao fim e ao cabo, corresponde exatamente ao nosso padrão abstrato do *vir bonus*: "a lessee that is bound to use best efforts under a mineral lease on a royalty basis must conform to, and be governed by, what is expected of persons in the industry of ordinary prudence under similar circumstances and conditions, having due regard for the interest of both contracting parties" (*Nordan Lawton Oil & Gas Corp. vs. Shore*, 72 F2d 193 (10th Circ. 1934)).

14. Nos Princípios dos Contratos Comerciais Internacionais (*Principles of International Commercial Contracts*) da UNIDROIT, de 1994,[4] que pretende ser um texto uniforme para os países do *Common Law* e do *Civil Law*, é acolhida, no artigo 5.4, a distinção entre a obrigação de resultado (*duty to achieve a specific result*) e a obrigação de meio (*duty of best efforts*), sendo definido o *duty of best efforts* como aquele que requer da parte devedora "to make such efforts as would be made a reasonable person of the same kind in the same circumstances" (artigo 5.4(2)).

15. E no artigo 5.5, subseqüente, os *Principles* estabelecem os *critérios* para a determinação da natureza da obrigação envolvida, se de meio ou de resultado, e que seriam: (a) a natureza da obrigação expres-

4. Publicado pelo International Institute for the Unification of Private Law (UNIDROIT), Roma, 1994, ppp. 103 e ss.

sa no contrato; (b) o preço ou outras condições do contrato; (c) a álea de risco contratual; e (d) o grau de influência do credor na execução da prestação. Determinadas atividades, mormente quando relativas a atividades profissionais, envolvem sempre obrigações de meio. Cláusulas vinculando o preço ou penalidades ao sucesso apontam para obrigações de resultado. Obrigações que tendem à realização de resultados aleatórios são indicativos de obrigações de meio. Obrigações que conjugam a álea contratual à participação mais ou menos ativa do credor na execução, via de regra, são indícios de qualificação de obrigações de meios. Esses critérios simplesmente reproduzem aqueles que são geralmente adotados pelas várias legislações.

Doutrina

LINEAMENTOS DA REFORMA DO DIREITO SOCIETÁRIO ITALIANO EM MATÉRIA DE INVALIDADE DAS DELIBERAÇÕES ASSEMBLEARES

ERASMO VALLADÃO A. E N. FRANÇA

1. A necessidade de um sistema especial de invalidades das deliberações de assembléia. 2. Traços gerais do sistema especial de invalidades das deliberações de assembléia. 3. O sistema adotado no Código Civil italiano de 1942. 4. A reforma de 2003: 4.1 A anulabilidade (impugnabilidade) das deliberações; 4.2 A nulidade absoluta das deliberações: 4.2.1 Prazos especiais para a propositura de ação de nulidade das deliberações referentes a aumento ou redução de capital social e emissão de debêntures: 4.2.1.1 Nas sociedades fechadas; 4.2.1.2 Nas sociedades abertas; 4.3 Disposições especiais para a propositura de ação de anulação ou de nulidade das deliberações referentes à aprovação de balanço; 4.4 Disposições especiais referentes à transformação das sociedades; 4.5 Proibição de voto e conflito de interesses. 5. Conclusão.

1. A necessidade de um sistema especial de invalidades das deliberações de assembléia

Como se sabe, através do Decreto Legislativo 6, de 17.1.2003, promulgado em cumprimento à Lei 366, de 3.10.2001, foi reformada a disciplina do Código Civil italiano (CCI) relativa às sociedades de capitais e sociedades cooperativas, vigorando a partir de 1.1.2004.

Afora inúmeros outros aspectos, chama-nos a atenção, na reforma realizada, a alteração do sistema de invalidades das deliberações assembleares, que de há muito está por merecer a devida atenção do legislador brasileiro.

O Brasil, com efeito, é um dos países mais atrasados com relação a essa matéria, pautando-se a nossa Lei de S/A por um sistema de invalidades em franca dessincronia com as exigências do direito societário (e do mercado de capitais), que, pelas suas peculiaridades, deve afastar-se do direito comum.

Basta pensar que, desde 1937, um novo sistema foi iniciado por meio da *Aktiengesetz* alemã, seguido, embora com imperfeições, pelo Código Civil italiano de 1942, e, desde então, pela maioria das legislações — inclusive pelas de diversos países da América do Sul que não têm o grau de desenvolvimento do Brasil. É verdadeiramente inexplicável que um sistema como o nosso, que pode trazer graves danos para os investidores do mercado de capitais, não tenha ainda sido objeto de uma radical reforma.

O sistema de invalidades, no direito societário, deve apartar-se do direito comum, entre outros pontos, quanto ao prazo de anulação das deliberações, que deve ser drasticamente encurtado, devido à necessidade de *estabilidade* daqueles atos, que não podem ficar por longo tempo expostos à invalidação, em face dos prejuízos que essa situação de incerteza pode acarretar ao regular funcionamento da empresa societária e, sobretudo, em se tratando de companhias abertas, do mercado de capitais.

Imagine-se a hipótese de um aumento de capital por subscrição pública no Brasil. Os investidores subscrevem o aumento, que posteriormente é homologado, sendo emitidas as ações correspondentes. Passados *um ano, onze meses e vinte e nove dias* da primeira assembléia,[1] um acionista ingressa com ação anulatória. Após anos e anos de disputa judicial, a demanda é julgada procedente, anulando-se o conclave ou a deliberação. *Quid juris?* Anulam-se também as ações emitidas em decorrência do aumento de capital? Como devem proceder os adquirentes das ações? Como devem proceder os terceiros que com eles negociaram, pelo menos até a propositura da ação de anulação? Sofrem as conseqüências da anulação?[2] Quantos prejuízos, enfim, uma situação como essas não traz ao mercado?

2. *Traços gerais do sistema especial de invalidades das deliberações de assembléia*

Dessa forma, ante a evidente necessidade de estabilidade das deliberações assembleares, concebeu-se um sistema especial de invalidades no direito societário, que se caracteriza pelos seguintes principais tópicos: (a) prazos *de decadência*, curtíssimos, para anulação de assembléia ou das suas deliberações;[3] (b) irretroatividade

1. O prazo para anulação de assembléia ou das suas deliberações, na Lei 6.404/1976, é de dois anos, nos termos do art. 286.

2. Como se sabe, em se tratando de invalidade, a boa-fé do terceiro não tem, no direito comum, relevância para o efeito de impedir a invalidação do ato. Os terceiros, entendidos como tais "as pessoas que adquiriram das próprias partes direitos sobre os bens a serem restituídos em conseqüência da nulidade do contrato", são atingidos por força do princípio segundo o qual ninguém pode transferir mais direitos do que tem (cf. Serpa Lopes, *Curso de Direito Civil*, v. I, 8ª ed., Rio de Janeiro, Freitas Bastos, 1996, p. 510; Washington de Barros Monteiro, *Curso de Direito Civil*, Parte Geral, 35ª ed., São Paulo, Saraiva, 1997, p. 279).

3. Nesse ponto, a nossa Lei de S/A, que estabelece, como se disse, o prazo de dois anos, rotulado ainda como de prescrição e não de decadência, acha-se em total dissonância com outras legislações. Para ficar apenas em alguns exemplos: a AktG alemã de 1965 (tal como o fazia a de 1937), prevê o prazo de um mês (§ 246, 1); o Código das Obrigações suíço de 1911, o prazo de dois meses (art. 706, n. 4); o Código Civil italiano de 1942, o prazo de três meses (art. 2.377); o Código de Sociedades Comerciais português de 1986, o prazo de trinta dias (art. 59); a Lei de Sociedades Comerciais argentina de 1972, o prazo de três meses (art. 251); o Código Comercial *boliviano* de 1977, o prazo de sessenta dias (art. 302); o Código Comercial *venezuelano* de 1955, o prazo de quinze dias (art. 290); a Lei de Sociedades *equatoriana* de 1977, o prazo de trinta dias (arts. 229 e 291, 1º).

Mas os graves inconvenientes de um prazo alongado, como o estipulado em nossa Lei de S/A, para anulação das deliberações, é reforçado ainda pelos problemas de ordem processual que ele pode acarretar, ligados aos limites subjetivos da coisa julgada nas ações em questão. Segundo o magistério de Liebman, a sentença que julga *procedente* essas ações é eficaz perante todos os outros interessados; não assim a que dá pela *improcedência*, caso em que outro acionista, por exemplo, pode propor nova demanda contra a companhia, referente à mesma assembléia ou deliberação (cf. estudo intitulado "Pluralidade de parte legítimas à impugnação de um único ato", constante da 2ª edição brasileira da obra clássica *Eficácia e Autoridade da Sentença*, Forense, 1981, pp. 229-237). A posição de Liebman é seguida na doutrina brasileira, entre outros, por Ada Pellegrini Grinover (em notas ao estudo citado, na mesma obra, pp. 238-243) e Cândido Rangel Dinamarco (*Litisconsórcio*, 5ª ed., Malheiros Editores, 1997, n. 54.2, p. 190). Ora, com um prazo de dois anos, previsto na Lei 6.404, para anulação das deliberações, é perfeitamente possível que a companhia, além de tudo, fique sujeita *a mais de uma demanda* concernente à mesma assembléia ou deliberação, se a anterior vier a ser julgada improcedente. Esse inconveniente não ocorreria se se abreviasse o mencionado prazo, estabelecendo-se, ademais, como o fizeram o CCI (art. 2.378) e a AktG de 1965 (§ 246, 3), que todas as ações visando impugnar os aludidos atos societários sejam reunidas perante o mesmo juízo e decididas em sentença única, dando-se andamento aos processos somente após escoado o prazo decadencial.

da invalidade, em certos casos;[4] (c) ampla possibilidade de sanação do vício, mesmo em se tratando de hipótese de nulidade absoluta, quando possível;[5] (d) diverso enfoque da distinção entre atos nulos e anuláveis;[6] (e) inatingibilidade, em princípio, de terceiros de boa-fé, salvo os casos de nulidade ostensiva.[7]

Vejamos, pois, como se portou o legislador italiano de 2003, em face de todos esses pontos.

3. O sistema adotado no Código Civil italiano de 1942

Antes de qualquer coisa, cumpre salientar que, ao contrário do sistema de invalidades adotado na *Aktiengesetz* de 1937 — particularmente bem-sucedido e, por isso, praticamente repetido na *Aktiengesetz* de 1965 — o CCI de 1942, apesar das boas intenções do legislador, construiu um sistema que não provou de todo bem.

4. É a hipótese, por exemplo, da anulação da constituição da companhia. Ao invés de determinar-se a restituição ao *statu quo ante*, *dissolve-se* a sociedade, que entra em estado de liquidação (art. 206, II, *a*, da Lei 6.404). Mas os atos praticados pela sociedade, até então, são todos, em princípio, válidos.

5. Cf. Ascarelli, "Os vícios de constituição das sociedades anônimas e a prescrição", in *Problemas das Sociedades Anônimas e Direito Comparado*, Saraiva, 1945, pp. 379-393. A propósito, dispõe o parágrafo único, do art. 285, da Lei 6.404, que, ainda depois de proposta a ação anulatória de sua constituição "é lícito à companhia, por deliberação da assembléia geral, providenciar para que seja sanado o defeito", dispositivo legal que a doutrina entende aplicável, *a fortiori*, às deliberações da assembléia geral tomadas após a constituição (cf. Lamy e Bulhões Pedreira, Renovar, 1992, pp. 545-546).

6. Como já observava Ascarelli, "nullità e annullabilità della deliberazione non costituiscono a loro volta trasposizione delle norme del negozio giuridico (*norme que invece saranno applicate al singolo voto*) perchè la 'annullabilità' o, diciamo 'meglio', *la impugnabilità* della deliberazione, non trova affato il suo fatto costitutivo nei vizi che danno luogo all'annullabilità dei negozi giuridici (vizi che invece potranno concernere il voto e determinare l'annullabilità di questo, reagendo poi la nullità o l'annullamento del voto sulla deliberazione solo in quanto faccia venir meno la maggioranza necessaria), ma in fatti costitutivi diversi. Nessuno dei vizi che dá luogo all'annullabilità dei negozi secondo le norme degli artt. 1.425 e ss. può proporsi per l'annullabilità della deliberazione (mentre essi possono proporsi per l'annullabilità del voto, che può avere del resto un interesse anche indipendentemente dalla sua influenza sulla deliberazione); nessuno dei vizi que possono ipotizzarsi per l'annullabilità della deliberazione può proporsi per atti che non siano collegiali" ("L'interesse sociale dell'art. 2.441 Cod. Civile. La teoria dei diritti individuali e il sistema dei vizi delle deliberazioni assembleari", in *Rivista delle Società*, v. 1, 1956, pp. 104-105, destaques nossos).

Ao invés de falar em anulabilidade, portanto, Ascarelli empregava o termo *impugnabilidade*, porque as deliberações não são anuláveis pelos vícios que afetam os negócios jurídicos em geral, como o erro, o dolo etc. — estes vícios afetam, sim, *o voto*. A deliberação é anulável (*rectius*, impugnável), no caso, porque tomada contra o princípio cogente da maioria (art. 129 da Lei 6.404) — *se porventura o voto anulado para ela contribuiu*! Caindo o voto, cai a maioria. Mas se o voto não foi determinante para a formação da maioria, a deliberação fica de pé, não tendo o vício do voto qualquer influência sobre ela — é a chamada "prova de resistência" da deliberação. Anulabilidade (impugnabilidade) de deliberação, portanto, é um conceito jurídico totalmente diverso do de anulabilidade de negócio jurídico.

Isso ocorre, em nosso entender, porque a deliberação de assembléia não se configura propriamente como um negócio jurídico — em que é essencial a igualdade entre declarantes e declaratários — mas, sim, como um *ato jurídico de hierarquia*, assemelhando-se aos atos normativos, em que a garantia de justiça se faz pela observância do *princípio da legalidade*. A deliberação, além de vincular todos os sócios, ainda que ausentes ou dissidentes (art. 1.072, § 5º, CC), é ademais imposta, também *super partes*, aos administradores, que são os seus destinatários e lhe devem cumprimento (sobre todo esse argumento, v. o nosso *Invalidade das Deliberações de Assembléia das S/A*, Malheiros Editores, 1999, pp. 46-52 e 55-61; sobre a distinção entre negócio jurídico e ato de hierarquia, cf. Antonio Junqueira de Azevedo, *Negócio Jurídico e Declaração Negocial*, Tese de Concurso ao cargo de Professor Titular de Direito Civil da Faculdade de Direito da USP, 1986, pp. 39-40).

7. Como dispõe expressamente, por exemplo, o art. 61º, n. 2, do Código das Sociedades Comerciais português, aplicável tanto à nulidade quanto à anulabilidade: "A *declaração de nulidade* ou a *anulação* não prejudica os direitos adquiridos de boa-fé por terceiros, com fundamento em actos praticados em execução da deliberação; o conhecimento da nulidade ou da anulabilidade exclui a boa-fé".

O CCI cuidou da questão nos arts. 2.377 e 2.379, distinguindo, respectivamente, entre deliberações anuláveis (impugnáveis) e deliberações nulas, num sentido diverso daquele aplicável aos demais atos e negócios jurídicos.

No primeiro dos mencionados dispositivos, estabeleceu a possibilidade de impugnação das deliberações que não fossem tomadas "na conformidade da lei ou do ato constitutivo";[8] no segundo, determinou que, "às deliberações nulas por impossibilidade ou ilicitude do objeto"[9] se aplicassem as regras do direito comum, previstas nos arts. 1.421 a 1.423 (quais sejam: a nulidade pode ser alegada por qualquer interessado e pronunciada *ex officio* pelo juiz; é imprescritível a ação visando à sua declaração; a nulidade não pode ser convalidada).

De acordo com essa disciplina, a nulidade da deliberação não decorreria do simples fato de ter sido tomada contra "normas imperativas", como estipula a regra geral, prevista no art. 1.418[10] do CCI (c/c o art. 1.324[11]): a nulidade da deliberação *circunscrever-se-ia* às hipóteses de impossibilidade ou ilicitude do objeto. Assim, a deliberação tomada contra norma imperativa, cujo objeto, porém, não fosse impossível ou ilícito, seria tão-somente anulável, a teor do art. 2.377.

Comentando esse regime, afirmava Galgano que, em matéria de deliberações assembleares, a lei italiana havia promovido uma verdadeira *inversão*. Segundo os princípios comuns, dizia ele, a ação de nulidade é "uma *ação geral*, baseada no fato de ser o contrato ou o ato unilateral (art. 1.324) 'contrário a normas imperativas' (art. 1.418, primeiro parágrafo), enquanto é *especial* a ação de anulação, exeqüível somente nos casos expressamente estabelecidos pela lei (arts. 1.441 e ss.)". Em sede de deliberações de assembléia, porém, "é *geral* a ação de anulação (art. 23, para as associações, art. 2.377, para as sociedades de capitais) e é *especial* aquela de nulidade (art. 2.379)".[12]

O ilustre mestre peninsular, após esclarecer que o interesse protegido pelo legislador, na hipótese, era o interesse na "estabilidade das deliberações", assim procurou explicar o porquê desse regime especial de invalidade das mesmas: "A razão pela qual a sanção da nulidade foi ressalvada para as hipóteses de ilicitude ou impossibilidade do objeto é, de outra parte, evidente: se o objeto da deliberação é impossível ou ilícito, o terceiro pode mais facilmente percebê-la e, assim, evitar fiar-se na responsabilidade da sociedade pelos atos praticados pelos administradores em execução da deliberação. Os terceiros, ao invés, não estão sempre em condições de verificar, externamente, a ilicitude do conteúdo da deliberação, como não estão sempre em condições de observar, externamente, a ilicitude da causa (art. 1.343), ou seja, da função econômico-social da deliberação, ou a ilicitude do motivo (art. 1.345), ou a violação de normas relativas ao procedimento formativo da deliberação. Por isso a deliberação é, nestes casos, somente anulável;

8. Art. 2.377, 2º §, do CCI: "Le deliberazioni che non sono prese in conformità della legge o dell'atto costitutivo possono essere impugnate dagli amministratori, dai sindaci o dai soci assenti o dissenzienti, e quelle dell'assemblea ordinaria altresì dai soci con diritto di voto limitato (c. 2.351), entro tre mesi (c. 2.694 ss.) dalla data della deliberazione, ovvero, se questa è soggeta ad iscrizione nel registro delle imprese, entro tre mesi dall'iscrizione".

9. Art. 2.379, CCI: "*Deliberazioni nulle per impossibilità o illiceità dell'oggetto*. Alle deliberazioni nulle per impossibilità o illiceità dell'oggetto si applicano le disposizioni degli artt. 1.421, 1.422 e 1.423 (c. 2.486; att. c. 209)".

10. Art. 1.418, CCI: "*Cause de nullità del contratto*. Il contrato è nullo quando è contrario a norme imperative, salvo che la legge disponga diversamente".

11. Art. 1.324, CCI: "*Norme applicabili agli atti unilaterali*. Salvo diverse disposizioni di legge, le norme che regolano i contratti si osservano, in quanto compatibili, per gli atti unilaterali tra vivi aventi contenuto patrimoniale (...)".

12. *Il Negozio Giuridico*, Giuffrè, 1988, p. 253. A tradução livre dos trechos citados e dos demais, que se seguirão no texto, é nossa.

e a sua anulação não prejudica — como se recordou há pouco — os direitos adquiridos por terceiros de boa-fé".[13]

Sucede que o CCI estabeleceu, no art. 2.377, o prazo de três meses, contados da data da deliberação, ou de seu arquivamento, conforme o caso, para o exercício da ação de anulação. Enquanto a ação de nulidade, referente às deliberações cujo objeto é impossível ou ilícito, era imprescritível, a de impugnação deveria ser exercida naquele exíguo prazo (entendido, ademais, como de *decadência*[14]).

O resultado foi a larga utilização, pela jurisprudência, da figura da deliberação *inexistente*, consoante esclareceu Galgano: "Os artífices do Código Civil foram inspirados, nessa matéria, por uma exigência de certeza das relações jurídicas relativas às sociedades de capitais, admitindo uma ação imprescritível de nulidade somente para as deliberações com objeto impossível ou ilícito (art. 2.379). Mas conseguiram apenas em parte impor a sua própria política legislativa: a jurisprudência introduziu toda uma série de *distinguo* que neutralizaram, em larga medida, o alcance inovador dos arts. 2.377 e 2.379; a estas normas do livro quinto do Código Civil ela sobrepôs outras normas, extraídas de uma categoria lógico-jurídica desconhecida pelo próprio Código Civil, a categoria da deliberação 'inexistente'".[15]

Reputa-se inexistente a deliberação assemblear, segundo Galgano, "quando faltam, nela, aqueles que podem ser julgados como os elementos de identificação do próprio conceito de deliberação: assim, têm sido corretamente consideradas inexistentes — e, por isso, subtraídas da disciplina da anulabilidade — as deliberações tomadas pela maioria sem conhecimento da minoria, sem prévia convocação da assembléia e sem que a minoria fosse colocada em condições de intervir ou, tomada a deliberação, de impugná-la nos termos da lei".[16]

O conceito de deliberação inexistente foi, porém, no decurso do tempo, injustificadamente ampliado: "*Mas os nossos juristas foram bem além*: foi considerada inexistente, com efeito, uma deliberação tomada por uma assembléia totalitária da qual não havia participado, como requerido pelo art. 2.366, terceiro parágrafo, o conselho fiscal; inexistente, outrossim, a deliberação tomada por uma assembléia regularmente convocada da qual não haviam podido participar, por impossibilidade material, todos os sócios".[17]

A figura da inexistência, portanto, passou a ser utilizada para elidir a aplicação do art. 2.377 do CCI, ou seja, para invalidar as deliberações impugnáveis que, depois de escoado o prazo de decadência previsto no dispositivo legal em questão, seriam consideradas definitivamente sanadas.[18]

4. A reforma de 2003

A reforma da disciplina do direito societário italiano ora encetada objetivou sanar as imperfeições do sistema anterior, que acabaram levando à sua relativa ineficiência prática, como salientado por Galgano.

Segundo o art. 4º, n. 7, alínea *b*, da Lei 366, de 3.10.2001:

> 7. Com relação à disciplina da assembléia e dos pactos para-sociais, a reforma é dirigida a:
>
> (...).
>
> b) disciplinar os vícios das deliberações de forma a harmonizar as exigências

13. Ob. cit., pp. 253-254.
14. Ob. cit., pp. 296-297.
15. Ob. cit., pp. 241-242.
16. Ob. cit., pp. 242-243.
17. Ob. cit., p. 243. V., ainda, outros casos de inexistência citados por Galgano em *Il Nuovo Diritto Societario*, Cedam, 2003, pp. 229-230.
18. No mesmo sentido das considerações de Galgano, v., outrossim, Vasco da Gama Lobo Xavier, *Anulação de Deliberação Social e Deliberações Conexas*, Portugal, Atlântida Editora, 1976, p. 115, continuação da nota 15, e, ainda, Giovanni Grippo, *Deliberazione e Collegialità nella Società per Azioni*, Giuffrè, 1979, pp. 63-82.

de tutela dos sócios e aquelas de funcionalidade e certeza da atividade social, individuando as hipóteses de invalidade, os sujeitos legitimados à impugnação e os prazos para sua propositura, prevendo também a possibilidade de modificação e integração das deliberações tomadas, e a eventual adoção de instrumentos de tutela diversos da invalidade.[19]

Nesse sentido, o Decreto Legislativo 6, de 17.1.2003, promulgado em cumprimento à mencionada Lei 366, reformulou inteiramente os arts. 2.377, 2.378 e 2.379 do CCI, acrescentando, ainda, os arts. 2.379-*bis* e 2.379-*ter*.[20] Estabeleceu, ainda, disposições especiais para a invalidade das deliberações referentes à aprovação de balanço, no art. 2.434-*bis*, e à transformação das sociedades, no art. 2.500-*bis*. Precisou, por fim, a tormentosa questão da proibição de voto e do conflito de interesses, dando nova redação ao art. 2.373.

4.1 A anulabilidade (impugnabilidade) das deliberações

A ação de anulação continua prescrita no art. 2.377 para os casos de deliberações tomadas em desconformidade com a lei ou com o estatuto, devendo ser proposta no prazo de noventa dias da data da deliberação ou, se esta é sujeita a registro, no prazo de três meses da data deste.[21]

Restou agora expressamente estabelecida, outrossim, a legitimação para agir do acionista abstinente — o que gerava discussões no direito anterior — além da do acionista ausente da assembléia e do dissidente da deliberação impugnada (também são legitimados os administradores, o conselho de supervisão e o conselho fiscal).

Não está mais automaticamente legitimado a impugnar a deliberação, todavia, *qualquer acionista* nas referidas condições, como ocorria anteriormente, mas somente aqueles que detiverem, separada ou conjuntamente, *um milésimo do capital social*, nas sociedades que recorrem ao mercado de capital de risco, ou *cinco por cento do capital social*, nas demais, ficando facultado, contudo, eliminar a exigência desses percentuais estatutariamente.[22] Para a impugnação das assembléias especiais, os mencionados percentuais são aplicáveis ao capital representado pelas ações da respectiva espécie. Quem não detiver tais participações deve-se contentar com o *ressarcimento dos danos* que porventura a deliberação impugnada lhe tiver causado, no mesmo prazo de noventa dias — sem possibilidade de anulá-la, porém.[23] O mesmo ocorrerá se, no curso da demanda, a participa-

19. No original: "7. Riguardo alla disciplina della assemblea e dei patti parasociali, la riforma è diretta a: (...). b) disciplinare i vizi delle deliberazioni in modo da contemperare le esigenze di tutela dei soci e quelle di funzionalità e certezza dell'attività sociale, individuando le ipotesi di invalidità, i soggetti legittimati alla impugnativa e i termini per la sua proposizione, anche prevendo possibilità di modifica e integrazione delle deliberazioni assunte, e l'eventuale adozione di strumenti di tutela diversi dalla invalidità".

20. A íntegra dos dispositivos legais em questão encontra-se no final deste artigo.

21. Não se consegue atinar com a razão dessa diversidade de prazos: *noventa dias* no primeiro caso, e *três meses* no segundo...

22. Tais participações devem ser demonstradas *por ocasião da propositura da ação*, nos termos do art. 2.368. Mas essa exigência nos parece um pouco incoerente com os propósitos da reforma. As participações apontadas deveriam existir *já por ocasião da assembléia onde se tomou a deliberação impugnada*, e não apenas na oportunidade da propositura da ação.

23. O intuito da norma legal, no tocante às sociedades com ações negociadas no mercado, é claríssimo: dificultar a ação dos litigantes profissionais, que compram uma ou duas ações antes da assembléia, para, posteriormente, propor ação anulatória e, com isso, tentar obter alguma forma de vantagem da companhia (o *headache value* da experiência norte-americana, ou o *Lästigkeitswert* — "valor da importunação" — da experiência alemã, cf. Karsten Schmidt, *Gesellschaftsrecttht*, 4ª ed., Carl Heymanns Verlag, 2002, pp. 863-864). Só nos parece que, no que diz respeito às sociedades fechadas, como essa hipótese é muito mais difícil de ocorrer, o percentual estabelecido na lei, de cinco por cento do capital social, é um pouco alto, podendo desincentivar a participação de pequenos acionistas nessas companhias.

ção do autor ou autores reduzir-se, por ato entre vivos, a percentuais inferiores aos exigidos pela lei — e se, evidentemente, tiver sido *também* formulado pedido indenizatório, nos termos do art. 2.378.

Precisou, ainda, o art. 2.377 (ns. 1, 2 e 3, respectivamente), que a deliberação não pode ser anulada:

• pela participação, na assembléia, de pessoas não legitimadas, salvo se essa participação tiver sido determinante para a instalação do conclave;

• pela invalidade dos votos individuais ou pelo erro na contagem dos votos, salvo se o número de votos inválidos ou o erro na contagem tiver sido determinante para a formação da maioria requerida para a deliberação;

• pela incompletude ou inexatidão da ata, salvo se uma ou outra impedir a verificação do conteúdo, dos efeitos ou da validade da deliberação.

A anulação da deliberação produz efeitos perante todos os acionistas, mas em qualquer caso são ressalvados os direitos adquiridos por terceiros de boa-fé com base em atos praticados em execução da deliberação anulada.

Também não poderá ser anulada a deliberação se, no curso da lide, ela for substituída por outra, tomada em conformidade com a lei ou o estatuto, cabendo ao juiz, nesta hipótese, atribuir os ônus da sucumbência, de regra, à sociedade, bem como decidir acerca da responsabilidade pelo ressarcimento de eventual dano causado. Aqui também, todavia, ficam ressalvados os direitos adquiridos por terceiros de boa-fé com base em atos praticados em execução da deliberação que foi substituída.

4.2 A nulidade absoluta das deliberações

As maiores novidades da reforma do direito italiano, porém, ocorreram no campo da nulidade absoluta das deliberações.

O art. 2.379 do CCI foi totalmente refeito, acrescentando-se, ainda, como se disse, os arts. 2.379-*bis* e *ter*.

De acordo com o art. 2.379, a nulidade das deliberações só pode ser declarada nos seguintes casos:

• falta de convocação da assembléia, não se considerando como tal a convocação irregular, se o aviso provier de um componente do órgão da administração ou do conselho fiscal e permitir àqueles que têm o direito de intervir no conclave tempestiva ciência dos termos da convocação e da data da assembléia;

• ausência de ata da assembléia, não se considerando como faltante a ata que contiver a data da deliberação e seu objeto e estiver subscrita pelo presidente do conclave, ou do conselho de administração, ou do conselho de supervisão, e pelo secretário ou tabelião;[24]

• impossibilidade ou ilicitude do objeto.

No primeiro caso (falta de convocação da assembléia), o art. 2.379-*bis* determina que o vício não pode ser alegado por quem tiver concordado, ainda que posteriormente, com a realização da assembléia. A nulidade absoluta pode aqui, pois, ser *convalidada*.

No segundo caso (ausência de ata), o mesmo dispositivo determina que a invalidade da deliberação pode ser *sanada* mediante a lavratura de ata antes da assembléia sucessiva, com o que a deliberação produzirá efeitos desde a data em que foi tomada, ressalvados os direitos de terceiros de boa-fé que ignoravam sua existência. A sanação da nulidade absoluta tem aqui, pois, efeito *retroativo*.

Ademais, em todas as hipóteses do art. 2.379 — tirante apenas a de deliberação que

24. A existência de uma ata é considerada, na doutrina brasileira, condição de *eficácia*, e não de validade, da assembléia (cf. Carvalhosa, *Comentários à Lei de Sociedades Anônimas*, v. 2, 2ª ed., São Paulo, Saraiva, 1997, p. 643).

modifique o *objeto social* para incluir atividades ilícitas ou impossíveis, cuja invalidade pode ser alegada a qualquer tempo — a deliberação tomada na assembléia somente poderá ser atacada no prazo de *três anos* da sua transcrição no livro de atas, ou de seu registro, se a deliberação estiver a ele sujeita.[25] A nulidade absoluta aqui, pois, *convalesce*.

A legitimação para a ação de nulidade, todavia, é ampla: compete a quem demonstrar interesse, podendo, ademais, ser declarada de ofício pelo juiz.

Ainda na hipótese de nulidade absoluta da deliberação, são ressalvados os direitos adquiridos por terceiros de boa-fé com base em atos praticados em execução da mesma.

4.2.1 Prazos especiais para a propositura de ação de nulidade das deliberações referentes a aumento ou redução de capital social e emissão de debêntures

O art. 2.379-*ter* estabelece ainda prazos especiais aplicáveis às hipóteses de deliberações de aumento ou redução do capital social (com restituição aos acionistas de parte do valor das ações ou liberação parcial da obrigação de integralizá-las, nos termos do art. 2.445 do CCI, correspondente ao nosso art. 174 da Lei 6.404) e de emissão de debêntures.

4.2.1.1 *Nas sociedades fechadas* — Determina o aludido dispositivo que, quando se tratar dessas hipóteses, a invalidade da deliberação não pode ser alegada depois de transcorridos cento e oitenta dias do seu arquivamento no registro de empresas, ou, no caso de falta de convocação, noventa dias da data da aprovação do balanço do exercício no curso do qual a deliberação foi executada, ainda que parcialmente.

4.2.1.2 *Nas sociedades abertas* — Nas sociedades que recorrem ao mercado de capital de risco, por sua vez, a invalidade da deliberação não pode ser declarada após ter sido inscrita no registro de empresas, nos termos do art. 2.444, certidão de que o aumento de capital foi integralizado, ainda que parcialmente;[26] e, também no caso das deliberações de redução de capital ou emissão de debêntures, a invalidade das mesmas não pode ser declarada após sua execução, ainda que parcial.

4.3 Disposições especiais para a propositura de ação de anulação ou de nulidade das deliberações referentes à aprovação de balanço

O art. 2.434-*bis* prescreve prazo especial, seja para a anulação, seja para a declaração de nulidade das deliberações de aprovação de balanço. Quando se tratar dessas deliberações, a ação respectiva não pode ser proposta após a aprovação do balanço do exercício subseqüente.

Se o balanço questionado, outrossim, tiver passado pelo crivo do auditor independente (*revisore*), sem qualquer ressalva, a legitimação para requerer a invalidade da deliberação que o aprovou compete somente a acionista ou acionistas que representem, no mínimo, cinco por cento do capital social.

4.4 Disposições especiais referentes à transformação das sociedades

Finalmente, foram estipuladas disposições específicas para a hipótese de transformação das sociedades.

Os atos relativos à transformação estão sujeitos, nos termos do art. 2.500, "à disciplina prevista para o tipo adotado e às

25. Esse prazo também foi adotado como regra geral no direito alemão (AktG de 1965, § 242, 2 e 3) e no direito francês (Lei de Sociedades Comerciais de 1966, art. 367).

26. O art. 2.444 do CCI é do seguinte teor: "Nei trenta giorni dall'avvenuta sottoscrizione delle azioni di nuova emissione gli amministratori devono depositare per l'iscrizione nel registro delle imprese un'attestazione che l'aumento del capitale è stato eseguito. Fino a che l'iscrizione nel registro non sia avvenuta, l'aumento del capitale non può essere menzionato negli atti della società".

formas de publicidade respectivas, bem como à *publicidade* requerida para a cessação do ente que efetua a transformação".

Dispõe, a seguir, o art. 2.500-*bis* que, efetuada a publicidade prevista no art. 2.500, a transformação *não pode mais ser invalidada*, ficando ressalvado o direito ao ressarcimento dos eventuais danos causados tanto aos participantes da sociedade transformada, quanto a terceiros.

4.5 Proibição de voto e conflito de interesses

Muito embora essa questão não diga respeito diretamente ao tema aqui enfocado, resta dizer que a reforma de 2003 encerrou de vez a polêmica acerca do voto proferido por acionista que tenha interesse conflitante com o da sociedade.

Essa polêmica devia-se — tal como ocorre aqui no Brasil — à imperfeita redação da lei — o art. 2.373 do CCI, que agora foi reformulado.

Dizia o referido dispositivo, na sua antiga redação:

> Art. 2.373. *Conflito de interesses.* O direito de voto não pode ser exercido pelo sócio nas deliberações em que ele tenha, por conta própria ou de terceiros, um interesse em conflito com o da sociedade.
>
> Em caso de inobservância da disposição do parágrafo precedente, a deliberação, toda vez que possa causar dano à sociedade, é impugnável consoante o art. 2.377, se, sem o voto dos sócios que deveriam abster-se da votação, não se teria alcançado a necessária maioria (...).
>
> Os administradores não podem votar nas deliberações concernentes à sua responsabilidade (...).
>
> As ações com relação às quais, de acordo com este artigo, não pode ser exercido o direito de voto são computadas para os fins da regular constituição da assembléia (...).[27]

A questão objeto de debate era a seguinte: o primeiro parágrafo do art. 2.373 estabelecia, tal como o terceiro parágrafo, uma proibição de voto (*divieto di voto*), propriamente? Vale dizer, o acionista com interesse conflitante estaria impedido de votar, tal como o acionista administrador, por exemplo, está impedido de votar na deliberação relativa às próprias contas?[28] Essa questão ainda levava a outra: o presidente da mesa da assembléia poderia deixar de computar o voto do acionista com interesse conflitante?

Parte da doutrina — a nosso ver com razão — entendia que, tendo em vista que a noção de interesse conflitante só pode ser definida em concreto, caso a caso, e que, ademais, o segundo parágrafo do art. 2.373, supracitado, exigia ainda, para a anulação da deliberação, a ocorrência de dano ao menos potencial para a sociedade,[29] a hi-

27. No original: "Art. 2.373. *Conflitto d'interessi.* Il diritto di voto non può essere esercitato dal socio nelle deliberazioni in cui egli ha, per conto proprio o di terzi, un interesse in conflitto con quello della società. In caso d'inosservanza della disposizione del comma precedente, la deliberazione, qualora possa recare danno alla società, é impugnabile a norma dell'articolo 2.377 se, senza il voto dei soci che avrebbero dovuto astenersi dalla votazione, non si sarebbe ragiunta la necessaria maggioranza (c. 1.394, 1.395). Gli amministratori non possono votare nelle deliberazioni riguardanti la loro responsabilità (c. 2.393, 2.469). Le azioni per le quali, a norma di questo articolo, non può essere esercitado il diritto di voto sono computate ai fini della regolare constituzione della assemblea (c. 2.368 ss., 2.486; att. c. 209)".

28. É a questão que também se coloca aqui no Brasil, diante da imperfeita redação do art. 115 da Lei 6.404, em especial do seu § 1º: "O acionista *não poderá votar* nas deliberações da assembléia geral relativas ao laudo de avaliação de bens com que concorrer para a formação do capital social e à aprovação de suas contas como administrador, nem em quaisquer outras que puderem beneficiá-lo de modo particular, *ou em que tiver interesse conflitante com o da companhia*".

29. Como exige o *caput* do art. 115 da Lei 6.404: "O acionista deve exercer o direito a voto no interesse da companhia; considerar-se-á abusivo o voto exercido com o fim de causar dano à companhia ou a outros acionistas, ou de obter, para si ou para outrem, vantagem a que não faz jus *e de que resulte, ou possa resultar*, prejuízo para a companhia ou para outros acionistas".

pótese não era de *divieto di voto*, propriamente dito, devendo-se, assim, proceder ao exame — *a posteriori* — do conteúdo da deliberação, para verificar a ocorrência desses requisitos (e, só então, se fosse o caso, decretar-se a sua anulação). Vale dizer, a lei não estabelecia um controle *ex ante* da legitimidade do voto, como no caso do administrador que vota na deliberação referente às próprias contas, mas sim um controle *ex post*. O conflito de interesses mencionado na norma, assim, não consistia em um conflito meramente *formal*, mas sim num conflito *substancial*, somente aferível mediante a análise do conteúdo da deliberação.[30] Conseqüentemente, o presidente da mesa da assembléia não estava autorizado a deixar de computar o voto do acionista sob a alegação de ser conflitante com o interesse da sociedade.

Mas tal orientação, como se disse, era objeto de polêmica, tanto doutrinária, como jurisprudencial.

A nova redação do art. 2.273 parece ter cortado cerce essa controvérsia. Diz ele agora:

Art. 2.373. *Conflito de interesses*. A deliberação aprovada com o voto determinante de sócios que tenham, por conta própria ou de terceiros, um interesse em conflito com aquele da sociedade é impugnável, consoante o art. 2.377, toda vez que possa causar-lhe dano.

Os administradores não podem votar nas deliberações concernentes à sua responsabilidade. Os componentes do conselho de gestão não podem votar nas deliberações concernentes à nomeação, revogação ou responsabilidade dos conselheiros de supervisão.[31]

Não se fala mais, portanto, que o direito de voto "não pode ser exercido pelo sócio" na hipótese de interesse conflitante. Diz-se apenas que, na hipótese de o voto conflitante determinar a maioria, com prejuízo ainda que potencial para a sociedade, a deliberação poderá ser anulada.

Seguiu-se agora a fórmula que já havia sido adotada na lei alemã desde 1937, reproduzida, com ligeiras alterações, nos §§ 136, 1 e 243, 2, da *Aktiengesetz* de 1965.[32]

30. Nesse sentido, por exemplo, era a lição de Galgano: "Il comma 2º dell'art. 2.373", esclarecia ele, "stabilisce che la deliberazione può essere impugnata, a norma dell'art. 2.373, 'qualora possa recare danno alla società': il che val quanto dire che la deliberazione è annullabile solo se, *considerato il contenuto di essa*, risulti evidente che il socio ha sacrificato l'interesse sociale a quello personale". A outra hipótese prevista no art. 2.373, do CCI, ou seja, a proibição dos administradores votarem nas deliberações concernentes à sua responsabilidade cuidava, esta sim, de um *divieto di voto* e, portanto, diversamente da primeira, não havia de se indagar aqui sobre eventual prejuízo, potencial ou atual, da deliberação: "qui", diz Galgano, "la situazione di conflitto di interessi è *in re ipsa*, come è *in re ipsa*, e non richiede alcuna prova nel caso in cui gli amministratori abbiano votato, il pericolo di danno per la società" (*La Società per Azioni*, Cedam, 1984, pp. 230-231, destaques nossos). Com respeito à conceituação de conflito de interesses na doutrina italiana, v., outrossim, o nosso *Conflito de Interesses nas Assembléias de S/A*, Malheiros Editores, 1993, pp. 75-81 e, ainda, os votos do Dr. Luiz Antonio de Sampaio Campos nos julgados da CVM por nós comentados nas *RDM* 125/170 e 128/225.

31. No original: "Art. 2.373. *Conflitto d'interessi*. La deliberazione approvata con il voto determinante di soci che abbiano, per conto proprio o di terzi, un interesse in conflitto con quello della società è impugnabile a norma dell'art. 2.377 qualora possa recarle dano. Gli amministratori non possono votare nelle deliberazioni riguardanti la loro responsabilità. I componenti del consiglio di gestioni non possono votare nelle deliberazioni riguardanti la nomina, la revoca o la responsabilità dei consiglieri di sorveglianza".

32. O § 136, 1, da AktG de 1965, assim reza: "*Ausschluss des Stimmrechts*. Niemand kann für sich oder für einen anderen das Stimmrecht ausüben, wenn darüber Beschluss gefasst wird, ob er zu entlasten oder von einer Verbindlichkeit zu befreien ist oder ob die Gesellschaft gegen ihn einen Anspruch geltend machen soll. (...)" ("*Exclusão do direito de voto. Ninguém pode exercer o direito de voto*, por si ou por outrem, quando for tomada uma deliberação a respeito de sua própria exoneração, ou de sua liberação de uma obrigação, ou do exercício de um direito que a sociedade deva fazer valer contra o votante"); o § 243, 2, por sua vez, diz o seguinte: "Die Anfechtung kann auch darauf gestützt werden, dass ein Aktionär mit der Ausübung des Stimmrechts für sich oder einen Dritten Sondervorteile zum Schaden der Gesellschaft oder der anderen Aktionäre zu

5. *Conclusão*

A reforma do direito italiano só vem a confirmar a asserção de Miranda Valverde, feita a quase meio século, de que "a teoria das nulidades está, ainda, por fazer-se".[33]

É cedo, porém, para dizer se, com a reformulação do sistema de invalidade das deliberações, será eliminada a possibilidade de a jurisprudência italiana voltar novamente a utilizar a figura da deliberação inexistente para contornar o rigor da lei e, dessa forma, retirar a eficácia prática do novo sistema.[34]

De qualquer forma, há de se reconhecer que o legislador italiano optou por uma reforma corajosa, em consonância com os mais modernos ditames do direito societário e do mercado de capitais.

Quando despertará o legislador brasileiro de seu sono profundo nessa matéria?[35]

erlangen suchte und der Beschluss geeignet ist, diesem Zweck zu dienen. (...)" ("*A anulação pode também fundar-se* no fato de um acionista, mediante o exercício do voto, tentar obter para si ou para terceiros vantagens particulares em detrimento da sociedade ou de outros acionistas e a deliberação for idônea a servir a essa finalidade") (destaques nossos).

33. Cf. *Sociedades por Ações*, v. III, 3ª ed., Forense, 1959, n. 815, p. 102.

34. Imagine-se, no direito brasileiro, para exemplificar, a hipótese de deliberação que nomeie um estrangeiro, pelo prazo de seis anos, para a direção de uma empresa jornalística, contrariando, assim, a um só tempo, a disposição imperativa constante do art. 143, III, da Lei 6.404 e o art. 222, § 1º, da Constituição Federal. Como seria possível sustentar que uma tal deliberação possa convalescer pelo decurso do tempo? Eventual hipótese similar no direito italiano, todavia, ficaria, aparentemente, sem solução (somente a invalidade das deliberações que modifiquem o *objeto social* para incluir atividades ilícitas ou impossíveis pode ser alegada a qualquer tempo).

35. Segue a íntegra dos artigos reformados e acrescidos, citados no texto:

Art. 2.377: "*Annullabilità delle deliberazioni*. Le deliberazioni che non sono prese in conformità della legge o dello statuto possono essere impugnate dai soci assenti, dissenzienti od astenuti, dagli amministratori, dai consiglio di sorveglianza e dai collegio sindacale.

"L'impugnazione può essere proposta dai soci quando possiedono tante azioni aventi diritto di voto con riferimento alla deliberazione che rappresentino, anche congiuntamente, l'uno per mille dei capitale sociale nelle società che fanno ricorso al mercato del capitale di rischio e il cinque per cento nelle altre; lo statuto può ridurre o escludere questo requisito. Per l'impugnazione delle deliberazioni delle assemblee speciali queste percentuali sono riferite ai capitale rappresentato dalle azioni della categoria.

"I soci che non rappresentano la parte di capitale indicata nel comma precedente e quelle che, in quanto privi di voto, non sono legittimati a proporre l'impugnativa hanno diritto al risarcimento del danno loro cagionato dalla non conformità della deliberazione alla legge o allo statuto.

"La deliberazione non può essere annullata:

"1) per la partecipazione all'assemblea di persone non legittimate, salvo che tale partecipazione sia stata determinante ai fini della regolare costituzione dell'assemblea a norma degli artt. 2.368 e 2.369;

"2) per l'invalidità di singoli voti o per il loro errato conteggio, salvo che il voto invalido o l'errore di conteggio siano stati determinanti ai fini del raggiungimento della maggioranza richiesta;

"3) per l'incompletezza o l'inesattezza del verbale, salvo che impediscano l'accertamento del contenuto, degli effetti e della validità della deliberazione.

"L'impugnazione o la domanda di risarcimento del danno sono proposte nel termine di novanta giomi dalla data della deliberazione, ovvero, se questa è soggetta ad iscrizione nel registro delle imprese, entro tre mesi dall'iscrizione o, se è soggetta solo a deposito presso l'ufficio del registro delle imprese, entro tre mesi dalla data di questo.

"L'annullamento della deliberazione ha effetto rispetto a tutti i soci ed obbliga gli amministratori, il consiglio di sorveglianza e il consiglio di gestione a prendere i conseguenti provvedimenti sotto la propria responsabilità. In ogni caso sono salvi i diritti acquistati in buona fede dai terzi in base ad atti compiuti in esecuzione della deliberazione.

"L'annullamento della deliberazione non può aver luogo, se la deliberazione impugnata è sostituita con altra presa in conformità della legge e dello statuto. In tal caso il giudice provvede sulle spese di lite, ponendole di norma al carico della società, e sul risarcimento dell'eventuale danno.

"Restano salvi i diritti acquisiti dai terzi sulla base della deliberazione sostituita."

Art. 2.378: "*Procedimento d'impugnazione*. L'impugnazione è proposta con atto di citazione davanti al tribunale del luogo dove la società ha sede.

"Il socio o i soci opponenti devono dimostrarsi possessori al tempo dell'impugnazione del numero delle azioni previsto dal secondo comma dell'art. 2.377. Fermo restando quanto disposto dall'art. 111 del codice di procedura civile, qualora nel corso del processo venga meno a seguito di trasferimenti per atto tra vivi il richiesto numero delle azioni, il giudice, previa se del caso revoca del provvedimento di sospensione dell'esecuzione della deliberazione, non può pronunciare l'annullamento e provvede sul risarcimento dell'eventuale danno, ove richiesto.

"Con ricorso depositato contestualmente al deposito, anche in copia, della citazione, l'impugnante può chiedere la sospensione dell'esecuzione della deliberazione. In caso di eccezionale e motivata urgenza, il presidente del tribunale, omessa la convocazione della società convenuta, provvede sull'istanza con decreto motivato, che deve altresì contenere la designazione del giudice per la trattazione della causa di merito e la fissazione, davanti al giudice designato, entro quindici giomi, dell'udienza per la conferma, modifica o revoca dei provvedimenti emanati con il decreto, nonché la fissazione del termine per la notificazione alla controparte del ricorso e del decreto.

"Il giudice designato per la trattazione della causa di merito, sentiti gli amministratori e sindaci, provvede valutando comparativamente il pregiudizio che subirebbe il ricorrente dalla esecuzione e quello che subirebbe la società dalla sospensione dell'esecuzione della deliberazione; può disporre in ogni momento che i soci opponenti prestino idonea garanzia per l'eventuale risarcimento dei danni. All'udienza, il giudice, ove lo ritenga utile, esperisce il tentativo di conciliazione eventualmente suggerendo le modificazioni da apportare alla deliberazione impugnata e, ove la soluzione appaia realizzabile, rinvia adeguatamente l'udienza.

"Tutte le impugnazioni relative alla medesima deliberazione, anche se separatamente proposte ed ivi comprese le domande proposte ai sensi del terzo comma dell'art. 2.377, devono essere istruite congiuntamente e decise con unica sentenza. Salvo quanto disposto dal quarto comma del presente articolo, la trattazione della causa di merito ha inizio trascorso il termine stabilito nel quinto comma dell'art. 2.377."

Art. 2.379: "*Nullità delle deliberazioni*. Nei casi di mancata convocazione dell'assemblea, di mancanza del verbale e di impossibilità o illiceità dell'oggetto la deliberazione può essere impugnata da chiunque vi abbia interesse entro tre anni dalla sua iscrizione o deposito nel registro delle imprese, se la deliberazione vi è soggetta, o dalla trascrizione nel libro delle adunanze dell'assemblea, se la deliberazione non è soggetta né a iscrizione né a deposito. Possono essere impugnate senza limiti di tempo le deliberazioni che modificano l'oggetto sociale prevedendo attività illecite o impossibili.

"Nei casi e nei termini previsti dal precedente comma l'invalidità può essere rilevata d'ufficio dal giudice.

"Ai fini di quanto previsto dal primo comma la convocazione non si considera mancante nel caso d'irregolarità dell'avviso, se questo proviene da un componente dell'organo di amministrazione o di controllo della società ed è idoneo a consentire a coloro che hanno diritto di intervenire di essere tempestivamente avvertiti della convocazione e della data dell'assemblea. Il verbale non si considera mancante se contiene la data della deliberazione e il suo oggetto ed è sottoscritto dal presidente dell'assemblea, o dal presidente del consiglio d'amministrazione o del consiglio di sorveglianza e dal segretario o dal notaio.

"Si applicano, in quanto compatibili, il sesto e settimo comma dell'art. 2.377."

Art. 2.379-bis: "*Sanatoria della nullità*. L'impugnazione della deliberazione invalida per mancata convocazione non può essere esercitata da chi anche successivamente abbia dichiarato il suo assenso allo svolgimento dell'assemblea.

"L'invalidità della deliberazione per mancanza del verbale può essere sanata mediante verbalizzazione eseguita prima dell'assemblea successiva. La deliberazione ha effetto dalla data in cui è stata presa, salvi i diritti dei terzi che in buona fede ignoravano la deliberazione."

Art. 2.379-ter: "*Invalidità delle deliberazioni di aumento o di riduzione del capitale e della emissione di obbligazioni*. Nei casi previsti dall'art. 2.379 l'impugnativa dell'aumento di capitale, della riduzione del capitale ai sensi dell'art. 2.445 o della emissione di obbligazioni non può essere proposta dopo che siano trascorsi centottanta giorni dall'iscrizione della deliberazione nel registro delle imprese o, nel caso di mancata convocazione, novanta giorni dall'approvazione del bilancio dell'esercizio nel corso dei quale la deliberazione è stata anche parzialmente eseguita.

"Nelle società che fanno ricorso al mercato del capitale di rischio l'invalidità della deliberazione di aumento del capitale non può essere pronunciata dopo che a norma dell'art. 2.444 sia stata iscritta nel registro delle imprese l'attestazione che l'aumento è stato anche parzialmente eseguito; l'invalidità della deliberazione di riduzione del capitale ai sensi dell'art. 2.445 o della deliberazione di emissione delle obbligazioni non può essere pronunciata dopo che la deliberazione sia stata anche parzialmenle eseguita.

"Resta salvo il diritto al risarcimento del danno eventualmente spettante ai soci e ai terzi."

Art. 2.434-bis: "*Invalidità della deliberazione di approvazione del bilancio*. Le azioni previste dagli artt. 2.377 e 2.379 non possono essere proposte nei confronti delle deliberazioni di approvazione del bilancio dopo che è avvenuta l'approvazione del bilancio dell'esercizio successivo.

"La legittimazione ad impugnare la deliberazione di approvazione del bilancio su cui il revisore non ha formulato rilievi spetta a tanti soci che rappresentino almeno il cinque per cento del capitale sociale.

"Il bilancio dell'esercizio nel corso del quale viene dichiarata l'invalidità di cui al comma precedente tiene conto delle ragioni di questa."

Art. 2.500: "*Contenuto, pubblicità ed efficacia dell'atto di trasformazione*. La trasformazione in società per azioni, in accomandita per azioni o a responsabilità limitata deve risultare da atto pubblico, contenente le indicazioni previste dalla legge per l'atto di costituzione del tipo adottato.

"L'atto di trasformazione è soggetto alla disciplina prevista per il tipo adottato ed alle forme di pubblicità relative, nonché alla pubblicità richiesta per la cessazione dell'ente che effettua la trasformazione.

"La trasformazione ha effetto dall'ultimo degli adempimenti pubblicitari di cui al comma precedente."

Art. 2.500-bis: "*Invalidità della trasformazione*. Eseguita la pubblicità di cui all'articolo precedente, l'invalidità dell'atto di trasformazione non può essere pronunciata.

"Resta salvo il diritto al risarcimento del danno eventualmente spettante ai partecipanti al'ente trasformato ed ai terzi danneggiati dalla trasformazione."

Doutrina

DESCONSIDERAÇÃO DA PERSONALIDADE JURÍDICA E GRUPOS DE SOCIEDADES

Eduardo Secchi Munhoz

Este trabalho tem por objetivo demonstrar a insuficiência do instituto da desconsideração da personalidade jurídica para solucionar os problemas afetos aos grupos societários.

Inicialmente, serão abordadas as principais teorias sobre a desconsideração da personalidade jurídica não em todos os seus aspectos, mas apenas naquilo que será útil para os objetivos deste texto.[1] Em seguida, passa-se a examinar de que forma os operadores vêm aplicando essa teoria, no direito comparado e no direito brasileiro. A partir das premissas expostas nesses tópicos, será possível apresentar uma análise crítica da doutrina da desconsideração, procurando-se apontar os limites de sua aplicação e, ao final, demonstrar sua inaptidão para solucionar os problemas que decorrem do evidente descompasso entre o fenômeno econômico e a disciplina jurídica no campo dos grupos societários.

1. Tem-se denominado *desconsideração da personalidade jurídica* (*disregard of legal entity, lifting the corporate veil, Durchgriff, superamento della personalità giuridica*) a suspensão temporária da personificação, em determinado caso concreto, atribuindo-se aos seus sócios ou administradores as relações que inicialmente seriam imputadas à pessoa jurídica. Não se trata de uma *despersonalização*, ou seja, do desaparecimento da pessoa jurídica como sujeito autônomo de direito, como ocorreria, por exemplo, nos casos de invalidade de seu contrato social ou de sua dissolução. A *desconsideração* atua apenas no plano da eficácia, com respeito a uma situação específica, permanecendo a pessoa jurídica como sujeito autônomo em relação aos demais atos.[2] Na abrangente síntese de um autor português, "desconsiderar significa derrogar o princípio da separação entre a pessoa colectiva e aqueles que por detrás delas actuam".[3]

1. Sobre as diversas teorias a respeito da desconsideração da personalidade jurídica, com vasto exame de direito comparado, veja-se J. Lamartine Corrêa de Oliveira, *A Dupla Crise da Pessoa Jurídica*, São Paulo, Saraiva, 1979, pp. 294-555.

2. "Importa, no entanto, distinguir entre despersonalização e desconsideração (relativa) da personalidade jurídica. Na primeira, a pessoa coletiva desaparece como sujeito autônomo, em razão da falta original ou superveniente de suas condições de existência, como, por exemplo, a invalidade do contrato social ou a dissolução da sociedade. Na segunda, subsiste o princípio da autonomia subjetiva da pessoa coletiva, distinta da pessoa de seus sócios ou componentes; mas essa distinção é afastada, provisoriamente e tão-só para o caso concreto" (F. K. Comparato, *O Poder de Controle na Sociedade Anônima*, 3ª ed., Rio de Janeiro, Forense, 1983, p. 283).

3. Pedro Cordeiro, *A Desconsideração da Personalidade Jurídica das Sociedades Comerciais*, Lisboa, Associação Acadêmica da Faculdade de Direito de Lisboa, 1989, p. 13. Vejam-se outras definições: "É a ignorância, para casos concretos e sem retirar a validade de ato jurídico específico, dos efeitos da personificação jurídica validamente reconhecida a uma ou mais sociedades, a fim de evitar resultado incompatível com a função da pessoa jurídica"

A teoria encontraria sua origem na jurisprudência norte-americana, indicando-se o caso *Bank of United States vs. Deveaux*,[4] de 1809, como o primeiro precedente. Na Inglaterra, é célebre o caso *Salomon vs. Salomon & Co. Ltd.*,[5] julgado em 1897 pela *House of Lords*. A despeito da *House of Lords* haver reformado a decisão que determinara a desconsideração da personalidade jurídica, a técnica passou a ter sucesso acentuado nos Estados Unidos, o que tornou a *disregard doctrine* "mais uma construção jurisprudencial norte-americana do que britânica".[6]

A teoria da desconsideração tem, portanto, origem jurisprudencial, pautando-se por soluções casuísticas, sob a influência da preocupação da justiça para o caso concreto (*equity*). Ao surgir como produto da jurisprudência, e não da chamada ciência do direito, a teoria da desconsideração tem suscitado dúvidas e incertezas, em virtude das múltiplas situações e critérios utilizados pelos tribunais, motivo de perplexidade especialmente no *Civil Law*, que pressupõe a sistematização dogmática dos institutos.[7] Sente-se a falta de uma definição

(Marçal Justen Filho, *Desconsideração da Personalidade Societária no Direito Brasileiro*, São Paulo, Ed. RT, 1987, p. 57); "(...) reação que os tribunais desenvolveram através de um conjunto de julgados que tiveram por ponto comum uma espécie de suspensão de vigência — para o caso concreto em julgamento — do princípio da separação entre pessoa jurídica e pessoa-membro. Esse fenômeno é conhecido pelo pensamento jurídico moderno pelas expressões 'desconsideração' da pessoa jurídica (...)" (J. Lamartine Corrêa de Oliveira, *A Dupla Crise da Pessoa Jurídica*, cit., pp. 262-263); "'Piercing the corporate veil' refers to the judicially imposed exception to this principle by which courts disregard the separateness of the corporation and hold shareholder responsible for the corporation's action as if it were the shareholder's own" (R. Thompson, "Piercing the Corporate Veil: an empirical study", in *Cornell Law Review* 76/1.036, 1991).

4. A Constituição dos Estados Unidos definia a competência dos tribunais federais para julgar conflitos entre indivíduos de diferentes Estados, e não entre pessoas jurídicas. No caso, definiu-se a competência do tribunal federal, ao se desconsiderar a personalidade jurídica de uma *corporation*, de modo a reconhecer o conflito estabelecido entre os indivíduos que por detrás dela atuavam (M. Wormser, "Piercing the Veil of Corporate Entity", *Columbia Law Review* 496/49, nota 29, 1912).

5. No caso, uma decisão de primeira instância desconsiderou a personalidade jurídica, sob o argumento de que o sócio Aaron Salomon, ao constituir a sociedade e tornar-se, ele próprio, importante credor dela, pretendeu fraudar os credores. Com a insolvência da sociedade, Salomon reclamou seu crédito em detrimento dos credores, situação considerada lesiva pela decisão de primeira instância, que determinou a desconsideração da personalidade jurídica da sociedade e o pagamento do crédito do sócio somente após a satisfação do crédito dos demais credores. Posteriormente, a decisão foi reformada em grau de recurso, por entender a *House of Lords* que a sociedade fora validamente constituída, devendo ter preservada sua personalidade jurídica e, conseqüentemente, ser reconhecido o crédito de seu sócio. O caso é citado por P. Verrucoli (*Il Superamento della Personalità Giuridica delle Società di Capitali nella "Common Law" e nella "Civil Law"*, Milão, Giuffrè, 1964, p. 90), sendo reiteradamente abordado pela doutrina a respeito do tema, valendo destacar, dentre outros, J. Lamartine Corrêa de Oliveira, *A Dupla Crise da Pessoa Jurídica*, cit., pp. 456-457.

6. Rubens Requião, "Abuso de direito e fraude através da personalidade jurídica", in *RT* 410/18.

7. Marçal Justen Filho em *Desconsideração da Personalidade Societária no Direito Brasileiro*, cit., procura abordar a teoria da desconsideração segundo o enfoque que, para o autor, é adequado ao sistema romanístico. Adota o método dedutivo, que parte da definição de conceitos gerais e das naturezas jurídicas, em vez do indutivo. Veja-se a seguinte passagem: "Esta obra não representa modelo acabado da teoria da desconsideração da pessoa jurídica. Trata-se de uma formulação experimental, objetivando enquadrar a chamada *disregard doctrine* dentro dos parâmetros de nossa dogmática jurídica. Por isso, há uma consciente intenção de afastar o modelo de enfoque consagrado no direito comparado. Tanto os estudos norte-americanos quanto a obra alemã se identificam por uma abordagem indutiva. Os doutrinadores costumam examinar a jurisprudência e catalogar os casos de aplicação da doutrina da penetração. E, buscando aproximar os casos semelhantes, julgam descobrir as regras genéricas em que se fundaria a desconsideração. Modelo de todas as obras sobre a matéria é, então, o trabalho de Serick. Julgamos, sem desmerecer a validade desse tipo de enfoque, que não é o mais adequado à forma de trabalho da nossa dogmática jurídica. Os juristas nacionais, tradicionalmente, adotam um método sistemático para tratar os institutos jurídicos. Isso significa adoção do método dedutivo. Buscam organizar as questões de modo geral e abstrato, segundo a sua natureza jurídica. A grande dificuldade para a aplicação da teoria da desconsideração da personalidade jurí-

genérica dos fundamentos em que se assenta a teoria, de modo a conferir maior segurança à sua aplicação.

O estudo pioneiro que pretendeu catalogar os casos da jurisprudência norte-americana e, a partir deles, descobrir as regras genéricas da desconsideração, de modo a oferecer uma teoria sistemática do instituto, aplicável nas ordens jurídicas continentais, é de autoria de Serick,[8] datando da segunda metade da década de 1950. A partir desse estudo, a teoria foi objeto de intenso debate na doutrina alemã,[9] difundindo-se para os diversos países, cujos tribunais logo passaram a aplicá-la. No sistema do *Civil Law*, a despeito da ausência de uma disciplina legal específica, a teoria passou a ser aplicada com base em princípios gerais do direito privado, como o da boa-fé e o do abuso de direito.[10]

No Brasil, Rubens Requião[11] apresentou aquele que tem sido apontado como o estudo que introduziu a matéria na literatura jurídica nacional. A esse estudo do professor paranaense, seguiram-se inúmeros trabalhos a respeito do tema, merecendo especial destaque *A Dupla Crise da Pessoa Jurídica*,[12] de José Lamartine Corrêa de Oliveira, da década de 1970, obra abrangente e inovadora, com vasta pesquisa de direito comparado (sobretudo, do direito alemão), cuja influência extrapolou largamente os limites da doutrina nacional. Também a jurisprudência brasileira, a exemplo da dos demais países, não ficou alheia à nova teoria, vindo a aplicá-la em uma série de julgados, inclusive, do Supremo Tribunal Federal e do Superior Tribunal de Justiça.[13]

Não obstante a existência de teorias diversas sobre a desconsideração,[14] que defendem a aplicação de princípios e critérios distintos na sua abordagem, cujo exame extrapolaria os limites do presente trabalho, podem ser apontadas duas grandes correntes gerais de análise, nos sistemas jurídicos de tradição romanística.

A primeira, denominada teoria unitarista ou subjetiva, foi desenvolvida por Serick.[15] Ela tem como ponto de partida uma visão unitária da pessoa jurídica, concebi-

dica reside precisamente nas suas fórmulas fragmentárias. Não se encontram indicadores seguros nem precisos acerca de quando se deve aplicar a dita teoria. Nem se sabe em que consiste exatamente ela. Se há algo de original nesta obra é justamente a proposta: abordar a *disregard doctrine* segundo o método tradicional de nosso direito" (ob. cit., preâmbulo).

8. *Forma e Realtà della Persona Giuridica*, Milão, Giuffrè, 1966, tradução de *Rechtsform und Realität juristischer Personen*, publicado na Alemanha, na década de 1950. Também pioneiro foi o trabalho de Piero Verrucoli, *Il Superamento della Personalità Giuridica delle Società di Capitali nella "Common Law" e nella "Civil Law"*, cit.

9. Depois do estudo de Serick, a doutrina alemã passou a discutir e a elaborar novas teorias sobre a desconsideração. Talvez a crítica mais importante ao trabalho de Serick, que levou ao surgimento da corrente doutrinária hoje dominante na Alemanha, seja a do professor Müller-Freienfels ("Zur Lehre von sogennanten Durchgriff bei juristischen Personen in Privatrecht", in *Archiv für das civilistische Praxis*, 1957, p. 529). A esse respeito, abordando a teoria de Müller-Freienfels, v., J. Lamartine Corrêa de Oliveira, *A Dupla Crise da Pessoa Jurídica*, cit., pp. 357-368.

10. J. Dobson acentua que, com o aumento do número de decisões judiciais determinando a desconsideração da personalidade jurídica, tornou-se necessária a sistematização do instituto. Nos Estados Unidos, essa sistematização teria ocorrido a partir de institutos típicos, como a *agency*, a fraude e o *estoppel*. Já "el derecho continental europeo sistematizó las decisiones principalmente a nivel del abuso del derecho, con algunas referencias a la teoría del fraude y de la responsabilidad por hechos ilícitos" (*El Abuso de la Personalidad Jurídica (en el Derecho Privado)*, Buenos Aires, Depalma, 1985, p. 19).

11. "Abuso de direito e fraude através da personalidade jurídica", in *RT* 410/12, dez. 1969.

12. Ob. cit.

13. STF, entre outros: acórdãos publicados na *RT* 156/826-830, e na *Revista Trimestral de Jurisprudência* 72/77-82; STJ, entre outros: recurso especial 86.502-SP, Rel. Ministro Ruy Rosado de Aguiar, j. 21.5.1996, *DJ* 26.8.1996 — íntegra do acórdão disponível em <www.stj.gov.br>, visitado em maio 2004.

14. Cf. J. Lamartine Corrêa de Oliveira, *A Dupla Crise da Pessoa Jurídica*, cit., pp. 259-559.

15. Cf. Pedro Cordeiro, *A Desconsideração da Personalidade Jurídica das Sociedades Comerciais*, Lisboa, Associação Acadêmica da Faculdade de Direito de Lisboa, 1989, pp. 28-33.

da como ente dotado de essência pré-jurídica, que se contrapõe ao objetivo específico de cada norma. Dessa forma, a desconsideração atuaria sempre de maneira igual, independentemente da espécie de pessoa jurídica (*v.g.*, sociedade anônima, sociedade em nome coletivo etc.), somente sendo possível afastar sua autonomia jurídica em situações de absoluta excepcionalidade, nas quais ficasse caracterizado abuso de direito, encarado por um prisma subjetivo. Vale dizer, somente um comportamento doloso ou culposo justificaria a desconsideração da personalidade, sob pena de se colocarem em risco os pilares fundamentais do direito societário (princípio da separação entre a pessoa jurídica e seus membros e princípio da responsabilidade limitada).

Essa corrente doutrinária encontra fundamento nas primeiras decisões jurisprudenciais norte-americanas, que cuidavam de atos ilícitos, fraudulentos, praticados com dolo ou culpa pelos membros da pessoa jurídica, de tal sorte que a manutenção desta levaria a soluções contrárias aos princípios da boa-fé e da eqüidade. Tal perspectiva de análise fica bem sintetizada em passagem que se tornou célebre, de Wormser, autor daquele que, provavelmente, é o primeiro estudo que procurou sistematizar o tema no direito norte-americano: "when the conception of corporate entity is employed to defraud creditors, to evade an existing obligation, to circumvent a statute, to achieve or perpetuate monopoly, or to protect knavery or crime, the courts will draw aside the web of entity, will regard the corporate company as an association of live, up-and-doing, men and women shareholders, and will do justice between real persons".[16]

Na doutrina brasileira, Rubens Requião claramente se filia a essa corrente de análise, preocupando-se em conferir à teoria da desconsideração a marca da excepcionalidade, de tal modo que somente se justificaria sua aplicação se caracterizada a fraude ou o abuso do direito individual, sempre com a presença do elemento culpa.[17]

Uma segunda corrente é chamada de teoria objetiva.[18] Ela sustenta que a desconsideração deve assumir contornos diversos, em conformidade com as espécies de pessoas jurídicas e as respectivas funções atribuídas pelo ordenamento jurídico.[19] Abandona-se, assim, a idéia de abuso de direito individual, encarado subjetivamente, em favor da figura do abuso de direito, ou do abuso de instituto,[20] que se caracteriza pela

16. M. Wormser, "Piercing the Veil of Corporate Entity", *Columbia Law Review* 496/517, 1912.

17. Nesse sentido, a seguinte passagem: "Quando propugnamos pela divulgação da doutrina da desconsideração da personalidade jurídica em nosso direito, o fazemos invocando aquelas mesmas cautelas e zelos de que a revestem os juízes norte-americanos, pois sua aplicação há de ser feita com extremos cuidados, e apenas em casos excepcionais, que visem a impedir a fraude ou o abuso de direito em vias de consumação" ("Abuso de direito e fraude através da personalidade jurídica", cit., p. 23).

18. Cf. Pedro Cordeiro, *A Desconsideração da Personalidade Jurídica das Sociedades Comerciais*, cit., pp. 34-37.

19. Acolhe-se, assim, a crítica de Müller-Freienfels ao trabalho de Serick. Cf. J. Lamartine Corrêa de Oliveira, *A Dupla Crise da Pessoa Jurídica*, cit., pp. 357-368.

20. Sobre o *abuso de instituto*, assevera José Lamartine Corrêa de Oliveira: "Admitida como ponto de partida a definição resumida oferecida por Ottmar Kuhn, segundo a qual instituto jurídico é toda unidade de ordenação (*Ordnungseinheit*) conscientemente construída e em cujas normas os diferentes princípios jurídicos se cristalizam, importa precisar em que consiste a função de um instituto jurídico. Essa função consiste, segundo o preciso ensinamento de Erlinghagen em dar satisfação a determinadas necessidades compatíveis com o ordenamento jurídico" (*A Dupla Crise da Pessoa Jurídica*, cit., p. 259). Ainda a esse respeito, evidenciando a distinção entre as teorias subjetiva e objetiva, acentua Pedro Cordeiro: "Como manifestação de um mesmo pensamento básico, a par do 'abuso de direito', no seu significado convencional de limite ao exercício de direitos subjectivos, aparece-nos, pois, em regime de complementaridade e em idêntico plano lógico, o 'abuso de instituto' — como restrição à liberdade individual de actuação, derivado de um direito imanente quanto ao sentido e objectivo do ordenamento jurídico. Isto significa que os limites de um comportamento com efeitos jurídicos têm de ser de-

utilização da pessoa jurídica de forma contrária à função que lhe é atribuída pelo ordenamento.

A teoria objetiva adota, portanto, uma perspectiva funcional do instituto da pessoa jurídica, reconhecendo a viabilidade da desconsideração não apenas nas hipóteses de fraude ou de abuso de direito individual, mas, também, no caso de *desvio de função*. Cada categoria de pessoa jurídica possui função específica, definida pelo ordenamento jurídico, cabendo a desconsideração sempre que determinado ato se desviar dessa função, independentemente da aferição de *culpa*. A doutrina da desconsideração comporta, assim, contornos diversos, em conformidade com as diferentes funções atribuídas pela lei às diversas espécies de pessoas jurídicas.

Na doutrina brasileira, adotam a visão objetiva José Lamartine Corrêa de Oliveira[21] e Fábio Konder Comparato.[22] Para o primeiro, a doutrina da desconsideração veio responder a uma crise de função do instituto da pessoa jurídica, qual seja, permitir a criação de um centro de interesses autônomo.[23] A despeito de reconhecer a não coincidência entre pessoa jurídica e responsabilidade limitada, assinala que esta corresponde à "expressão da noção de pessoa jurídica levada às últimas conseqüências de coerência lógica",[24] podendo ser alinhada, portanto, como uma função específica das sociedades comerciais (sociedade anônima e sociedade de responsabilidade limitada), em relação às quais a *crise de função* seria mais acentuada. A doutrina da desconsideração teria surgido fundamentalmente, portanto, da crise de função verificada em relação às sociedades comerciais, nas quais a responsabilidade dos sócios é limitada.[25]

terminados conforme o objectivo do instituto jurídico em questão, em cada caso. Tal como os limites ao exercício de direitos subjectivos devem ser aferidos tendo em conta se esse exercício corresponde ao objectivo do instituto de que o direito faz parte, assim, também para cada comportamento em direito é válido que ele não possa ter eficácia jurídica quando não corresponda ao objectivo do instituto dentro do qual se insere e é realizado. Do abuso de direito passa-se ao abuso de instituto. E assim como o abuso de direito, também o abuso de instituto deve ser aferido por critérios estritamente objectivos. *Se um comportamento é ou não justo não pode ser determinado de acordo com o ponto de vista daquele que o pratica, ou seja, em função de sua culpa, mas sim em face do seu valor intrínseco e dos limites do instituto jurídico em que se insere.* (...) A teoria objectiva do abuso de instituto é, por isso, correta" (*A Desconsideração da Personalidade Jurídica das Sociedades Comerciais*, cit., pp. 115, 166 e 117).

21. *A Dupla Crise da Pessoa Jurídica*, cit.

22. *O Poder de Controle na Sociedade Anônima*, cit.

23. Sobre a função das pessoas jurídicas de direito privado em geral, assinala José Lamartine Corrêa de Oliveira: "Partindo de uma análise das pessoas jurídicas que, no plano fáctico, representam um grupo (*Verband*), o mesmo autor debruçou-se sobre a busca da determinação da função da pessoa jurídica de Direito Privado, e entendeu que a necessidade básica a que tal instituto procura dar resposta é a de conciliação entre dois interesses opostos — o dos membros, que desejam uma vinculação tão frouxa quanto possível, de modo a assegurar fácil dissolução de seu vínculo com a entidade, e limitação de seu risco individual, e o interesse de manutenção de uma continuidade do grupo, de sua base financeira, e de sua mobilidade econômica, pois tudo isso é necessário à consecução dos fins coletivos do grupo, considerados relevantes pela ordem jurídica. O caminho adequado para essa conciliação de necessidades opostas foi encontrado em uma autonomização (*Verselbständigung*) do grupo em face de seus membros, autonomização que se concretiza tecnicamente pelo caráter autônomo reconhecido à organização e ao patrimônio, que são destinados ao serviço das finalidades do grupo" (*A Dupla Crise da Pessoa Jurídica*, cit., pp. 259-260).

24. J. Lamartine Corrêa de Oliveira, *A Dupla Crise da Pessoa Jurídica*, cit., p. 261.

25. Ibidem, p. 262. É interessante o entendimento de Pedro Cordeiro que considera como causa da desconsideração, não o abuso do instituto da personalidade jurídica, mas, sim, o *abuso da responsabilidade limitada*: "Isto nos revela que a desconsideração não é a conseqüência da desfuncionalização das sociedades comerciais, mas sim de uma certa desfuncionalização do instituto — aquela que se refere à limitação da responsabilidade — sendo, por isso, desde logo, delimitada negativamente pela aplicação de outros institutos e figuras jurídicas. Concluímos, assim, que se é certo que todos os problemas de desconsideração são problemas de desfuncionalização do instituto sociedade comercial, o inverso já não é verdadeiro. Verificamos, pois, que o nosso pon-

Segundo Fábio Konder Comparato, as pessoas jurídicas possuem funções gerais e específicas.[26] A função geral da personificação é a criação de um centro de interesses autônomo, permitindo a mobilização de recursos e esforços de uma coletividade em torno de um objetivo comum, a despeito das vicissitudes da vida de cada membro. A personalização é entendida como uma técnica jurídica para se atingir a autonomia patrimonial e a limitação ou supressão de responsabilidades individuais.[27] A separação patrimonial é apontada como a *causa* do negócio de sociedade.[28] Assim, ante a ausência de separação patrimonial e de um centro de interesses autônomo, torna-se possível a desconsideração da personalidade,[29] sempre feita em função do poder de controle societário.[30]

A partir de tais observações, pode-se concluir, de acordo com a teoria objetiva, que a desconsideração da personalidade jurídica decorre de um *desvio de função*, ou seja, da utilização da pessoa coletiva de forma incompatível com as funções atribuídas a esse instituto pelo ordenamento jurídico — criação de um centro de interesses autônomo, separação patrimonial e limitação da responsabilidade, independentemente da apuração do elemento subjetivo. Em linhas gerais, essa parece constituir a corrente doutrinária hoje dominante nos diversos países.

2. Feitas essas observações, de ordem geral, quanto às principais correntes doutrinárias e jurisprudenciais sobre a teoria da desconsideração, cabe verificar como ela tem atuado na prática. Seguindo o modelo de Serick, a partir do catálogo das decisões judiciais, a doutrina costuma apresentar uma enorme relação de situações em que a teoria é aplicada.[31] A título ilustrativo, tome-se a relação apresentada por Pedro Cordeiro: "a) Uma sociedade de responsabilidade limitada encontra-se descapitalizada, transferindo-se o risco da empresa para os credores; b) Os meios que faltam a uma sociedade de responsabilidade limitada são supridos através de 'empréstimos' dos seus sócios que em caso de falência da sociedade se apresentam como credores da mesma; c) Um sócio mistura o seu capital pessoal com o da sociedade ou vice-versa e em caso de execução do seu patrimônio pessoal, movido por credores da sociedade, ou de execução do patrimônio da sociedade, movida por credores pessoais, esse sócio defende-se com a limitação da res-

to de partida se mantém plenamente válido — a desconsideração como instituto autónomo resulta da desfuncionalização da responsabilidade limitada. (...) Estamos, pois, perante o que poderemos designar por um *abuso da limitação de responsabilidade* ou *abuso de responsabilidade limitada* (...)" (*A Desconsideração da Personalidade Jurídica das Sociedades Comerciais*, cit., pp. 120-121).

26. *O Poder de Controle na Sociedade Anônima*, cit., p. 286.

27. Ibidem, p. 279.

28. Ibidem.

29. "A confusão patrimonial entre controlador e sociedade controlada é, portanto, o critério fundamental para a desconsideração da personalidade jurídica *externa corporis*. E compreende-se, facilmente, que assim seja, pois, em matéria empresarial, a pessoa jurídica nada mais é do que uma técnica de separação patrimonial. Se o controlador, que é o maior interessado na manutenção desse princípio, descumpre-o na prática, não se vê bem porque os juízes haveriam de respeitá-lo, transformando-o, destarte, numa regra puramente unilateral" (ibidem, pp. 343-344).

30. "Um dado, porém, é certo. Essa desconsideração da personalidade jurídica é sempre feita em função do poder de controle societário. É este o elemento fundamental, que acaba predominando sobre a consideração da pessoa jurídica, como ente distinto de seus componentes" (ibidem, p. 284).

31. S. Bainbridge denomina a esse tipo de relação *laundry list*, assinalando sua incapacidade de apontar critérios genéricos, que sirvam de diretrizes seguras para a aplicação da teoria da desconsideração. Escreve o autor: "In sum, the laundry list found in many opinions seems wholly non-explanatory. In my judgment, the laundry list is simply an ex post rationalization of a conclusion reached on grounds that are often unarticulated. This interpretation is perhaps supported by Thompson's finding that among the most commonly cited reasons for veil piercing were mere conclusory statements, such as 'domination or control', 'alter ego', and the like" ("Abolishing Veil Piercing", in *Iowa Journal of Corporate Law* 26/513, 2001).

ponsabilidade da sociedade; d) O sócio dominante provoca nos credores sociais, através do seu comportamento, a impressão de que responde pessoalmente perante eles; e) Um sócio foge a uma proibição pessoal de concorrência com a ajuda de uma sociedade que controla; f) Uma sociedade unipessoal, que é membro de outra sociedade, intervém numa votação desta última, embora o único sócio devesse abster-se; g) O sócio único comprometeu-se pessoalmente a realizar determinada prestação para com a sua sociedade. Porém, mais tarde, invoca a separação entre ele e a sociedade para não cumprir a obrigação a que está adstrito; h) O único sócio diminui o patrimônio social através de gastos arbitrários. Faz-se a si próprio empregado da sociedade e paga-se um salário; i) Um sócio dominante de uma sociedade faz negócios ruinosos para esta em favor de uma outra sociedade controlada por familiares; j) O devedor de uma sociedade efectua o pagamento de sua dívida ao sócio único daquela, vindo posteriormente a sociedade a requerer novo pagamento, invocando a diversidade de personalidades entre si e o seu sócio; l) Uma sociedade-mãe toma medidas prejudiciais para os credores de uma sociedade-filha, em seu próprio benefício ou no interesse de outra sociedade do grupo; m) Uma sociedade impedida de adquirir acções próprias fá-lo indirectamente através de uma outra sociedade de que é sócia única; n) O adquirente de todas as quotas ou acções de uma sociedade pretende anular o negócio em virtude de vícios redibitórios do imóvel que constitui o único bem da sociedade; o) Uma sociedade ou o seu sócio dominante invocam o princípio da separação para efeitos de aquisição tabular; p) Pessoas de determinada nacionalidade, proibidas de exercer certa actividade num país, constituem uma sociedade com sede nesse país de modo a contornar a norma proibitiva; q) Uma sociedade é considerada 'inimiga' e, como tal, sujeita a legislação especial, que vigora durante um período de guerra, em função da nacionalidade de seus sócios; r) Uma sociedade à qual foi feita determinada doação é considerada 'ingrata', em virtude do comportamento dos seus sócios, para efeito de revogação da doação; s) Determinadas qualidades humanas (*v.g.*, 'honestidade', 'reputação') são atribuídas a uma sociedade tendo em atenção as pessoas físicas que constituem seu substrato pessoal; t) A personalidade jurídica de certas Organizações Internacionais é postergada de modo a responsabilizar os Estados membros pelas suas dívidas; u) Chegou-se ao ponto de discutir, nos EUA, se uma sociedade era negra. Um grupo de negros havia-a constituído de modo a poder prosseguir uma actividade que estava vedada a pessoas de cor".[32]

Como se vê, as situações descritas por Pedro Cordeiro são das mais diversas naturezas, tornando difícil a tarefa de identificar critérios genéricos, que permitam a aplicação segura da doutrina da desconsideração. Observa-se quadro semelhante quando se examinam as mais variadas relações apresentadas por outros autores.

Nos Estados Unidos, onde se reconhece o valor das estatísticas, é interessante o estudo de Thompson, "Piercing the Corporate Veil: an empirical study",[33] elaborado com base nos casos de desconsideração julgados pelos tribunais norte-americanos desde 1985 (o estudo é de 1991), disponíveis no banco de dados da *Westlaw*.[34] Foi analisado o total de 1.583 casos, examinando-se a aplicação da doutrina da desconsideração segundo critérios diversos, como (i) a espécie de sociedade (*public corporation* e *close corporation*); (ii) o número de sócios; (iii) o tipo de sócio (pessoa física ou jurídica); (iv) a natureza do crédito (origem contratual ou delitual); (v) o argumento adotado para desconsideração etc.

32. *A Desconsideração da Personalidade Jurídica das Sociedades Comerciais*, pp. 18-20.

33. Ob. cit.

34. Pode-se ter acesso a tal banco de dados a partir de <www.westlaw.com>.

Quanto aos fundamentos adotados para a desconsideração, verificou-se o seguinte resultado: (i) *instrumentality* — 97,33%; (ii) *alter ego* — 95,58%; (iii) *misrepresentation* — 94,08%; (iv) *agency* — 92,31%; (v) *dummy* — 89,74%; (vi) *lack of substantive separation* — 85,11%; (vii) *undercapitalization* — 73,33%; (viii) *informalities* — 66,89%; (ix) *domination & control* — 56,99% etc.[35] O percentual se refere à comparação entre o número total de casos em que o argumento foi mencionado (*v.g.*, *alter ego* foi citado em 181 casos) e aquele em que foi decidida a desconsideração (*v.g.*, *alter ego* levou à desconsideração em 173 casos).

Algumas conclusões da pesquisa merecem especial destaque. Não se encontrou um único caso em que tenha havido a desconsideração da personalidade de uma *public corporation*, o que demonstra a preocupação dos juízes norte-americanos de proteger os investidores em ações negociadas no mercado de capitais. Nessa hipótese, o princípio da separação entre a pessoa jurídica e seus membros é tomado de forma absoluta, provavelmente em função da importância social que exerce.[36]

Também é interessante a verificação de que o número de sócios interfere diretamente na solução dos casos de desconsideração. Quanto maior o número deles, menor é a freqüência de levantamento do véu da pessoa jurídica. Segundo a pesquisa, as sociedades com sócio único foram desconsideradas em quase 50% dos casos, com até três sócios em 46,22% (resultado pouco diferente do primeiro) e com mais de três sócios em 34,98% (resultado já bastante diferente dos dois anteriores).[37]

Verifica-se, ainda, que a desconsideração foi mais freqüente no caso de credores contratuais (41,98%) em relação àqueles que envolviam credores de delito (*tort claimants*), ou seja, que se tornaram credores em virtude da responsabilidade civil da sociedade por atos ilícitos (30,97%).[38] Esse resultado contraria frontalmente opinião difundida na doutrina de que a desconsideração deve ser mais restritiva em relação aos credores contratuais com poder de negociação, na medida em que podem exigir garantias complementares, conforme sua avaliação de risco, no momento da celebração do negócio.[39] Se esse tipo de credor não dispõe de outras garantias, deve-se concluir que assumiu o risco de voltar-se apenas contra o patrimônio da sociedade, não sendo justo que o juiz lhe confira um direito, por meio da desconsideração, que não obteve no processo de negociação.[40] Diferentemente, os credores sem poder (*v.g.*, pequenos fornecedores) ou possibilidade de negociação (*v.g.*, vítimas de atos ilícitos) não têm a oportunidade de exigir outras garantias, de modo que a desconsideração, com maior razão, deve ser aplicada nesses casos.[41] Ao que tudo indica, esse entendi-

35. R. Thompson, "Piercing the Corporate Veil: an empirical study", cit., p. 1.063.

36. Ibidem, p. 1.048.

37. Ibidem, p. 1.055.

38. Ibidem, p. 1.056.

39. Esse raciocínio, em certa medida, foi acolhido na exposição justificativa do projeto de lei acionária brasileira, ao apresentar as razões que levaram à não criação da responsabilidade solidária presumida das sociedades integrantes do mesmo grupo. A ausência de previsão dessa responsabilidade se deveria ao fato de que "a experiência mostra que o credor, em geral, obtém a proteção dos seus direitos pela via contratual; e exigirá solidariedade quando o desejar". Fábio Konder Comparato critica tal assertiva, justamente, por lembrar que a maioria dos credores (pequenos fornecedores, vítimas de atos ilícitos etc.) não têm poder de negociação, sendo-lhes impossível exigir garantias complementares ao patrimônio da própria sociedade (*O Poder de Controle na Sociedade Anônima*, cit., pp. 360-361).

40. "As we have seen, contract creditors can require shareholders of a close corporation to provide a personal guarantee of corporate debts. Where a contract creditor fails to bargain around the limited liability default rule, there is no justification for giving it a second bite at the apple through a veil piercing remedy" (S. Bainbridge, "Abolishing Veil Piercing", cit., p. 517).

41. Nesse sentido, Calixto Salomão Filho, "A teoria da desconsideração da personalidade jurídica", in *O Novo Direito Societário*, São Paulo, Malheiros Editores, 1998, p. 119.

mento doutrinário não encontrou eco na jurisprudência norte-americana.

Ainda quanto à pesquisa, talvez a conclusão mais importante para o presente trabalho seja a de que a personalidade foi desconsiderada com maior freqüência nos casos em que os sócios são pessoas físicas (43,13%), comparativamente àqueles em que os sócios são outras sociedades (37,21%).[42] Esse dado estatístico contraria outra opinião assaz difundida na doutrina, qual seja, a de que os grupos de sociedades, por constituírem um dos "focos de maior incidência da crise de função"[43] da pessoa jurídica, levariam à aplicação da teoria da desconsideração de forma mais freqüente.

Nas suas considerações gerais sobre a pesquisa, Thompson conclui que a desconsideração da personalidade jurídica é um fenômeno restrito às sociedades fechadas e aos grupos de sociedades, devendo ser disciplinada de forma distinta em relação a cada uma dessas hipóteses.[44]

No Brasil, a jurisprudência tem aplicado a doutrina da desconsideração também em múltiplas situações, segundo critérios variados. José Lamartine Corrêa de Oliveira classifica as decisões judiciais nos seguintes grupos: a) *decisões que visaram impedir "fraude a dever contratual*"; b) *decisões que visam coibir a "fraude à lei*"; c) *decisões que desconsideram a separação apenas para limitados efeitos de natureza processual*; e d) *decisões que, de modo genérico, estendem a responsabilidade aos sócios em caso de insolvência da sociedade*.[45]

Calixto Salomão Filho,[46] abordando jurisprudência mais recente, ressalta que a desconsideração somente costuma ser admitida no caso de previsão legal expressa, ou de comportamentos fraudulentos, o que indicaria a tendência dos juízes brasileiros de adotar a corrente subjetiva, de que antes se tratou. Com essa observação, salienta que não é possível classificar as decisões judiciais brasileiras segundo o tipo de ato a justificar a desconsideração, mas apenas segundo o fundamento jurídico adotado. A partir desse critério, classifica as decisões judiciais em dois grupos: (i) decisões que se fundamentam em dispositivos legais expressos, como o art. 28 do Código de Defesa do Consumidor, o art. 135 do Código Tributário Nacional, o art. 2º, § 2º, da Consolidação das Leis do Trabalho e os dispositivos do Código Civil que dispõem sobre a nulidade, a anulação e o fim ilícito dos atos jurídicos; e (ii) decisões que se fundamentam no comportamento abusivo ou fraudulento do sócio controlador, sendo a confusão patrimonial normalmente identificada como critério suficiente para a caracterização desses fatores. Destaca, ainda, a "pouquíssima freqüência da desconsideração nas sociedades anônimas", referindo-se a maior parte dos casos a sociedades por quotas de responsabilidade limitada.

A verdade é que não existe, no Brasil, uma pesquisa abrangente sobre a jurisprudência relativa à teoria da desconsideração, a exemplo daquela realizada por Thompson,[47] de que antes se cuidou. Ante a falta desse levantamento, parece adequado centralizar a análise na jurisprudência do Superior Tribunal de Justiça, competente para decidir, em última instância, as questões relativas às normas de lei federal (Constituição Federal, art. 105, III).

Inicialmente, pode-se inferir que a compatibilidade da teoria da desconsideração com o ordenamento jurídico brasileiro é admitida, além dos casos expressamente previstos na lei (*v.g.*, art. 2º, § 2º, Consolidação das Leis do Trabalho, art.

42. R. Thompson, "Piercing the Corporate Veil: an empirical study", cit., p. 1.055.

43. J. Lamartine Corrêa de Oliveira, *A Dupla Crise da Pessoa Jurídica*, cit., p. 559.

44. "Piercing the Corporate Veil: an empirical study", cit., p. 1.070.

45. J. Lamartine Corrêa de Oliveira, *A Dupla Crise da Pessoa Jurídica*, cit., pp. 521, 529 e 536.

46. "A teoria da desconsideração da personalidade jurídica", in *O Novo Direito Societário*, cit., pp. 101-104.

47. "Piercing the Corporate Veil: an empirical study", cit.

135, Código Tributário Nacional, art. 28, Código de Defesa do Consumidor), a partir "do princípio geral da boa-fé, base da doutrina alemã construída sobre o ponto, do princípio que veda o uso abusivo do direito, e da cláusula geral sobre a ordem pública (art. 17 da Lei de Introdução ao Código Civil), que servem de fundamento para que se afaste pontualmente, presentes os pressupostos, a regra contida no art. 20 do Código Civil".[48] Admite-se, ainda, a aplicação da teoria com base nos arts. 4º e 5º da Lei de Introdução ao Código Civil, como se decidiu em recente acórdão: "(...) o contido nos artigos 4º e 5º da Lei de Introdução ao Código Civil não só autoriza como impõe a solução que se deu na espécie. A personalidade jurídica, com a conseqüente separação de patrimônios, não haverá de visar a cobertura de procedimentos tendentes a prejudicar terceiros. A isso se opõem os princípios gerais de direito e os fins sociais a que a lei se destina".[49]

Verifica-se, ainda a respeito, que prevalece a orientação subjetiva, como ficou ressaltado no seguinte excerto: "Embora a correção da crítica do eminente professor de São Paulo,[50] especialmente quanto à insuficiência da teoria subjetiva (...) verdade é que a maioria da doutrina (ver Fábio Ulhoa Coelho, *Desconsideração da Personalidade Jurídica*, Ed. RT, pp. 54 e ss.) e bem assim os precedentes jurisprudenciais (cf. Lamartine, ob. cit., p. 521, e João Casillo, "Desconsideração da pessoa jurídica", *RT* 528/25-37, onde estão colacionadas diversas decisões, quase todas versando sobre fraude a dever contratual, fraude à lei e insolvência) se inclinam pela aceitação do enunciado subjetivo. (...) Assim, estou me pondo de acordo com os que admitem a aplicação da doutrina da desconsideração, para julgar ineficaz a personificação societária sempre que for usada com abuso de direito, para fraudar a lei ou prejudicar a terceiros. Ou, em outras palavras: 'O juiz pode decretar a suspensão episódica da eficácia do ato constitutivo da pessoa jurídica, se verificar que ela foi utilizada como instrumento para a realização de fraude ou de abuso de direito' (Fábio Ulhoa Coelho, ob. cit., p. 54)".[51]

Por último, é importante observar que a desconsideração tem sido admitida inde-

48. Recurso especial 86.502-SP, Rel. Ministro Ruy Rosado de Aguiar, v.u., j. 21.5.1996, *DJ* 26.8.1996, íntegra do acórdão disponível em <www.stj.gov.br>, visitado em maio 2004, pp. 9-10.

49. Recurso especial 211.619-SP, Rel. Ministro Eduardo Ribeiro, j. 16.2.2001, disponível em <www.stj.gov.br>, visitado em maio 2004.

50. O acórdão se refere a Fábio Konder Comparato, que critica o entendimento que restringe a desconsideração aos casos de abuso de direito e fraude (*O Poder de Controle na Sociedade Anônima*, cit., pp. 284-285).

51. Recurso especial 86.502-SP, Rel. Ministro Ruy Rosado de Aguiar, v.u., j. 21.5.1996, *DJ* 26.8.1996, íntegra do acórdão disponível em <www.stj.gov.br>, visitado em maio 2004, pp. 5, 6 e 9. Posteriormente, esse acórdão foi objeto de embargos de divergência, tendo a 2ª Seção do STJ, que reúne todas as turmas competentes para a matéria, decidido unanimemente pela manutenção do *decisum* (embargos de divergência 96.77554-0, Rel. Ministro Carlos Alberto Menezes Direito, j. 14.5.1997, *DJ* 30.6.1997, disponível em <www.stj.gov.br>, visitado em maio 2004). Ainda a respeito da prevalência da teoria subjetiva, veja-se ementa de acórdão proferido pelo TJRJ, versando sobre o art. 28 do Código de Defesa do Consumidor: "Desconsideração da personalidade jurídica. Mera insolvência da sociedade. Insuficiência. Necessidade de que tenha havido má-fé na utilização da separação patrimonial. Inexistência de prova quanto ao mau uso ou fraude no gerenciamento da empresa que faz prevalecer a regra de limitação da responsabilidade do sócio, suportando o credor o dano daí decorrente" (agravo de instrumento 10.132/98, Rel. Desembargador Perlingeiro Lovisi, j. 13.4.1999, *RT* 768/349). É interessante observar que a gestão do grupo de sociedades sob unidade gerencial, laboral e patrimonial, possuindo, portanto, "estrutura meramente formal", foi considerada fraude à lei, passível de levar à desconsideração da personalidade jurídica, em recente acórdão do STJ: "Grupo de sociedades. Estrutura meramente formal. Administração sob unidade gerencial, laboral e patrimonial. Gestão fraudulenta. Desconsideração da personalidade jurídica da pessoa jurídica devedora. Extensão dos efeitos ao sócio majoritário e às demais sociedades do grupo. Possibilidade" (REsp 332.763-SP, Rela. Ministra Nancy Andrighi, v.u., j. 30.4.2002, *DJ* 24.6.2002, íntegra do acórdão disponível em <www.stj.gov.br>, visitado em maio 2004, p. 1).

pendentemente de prévia decisão em ação de conhecimento, de modo que se reconhece ao juiz a possibilidade de retirar o véu da personalidade, determinando a constrição de bens dos sócios, na própria execução movida pelo credor contra a sociedade.[52]

Ainda no tocante à desconsideração da personalidade jurídica na realidade jurídica brasileira, não se poderia deixar de mencionar o Código Civil de 2002, que procura disciplinar a aplicação da teoria. No projeto original, de 1975, o art. 49 do texto dizia:

> Art. 49. A pessoa jurídica não pode ser desviada dos fins que determinaram a sua constituição, para servir de instrumento ou cobertura à prática de atos ilícitos, ou abusivos, casos em que caberá ao juiz, a requerimento do lesado ou do Ministério Público, decretar-lhe a dissolução.
>
> Parágrafo único. Neste caso, sem prejuízo de outras sanções cabíveis, responderão, conjuntamente com os da pessoa jurídica, os bens pessoais do administrador ou representante que dela se houver utilizado de maneira fraudulenta ou abusiva, salvo se norma especial determinar a responsabilidade solidária de todos os membros da administração.

Esse dispositivo foi objeto de duras, e justas, críticas de Fábio Konder Comparato[53] e de José Lamartine Corrêa de Oliveira.[54]

A matéria, porém, foi objeto de modificações, sendo a desconsideração regulada, da seguinte forma, no art. 50 do Código Civil de 2002:

> Em caso de abuso da personalidade jurídica, caracterizado pelo desvio de finalidade, ou pela confusão patrimonial, pode o juiz decidir, a requerimento da parte, ou do Ministério Público quando lhe couber intervir no processo, que os efeitos de certas e determinadas relações de obrigações sejam estendidas aos bens particulares dos administradores ou sócios da pessoa jurídica.

Não há dúvida de que a redação atual é melhor do que a versão anterior. De forma coerente com a doutrina mais abalizada, define a desconsideração como uma suspensão provisória, em situações determinadas, do princípio da separação entre pessoa jurídica e seus sócios e administradores (não apenas administradores, como na versão original). Também coerente com a melhor doutrina foi a definição do *abuso de instituto*, ou seja, do *abuso da personalidade jurídica*, como o pressuposto da desconsideração, estabelecendo-se, desde logo,

52. Nesse sentido, foi a orientação do STJ no REsp 86.502-SP, antes referido: "A exigência de que a empresa atingida pelo ato de constrição tivesse participado da ação de conhecimento seria mesmo inatendível, pois o desvio aconteceu depois, exatamente para burlar os efeitos daquela sentença. A prova da fraude e do abuso seriam — como o foram — temas da ação de embargos" (p. 11). Acolheu-se, assim, a orientação adotada no acórdão, muitas vezes referida como *leading case*, do 1º TACivSP: "A jurisprudência não tem exigido, outrossim, ação própria do credor, que vise a pré-constituir a responsabilidade dos sócios gerentes, para somente após finda tal demanda prosseguir a execução contra a sociedade, sendo de considerar que tal exigência, a par de freqüentemente inviabilizar o exercício do direito do credor perante a sociedade, ainda encontra sua dispensa por meio próprio e imediato que dispõem os sócios de excluir seus bens da constrição judicial, com a suspensão do andamento da execução quanto a eles" (*RT* 599/133). Merece destaque também o acórdão do STJ, mencionado na nota anterior, proferido no REsp 332.763-SP, Rela. Ministra Nancy Andrighi: "Ao contrário do que sustenta a recorrente, deve-se observar que a aplicação da teoria da desconsideração da personalidade jurídica dispensa a propositura de ação autônoma para tal. (...) Verificados os pressupostos de sua incidência (uso abusivo da personificação societária para fraudar a lei ou prejudicar terceiros, como se depreende do recurso especial 158.051-RJ, Rel. Min. Barros Monteiro, 4ª T., un., *DJ* 12.4.1999), poderá o Juiz, incidentemente no próprio processo de execução (coletivo ou singular, como *in casu*) levantar o véu da personalidade jurídica para que o ato de expropriação atinja os bens particulares de seus sócios" (p. 8). Confiram-se, ainda, os acórdãos publicados na *RT* 511/200; 592/172; e 620/122.

53. *O Poder de Controle na Sociedade Anônima*, cit., pp. 349-351.

54. *A Dupla Crise da Pessoa Jurídica*, cit., pp. 555-558.

as hipóteses de *desvio de finalidade* e de *confusão patrimonial*, como caracterizadoras da situação abusiva. Apesar desses inegáveis avanços, não se pode deixar de reconhecer que o dispositivo não será suficiente para eliminar a incerteza que atualmente cerca a matéria, pois remanescerá aos juízes ampla margem para interpretar os conceitos indeterminados nele previstos (*abuso da personalidade jurídica*, *desvio de finalidade*, *confusão patrimonial*), segundo os critérios que pareçam mais adequados à justiça do caso concreto. Essa parece constituir uma crítica, porém, que não se dirige ao dispositivo em exame, mas à própria teoria da desconsideração, como se passa a examinar adiante.

3. Com as observações anteriores sobre a aplicação prática da teoria da desconsideração, e sua recepção pela ordem jurídica brasileira, ficou evidenciado o seu caráter excessivamente casuístico. Nesse sentido, a tarefa a que Serick se propôs, ainda na década de 1950, parece não ter logrado maior êxito, pois os juízes continuam a decidir os casos de desconsideração em função de julgamentos de eqüidade, com base numa multiplicidade de critérios e de fundamentos, que não permitem inferir uma lógica comum, a partir da qual fosse possível construir uma base teórica segura e coerente.

Essa crítica poderia restringir-se ao *Civil Law*, que exige sistematização dogmática e definição de conceitos gerais, mas vem sendo formulada também no *Common Law*, especialmente nos Estados Unidos, berço da doutrina da desconsideração. O juiz Benjamin Cardozo, já em 1926, descrevia esse campo da teoria jurídica como "enveloped in the mists of metaphor",[55] indicando a falta de precisão na análise dos critérios que poderiam fundamentar a desconsideração, normalmente justificada por meio de metáforas (*v.g.*, *alter ego*, *dummy*) sem maior significado técnico-jurídico. Corrente doutrinária atual chega a defender a abolição da teoria, descrevendo-a como "rare, unprincipled, and arbitrary",[56] baseando-se na avaliação do caso concreto, sem preocupação com os efeitos sociais gerais de cada decisão.[57] A multiplicidade de critérios adotados e a existência de decisões conflitantes diante de quadros fáticos análogos, que caracterizam a jurisprudência sobre a teoria da desconsideração, impedem a formação de precedentes que possam servir de diretrizes para as decisões posteriores, impossibilitando o normal funcionamento do *Common Law*.[58]

55. *Apud* R. Thompson, "Piercing the Corporate Veil: an empirical study", cit., p. 1.036.

56. S. Bainbridge, "Abolishing Veil Piercing", cit., p. 535.

57. "The standards by which veil piercing is effected are vague, leaving judges great discretion. The result has been uncertainty and lack of predictability, increasing transaction costs for small business. (...) Judges typically seem to be concerned more with the facts and equities of the specific case at bar than with the implications of personal shareholder liability for society at large. Veil piercing thus has costs, but no social payoff" (S. Bainbridge, "Abolishing Veil Piercing", cit., p. 481).

58. "Courts have given various names to the veil piercing rule (...). Some veil pierce when the corporation is the controlling shareholder's 'alter ego', others when the firm is the controlling shareholder's 'corporate dummy', and still others when it is his 'instrumentality'. No matter which of these names the court chooses, you will not find a bright-line standard. (...) Successful veil piercing claims differ only in degree, but not in kind, from unsuccessful claims. It is therefore very hard to make sweeping generalizations in this area. What follows is thus somewhat of an exercise in futility: an attempt to articulate doctrinal standards for an area all too often characterized by ambiguity, unpredictability, and even a seeming degree of randomness (...). The present state of veil piercing doctrine allows judges to impose their own brand of rough justice without being overly concerned with precedent or appellate review. This assessment of the state of the veil piercing doctrine is consistent with the widespread use of conclusory announcements of result. Courts likely have a vague, intuitive sense of what constitutes a fair outcome, but which they cannot easily articulate. Instead of reasoned analysis, courts typically fall back on vague labels such as 'alter ego' or 'lack of separation', which has been variously characterized as analysis by epithet and reasoning by pejorative" (S. Bainbridge, "Abolishing Veil Piercing", cit., pp. 506-507 e 515).

Depreende-se, portanto, que, mesmo no *Common Law*, sistema adaptado às soluções de justiça para o caso concreto (*equity*) e pouco afeto a sistematizações teóricas mais abstratas,[59] a doutrina da desconsideração parece não ter passado pelo teste dos valores da certeza e da segurança jurídicas.

A dificuldade em encontrar uma sistematização teórica adequada para a doutrina da desconsideração parece decorrer, em grande parte, de sua ambição de abranger genericamente a *Crise da Pessoa Jurídica*.[60] Ocorre que não há, propriamente, uma crise da pessoa jurídica, mas sim diversas crises relacionadas com as distintas categorias de pessoas jurídicas,[61] cujos contornos variam de acordo com os objetivos traçados em cada campo do direito.[62] A *crise da pessoa jurídica* no direito societário tem contornos muito diferentes da *crise* verificada no âmbito do direito do trabalho, do direito tributário, do direito do consumidor, do direito ambiental, entre outros, tornando hercúlea a tarefa de chegar a um conceito genérico, capaz de abranger essas diferentes realidades a partir de pressupostos seguros de aplicação.

No tocante ao direito societário, que interessa ao presente trabalho, a doutrina da desconsideração está estreitamente ligada ao princípio da responsabilidade limitada. Embora tal princípio não esteja indissociavelmente vinculado à personalidade jurídica,[63] não há dúvida de que, no que respeita ao direito societário, a crise desse instituto (pessoa jurídica) reside especificamente na limitação da responsabilidade, que caracteriza as sociedades comerciais da prática hodierna (sociedades anônimas e sociedades de responsabilidade limitada).[64] Com efeito, nas sociedades comerciais, o que a teoria da desconsideração pretende, ao derrogar o princípio da separação entre a pessoa jurídica e seus membros, é na maior parte das vezes superar o princípio da responsabilidade limitada, ampliando-a para a pessoa dos sócios ou administradores.[65] Sendo essa a tarefa a ser cumprida, a teoria da desconsideração deve ter em conta a função sócio-econômica da limitação da responsabilidade ao eleger os critérios de sua aplicação. Assim, mais importante do que a utilização de metáforas como *alter ego*, *homem oculto*, *sócio tirano* é a definição das situações em que se justifica a derrogação da responsabilidade limitada, ou seja, a definição das situações em que esta deixa de ser socialmente desejável.[66]

59. Sobre as diferenças entre o *Civil Law* e o *Common Law*, especificamente no tocante à teoria da desconsideração da personalidade jurídica, v., J. Lamartine Corrêa de Oliveira, *A Dupla Crise da Pessoa Jurídica*, cit., p. 263. Numa análise geral sobre as distinções entre ambos os sistemas, cf. André Tunc, *Le Droit Américain des Sociétés Anonymes*, Paris, Economica, 1985.

60. Esse é o título do mais completo estudo da doutrina brasileira sobre a matéria, de José Lamartine Corrêa de Oliveira, ob. cit.

61. Essa é a concepção de Müller-Freienfels, razão de crítica formulada à teoria de Serick (cf. J. Lamartine Corrêa de Oliveira, *A Dupla Crise da Pessoa Jurídica*, cit., pp. 357 a 368).

62. Na defesa desse entendimento, vale conferir Marçal Justen Filho: "A necessidade de expressa previsão normativa acerca da aplicação e dos pressupostos da desconsideração depende de uma prévia análise do campo de que se cogitar. Vale dizer, não é possível formular uma resposta negativa ou positiva, válida para todos os ramos do direito ou, até mesmo, aplicável genericamente para um só ramo. (...) Logo, a questão se põe em termos variados, a depender do ramo do direito em que nos encontraremos" (*Desconsideração da Personalidade Societária no Direito Brasileiro*, cit., pp. 100-101).

63. Cf. item *B*, do Capítulo I, da Parte II, do meu *Empresa Contemporânea e Direito Societário — Poder de Controle e Grupos de Sociedades*, São Paulo, Juarez de Oliveira, 2002.

64. Cf. J. Lamartine Corrêa de Oliveira, *A Dupla Crise da Pessoa Jurídica*, cit., pp. 261-263; Pedro Cordeiro, *A Desconsideração da Personalidade Jurídica das Sociedades Comerciais*, cit., pp. 117-121.

65. "Although this Article is concerned mainly with veil piercing, that doctrine is inextricably linked with the predicate principle of limited liability. Hence, what one makes of veil piercing depends in the first instance on one's view of limited liability" (S. Bainbridge, "Abolishing Veil Piercing", cit., p. 481).

66. "Our analysis of limited liability suggests that the veil piercing doctrine has a most difficult task. On the one hand, it must identify situations in

O princípio da responsabilidade limitada, como se observou anteriormente,[67] está estreitamente relacionado com a evolução do sistema capitalista, resultando da exigência geral de limitação do risco empresarial. Os adeptos da concepção contratual da empresa,[68] nos Estados Unidos, têm apontado com propriedade, porém, que a limitação da responsabilidade desempenha funções específicas distintas nas sociedades anônimas abertas (o equivalente das *public corporations*) e nas sociedades fechadas (sociedades anônimas fechadas e de responsabilidade limitada — ou, nos Estados Unidos, as *close corporations*).

Nas sociedades de capital aberto, a responsabilidade limitada permite a diversificação dos investimentos e a dispersão acionária, sendo pressuposto indispensável da própria existência do mercado de capitais e, portanto, da mobilização dos elevados recursos de que necessitam os empreendimentos empresariais, na economia moderna. Parece evidente que, se o acionista não tivesse o seu risco pessoal limitado ao valor investido nas ações, jamais aceitaria adquirir participações em sociedades, em cujos negócios não se envolvesse diretamente. Assim, a decisão de se tornar acionista passaria a implicar custos mais elevados, restringindo-se os investidores a participar de poucas sociedades, cujos negócios pudessem acompanhar de perto. Nesse quadro, o princípio da limitação da responsabilidade exerce uma função sócio-econômica fundamental, pois dela depende a própria existência do mercado de capitais, cuja importância para o desenvolvimento econômico dos países é unanimemente reconhecida.[69]

Ademais, com a dispersão da propriedade acionária, possibilitada pelo desenvolvimento do mercado de capitais, ocorre a dissociação entre a propriedade e o poder empresarial,[70] de modo que o acionista deixa de interferir diretamente nos negócios da sociedade. Essa realidade torna eventual exceção ao princípio da responsabilidade limitada pouco defensável, na medida em que seriam imputadas obrigações, originariamente da sociedade, a acionistas que nada, ou muito pouco, interferiram para a criação das respectivas relações jurídicas.[71] Nesse sentido, a observação de Fábio Konder Comparato de que a desconsideração da personalidade jurídica deve ser feita sempre em função do controle societário é mais do que pertinente.[72]

Nas sociedades que não negociam ações no mercado (sociedades anônimas fechadas e sociedades de responsabilidade limitada) as funções da limitação da responsabilidade assumem contornos diferentes.[73] Nessas sociedades, o princípio da

which shareholders have externalized risk. On the other hand, as we have seen, limited liability remains the appropriate default rule. As such, the law will not oblige shareholders to internalize all risks. Accordingly, the veil piercing doctrine must not only identify externalized risks, but must also differentiate those risks shareholders ought to be forced to internalize from those that they should be allowed to externalize. In doing so, the law must take into account such considerations as compensation of victims of corporate wrongdoing, capital formation, economic growth, and perhaps even populist notions of economic democracy. Is the doctrine up to this seemingly Herculean set of tasks? In short, no" (ibidem, p. 506).

67. Cf. item *B*, do Capítulo I, da Parte II, de *Empresa Contemporânea e Direito Societário — Poder de Controle e Grupos de Sociedades*, cit.

68. Sobre o princípio da responsabilidade limitada na visão dos adeptos do modelo do *nexus of contracts*, v.: F. Easterbrook e D. Fischel, *The Economic Structure of Corporate Law*, Cambridge, Harvard University Press, 1991, pp. 40-62; S. Bainbridge, "Abolishing Corporate Veil", cit., pp. 484-488.

69. Cf. F. Easterbrook e D. Fischel, *The Economic Structure of Corporate Law*, cit., pp. 40-44; S. Bainbridge, "Abolishing Corporate Veil", cit., pp. 488-500.

70. Sobre o asssunto, cf. A. Berle e G. Means, *The Modern Corporation and Private Property*, Nova York, Legal Classics Library, 1993.

71. Cf. S. Bainbridge, "Abolishing Corporate Veil", cit., pp. 498-499.

72. *O Poder de Controle na Sociedade Anônima*, cit., p. 284.

73. Cf. S. Bainbridge, "Abolishing Corporate Veil", cit., pp. 501-503 e 506.

responsabilidade limitada, que foi estendido na segunda metade do século XIX às pequenas e médias empresas, mediante a criação das sociedades de responsabilidade limitada, veio atender ao objetivo, considerado desejável socialmente naquele momento, de estimular o desenvolvimento de novas empresas.

Sobre os aspectos econômicos e sociais que determinaram a criação das sociedades de responsabilidade limitada, passíveis de serem adotadas pelas pequenas e médias empresas, é interessante verificar como a matéria foi debatida no Brasil. O Imperador, por meio da Resolução de 24 de abril de 1867, rejeitou projeto então apresentado para a criação das sociedades com responsabilidade limitada, acolhendo Parecer do Conselho de Estado, de 9 de junho do mesmo ano, composto à época por Pimenta Bueno, Visconde de Uruguai, de Jequitinhonha e de Itaboraí e Manuel Felizário. Segundo o Parecer, a criação dessa forma societária romperia a tradição, perturbaria o sistema e não traria vantagens mais positivas, além das que ofereciam as sociedades anônimas e as comanditárias. Posteriormente, as sociedades limitadas foram incluídas no Projeto de Código Comercial de Inglez de Sousa, que terminou por não ser aprovado. Em 1918, foi encaminhado o Projeto de Lei Especial 287, que resultou no Decreto 3.708/1919, introduzindo, finalmente, o instituto da sociedade por quotas de responsabilidade limitada no direito brasileiro.

No Parecer da Comissão de Constituição e Justiça da Câmara dos Deputados, que examinou o mencionado Projeto, colhe-se a seguinte passagem, que bem ilustra as exigências econômicas e históricas que determinaram a criação desse tipo societário: "Essa forma de sociedade que o nosso direito comercial não conhece e que oferece ao desenvolvimento mercantil as possibilidades de um forte incremento das transações, nos ramos vários do comércio e da indústria, pela segurança que o movimento dos capitais nela empregados não pode acarretar, para os sócios, outras responsabilidades senão a da formação do capital social pela integralização da quota a que cada um se obrigou, vem incontestavelmente alargar o campo de ação coletiva dos que têm recursos pecuniários e de crédito em condições de ser útil e eficazmente empenhados no giro dos negócios produtivos e remunerados, sem os riscos da ilimitada responsabilidade solidária (...). 'Êste processo permite seguir a tendência que se assinala no regime das sociedades para aumentar a aplicação do princípio da comandita sob diversas formas, de modo a animar a concorrência das atividades e dos capitais ao comércio, sem ser preciso recorrer à sociedade anônima que melhor se reservará para as grandes emprêsas industriais, que necessitam capitais avultados e prazo superior ao ordinário da vida humana. As sociedades por quotas, a que chamarei limitadas, por oposição às solidárias (denominação que entendi preferível à de sociedades em nome coletivo, vaga e imprecisa) preenchem essa lacuna do direito vigente'".[74]

Com o regime de liberdade para a constituição de sociedades anônimas e a criação das sociedades de responsabilidade limitada, completou-se a passagem do modelo do *comerciante individual*, que prevaleceu até o século XIX, para o modelo das *sociedades comerciais*. Importante para o presente estudo é notar que essa transição deu-se em função da profunda transformação da realidade econômica, ocorrida no período da Revolução Industrial, que passou a exigir estruturas jurídicas adequadas às novas formas desenvolvimento da atividade produtiva.[75]

74. *Apud* Waldemar Ferreira, *Tratado de Sociedades Mercantis*, v. III, 5ª ed., Rio de Janeiro, Ed. Nacional de Direito, 1958, pp. 644-646 — o trecho entre aspas refere-se a passagem do Projeto de Inglez de Sousa, que foi transcrita no parecer.

75. Cf. Engrácia Antunes: "É óbvio que, com tal transformação das estruturas económicas de organização da empresa, eram também as estruturas jurídicas dessa mesma organização que sofriam uma importante mutação. De facto, do mesmo modo que,

A limitação da responsabilidade nas sociedades que não negociam títulos no mercado de capitais, portanto, funciona como uma típica regra de distribuição de riscos,[76] privilegiando-se o incremento das atividades empresariais, por meio da limitação da responsabilidade dos sócios, em detrimento dos demais interesses que podem ser afetados pelo seu exercício (*v.g.*, interesse de credores, fornecedores, consumidores e vítimas de atos ilícitos, defesa do meio ambiente etc.). Com relação a essas sociedades, portanto, a teoria da desconsideração da personalidade jurídica deveria definir em que casos a limitação da responsabilidade implicaria uma excessiva exteriorização de riscos, nos quais se justificaria a extensão da responsabilidade aos seus componentes.[77]

Contudo, a prática tem demonstrado que, em vez de eleger critérios tecnicamente adequados, que permitam uma distribuição equilibrada e segura dos riscos inerentes ao exercício da atividade empresarial, a teoria clássica da desconsideração surge como um remédio que ataca a doença (crise da pessoa jurídica) depois que ela se manifesta, definindo casuisticamente as situações em que a exteriorização dos riscos parece excessiva, sem maior preocupação sistemática.[78] A lógica de uma política legislativa, preocupada em criar uma disciplina consentânea com os objetivos sociais, é substituída pela lógica de um remédio jurisprudencial, administrado pelos juízes nos casos de patologia. Essa solução casuística acaba por turvar a verdadeira finalidade que deveria orientar a doutrina da desconsideração, qual seja, reequilibrar, numa situação concreta, a distribuição dos riscos da atividade empresarial, segundo os objetivos estabelecidos pelo ordenamento jurídico.

Bem demonstra essa circunstância o fato de que a teoria clássica da desconsideração se preocupa mais com aspectos formais (*v.g.*, número de sócios, como foi evidenciado pela pesquisa de Thompson[79]) do que com critérios substantivos, que guardem efetiva relação com a regra de distribuição dos riscos da atividade empresarial.

ao lado da empresa explorada por uma pessoa física singular se foi afirmando gradualmente a empresa explorada por uma pessoa colectiva (a sociedade comercial), também assim ao lado do tradicional direito dos comerciantes se começou a sedimentar um direito das sociedades comerciais" (*Os Grupos de Sociedades — Estrutura e Organização Jurídica da Empresa Plurissocietária*, Coimbra, Almedina, 1993, p. 8). De forma semelhante, Fábio Konder Comparato: "Durante séculos, o empresário ocupou a cena jurídica. Ele era o comerciante do direito privado, e a sua mercancia se assentava basicamente em dois institutos: a propriedade e o contrato — propriedade dos bens empregados no exercício do comércio, e contratos individuais com empregados, fornecedores e clientes. A multiplicação das sociedades mercantis, e sua importância crescente na vida econômica, não alteraram fundamentalmente o esquema jurídico. Em lugar de comerciantes individuais, surgiram comerciantes coletivos, ligados entre si por um contrato social. Com o aperfeiçoamento da teoria da personalidade jurídica dos entes coletivos, em fins do século passado, foi possível falar em pessoas jurídicas comerciantes, em tudo e por tudo análogas aos comerciantes individuais" (*Aspectos Jurídicos da Macroempresa*, São Paulo, Ed. RT, 1970, p. 8).

76. Cf. S. Bainbridge, "Abolishing Veil Piercing", cit., pp. 501-506. Na doutrina brasileira, v., Calixto Salomão Filho "A teoria da desconsideração da personalidade jurídica", in *O Novo Direito Societário*, cit., pp. 114-115.

77. "So defined and delimited, the survival of veil piercing is difficult — if not impossible — to defend. As we have seen, the standard academic move treats veil piercing as a safety valve allowing courts to address cases in which the externalities associated with limited liability seem excessive. In doing so, veil piercing is called upon to achieve such lofty goals as leading shareholders to optimally internalize risk, while not deterring capital formation and economic growth, while promoting populist notions of economic democracy. The task is untenable" (S. Bainbridge, "Abolishing Veil Piercing", cit., p. 535).

78. A dificuldade em encontrar uma teoria sistemática da desconsideração da personalidade jurídica é unânime na doutrina do *Civil Law* e do *Common Law*, embora tenha sido precisamente este o desafio a que Serick se impôs, ainda na década de 1950. A título ilustrativo, no *Common Law*, v., S. Bainbridge, "Abolishing Veil Piercing", cit.; no *Civil Law*, v., J. Lamartine Corrêa de Oliveira, *A Dupla Crise da Pessoa Jurídica*, cit.

79. "Piercing the Corporate Veil: an empirical study", cit.

Dentre esses critérios, que deveriam constituir pressupostos indispensáveis da aplicação da teoria da desconsideração, pode-se apontar: (i) a espécie da sociedade (capital aberto ou capital fechado); (ii) a natureza da relação jurídica objeto da desconsideração (credores com poder de negociação, como instituições financeiras, credores sem poder de negociação, como pequenos fornecedores, e credores delituais, ou seja, decorrentes de atos ilícitos praticados pela sociedade, que sequer estabeleceram negociação anterior); e (iii) o fato de a sociedade estar, ou não, integrada em um grupo.[80] Não é o caso de analisar aqui todas as vertentes de cada um dos critérios antes enunciados. Merece especial atenção, por se relacionar com o objeto do trabalho, apenas o terceiro, ou seja, tratar-se de sociedade integrada, ou não, a um grupo de sociedades.

4. Não é preciso esforço para perceber a profunda distinção entre os aspectos que envolvem a desconsideração de uma sociedade isolada e de uma sociedade integrante de grupo econômico. Na sociedade isolada, a autonomia patrimonial e organizacional permanece intacta. Nessa hipótese, a eventual *crise* fica efetivamente restrita à *utilização* da pessoa jurídica, em determinado caso concreto, pois os objetivos estabelecidos pela lei ao instituto permanecem consentâneos com a sua função sócio-econômica. Por isso, a suspensão da personalidade pode ser temporária e episódica, aplicando-se em cada caso concreto. Nos grupos de sociedades, porém, a interferência na autonomia da pessoa jurídica, seja no aspecto patrimonial, seja no organizativo, é de natureza estrutural.[81]

O fenômeno dos grupos de sociedades afeta a estrutura patrimonial autônoma, na medida em que, geralmente, transforma os patrimônios das diversas sociedades em instrumentos para a realização de um interesse global, distinto daquele que seria ostentado por cada uma delas, se atuassem de forma isolada. Os ativos e passivos de cada sociedade transformam-se em ativos e passivos de todo o grupo, sendo transferidos e alocados entre seus diversos integrantes, no exclusivo interesse deste, segundo a estratégia empresarial globalmente concebida para enfrentar as exigências econômicas de cada momento.[82]

Na famosa, e eloqüente, frase de Champaud, "les relations économiques entretenues entre les entreprises sociales et les pouvoirs exorbitants issus du contrôle, permettent d'appliquer à leur patrimoines une tradution comtable et financière du principe des vases communiquants".[83] Realmente, o princípio dos vasos comunicantes pode ser aplicado à perfeição, quando se trata de examinar a realidade patrimonial dos gru-

80. S. Bainbridge, por essa razão, divide sua análise sobre a teoria da desconsideração nas seguintes hipóteses: a) nas sociedades de capital fechado: (i) credores contratuais e (ii) credores não contratuais (ou delituais); b) nas sociedades de capital aberto: (i) credores contratuais e (ii) credores não contratuais. Cf. "Abolishing Corporate Veil", cit., pp. 488-506. Na doutrina brasileira, Calixto Salomão Filho defende que a teoria da desconsideração deve assumir contornos distintos em relação a dois grupos: a) credores profissionais ou institucionais, com poder de negociação e b) credores em relação aos quais não é possível aplicar as regras da concorrência perfeita, abrangendo aqueles que não negociaram com a sociedade (credores delituais), e aqueles que não dispõem de informações sobre a sociedade, ou delas dispondo, que não têm poder efetivo de negociação (cf. "A teoria da desconsideração da personalidade jurídica", in *O Novo Direito Societário*, cit., pp. 117-119).

81. Procurei analisar os impactos do grupo de sociedades em relação à autonomia patrimonial e organizacional da sociedade em *Empresa Contemporânea e Direito Societário — Poder de Controle e Grupos de Sociedades*, cit.

82. Na feliz definição de Engrácia Antunes, os grupos transformam o patrimônio autônomo das sociedades em "a simple pool of assets managed for the interest of the group itself and according to its general business strategy" (*Liability of Corporate Group: Autonomy and Control in Parent-Subsidiary Relationships in US, German and EU Law — An International and Comparative Perspective*, Boston, Kluwer Law, 1994, p. 68).

83. *Le Pouvoir de Concentracion de la Société par Action*, Paris, Sirey, 1962, p. 275.

pos de sociedades, pois a transferência de recursos financeiros entre seus membros se dá em nível elevado e com grande freqüência, a ponto de serem considerados como autênticas *organizações de mercado interno*.[84] É que os grupos, ao promoverem a separação entre sociedade e empresa, ao constituírem *unidade econômica* e *diversidade jurídica*, procuram a alocação ideal dos recursos financeiros, tecnológicos e humanos entre as diversas sociedades que os compõem, sempre no contexto de uma estratégia empresarial comum. Afinal, uma das funções econômicas primordiais dos grupos é propiciar maior eficiência, em razão da sinergia criada pela transferência de recursos entre seus membros.[85]

A transformação do patrimônio de cada sociedade em instrumento da estratégia empresarial do grupo globalmente considerado afeta, portanto, o princípio da autonomia patrimonial, do qual decorre uma série de regras do modelo societário clássico. Também a autonomia organizacional da sociedade é gravemente afetada pelo fenômeno grupal.

Como centro de decisão e atuação no mundo jurídico, a sociedade se vale de uma estrutura organizacional de natureza hierárquica e baseada no princípio da separação de poderes. O poder societário se estrutura e se exerce através de órgãos, cujas atribuições são definidas pela lei, pelo estatuto ou pelo contrato social, devendo atuar no sentido da consecução do interesse social. Com a integração da sociedade isolada ao grupo, a estrutura organizacional assim concebida entra em profunda crise, pois o exercício do poder passa a observar uma lógica diversa em relação a cada um dos órgãos das sociedades agrupadas.

No tocante à assembléia geral (órgão deliberativo), ocorre um total esvaziamento de sua importância e de suas atribuições nas sociedades dominadas. Os grupos envolvem necessariamente uma direção econômica unitária, de modo que as decisões mais importantes sobre a vida societária deixam de ser tomadas no âmbito da assembléia geral de cada sociedade, passando a sê-lo no âmbito da sociedade dominante ou dos administradores comuns do grupo.[86] Nos grupos de subordinação, a assembléia geral das sociedades controladas transforma-se em mera formalidade legal, numa etapa burocrática a ser cumprida pela controladora, para a imposição de sua vontade.[87] A tanto se deve acrescentar a circunstância de que a direção unitária se exerce, na prática, por meio de determinações e orientações emanadas diretamente dos administradores da sociedade dominante para as dependentes, o que contribui para o esvaziamento da assembléia geral destas. Em suma, as decisões sobre as questões mais importantes da vida das sociedades dependentes não são tomadas no âmbito de seu órgão deliberativo, mas no âmbito dos órgãos da dominante.

O esvaziamento da assembléia geral não se dá, porém, apenas no âmbito das so-

84. Os grupos, segundo essa teoria, constituem *mercados organizados*, por criarem transferências internas de capitais, trabalhadores, tecnologia e *know-how*. Cf. G. Teubner, "Unitas Multiplex: Corporate Governance in Group Enterprises", in *Regulating Corporate Groups in Europe*, Baden-Baden, Nomos, 1990, pp. 67 e 104.

85. "The integration of a corporation within the realm of a group (*Konzernzone*) exposes it to the particular patrimonial effects displayed by the specific operating logic of this form of enterprise organization, whose very rationale lies precisely in the synergy-effects stemming from the more efficient allocation of resources between various group components" (Engrácia Antunes, *Liability of Corporate Groups*, cit., p. 68).

86. "En fait, le pouvoir n'appartient plus à aucun organe social 'car l'acctionnaire dominant use, en règle générale, de son influence prépondérante hors de l'assemblée générale, par des voies qui échappent au droit des sociétés'. L'organisation du groupe est basée sur la réalité des entreprises groupées et de l'entité qui les englobe. La structure juridique des sociétés membres n'y joue qu'un rôle acessoire" (Anne Petitpierre-Sauvain, *Droit des Société et Groupes des Sociétés*, Genebra, Georg, 1972, p. 21).

87. "Dans le groupes à forte participation, l'assemblée générale de la filiale n'est qu'une simple formalité" (ibidem, p. 21).

ciedades-filhas, como inicialmente se poderia imaginar,[88] ocorrendo também em relação à sociedade-mãe. É que não há uma relação direta entre a assembléia geral desta e a exploração econômica levada a efeito pelas sociedades-filhas. Na sociedade isolada, a assembléia geral elege e destitui os administradores da empresa, governando e supervisionando de forma direta sua exploração. No âmbito das sociedades-filhas, porém, a vontade da sociedade-mãe é manifestada não pela assembléia geral desta, mas por seu órgão de administração, que tem o poder de representação externa. Há, portanto, no tocante ao governo e à supervisão da empresa, uma transferência de poder da assembléia geral da sociedade-mãe para o seu órgão de administração, ao qual cabe expressar sua vontade em relação às demais sociedades agrupadas.[89]

No tocante aos órgãos de administração, o fenômeno dos grupos também acarreta uma ruptura do modelo clássico. No plano das sociedades dependentes, observa-se a transferência de competências dos seus administradores, que pode ocorrer em maior ou menor grau (grupos centralizados/descentralizados), para os administradores da sociedade dominante ou comuns do grupo. Em algumas situações, a direção do dia-a-dia da sociedade controlada passa aos administradores externos (intervenção direta), podendo ocorrer também que estes fixem apenas as diretrizes (políticas administrativa, financeira, de desenvolvimento e pesquisa etc.) que devem ser seguidas, reservando-se o poder de veto ou de prévia aprovação em relação a algumas matérias (intervenção indireta). Seja qual for, porém, o grau de centralização administrativa observada no grupo, as competências dos administradores das sociedades dependentes serão sempre de *segundo grau*.[90] No plano das sociedades dominantes, a concentração de poderes nos administradores decorre do já apontado esvaziamento da assembléia geral, na medida em que cabe àqueles a expressão da vontade desta sociedade em relação às dependentes.

Também em relação aos órgãos de fiscalização o fenômeno dos grupos produz efeitos. Na medida em que o grupo explora a atividade empresarial segundo uma lógica global, mas por intermédio de unidades jurídicas diversas, a fiscalização dessa atividade se torna muito mais complexa. Se a atividade é desenvolvida globalmente, a fiscalização também deveria ultrapassar as fronteiras de cada unidade jurídica, o que muitas vezes não é permitido pela lei, em prestígio ao princípio da separação da pessoa jurídica.[91] A exigência de que as socie-

88. Escreve Engrácia Antunes que, na década de 1970, a partir dos trabalhos pioneiros, na Alemanha, de Marcus Lutter (*Die Rechte der Gesellschafter beim Abschlub fusionsähnlicher Unternehmensverbindungen*, in Betrieb, 1973, Beilage 21), originando a chamada *Escola de Lutter*, e, nos Estados Unidos, de Melvin Einsenberg (*The Structure of Corporation Law — A Legal Analyses*, Boston, Little Brown, 1976), a tradicional perspectiva de análise dos grupos, centrada apenas nos problemas ocasionados no nível das sociedades controladas, foi substituída por um enfoque mais amplo, abrangendo também as questões relativas à sociedade controladora. Houve o reconhecimento de que os efeitos do fenômeno dos grupos não ficam restritos ao plano das sociedades controladas, operando-se também em relação à controladora (cf. Engrácia Antunes, *Os Direitos dos Sócios da Sociedade-Mãe na Formação e Direcção dos Grupos Societários*, Porto, Universidade Católica Portuguesa Ed., 1994, pp. 16-17).

89. "(...) a substituição pela empresa social de uma estrutura originalmente unissocietária por uma outra do tipo plurissocietário implica sempre um efeito de transferência dos poderes de governo e supervisão do colégio dos sócios para o respectivo órgão de administração, relativamente a todas aquelas partes da empresa global do grupo agora exploradas sob a forma de sociedades-filhas" (Engrácia Antunes, *Os Direitos dos Sócios da Sociedade-Mãe na Formação e Direcção dos Grupos Societários*, cit., p. 18).

90. Cf. Engrácia Antunes, *Liability of Corporate* Groups, cit., p. 76.

91. No Brasil, já se mencionou, a Lei 6.404/1976 prevê a possibilidade do conselheiro fiscal exercer suas atribuições em relação a outras sociedades apenas nos grupos de direito (art. 277, § 2º). Ao comentar o dispositivo da lei acionária, Modesto Carvalhosa acentua: "O diploma de 1976, por força da norma ora estudada, traz, em matéria de poderes dos conselheiros fiscais, uma inovação fundamental, qual seja, a possibilidade — consoante o § 2º — de exer-

dades do grupo apresentem demonstrações financeiras consolidadas, atualmente presente na lei da maioria dos países,[92] representa um passo adiante no sentido de permitir a fiscalização adequada de suas atividades.

Além dos efeitos anteriormente apontados, que se operam especificamente em relação a cada órgão societário, é preciso assinalar que o fenômeno dos grupos acarreta a ruptura do princípio da organização autônoma, por transformar a própria finalidade perseguida pelo ente societário.

É inerente ao conceito de organização a busca de uma finalidade, traduzida pelo modelo societário clássico na noção do interesse social. Nesse sentido, o interesse social pode ser entendido como a diretriz a ser necessariamente seguida pelo controlador e pelos administradores da sociedade isolada, estando na base da teoria do desvio de poder, adotada pelo direito societário para a proteção dos minoritários e dos terceiros credores.[93] Ora, como os grupos levam à substituição do interesse da sociedade isolada pelo interesse da sociedade dominante ou de todo o grupo, desequilibra-se todo o sistema de atribuição de deveres e responsabilidades concebido pelo modelo vigente.

Veja-se o caso dos administradores, que passam a viver nos grupos um eterno conflito de lealdade — interesse da sociedade *versus* interesse do grupo —, conflito esse agravado pelas ordens jurídicas que se recusam a enxergar a realidade econômica. Nos grupos de fato brasileiros, por exemplo, os administradores não podem, em prejuízo da sociedade, favorecer "sociedade coligada, controladora ou controlada", respondendo por perdas e danos, em caso de inobservância do dispositivo (art. 245, Lei 6.404/1976). Ocorre, porém, que é função econômica específica dos grupos a atuação das sociedades segundo uma direção unitária, na busca de um interesse comum. Nesse contexto, nos grupos de fato da lei brasileira, os administradores ficam diante de uma difícil escolha: descumprir o comando legal, ficando sujeitos à responsabilização civil, ou cumpri-lo à sua plenitude, ficando expostos ao risco de destituição, pela inobservância das diretrizes emanadas dos administradores da sociedade dominante ou do grupo.[94] Não se tem dúvida em afirmar que, na maioria das vezes, preferem os administradores a segunda escolha, pois, enquanto a ameaça de destituição é concreta e iminente, a apuração de sua responsabilidade civil é menos provável. Nessa matéria, parece claro que a lei societária preconiza uma solução incompatível com os imperativos da ordem econômica.

Em resumo, nos grupos societários é estrutural a ruptura da autonomia patrimo-

cer enquanto órgão e através de seus conselheiros, individualmente (conforme dever de diligência que lhe é inerente), o direito de fiscalizar e receber informações das demais sociedades do grupo" (*Comentários à Lei de Sociedades Anônimas*, 2ª ed., v. 4, t. 2, São Paulo, Saraiva, 1998, p. 328). Assim, nos grupos de fato, que são a esmagadora maioria, a fiscalização somente é exercida pelo conselho fiscal no âmbito da respectiva sociedade, tornando-a absolutamente ineficaz, diante de uma atividade que é desenvolvida globalmente pelas diversas sociedades que os compõem.

92. No Brasil, arts. 247 e 275 da Lei 6.404/1976.

93. "L'intérêt social est le principal critère d'interprétation en droit des sociétés anonymes, notamment en matière de nullité des décisions de l'assemblée générale, de responsabilité des organes sociaux et d'atteinte aux intérêts minoritaires" (Anne Petitpierre-Sauvain, *Droit des Sociétés et Groupes des Sociétés*, cit., p. 23).

94. "The existence of a unified management, entailed by polycorporate structures, presents subsidiary managers with a contradictory task. On the one hand, they are compelled by the law to run subsidiary affairs according to its own bests interests, under pain of incurring liability before the shareholders, the creditors or the corporation itself. On the other hand, they are simultaneously forced, by the very fact of group existence, to follow the instructions proceeding the parent corporation, which are given with regard to the general interest of the group and which can run against the self-interests of the subordinated subsidiary, under pain of losing their jobs!" (Engrácia Antunes, *Liability of Corporate Groups*, cit., p. 108).

nial e organizacional da sociedade-pessoa jurídica. O patrimônio separado, que caracterizava a sociedade isolada, dá lugar a um conjunto de ativos e passivos transferidos livremente segundo os interesses do grupo, sem o menor respeito à fronteira das personalidades jurídicas das sociedades. Ocorre, assim, uma total dissociação entre o patrimônio e os riscos do negócio, beneficiando-se o grupo das vantagens econômicas da livre transferência de recursos e ao, mesmo tempo, da limitação da responsabilidade a cada unidade jurídica e patrimonial que o compõe.

A organização autônoma, que explicava o processo de decisão e de estruturação do poder empresarial, foi posta de cabeça para baixo, gerando uma situação de total desequilíbrio entre o exercício do poder e a atribuição de responsabilidade. O poder de determinar a condução da atividade das sociedades filiadas, e mesmo a gestão administrativa quotidiana destas, no caso de grupos centralizados, não são exercidos a partir de nenhum dos órgãos de sua própria estrutura, mas são emanados externamente da estrutura organizacional da sociedade dominante ou de um órgão comum do grupo. O interesse da sociedade, noção central do modelo societário vigente, é substituído pelo interesse do grupo, alterando profundamente a definição dos deveres e responsabilidades do controlador e dos administradores, no que respeita à proteção dos minoritários e dos terceiros que se relacionam com a sociedade.

Depreende-se, portanto, que, nos grupos de sociedades, aquilo que a doutrina da desconsideração da personalidade jurídica chama de *suspensão temporária e episódica* da personalidade jurídica haveria de se tornar uma *suspensão permanente e constante*, pois a extinção da autonomia patrimonial e organizacional das sociedades-membros não constitui a *exceção*, mas, sim, a *regra*. A crise, portanto, não se localiza na *utilização* abusiva da pessoa jurídica em cada caso concreto, mas nos próprios objetivos definidos pelo ordenamento jurídico, que se tornaram anacrônicos, incompatíveis com a realidade sócio-econômica dos dias atuais. Daí decorre a inadequação da doutrina clássica da desconsideração para solucionar os problemas jurídicos suscitados pelo fenômeno grupal.[95]

Note-se que a *disregard doctrine*, desde sua origem até os dias atuais, é considerada o remédio para uma situação patológica (a crise da pessoa jurídica), representando uma tentativa de restabelecer os objetivos e os princípios traçados pelo ordenamento jurídico em relação a esse instituto fundamental da dogmática jurídica. Ora, se o objetivo da teoria é revigorar os princípios e objetivos estabelecidos pelo ordenamento, em casos concretos de abuso, parece evidente que constitui pressuposto necessário de sua aplicação a legitimidade, a efetividade, desses princípios e objetivos. Afinal, se a doença não se localiza em cada caso concreto, mas no próprio ordenamento jurídico, o que se exige não é a aplicação de uma teoria de origem jurisprudencial, de natureza casuística, mas, sim, a criação de uma nova disciplina jurídica, que seja apta a estabelecer princípios e objetivos consentâneos com as exigências da sociedade.[96]

95. "In many cases nominally characterized as veil piercing, the defendant is not an individual, but rather a second corporation. Where a plaintiff seeks to hold a parent or other affiliated corporation liable for the acts of another member of a corporate group, courts generally apply the same standards applicable to individual defendants. Holding a parent corporation liable for the acts of a subsidiary nevertheless presents a conceptually different problem than holding an individual shareholder liable. Among other things, the likelihood is far greater in the former context that significant risks will be externalized. One useful reform of veil piercing law would be to stop thinking of the parent-subsidiary problem in veil piercing terms. Instead, Part V argues that parent-subsidiary liability is more appropriately treated as a variant of the related doctrine of enterprise liability" (S. Bainbridge, "Abolishing Veil Piercing", cit., p. 482).

96. Não se concorda, portanto, com o entendimento de Susy Elizabeth Cavalcante Koury de que "aplicar a *Disregard Doctrine* aos grupos de empresas significa evitar o tão condenável divórcio entre Direito e a realidade, reconhecendo-se as relações

Nessa ordem de idéias, é útil observar que a desconsideração funciona sempre como *correção* de uma primeira imputação de relações jurídicas, cujos resultados seriam contrários aos princípios do ordenamento. Em outros termos, as relações jurídicas, inicialmente imputadas à pessoa jurídica, por meio da desconsideração, são atribuídas aos seus membros, como forma de corrigir situações de injustiça verificadas em casos específicos. Tudo funciona, portanto, de forma diferente do que ocorre em relação à aplicação de normas gerais, pois, nessa hipótese, a imputação das relações jurídicas é feita diretamente, conforme a disciplina concebida na lei. Vale dizer, enquanto a desconsideração é um problema de *correção da primeira imputação* a aplicação da norma geral é um problema de *primeira imputação*.[97]

Pois bem, em relação aos grupos de sociedade, o problema está na *primeira imputação*, ou seja, no modelo jurídico que entrou em crise, e não na fraude, no abuso de direito ou no desvio de finalidade, verificados em situações específicas, em relação às quais se justificasse a aplicação de um remédio no sentido de *corrigir a primeira imputação*. Claro que o problema de *primeira imputação* acaba gerando a busca da *correção da imputação*, de forma casuística, com maior freqüência. Nesse contexto, porém, é mais do que razoável o receio de que a aplicação excessiva do remédio, atacando os efeitos, mas não a causa, da doença, acabe levando à morte do paciente.

É interessante observar, a essa altura, que José Lamartine Corrêa de Oliveira, ao cuidar dos grupos de sociedades, por ele considerados como um dos "focos de maior incidência da crise de função" da pessoa jurídica, não deixa de apontar que, na hipótese específica, poderia não haver propriamente abuso de instituto, mas se poderia configurar uma "crise de sistema". A questão dos grupos, portanto, não seria solucionada com a teoria da desconsideração, mas com a revisão dos conceitos sobre a pessoa jurídica. Cogita o professor paranaense da definição do grupo como uma pessoa jurídica de segundo grau e da criação de uma nova espécie de pessoa jurídica para a "sucursal", entendida como o estabelecimento dotado de certo grau de autonomia técnica e econômica.[98]

de controle e os interesses comuns, existentes entre as empresas componentes de grupos, e solucionando-se os problemas daí decorrentes, à luz do ordenamento jurídico" (*A Desconsideração da Personalidade Jurídica ("Disregard Doctrine") e os Grupos de Empresas*, Rio de Janeiro, Forense, 1993, p. 200). A desconsideração da personalidade jurídica é, no máximo, um paliativo para solucionar os problemas relacionados com os grupos, não afetando o divórcio entre o direito societário e a realidade, este, sim, a causa desses problemas, que somente pode ser resolvida com a revisão de tal modelo jurídico.

97. "A desconsideração assume, por conseguinte, significado, enquanto instituto jurídico autónomo, quando uma conseqüência jurídica não resulta da aplicação de qualquer norma, mas, apenas e imediatamente, da constatação de um abuso de instituto. A desconsideração é, pois, uma correção de uma primeira imputação, enquanto que a aplicação de normas é, pelo contrário, um problema de primeira imputação" (Pedro Cordeiro, *A Desconsideração da Personalidade Jurídica das Sociedades Comerciais*, cit., p. 159).

98. Vale transcrever o seguinte excerto, que bem sintetiza o entendimento de José Lamartine Corrêa de Oliveira: "(...) a admissão clara de submissão da pessoa jurídica a um centro de poder situado fora de seu âmbito formal — e a cujos interesses passa a subordinar-se a pessoa jurídica 'controlada', 'subsidiária', ou integrante de um 'grupo' — faz surgir um quadro de realidades jurídico-sociais que não correspondem à situação 'normal', 'típica', de uma pessoa jurídica. (...) Reconhecendo a licitude de tal situação, os ordenamentos jurídicos procuram resguardar, ao menos, a integridade patrimonial da sociedade integrada no grupo (fáctico ou de Direito), em benefício de seus acionistas minoritários e de seus credores. (...) E é evidente que, quanto menos eficazes forem tais normas, maiores serão os clamores de aplicação de soluções na linha da 'desconsideração', dada a preocupação de não deixar ao desamparo os credores das sociedades controladas, subsidiárias, ou integrantes de grupo. Há, portanto, clara relação entre a solução legislativa dada ao problema dos grupos de sociedades e a eclosão — com maior ou menor força — de técnicas reveladoras de uma crise de função: como é, de modo especial, o caso das técnicas de desconsideração. Na verdade, porém, a emer-

Também Fábio Konder Comparato, embora defenda, no quadro atual do direito societário, a aplicação da teoria da desconsideração para solucionar os problemas suscitados pelos grupos, reconhece a necessidade da criação de uma regulação jurídica própria. O caráter estrutural da extinção da autonomia das sociedades agrupadas tornaria imperiosa a construção de uma disciplina jurídica específica, "em função dos múltiplos interesses em jogo, procurando aquela harmonia e proporção, ínsitas na própria idéia de justiça".[99]

Em suma, o que se pretendeu demonstrar é que os grupos de sociedades não precisam da teoria clássica da desconsideração da personalidade, aplicada de maneira casuística, com o objetivo de restabelecer justamente os princípios e objetivos do ordenamento que se mostram incompatíveis com a estrutura sócio-econômica das formas atuais de organização da atividade empresarial. Na verdade, os grupos de sociedades precisam é de um direito próprio, aderente à realidade empresarial, de tal forma que a doutrina da desconsideração, em vez de encontrar nesse fenômeno um dos seus maiores focos de aplicação, volte ao leito da excepcionalidade, atuando como remédio apto a enfrentar abusos de direito, fraudes e desvios de finalidade, identificados em casos específicos.

gência dessa realidade jurídica que é o grupo de sociedades pode eventualmente servir de elemento detonador de aspecto novo da própria crise de sistema, de que nos ocupamos no capítulo III, deixando, porém, propositadamente de fora, esse ângulo especial. A crise do sistema eclodiria, no caso, sob o seguinte aspecto: deve o grupo de sociedades ser considerado uma espécie de pessoa jurídica de 2º grau? E, inversamente, pode a sucursal, estabelecimento com certo grau de autonomia técnica e econômica mas não dotado de personalidade jurídica, vir a ser considerada como nova espécie de pessoa jurídica? (...) E é exatamente por suscitar até mesmo uma revisão de noções aparentemente estabilizadas em definitivo — como a de sujeito de direito — que, em matéria de grupo de sociedades, a crise, que se limita aparentemente à função do instituto, acaba por ser também uma crise do próprio sistema jurídico" (*A Dupla Crise da Pessoa Jurídica*, cit., pp. 591 e 595).

99. Vale transcrever as seguintes passagens, que bem sintetizam o entendimento de Fábio Konder Comparato sobre a matéria: "O processo de concentração do poder econômico universal é inelutável e passa, necessariamente, pelo grupo de empresas. O direito encontra-se, aí, divorciado da realidade econômica, pois enquanto a unificação econômica — até mesmo a nível mundial — já está sendo feita há várias décadas, a técnica da personalidade jurídica das sociedades isoladas permanece em princípio intangível. Os juristas continuam, portanto, trabalhando sobre o átomo, sem considerar as moléculas. Mas sobre que bases assentar essa adequação da *legal unit* *à business unit*? (...) O Direito não pode, portanto, ignorar essa realidade insuprimível e irreversível, mas deve discipliná-la em função dos múltiplos interesses em jogo, procurando aquela harmonia e proporção, ínsitas na própria idéia de justiça" (*O Poder de Controle na Sociedade Anônima*, cit., pp. 288 e 356).

Atualidades

O AVAL, O CÓDIGO CIVIL E OS BANCOS

WERTER R. FARIA

1. Regime de bens entre os cônjuges. 2. Aval do cônjuge em garantia do cumprimento de contrato bancário.

1. Regime de bens entre os cônjuges

O art. 1.647, III, do Código Civil proíbe o cônjuge de prestar fiança, bem como aval, sem autorização do outro, "exceto no regime de separação absoluta".[1]

O art. 1.649 considera anuláveis esses atos quando faltar a autorização do outro cônjuge, e estabelece o prazo de dois anos para a propositura da ação competente, contado do término da sociedade conjugal. O parágrafo único preceitua que a aprovação, por instrumento público ou particular, autenticado, torna válido o ato. O art. 1.650 legitima para o exercício da ação o cônjuge que não concedeu a autorização, ou seus herdeiros.

O art. 1.648 prevê o suprimento judicial da autorização, se o cônjuge a denegar, sem motivo justo, ou for impossível concedê-la.

O art. 1.642, IV, permite que, tanto o marido quanto a mulher, demandem a invalidação do aval por falta de autorização.

Salvo a paridade entre a fiança e o aval, no que se refere à outorga de um dos cônjuges, as disposições do Código Civil constavam do anterior, com pequenas diferenças.[2]

A sujeição do aval à autorização aconselha a precisar os elementos que o distinguem da fiança. O aval garante o pagamento de um título de crédito. Como assinala Federico Martorano:[3]

"A expressão 'título de crédito' não designa um tipo concreto determinado: na realidade, não encontramos o 'título de crédito' em estado puro, mas documentos que, enquanto correspondem às características gerais desta categoria jurídica, ao mesmo tempo apresentam traços particulares, que se refletem na adoção de uma terminologia específica (p. ex., letra de câmbio, cheque, conhecimento de transporte, etc.), a qual é a única a ter eficácia individualizadora do próprio documento no plano social.

"A expressão 'título de crédito' indica o produto de uma obra de generalização efetuada pela doutrina, sob o império da precedente codificação, dirigida a individualizar, na disciplina positiva de cada espécie de título de crédito, aqueles aspectos

1. O regime de bens não se subdivide em de separação absoluta e relativa; é um só e total.

2. Art. 237 (suprimento judicial), art. 178, § 9º, I, *b* (prazo para alegar a invalidade), art. 239 (legitimidade para demandar a anulação).

3. *Lineamenti Generali dei Titoli di Credito e Titoli Cambiari*, Nápoles, Morano, 1979, p. 7.

que não se relacionavam com as características particulares de um ou de outro tipo de documento, mas que, ao contrário, correspondiam às características comuns a cada um destes, elaborando, assim, um conjunto de princípios jurídicos aplicáveis a toda a categoria."

A Introdução no Código Civil de "Disposições Gerais" concernentes aos títulos de crédito suscita questões de aplicação da lei no tempo. Como denota a expressão "disposições gerais", são normas dirigidas indistintamente a todas as pessoas que praticam atos cambiários, no tocante aos títulos de crédito a que se aplicam. Por exemplo: preenchimento de acordo com os requisitos que a lei enumera.

Porém, outras normas são endereçadas à classe de pessoas que realizam atos cambiários, aos quais se aplicam as leis relativas a determinadas espécies de títulos de crédito (letra de câmbio, nota promissória, cheque, duplicata etc.). Por exemplo, lançamento do endosso no verso ou anverso do título.[4]

As normas que dispõem sobre cada tipo de título de crédito são especiais, em comparação com as normas gerais do Código Civil. As normas anteriores à sua entrada em vigor (12 de janeiro de 2002), aplicáveis aos diversos tipos de títulos de crédito, não perderam a vigência. "A disposição geral não revoga especial".

Quando entrou em execução o Código Civil italiano a situação era semelhante à brasileira: não existiam normas gerais aplicáveis aos diversos tipos de títulos de crédito, e as leis uniformes de Genebra aplicavam-se às letras de câmbio e notas promissórias e aos cheques. Por serem leis especiais, ou seja, reguladoras de alguns tipos de títulos de crédito, as normas gerais posteriores do Código Civil não as revogaram.

No ensinamento de Giorgio de Semo,[5] as normas gerais são fontes subsidiárias ou de segundo grau, no silêncio de normas especiais cambiárias. Dessas disposições, "algumas representam uma confirmação de normas especiais cambiárias (ex., o art. 1.992 a respeito do adimplemento da prestação) ou, ao mesmo tempo, oferecem um válido subsídio interpretativo (assim o art. 1.993, a respeito das exceções oponíveis pelo devedor ao possuidor do título, em matéria de incapacidade cambiária, que se pode fazer valer *erga omnes*, isto é, também perante o terceiro possuidor, e de defeito de representação, também esse oponível a qualquer possuidor)".

O art. 1.647, III, do Código Civil proíbe o cônjuge de prestar fiança, bem como aval, sem autorização do outro, exceto no regime de separação. Essa norma pertence às disposições gerais do regime de bens entre os cônjuges. O direito cambiário não possui regras próprias acerca da capacidade para assumir obrigações por atos unilaterais de vontade. A capacidade passiva cambiária regula-se pelo Código Civil, que exige a autorização da mulher para o marido prestar aval e vice-versa. Foi diferente na vigência do Código anterior. Durante mais de quarenta e cinco anos, a mulher casada considerava-se relativamente incapaz. A alteração introduzida no art. 6º do Código Civil pela Lei 4.121, de 27 de agosto de 1962, pôs termo à incapacidade relativa das mulheres casadas, que as impedia de se obrigar, exceto com autorização dos maridos, concedida por instrumento público ou particular, ou se exercessem comércio em seus próprios nomes. Desde então puderam contrair obrigações, inclusive cambiárias, pelas quais somente respondiam os bens particulares e os comuns até o limite de suas meações.

4. A lei uniforme relativa às letras de câmbio e notas promissórias (art. 13) e a lei uniforme relativa ao cheque (art. 16) admitem o endosso numa folha ligada ao título (anexo), assim como a lei das duplicatas, cujo art. 25 manda aplicar-lhes os dispositivos da legislação sobre circulação das letras de câmbio.

5. *Trattato di Diritto Cambiario*, 3ª ed., Pádua, Cedam, 1963, p. 51.

O art. 242, IV, do Código de 1916 proibia a mulher de contrair obrigações, sem autorização do marido, que pudessem importar em alheação de bens do casal. Apesar de extinta a incapacidade relativa, com a revogação do art. 6º, II, as mulheres continuaram dependentes de autorização dos maridos, ou de suprimento judicial para se obrigarem. No caso de suprimento judicial, conforme o art. 245, parágrafo único, os bens próprios dos maridos não respondiam pelo cumprimento das dívidas; no de autorização, de acordo com o disposto no art. 253, respondiam os bens do casal, se o regime matrimonial fosse o da comunhão, e somente os particulares da mulher nos outros, a menos que os maridos se obrigassem conjuntamente.

O art. 1.642, I, do Código Civil dispõe que, em qualquer regime de bens, o marido e a mulher podem praticar livremente todos os atos de disposição e de administração necessários ao desempenho de suas profissões, com as limitações referentes à alienação e constituição de ônus reais sobre bens imóveis. Entretanto, o ato necessita de autorização do outro cônjuge, ou de suprimento judicial da outorga.

Na forma do art. 1.643, independem de autorização a compra, ainda a crédito, das coisas necessárias à economia doméstica, bem como o empréstimo das quantias indispensáveis para aquele fim. O art. 1.644 institui a solidariedade dos cônjuges pelas dívidas contraídas com esse objetivo. Assim sendo, os bens particulares do marido e da mulher respondem pelo ato.

Não se tratando dessas dívidas, que prescindem de autorização do marido ou da mulher, nem de casamento pelo regime de separação, a alienação ou constituição de ônus reais sobre os bens imóveis, assim como prestação de fiança ou aval, dispensam a autorização de um dos cônjuges.

O art. 253 do Código Civil anterior regulava as conseqüências dos atos praticados pela mulher com autorização do marido: no regime de comunhão, em que se tornam comuns, entre os cônjuges, as suas dívidas passivas, respondiam todos os bens do casal; nos outros, se o marido não assumisse conjuntamente a responsabilidade, somente os particulares da mulher.

O art. 263, X, excluía da comunhão a fiança prestada pelo marido, sem outorga da mulher. De acordo com art. 274, as dívidas contraídas pelo marido, no regime de comunhão parcial, obrigavam, não só os bens comuns, senão ainda, em falta destes, os particulares de um e outro cônjuge, em razão do proveito que cada qual houvesse lucrado.

Em obediência ao princípio de igualdade dos cônjuges, inclusive nas relações econômicas, o art. 3º da Lei 4.121/1962 prescreveu que, pelos títulos de dívida de qualquer natureza, firmados por um só dos cônjuges, ainda que casados pelo regime de comunhão universal, somente respondiam os bens particulares do signatário e os comuns até o limite de sua meação.

Essa disposição estendia a exclusão da comunhão, determinada pelo art. 263, X (fiança prestada pelo marido, sem outorga da mulher), às dívidas de qualquer natureza, constantes de títulos assinados por um só dos cônjuges. Eram destinatários da norma os maridos e as mulheres, qualquer que fosse o regime de bens, e seu objeto, os títulos de dívida de qualquer natureza firmados individualmente por um dos cônjuges. Nessa hipótese, respondiam os bens particulares do devedor e os comuns até o limite de sua meação.[6]

6. No *regime de comunhão universal*, as dívidas passivas dos cônjuges tornavam-se comuns, com exceção das provenientes de atos ilícitos, das anteriores ao casamento, salvo causadas por despesas com seus aprestos, ou das que revertessem em proveito comum, e das fianças prestadas pelo marido, sem outorga da mulher (art. 263, VI, VII e IX).

No *regime de comunhão parcial*, as dívidas contraídas pelo marido, na qualidade de administrador dos bens do casal, obrigavam os bens comuns e, em falta destes, os particulares de ambos os cônjuges, na razão do proveito, que cada qual tivesse obtido (art. 274).

No *regime de separação*, a mulher era obrigada a contribuir para as despesas do casal, com os

O novo Código Civil contém normas sobre as obrigações contraídas por um dos cônjuges, nos quatro regimes matrimoniais (comunhão parcial, comunhão universal, participação final nos aquestos e separação de bens).

No regime de comunhão parcial, excluem-se da comunhão as obrigações anteriores ao casamento e as derivadas de atos ilícitos, salvo reversão em proveito do casal (art. 1.659, III e IV). As dívidas contraídas no exercício da administração do patrimônio do casal obrigam os bens comuns e os particulares do cônjuge que os administra, e os do outro, na razão do proveito que houver auferido (art. 1.663, § 1º). Os bens da comunhão respondem pelas obrigações assumidas pelo marido ou pela mulher para atender aos encargos da família, às despesas de administração e às decorrentes de imposição legal (art. 1.664). São de responsabilidade do cônjuge a que respeitam as dívidas contraídas na administração de seus bens particulares e em benefício destes (art. 1.666).

No regime de comunhão universal, as dívidas dos cônjuges comunicam-se, com exclusão das anteriores ao casamento, a menos que tenham origem em despesas com seus aprestos, ou revertam em proveito comum (art. 1.668, III). Os bens comuns e os particulares do cônjuge que administra o patrimônio do casal respondem pelas dívidas que contrair, nessa qualidade, e os do outro consorte, na razão do proveito que houver auferido (arts. 1.670 e 1.663).

rendimentos de seus bens, na proporção do seu valor, relativamente aos do marido, salvo estipulação ao contrário, no contrato antenupcial. Sem embargo, no ensinamento de Clóvis Bevilaqua (*Código Civil dos Estados Unidos do Brasil*, 1º v., ed. histórica, Rio de Janeiro, Ed. Rio, 1975, p. 678), os credores não tinham ação contra a mulher para exigir que lhes pagasse fornecimentos feitos à casa. A contribuição da mulher era entregue ao marido, e este é que respondia perante os credores pelas dívidas que contraísse.

No *regime dotal*, as dívidas assumidas pelo marido e pela mulher, conjuntamente, podiam ser pagas ou pelos bens comuns, ou pelos particulares do marido ou pelos extradotais (art. 299, § 3º).

No regime da participação final nos aquestos, cada cônjuge responde com o seu patrimônio pelas dívidas que contrair, na administração desses bens.[7] As dívidas relativas aos bens adquiridos pelo casal, a título oneroso, na constância do casamento, excluem-se da soma dos patrimônios próprios de cada cônjuge,[8] na apuração do montante dos adquiridos (art. 1.674, III). Cada cônjuge responde pelas dívidas que contrair, depois da celebração do casamento, salvo prova de terem revertido, total ou parcialmente, em benefício do outro (art. 1.677). As dívidas de um dos cônjuges, quando superiores à sua meação, não obrigam ao outro, ou a seus herdeiros (art. 1.686).

No regime de separação de bens, não se comunicam as dívidas anteriores ou posteriores ao matrimônio. Segundo a expressão de Lafayette Rodrigues Pereira,[9] "é responsável por elas o cônjuge que as trouxe ou as contraiu". No ensino do jurista, os bens de um cônjuge respondem pelas dívidas do outro se se obrigar expressamente, se reverterem em seu proveito (aplicação do dinheiro proveniente na conservação ou melhoramento dos seus bens) ou de ambos os esposados (despesas comuns para a compra e melhoramento dos adquiridos).

O art. 1.642, I, do Código Civil permite a prática pelo marido e pela mulher, em qualquer regime de bens, de todos os atos de disposição e de administração necessários ao desempenho da profissão que abraçaram, com as limitações, entre outras, relativas à proibição de prestar fiança ou aval, exceto no regime de separação.

Os cônjuges, independentemente de autorização um do outro, podem comprar, mesmo a crédito, as coisas necessárias à eco-

7. Os que possuíam ao casar e os adquiridos, a qualquer título, na constância do casamento (art. 1.673).

8. Constituído pelos que possuía ao casar e os adquiridos, a qualquer título, na constância do matrimônio.

9. *Direitos de Família*, 4ª ed., Rio de Janeiro, Freitas Bastos, 1945, p. 196.

nomia doméstica, bem como obter, por empréstimo, as quantias necessárias para a aquisição (art. 1.648). As dívidas contraídas para os mencionados fins responsabilizam solidariamente ambos os cônjuges.

O art. 263 do Código revogado, pertencente ao capítulo do regime de comunhão universal, excetuava da comunhão as dívidas passivas dos cônjuges, designadamente as oriundas de fiança prestada pela mulher, sem outorga do marido.

Na linha das declarações e convenções internacionais que proclamam ou asseguram a igualdade de direitos do marido e da mulher, extensiva às relações econômico-matrimoniais, a Lei 4.121/1962 alterou várias disposições do Código Civil. O art. 3º substituiu a exceção à comunicação das dívidas contraídas pelos cônjuges, no regime de comunhão universal, por outra, mais extensa, no tocante aos sujeitos, ao objeto e ao regime de bens. Todas as dívidas contraídas seja pelo marido seja pela mulher, por escrito e individualmente, foram excluídas da comunhão, respondendo apenas os bens particulares do signatário e os comuns até o limite de sua meação. Sob o aspecto subjetivo, o alargamento da exceção consistiu em estabelecer a igualdade conjugal e, sob o aspecto objetivo, em abranger todas as espécies de dívida. Em terceiro lugar, a exceção alcançou os regimes de bens de forma genérica.

O art. 1.642 do Código Civil, que se aplica aos regimes de bens, sem distinção, regula a prática dos atos de disposição e de administração, pelo marido e pela mulher, em razão do exercício da atividade profissional de cada um. Pelo que diz respeito às dívidas contraídas dessa forma por um dos cônjuges, não há solidariedade, como nos casos de compra de coisas necessárias à economia doméstica e de contratação de empréstimo com esta finalidade.

As Disposições Gerais do Código Civil sobre o regime de bens entre os cônjuges não prevê a hipótese de assunção de dívida, por um dos cônjuges, quando não tenha relação com o desempenho de sua profissão ou com a economia doméstica. É o caso, por exemplo, da prestação de aval cujo negócio subjacente resida na prestação de um favor.

Anteriormente, o art. 3º da Lei 4.121/1962 excluía da comunhão, independentemente do regime de bens, essas dívidas dos cônjuges pelas quais respondiam só os bens particulares do obrigado e os comuns até o limite da sua meação.

Nos casos previstos no art. 1.663, § 1º (dívidas contraídas no exercício da administração do patrimônio comum) e do art. 1.664 (obrigações assumidas pelo marido ou pela mulher para atender aos encargos da família, às despesas de administração e às decorrentes de imposição legal) os bens próprios e os comuns respondem pelos débitos.

No regime de comunhão parcial, a fiança e o aval prestados por um dos cônjuges, sem o consentimento do outro fora dos casos previstos nos arts. 1.663, § 1º, e 1.664 do Código Civil, são de exclusiva responsabilidade do prestador da garantia, salvo reversão em proveito do casal (art. 1.659, IV).

Em decorrência da proibição ao marido e à mulher de prestar fiança ou aval, sem autorização do outro cônjuge, a violação dessa norma constitui um ilícito civil.[10] Relativamente ao regime de comunhão universal, não foi transposta para o novo Código a norma do art. 263, VI, do Código Civil anterior, que excluía da comunhão as dívidas provenientes de atos ilícitos. Entretanto, o cônjuge a quem cabia conceder a autorização pode pleitear a anulação da fiança ou aval prestados pelo outro (art. 1.642, IV).

O art. 253 do Código Civil anterior dispunha que, no regime de comunhão, os atos da mulher, autorizados pelo marido,

10. Ato humano praticado com violação de uma norma de conduta, estatuída para a tutela de interesse privado.

obrigavam os bens comuns e, nos outros regimes, somente os próprios, salvo se o esposo assumisse conjuntamente a dívida.

A comunhão universal de bens importava (art. 262), e continua importando (art. 1.667), "a comunicação de todos os bens presentes e futuros dos cônjuges e suas dívidas passivas, com as exceções dos artigos seguintes". O inciso X do art. 263 excetuava da comunhão "a fiança prestada pelo marido sem a outorga da mulher". Essa exclusão deixou de fazer parte da enumeração do art. 1.668 do novo Código Civil.

O inciso III do art. 1.647 do Código Civil proíbe o cônjuge, exceto no regime de separação de bens, de prestar fiança ou aval, sem autorização do outro. Em qualquer regime de bens, anteriormente, o marido também não podia prestar fiança sem o consentimento da mulher (art. 235, III). A transgressão da norma tinha como sanção a anulabilidade do ato. Assim, a fiança produzia todos os seus efeitos, até que a mulher, ou seus herdeiros, promovesse a ação de anulabilidade e fosse julgada procedente.

Obediente ao princípio de igualdade dos cônjuges, o art. 1.647 do Código Civil estabelece que nenhum deles, sem autorização do outro, salvo no regime de separação, pode prestar fiança ou aval. De acordo com o art. 1.649 do Código Civil, a falta de autorização, ou de suprimento judicial, quando um dos cônjuges a recusa ou não tenha possibilidade de conceder, torna a obrigação anulável.[11]

No comentário à norma do Código Civil de 1916 que proibia a prestação de fiança pelo marido, sem consentimento da mulher (art. 235, III), Bevilaqua[12] escreveu: "A sanção do direito filipino era também diferente. Mandava imputar a fiança do marido na sua meação. O Código considera-a anulável pela mulher ou seus herdeiros (arts. 239 e 255)".

Com referência a esse último artigo, o comentarista anota: "O pensamento do Código é o seguinte: os atos praticados pela mulher ou pelo marido, sem a outorga exigida, para a primeira no art. 242 e, para a segunda, no art. 235, são anuláveis. Obtida a anulação, volvem as coisas ao estado anterior ao ato, que se anulou, e o cônjuge que deu causa à anulação, por ter excedido os seus poderes, responde, individualmente, pelos prejuízos ocasionados àquele com quem contratou, na medida da vantagem, que tenha colhido, ou que tenha proporcionado, seja o casal, seja ao outro cônjuge. Se o cônjuge responsável pelo ato anulável não tiver bens particulares, que bastem para a indenização do prejuízo causado ao terceiro este somente poderá se ressarcir pelos bens do casal, se estiver de boa-fé, quer dizer, que contratava com pessoa casada, e se o casal tiver lucrado com a operação. A responsabilidade do casal, neste caso, irá somente onde tiver ido o seu proveito".[13]

A Lei 4.121/1962 deu outra solução à falta da autorização exigida:

> Art. 3º. Pelos títulos de dívida de qualquer natureza, firmados por um só dos cônjuges, ainda que casado pelo regime de comunhão universal, somente responderão os bens particulares do signatário e os comuns até o limite de sua meação.

O art. 263 do Código Civil anterior excluía do patrimônio formado pelos bens comuns dos cônjuges, no regime de comunhão universal, entre outras, as dívidas resultantes da prestação de fiança, pelo marido, sem outorga da mulher. A incomunicabilidade significava que a obrigação era de exclusiva responsabilidade do marido

11. O art. 1.642, IV, do Código Civil prevê a rescisão do contrato de fiança e a invalidação do aval por falta de autorização do outro cônjuge. A sanção de anulabilidade não se compadece com a rescisão, que pressupõe a validade do negócio jurídico. Por outro lado, a invalidade compreende a nulidade e a anulabilidade, o que levanta dúvida sobre a figura a que corresponde a fiança ou aval prestados sem autorização do outro cônjuge.

12. Ob. cit., p. 593.

13. Ob. cit., p. 634.

ou, na expressão de Bevilaqua,[14] "imputável na meação do marido, por ela não responde a mulher".

Sucessivamente, pergunta: "E se for esta a fiadora? Não pode a mulher afiançar sem outorga do marido. Mas se o fizer? A hipótese não é tão difícil de se realizar, pois que a mulher, em certos casos, assume a direção do lar. Parece de justiça que, nesses casos, se aplique às fianças por ela prestadas, a cominação do art. 263, X. Todavia, assim não dispõe o Código".

O art. 3º da Lei 4.121/1962 estendeu a incomunicabilidade às obrigações de um e outro cônjuge, independentemente do regime de bens entre eles, com relação aos títulos de dívida, de qualquer natureza, firmados por um só dos esposos. Quando se tratasse de fiança sem autorização do outro cônjuge, respondiam os bens particulares do obrigado e os bens comuns até o limite de sua meação.

A disposição do estatuto da mulher casada alterou a regra sobre a incomunicabilidade das dívidas. Em primeiro lugar, todos os débitos de um dos cônjuges, contraídos sem autorização do outro, foram excluídos da comunhão. Em segundo lugar, a exclusão aplicava-se aos regimes de bens em geral.

O art. 3º da Lei 4.121/1962 alterou o art. 263 do Código Civil,[15] respeitoso do princípio de igualdade dos homens e mulheres em direitos e obrigações.

Por seu turno, o Código Civil posterior dispôs sobre os atos que nenhum dos cônjuges pode praticar, sem autorização do outro, e a responsabilidade pelas dívidas correspondentes. O art. 1.647 enumera os atos sujeitos a autorização, nos regimes de comunhão parcial, de comunhão universal e de participação final nos aquestos. O art. 1.668 relaciona os casos de incomunicabilidade no regime de comunhão universal.

A enumeração dos atos sujeitos a autorização mantém a fiança e acrescenta o aval.

A relação dos casos de incomunicabilidade, no regime de comunhão universal, ficou reduzida de treze para cinco hipóteses. Deixaram de constar do rol os "títulos de dívida de qualquer natureza firmados por um só dos cônjuges".[16]

O Código Civil regulou inteiramente a matéria relativa às exceções à regra geral da comunicabilidade na comunhão universal, "de todos os bens presentes e futuros dos cônjuges e suas dívidas passivas". Desse modo, por força do art. 2º, § 1º, da Lei de Introdução ao Código Civil, operou-se a derrogação do art. 3º da Lei 4.121/1962. A nova regulação sistemática da exclusão da comunhão, bem como a questão das dívidas de exclusiva responsabilidade de um dos cônjuges, ou de ambos, nos regimes de comunhão parcial e de participação final nos aquestos, serão tratados, nessa ordem e restritamente ao aval, levando-se em conta as disposições gerais sobre o regime de bens.

Em todos os regimes de bens, o marido e a mulher, conforme o art. 1.642, podem praticar todos os atos de disposição e de administração necessários ao desempenho de suas profissões, com as limitações estabelecidas no inciso I do art. 1.647 (alienação dos bens imóveis, ou constituição de ônus real), aos quais se refere a autorização do outro cônjuge. Não é, porém, a única: cabe citar a do inciso III (prestação de fiança ou aval).

Em qualquer dos casos de autorização, a denegação sem justo motivo, ou a impossibilidade da concessão, são judicialmente supríveis. Quando não suprida, o outro cônjuge tem o direito de pleitear a anulação do ato.

As disposições gerais do Código Civil sobre o regime de bens não reproduzem

14. Ob. cit., p. 656.

15. O art. 1º mencionava-o entre os dispositivos modificados.

16. A inclusão em outros regimes de bens será vista em correspondência com cada um deles.

a norma do art. 253 do Código anterior, segundo a qual os bens da mulher respondiam pelas suas dívidas e, se autorizadas pelo marido, no regime de comunhão universal, comunicavam-se, ou seja, eram de responsabilidade de ambos os cônjuges; nos regimes de comunhão parcial e dotal, os bens particulares do marido respondiam quando assumisse conjuntamente a responsabilidade do ato.

O art. 1.667 do novo Código Civil repete a norma do art. 1.262 do anterior, em cujos termos o regime de comunhão universal "importa a comunicação de todos os bens presentes e futuros dos cônjuges e suas dívidas passivas". Não exclui da comunhão, de forma geral, a fiança, nem o aval prestados sem autorização do outro cônjuge, ou as dívidas de qualquer natureza firmadas por um só dos cônjuges ainda que casados pelo regime universal.

Entretanto, o art. 1.670 prescreve a aplicação ao regime de comunhão universal do disposto no capítulo antecedente, quanto à administração dos bens. O capítulo III a que faz remissão regula o regime de comunhão parcial, em que os bens que cada cônjuge possuir ao casar e os adquiridos na constância do matrimônio excluem-se da comunhão. Constituem o patrimônio composto pelos bens comuns dos cônjuges sobre o qual, com diz Rui Pinto:[17] "cada um tem direito sobre uma meação do patrimônio só dissociável (divisível) quando do fim da comunhão".

O art. 1.663 atribui a administração do patrimônio comum a qualquer dos cônjuges. A regra geral da gestão em comum, correlacionada com o princípio de igualdade, supõe a assunção de dívidas. O art. 1.663 estabelece a responsabilidade dos bens comuns e dos próprios do cônjuge exercente da administração. Os bens particulares do outro respondem na razão do proveito que colher.

17. *A Penhora por Dívidas dos Cônjuges*, Lisboa, Lex, 1993, p. 15, nota 7.

Segundo o argumento a contrário, as dívidas não assumidas no desempenho da administração dos bens comuns são de responsabilidade exclusiva do cônjuge que as contrair.

O art. 1.666 do Código Civil prescreve a responsabilidade exclusiva de um dos cônjuges pelas dívidas que assumir na administração de seus bens próprios e em benefício destes. Os bens comuns e os próprios do outro cônjuge não respondem por esses débitos.

O art. 1.663, § 1º, trata das despesas concernentes à "administração do patrimônio comum" e o art. 1.664, das "despesas de administração", em geral, conexas com a relação matrimonial (p. ex., encargos de família) ou "decorrentes de imposição legal" (obrigações derivadas de disposições do Código Civil e de leis especiais).

No tocante à fiança e ao aval prestados sem autorização do outro cônjuge, nos termos das disposições gerais sobre os regimes de bens, é necessário determinar a relação com a "administração do patrimônio comum" (p. ex.: prestação de garantia destinada a assegurar o pagamento de dívida contraída por um dos cônjuges para a manutenção de um imóvel, a exploração de uma propriedade rural) ou com as "despesas de administração" (p. ex.: concessão de garantia com o objetivo de assegurar o pagamento de dívida contraída para custear a educação dos filhos ou para o casal fazer uma viagem). No primeiro caso, aplica-se a norma do art. 1.663, § 1º: os bens comuns e os próprios do cônjuge que os administra respondem pela dívida; no segundo, os bens comuns respondem pela dívida.

Em relação aos outros tipos de regimes econômico-matrimoniais (de participação final nos aquestos e de separação de bens), as soluções diferem daquelas pertinentes aos regimes de comunhão universal e parcial.

No regime de participação final nos aquestos, como no de separação, cada cônjuge tem patrimônio próprio, destacado do patrimônio do outro. O traço que distingue os dois regimes é que, relativamente ao primeiro, extinto o casamento, o marido e a mulher têm o direito à metade, cada um, dos bens adquiridos pelo casal, a título oneroso, durante o matrimônio.[18]

Divide-se entre o marido e a mulher, em partes iguais, os móveis e imóveis que obtiveram, onerosamente, durante o casamento. Para este efeito, segundo dispõe o inciso III do art. 1.674 do Código Civil, excluem-se as dívidas relativas aos bens que especifica.

O art. 1.677 determina a responsabilidade do cônjuge a que respeitem pelas dívidas posteriores ao casamento, salvo prova de terem revertido, parcial ou totalmente, em benefício do outro cônjuge.

Dissolvida a sociedade conjugal, somam-se os patrimônios próprios dos cônjuges, feitas as exclusões previstas no art. 1.664 do Código Civil (bens anteriores e sub-rogados no lugar destes, bens havidos por sucessão ou adquiridos a título gratuito, e as dívidas relativas aos mesmos bens). Na fase de liquidação, determina-se a participação dos cônjuges nos bens adquiridos no período do matrimônio.

O art. 686 prevê a hipótese de que as dívidas de um dos cônjuges excedam ao valor da metade dos bens adquiridos pelo casal, a título oneroso na constância do casamento. Ainda que tenham revertido em benefício do outro cônjuge e se tornado comunicáveis, os seus bens não respondem. Outra hipótese é a do pagamento por um dos cônjuges de dívida do outro, em que a imputação também não pode superar o valor da metade daqueles bens.

As dívidas contraídas por um dos cônjuges, se ficar provado que trouxeram proveito ao outro, são de responsabilidade de ambos os esposos.

18. O art. 1.724 do Código Civil português considera integrado na comunhão, não só os bens adquiridos pelos cônjuges na constância do patrimônio, que não sejam excetuados por lei, como o produto do trabalho de cada um.

2. Aval do cônjuge em garantia do cumprimento de contrato bancário

O aval da mulher para garantir o pagamento de um título cambiário subscrito pelo marido, como aceitante, por exemplo, pode ser decisivo para realização de um negócio vantajoso, relativamente ao cônjuge obrigado. Nessas condições, dissolvida a sociedade conjugal, a dívida correspondente ao aval converte-se em comum, porém limitada à meação da esposa.

O Código Civil vigente, como o anterior, dedica apenas dois artigos ao regime de separação de bens: 1.687 (administração exclusiva do patrimônio pelo cônjuge titular e livre disposição de seus bens) e 1.688 (contribuição de ambos os cônjuges para as despesas do casal).

O art. 1.647 qualifica o regime como de separação absoluta. Segundo noticiam Pires de Lima e Antunes Varela:[19] "Chama-se-lhe regime *da separação* — não da separação *absoluta* — como era usual na terminologia jurídica da época anterior ao novo Código —, porque se pôs termo à designação equívoca que, por culpa da lei (art. 1.125º do Cód. 1867) se dava muita vezes à comunhão de adquiridos: *separação* de bens com *comunhão* nos adquiridos, e porque se não deu a menor guarida ao pretenso regime da *simples separação de bens*, que Cunha Gonçalves (*Tratado*, VI, p. 480) admitia ao lado do regime da *separação absoluta*".

Do mesmo modo que no direito português, no brasileiro, relativamente ao regime de separação, os patrimônios dos cônjuges mantêm-se completamente destacados, em virtude da separação. Daí os autores supracitados concluírem:

"O fosso profundo cavado entre os bens dos dois cônjuges quase apaga as relações patrimoniais entre eles.

19. *Código Civil Anotado*, v. IV, 2ª ed., Coimbra, Coimbra Editora, 1992, p. 445.

"Alguns traços dessas relações se observam ainda, porém na obrigação de contribuir para os encargos da vida familiar (art. 1.676º)."

O art. 1.643 do Código Civil, que faz parte das disposições gerais sobre os regimes de bens entre os cônjuges, considera comunicáveis as dívidas contraídas por um destes em razão da compra, inclusive a crédito, das coisas necessárias à economia doméstica, ou da contratação de empréstimo para esse fim.

O aval de um título de crédito cuja relação subjacente seja um desses negócios jurídicos converte-se em dívida de responsabilidade de ambos os cônjuges.

O regime de participação final no aquestos distingue-se pela existência de patrimônio próprio de cada cônjuge e de patrimônio comum. O patrimônio próprio compreende os bens que o cônjuge possua ao casar e os adquiridos, a qualquer título, na constância do casamento. O patrimônio comum engloba os bens adquiridos pelo casal, a título oneroso, na constância do matrimônio. Os cônjuges participam, por igual, do ativo e passivo da comunhão. Na determinação do montante dos bens adquiridos pelo casal, a título oneroso, não entram as dívidas posteriores ao casamento contraídas por um dos cônjuges, salvo prova de terem revertido, parcial ou totalmente, em benefício do outro (art. 1.677).

O art. 391 do Código Civil prescreve que todos os bens do devedor respondem pelo inadimplemento de suas obrigações. O codificador substituiu o termo adimplemento, empregado no art. 2.740 do Código Civil italiano, por inadimplemento, quando o devedor está sujeito à responsabilidade patrimonial desde o momento em que contrai a obrigação.

O art. 389 do Código Civil regula outra responsabilidade, esta diretamente derivada do inadimplemento da obrigação: o ressarcimento das perdas e danos, mais juros, atualização monetária e honorários de advogado.

Como nota Michele Giorgianni,[20] o devedor está sujeito a dois tipos de responsabilidade: "um (art. 1.218) constituído pela obrigação do ressarcimento do dano produzido por causa do inadimplemento, o outro (art. 2.740-41) constituído pela sujeição dos seus bens presentes e futuros à ação do credor insatisfeito".

O citado autor adverte: "Contudo, se é verdade que os dois fenômenos são completamente distintos entre si, sem dúvida estão intimamente conexos porque têm como ponto comum de referência o inadimplemento do devedor. Deriva da consideração da conexão entre os dois fenômenos que, enquanto o art. 2.740 estabelece que 'o devedor responde pelo adimplemento das obrigações com todos os seus bens presentes e futuros', com esta expressão o legislador não quer significar que o devedor é obrigado ao *adimplemento* das suas obrigações *por meio* do seu patrimônio e que, por isso, os bens do devedor constituem o instrumento da atuação do dever que lhe incumbe, mas quer significar, ao contrário, simplesmente que as conseqüências do *inadimplemento* são destinadas a recair (dada a exclusão, em nosso ordenamento jurídico, de qualquer medida coercitiva ou sancionatória sobre a pessoa do devedor), sobre o patrimônio deste último. A responsabilidade patrimonial, por conseguinte, está funcionalmente ligada, não ao adimplemento do devedor, mas ao fenômeno oposto, isto é, ao inadimplemento".

A exemplo do Código Civil italiano, o brasileiro dispõe sobre a responsabilidade pessoal e a patrimonial. O Código anterior não tinha uma norma geral a respeito da responsabilidade patrimonial. O art. 1.056 previa as conseqüências da inexecução das obrigações: a responsabilidade pessoal do devedor por perdas e danos. A omissão da responsabilidade patrimonial não queria dizer que o patrimônio do devedor estivesse livre da sujeição ao direito do

20. *L'Inadempimento*, 3ª ed., Milão, Giuffrè, 1975, p. 9.

credor, pois constitui nota essencial do conceito de obrigação. A jurisdicidade do vínculo jurídico constituído entre o credor e o devedor, conforme Manuel A. Domingues de Andrade,[21] "traduz-se no fato de estar organizada e prevista na lei a aplicação de providências coercitivas, mais ou menos enérgicas, a adotar pelo poder estadual, tendentes a assegurar a observância daquela norma (jurisdicidade do vínculo) e, portanto, efetividade do vínculo obrigatório, ou seja, do direito do credor e do correlativo débito. A isto pode chamar-se — e freqüentemente se chama — a *garantia geral* das obrigações: geral, por ser comum a todas as obrigações, independentemente dos vários tipos de garantias especiais, que só intervêm para certas obrigações e em regra mediante estipulação negocial (fiança, hipoteca, penhor etc.). E dizem-se coercitivas aquelas providências por importarem o uso da força, não sendo outro, neste contexto, o sentido do termo".

O princípio jurídico da responsabilidade patrimonial agora está expresso em norma do Código Civil:

> Art. 391. Pelo inadimplemento das obrigações respondem todos os bens do devedor.

Seria mais exato relacionar a responsabilidade com o cumprimento das obrigações. Antonio Hernandez Gil[22] demonstra a coexistência do dever de prestação com a responsabilidade: "A responsabilidade não é uma fase da obrigação em que se penetre somente através do incumprimento. Conforme o art. 1.911, 'o devedor responde com todos os seus bens presentes e futuros pelo cumprimento das obrigações'. Responde 'pelo cumprimento', ou seja, contrai a responsabilidade, não porque tenha incumprido, mas sim porque assumiu o dever de cumprir. Porém, isto sim, a responsabilidade, revela-se subordinada ao dever. O devedor não pode optar entre cumprir o dever ou ater-se à conseqüências da responsabilidade. O não observar o dever supõe incidir numa transgressão, que põe em marcha a atuação da responsabilidade".

A responsabilidade pelo pagamento dos títulos de dívida de qualquer natureza, assinados por um dos cônjuges, está relacionado com o complexo constituído pelos bens do devedor. A chamada garantia geral ou genérica das obrigações não significa, como se afirmava antes da inserção da norma referente à responsabilidade patrimonial do Código Civil, a destinação dos bens do devedor à sujeição potencial a esta. A propósito do art. 39 do Código Civil, podemos repetir o que disse Michele Fragali[23] do art. 2.740 do Código Civil italiano: "o motivo substancial pelo qual aquela destinação ou aquela sujeição não são constitutivas de garantia, antes de mais nada está no fato de que o art. 2.740 não atribui ao credor senão o poder de agir pela via executiva sobre os bens do devedor para fazer valer a responsabilidade patrimonial ínsita na obrigação ou instrumental com respeito a esta".

As limitações à responsabilidade patrimonial são previstas pela lei ou decorrentes de suas disposições.

A responsabilidade pessoal e patrimonial do cônjuge que se obriga, individualmente, por título de dívida não difere em razão da natureza desta, nem das garantias. Não obstante, a fiança e o aval apresentam características inconfundíveis. A fiança dá-se por contrato e o aval, por declaração unilateral de vontade.

Outras distinções levam à conclusão de que o aval é mais pesado sobre o devedor que a fiança. Esta é garantia assessória da obrigação principal. O aval, autônomo. Na forma do art. 818 do Código Civil, o fiador obriga-se por outra pessoa, para com

21. *Teoria Geral das Obrigações*, 2ª ed., Coimbra, Almedina, 1963, p. 21.

22. *Derecho de Obligaciones*, Madri, Editorial Ceura, 1983, p. 74.

23. "Garanzia e diritto de garanzia", em *Enciclopedia del Diritto*, v. XVIII, Giuffrè, 1969, p. 452.

o seu credor, a cumprir a obrigação caso não a satisfaça. O objeto da fiança tem que ser uma obrigação válida. Repetindo o texto da disposição do Código Civil anterior, o art. 824 dispõe que "as obrigações nulas não são suscetíveis de fiança exceto se a nulidade resultar apenas da capacidade pessoal do devedor". Desta norma segue-se que a fiança é uma obrigação assessória. Bevilaqua[24] no comentário ao art. 1.488 do Código Civil anterior criticara sua linguagem por não obedecer, neste dispositivo, "aos rigores da técnica": "As obrigações *nulas*, não são suscetíveis de fiança. É exato, mas seria dispensável afirmá-lo, pois que, se a fiança é obrigação acessória, não poderia subsistir onde não existe obrigação. O que Código pretendeu foi referir-se às obrigações meramente *anuláveis*, porque estas existem, podem ser confirmadas e executadas".

Explica a razão da exceção referente à incapacidade pessoal do devedor porque, abstraindo da obrigação normal, "haverá em todo o caso, um dever de pagar, porque a obrigação anulável subsiste enquanto não se anula e o fiador, assegurando o cumprimento dessa obrigação, torna-se devedor direto e único, se o principal obrigado se excusa, sob o fundamento se sua incapacidade".

As normas gerais do Código Civil sobre o aval (arts. 897-900) não se aplicam aos títulos de crédito objeto de leis especiais (p. ex., letra de câmbio, nota promissória, cheque, duplica etc.), que continuam vigentes. O art. 32, alínea 2, da lei uniforme relativa as letras de câmbio e notas promissórias e o art. 27, aliena 2, da lei uniforme relativa ao cheque enunciam que a responsabilidade do avalista subsiste ainda que a obrigação que ele garantiu fosse nula por qualquer razão que não seja um vício de forma. O avalista responde pelo pagamento total ou parcial dos mencionados títulos, ainda que a obrigação assumida pelo avalizado seja nula, salvo se a nulidade decorrer de vício de forma. Segundo enfatiza Luigi Bianchi d'Espinosa,[25] o avalista "é obrigado, isto com a única condição de que uma obrigação principal exista, ainda quando só aparentemente".

Pelo contrato de fiança, uma parte se obriga para com a outra a garantir o cumprimento de obrigações de outrem. A validade da fiança está subordinada à da obrigação garantida, menos quando a nulidade tenha origem na incapacidade pessoal do devedor. O aval garante o pagamento de um título de crédito, regulado pelas disposições do Código Civil (art. 897) e por leis especiais (p. ex., art. 14 da lei uniforme da letra de câmbio e da nota promissória, art. 25 da lei uniforme relativa ao cheque). A validade do aval não está sujeita à da obrigação garantida, exceto no caso de vício de forma desta.

O art. 827 do Código Civil assegura ao fiador o direito de exigir, até a contestação da lide, que primeiro sejam executados os bens do devedor que indicar, observado o disposto no parágrafo único.

O art. 837 do Código Civil permite que o fiador oponha ao credor as exceções que lhe forem pessoais, e as extintivas da obrigação que competem ao devedor principal, se não provierem simplesmente de incapacidade pessoal, salvo o caso de mútuo feito a pessoa menor. As exceções oponíveis pelo fiador "que compitam ao devedor principal", compreendem a existência e a validade da obrigação, bem como sua subsistência e extinção.

O Código Civil segue, às vezes com rigor, o modelo italiano. Não dispõe sobre a oponibilidade de exceções pelo avalista. Leis especiais, como as que disciplinam a letra de câmbio, a nota promissória e o cheque, reduzem a uma só as exceções pessoais que o avalista tem o direito de opor ao possuidor: a relativa à validade formal

24. Ob. cit., p. 620.

25. Avallo, em *Enciclopedia del Diritto*, t. IV, 1959, p. 527.

do título,[26] o aval é garantia do pagamento do título, no todo ou em parte do seu valor, segundo a norma geral do art. 897 do Código Civil e as normas especiais dos arts. 14 e 30 das leis uniformes relativas, respectivamente, às letras de câmbio e notas promissórias e ao cheque.

Por outro lado, o art. 32 da lei uniforme relativa às letras de câmbio e notas promissórias, assim como o art. 27 da lei uniforme em matéria de cheques, dispõe que o avalista é responsável da mesma forma que a pessoa que ele garante.

O art. 1.944 do Código Civil italiano, que define as obrigações do fiador, deixou de ser transposto para o Código Civil brasileiro. A despeito disso, deduz-se da noção de fiança (art. 818) que a obrigação do fiador é normalmente idêntica à do afiançado, como a do avalista relativamente à do avalizado. Ainda assim Bianchi d'Espinosa[27] assinala: "O avalista responde em face do portador do título *in solidum*, não somente com o garantido (como normalmente ocorre na fiança, art. 1.944 c.c.), mas com todos os outros obrigados cambiários (sacador, endossante, aceitante) de sorte que o portador pode, se preferir, agir contra o avalista antes que contra qualquer outro obrigado (art. 54 l. camb., art. 49 l. ass.) e as partes não poderiam convencionar (porque um pacto semelhante desnaturaria o caráter cambiário da obrigação) o *beneficium excussionis*, que, pelo contrário, pode ser estipulado em benefício do fiador (art. 1.944 c.c.)".

Alguns bancos aproveitam a equiparação do aval à fiança da pessoa casada para o efeito de autorização do outro cônjuge e exigem a assinatura dos dois como avalistas dos títulos de crédito, em diversas operações que realizam. As ponderações de Bevilaqua[28] sobre as limitações ao poder de disposição do marido, constantes do art. 235 do Código Civil revogado — estendidas ao casal pelo art. 1.647 do novo Código — têm aplicação aos atos que dependem de autorização recíproca, notadamente com referência aos fins: "É o lar, a terra *nutrix* que o Código defende das possíveis dilapidações, no interesse da família; mas sem retirar os bens do comércio, instituindo, apenas, a fiscalização, por um dos cônjuges dos atos do outro. Se os dois estiverem de acordo deve supor-se que a operação é, ou pareceu, vantajosa; e, sendo a responsabilidade de ambos nenhum pode imputar a culpa do desastre. Em todo o caso, a lei obriga-os a refletir sobre o passo, que vão dar".

Nos contratos bancários, que são estandardizados, os clientes se limitam a aceitar e subscrever as cláusulas contratuais pré-elaboradas e informadas pelo banco. Não há margem de reflexão: o cliente tem de aceitar o esquema contratual predeterminado ou recusar a prestação do aval.

Se o contratante for casado pelo regime de comunhão parcial, de comunhão universal ou de participação nos aquestos, em que para prestar fiança ou aval necessita de autorização do outro cônjuge, cumpre ao banco pedir a prova da concessão. Entretanto, além da autorização do cônjuge, cuja finalidade é proteger seus bens, os bancos exigem que avalize os títulos de crédito ou afiance os títulos das obrigações do outro cônjuge. Muitas vezes, este não é parte no contrato bancário, mas responsabiliza-se, como administrador, pelo pagamento da dívida da empresa contratante.

O cônjuge que concede autorização ao outro para prestar fiança ou aval em garantia do cumprimento de uma dívida da empresa que este controla ou administra, devido à imposição do banco, termina respondendo da mesma maneira que o avalizado. Os bancos passam por cima da finalidade da equiparação do aval à fiança, para o efeito de autorização. Assim, fazem com que o cônjuge ponha em risco, gratuitamente, o que a lei quer proteger.

26. Como é óbvio, são oponíveis as exceções fundadas nas relações pessoais do avalista com o possuidor do título.

27. Ob. cit., p. 577.

28. Ob. cit., p. 593.

No aval do cônjuge, quer lançado em título de crédito que a empresa deve pagar ao banco, quer em títulos de crédito firmado pelo outro cônjuge, em garantia do cumprimento daquela obrigação, não existe relação fundamental[29] entre o banco e o cônjuge que presta o aval ou a fiança. Na concessão de autorização representa o cumprimento de um requisito adicional do contrato bancário. A fiança e o aval importam na assunção de uma dívida, pela qual respondem todos os bens do devedor, e não mais os particulares do obrigado e os comuns até o limite de sua meação.

A título de proteção do interesse familiar, o art. 1.647, III, do Código Civil exige o consentimento dos cônjuges para prestação da fiança ou aval. É lícito que os bancos condicionem a realização da operação à prestação de fiança ou aval e, neste caso, a autorização significa a observância de uma norma legal. A exigência de aval do cônjuge, ao contrário, demonstra a falta de reconhecimento da tutela do interesse do grupo familiar. O normal e conforme a previsão legal é o banco solicitar a autorização do cônjuge para que o outro possa afiançar ou avalizar.

Assinala Felice Scordino[30] que o contrato bancário pode ser bilateral (ou plurilateral), "porém, mesmo como tal, pode comportar a unilateralidade da prestação, no sentido que, na relação que dele deriva, o devedor é um só. Essa figura ocorre nos contratos bancários em que sempre é possível a determinação de um devedor principal. Com efeito, resolvendo-se a causa do contrato essencialmente numa concessão de crédito, a obrigação principal da relação só pode ser única, ou seja, a de restituir o que se recebeu como crédito".

O autor prossegue a exposição: "A obrigação principal, única, nos contratos de crédito, como se viu não se configura com outras secundárias, como a prestação de *garantia* (...)".

Se bem que as obrigações secundárias sejam acessórias do contrato base, "não passam de reflexos secundários, também característicos da relação que, mesmo gravando a contraparte do obrigado a satisfazer a prestação principal, não são vinculadas a esta última pela relação de estreita interdependência causal, do que somente deriva a definição da correspectividade".

As obrigações de garantia constituem-se para atender a expectativa do credor de cumprimento da prestação. Porém, o direito não a tutela quando a probabilidade de ocorrer o pagamento fundamenta-se, entre outras, na exigência da prestação de aval, pelo cônjuge que não tem nenhuma participação ou ingerência nos negócios da empresa que contrata com o banco. Além disso, as disposições do Código Civil sobre o direito patrimonial relativo a família pretendem protegê-la. Bevilaqua,[31] no comentário ao artigo do Código Civil de 1916 que impunha a autorização da mulher para prestação de fiança pelo marido, lembra os riscos dessa garantia: comprometimento dos bens do fiador, até o ponto de ficar impossibilitado de cumprir a sua obrigação de sustentar a família, e possibilidade de perda da situação econômica em cujo gozo se acha a família. A posição do avalista é mais grave que a do fiador. Por exemplo, a invalidade da obrigação do cônjuge não se comunica ao aval. Se não bastasse, a prestação do aval é um ato de administração extraordinária, pelas razões expostas por Fragali,[32] "seja porque (garantia pessoal) encerra uma obrigação que pode pôr em risco a consistência do patrimônio do garante, seja porque (garantia real) envolve destinação ou sujeição de um bem à satisfação do interesse de um só credor ou à satisfação deste interesse de modo preferencial".

29. Também chamada *subjacente* é a relação causal de direito comum, existente entre as partes, que dá origem às obrigações cambiárias.

30. *I Contratti Bancari*, Nápoles, Jovene, 1965, p. 17.

31. Ob. cit., p. 593.

32. Ob. cit., p. 465.

Jean-Louis Rives-Lange[33] destaca a dupla relação de direito que vincula o banco e seu cliente: "uma dependente do direito comum dos contratos e resultante do seu acordo, outra sujeita ao direito cambiário e resultante do endosso do título descontado. Essas duplas relações não deixam de exercer uma influência recíproca; o desconto leva a abordar necessariamente o estudo de problemas puramente cambiários (...)".

São sujeitos da relação de direito comum dos contratos: o empresário, que endossa os títulos de crédito, e o banco, que os adquire, antecipa o valor nominal, deduzidos os juros e acréscimos, e se torna credor pelo montante do financiamento.

A operação pressupõe a confiança do banco no pagamento dos títulos e na solvência da empresa descontatária.

Em regra, segundo o esquema operacional descrito por Bonfim Viana,[34] a proposta de desconto também é assinada, pelo "avalista" ou "avalistas" do descontatário. Do mesmo modo que na Itália, "A praxe bancária brasileira adota idêntico procedimento, com a finalidade única de permitir a conferência da autenticidade das assinaturas no título cambial descontado".

Na forma do direito cambiário, o descontatário garante o pagamento dos títulos quando, por via de endosso, transmite-os ao banco descontador.[35] Rives-Lange indica a necessidade de atribuir autonomia ao contrato de desconto e destacá-lo dos mecanismos cambiários, que são o modo de realização de uma das prestações: "É preciso distinguir com atenção os efeitos do endosso e do contrato mesmo de desconto. Os efeitos do endosso vêem superpor-se aos efeitos desejados pelas partes, reforçando-os sem os extinguir. É um princípio, hoje unanimemente admitido, que a relação cambiária superpõe-se à relação fundamental, sem a extinguir. Ora, essa possibilidade de ação contra o remetente não resulta somente do endosso; ela é desejada pelas partes e prevista pela cláusula 'salvo bom fim' ou 'salvo cobrança'. Esta cláusula é da natureza do contrato de desconto; exprime a reserva do banqueiro, que não quer correr os riscos de uma operação de especulação e tenciona lançar a álea do não pagamento sobre o remetente".[36]

Nesse caso, o banco pode exercer os direitos de possuidor dos títulos descontados contra todos ou alguns obrigados cambiários. Em relação à empresa descontatária, o banco dispõe de dupla ação, contra o cedente, conforme demonstra Rives-Langes:

"1º. Uma ação de direito comum segundo a natureza do desconto e prevista pela cláusula 'salvo cobrança'. Só em casos excepcionais, o banqueiro concede confiança total no valor do título, é que essa ação fundamental não existe.

"2º. Essa ação de direito comum duplica-se, muitas vezes, numa ação cambiária, no caso em que o título descontado tenha sido objeto de um endosso. Esta ação cambiária superpõe-se à ação fundamental, sem a eliminar; porém, na medida em que existe, o banqueiro preferirá exercê-la em razão das vantagens que lhe dá o direito cambiário."

Exatamente as vantagens das ações cambiárias sobre as de direito comum, decorrentes do não cumprimento do contrato

33. *Les Problèmes Juridiques Posés par l'Opération d'Escompte*, Paris, LGDJ, 1962, p. 13.

34. *Desconto Bancário*, 3ª ed., Brasília, Brasília Jurídica, 1999, p. 66, n. 3.

35. Para maior segurança do seu crédito cambiário, o banco faz os administradores da empresa descontatária avalizar os títulos que desconta. Estes não são partes no contrato, nem sujeitos das relações cambiárias precedentes, mas terceiros, ligados à empresa descontatária pela investidura na titularidade do órgão de administração. No aval concedido pelos administradores, na operação de desconto, inexiste relação causal entre as partes; é um negócio cambiário de favor, praticado por imposição e no interesse do banco. Desse negócio nasce a dívida cambiária, sem prévia existência de uma relação causal como avalistas da empresa endossante (descontatária), os seus administradores garantem o pagamento dos títulos.

36. Ob. cit., p. 65.

de desconto, tornam mais grave ainda a posição dos avalistas da empresa descontatária que são, normalmente os seus administradores.

Se os avais forem lançados abaixo da assinatura das empresas endossantes dos títulos descontados, os signatários equiparam-se a estes ou, como enuncia o art. 32, alínea 1, da lei uniforme sobre letras de câmbio e notas promissórias, são responsáveis da mesma maneira que a pessoa a quem foi dado. De acordo com art. 15 da lei uniforme, os avalistas assumem a responsabilidade pelo pagamento do título. Não gozam do benefício de excussão e respondem pelo pagamento do título, solidariamente com os demais subscritores, para com o seu possuidor.

O avalista do endossante não é parte no negócio de emissão do título descontado, nem no negócio de transmissão. Assume uma obrigação cambiária em que não há negócio fundamental ou subjacente entre o avalista e o avalizado. O aval é prestado a título de favor, quer pelos administradores da empresa descontatária, quer pelo outro cônjuge.

Não satisfeitos com o aval dos administradores, após o Código Civil equipará-lo à fiança, no tocante à autorização da mulher ou do marido, exceto no regime de separação de bens, os bancos passaram exigir o aval do cônjuge junto com a autorização. Nesta, o cônjuge é terceiro relativamente ao negócio entre o avalizado e o banco. Esclarece d'Espinosa:[37] "o avalista não garante que o avalizado pagará, mas que o título será pago; não acede à obrigação alheia, porém a faz sua: enquanto a designação da pessoa a favor de quem o aval é prestado tem apenas o escopo de fazer o avalista assumir uma responsabilidade cambiária do mesmo grau que a do avalizado".

A gratuidade do aval, com respeito à relação entre o avalista e o cônjuge avalizado, assim como a gratuidade do aval do outro cônjuge relativamente à empresa descontatária, contrasta com o caráter extremamente gravoso de uma obrigação de garantia em que, na expressão do supracitado autor, "o garante responde *in solido* perante o portador com o emitente, o endossante e com todos os outros signatários (...)".

A exigência do aval é contraditória com o objetivo da autorização ao cônjuge para prestá-lo. A autorização protege o interesse familiar; e o aval pode comprometê-lo ou sacrificá-lo.

Uma das formas de tutela dos direitos, como o do cônjuge em relação aos seus bens, é a proibição do exercício irregular de um direito. O art. 160 do Código Civil anterior sancionava-o implicitamente. O art. 187 do Código atual considera ato ilícito o exercício de um direito em que seu titular excede manifestamente os limites impostos pelo seu fim econômico ou social, pela boa-fé ou pelos bons costumes.

Bevilaqua[38] sublinhou a diferença do sistema do Código Civil, em relação a todos os outros, na regulamentação dos interesses econômicos da sociedade conjugal, até ao português e ao que estabeleciam as leis anteriores, "por dar maior extensão aos direitos da mulher e, conseqüentemente, restringir os do marido em atenção aos interesses superiores da família".

O novo Código Civil acentuou a "feição inconfundível" do sistema de limitação dos poderes dos cônjuges, mediante a inclusão do aval entre os atos sujeitos à autorização.

O Código Civil anterior rezava:

> Art. 57. O patrimônio e a herança constituem coisas universais ou, universalidades, e como tais subsistem, embora não constem de objetos materiais.

Na seção relativa aos bens singulares e coletivos, o novo Código dispõe:

> Art. 91. Constitui universalidade de direito o complexo de relações jurídicas

37. Avallo, cit., p. 579.

38. Ob. cit., p. 594.

de uma pessoa, dotadas de valor econômico.

O conjunto de relações jurídicas suscetíveis de avaliação econômica forma uma unidade distinta dos elementos que a compõem. Os bens que o integram constituem o objeto da garantia genérica dos credores.

Essa disposição não assemelha o aval à fiança. Esta é um contrato entre o credor e o fiador, e o aval, obrigação derivada de declaração unilateral de vontade. A fiança garante o cumprimento da obrigação de um terceiro, da qual é acessória; o aval não garante só o cumprimento da obrigação do avalizado, mas o pagamento do título de crédito.

D'Espinosa[39] compara o aval com a fiança, e mostra as diferenças:

1. A validade da fiança está subordinada à da obrigação principal; por exceção, o fiador responde pelo pagamento de obrigação contraída por incapaz.

O avalista responde, ao contrário, pelo cumprimento da obrigação que garante, mesmo no caso de ser nula, salvo por vício de forma; é obrigado com a única condição de que exista uma obrigação principal, conquanto aparente.

2. O avalista responde solidariamente perante o portador do título, não apenas com o avalizado (como normalmente acontece na fiança), mas com todos os outros obrigados cambiários. Assim, o portador pode, caso prefira, agir contra o avalista, antes de qualquer outro obrigado. Não há benefício da excussão, que pode ser convencionado fiança.

3. Enquanto o fiador pode opor ao credor todas as exceções que competem ao garantido, o regime das exceções cambiárias para o aval rege-se pelo rigor cambiário: o avalista pode opor ao portador somente as exceções pessoais, as relativas à validade formal do título cambiário ou às suas relações pessoais com o portador, não as exceções pessoais do avalizado, nem as concernentes à relação fundamental entre este e o credor.

Além das suas características inconfundíveis, é mais gravoso que a fiança, sob os aspectos da solidariedade e da autonomia. Quanto à solidariedade entre os sacadores, aceitantes, endossantes e avalistas, o possuidor do título tem o direito de acionar qualquer dessas pessoas, individualmente, pelo total da dívida cambiária. Rossi[40] esclarece: "Como qualquer outra obrigação cambiária, o aval garante o pagamento do título, e não uma obrigação singular (...)".

A propósito da autonomia da obrigação do avalista, Mortarano[41] distingue: "Contrariamente ao estabelecido pelo art. 1.939 Cod. Civ., a teor do qual a fiança não é válida se não for válida a obrigação principal (salvo a hipótese de incapacidade), a obrigação do avalista não é subordinada à validade da obrigação do avalizado, salvo se esta for nula por vício de forma (art. 39, al. 2.l camb.). Portanto, não se aplica ao aval o princípio segundo o qual quando não seja valida a obrigação garantida, também não é válida a obrigação de garantia; esta derrogação deriva da interferência do princípio da autonomia das obrigações cambiárias, a teor do qual cada uma tem vida própria, não condicionada à validade das outras".

A possibilidade de conseqüências mais graves resultantes do aval, comparado com a fiança, explica a equiparação destas garantias para o efeito da autorização exigida pelo art. 1.647, III, do Código Civil. Com a fiança e o aval, os bens dos obrigados passam a responder pelo pagamento da dívida garantida, ou do título de crédito.

A exigência de aval do cônjuge, pelos bancos, nas operações com a empresa controlada ou dirigida pelo outro, é contrária ao fim protetor do direito patrimonial da família. Tem de haver uma união funcional

39. Avallo, *Enciclopedia...*, cit., v. IV, p. 577.

40. Ob. cit., p. 20.

41. Ob. cit., p. 343.

entre o poder de autonomia conferido ao sujeito e o ato de exercício do poder. Salvatore Romano[42] ressalta o caráter objetivo da ligação entre o poder e o seu exercício, em função do tratamento de determinados interesses, para concluir que "só que esta funcionalidade deve principalmente ser percebida na vinculação do ato com os do próprio poder que se exerce com aquele ato".

A exigência de aval do outro cônjuge exorbita dos limites do poder do banco em questão de garantia do cumprimento dos contratos. O art. 187 do Código Civil considera ato ilícito o exercício, pelo titular de um direito, que excede manifestamente os limites impostos pelo seu fim econômico ou social, pela boa-fé ou pelos bons costumes.

Os bancos pensam resolver o problema da "prestação de garantia de favor feita em título cambiário, sendo o garante umas vezes sócio, outras gerente da sociedade avalizada", em que se entendia, nomeadamente no direito português, como anotam Pires de Lima e Antunes Varela,[43] "para criar responsabilidade comum se tornava essencial que a expectativa de benefício resultasse da *própria* constituição da dívida e não do seus efeitos mediatos ou reflexos. E à sombra dela se repudiou a responsabilidade do cônjuge do avalista da letra de câmbio, quer no caso de se tratar de pura garantia altruísta, quer no caso de o avalista ser sócio gerente da sociedade avalizada".

Para obterem o efeito contrário ao visado pela lei, e não admitido (responsabilidade comum), os bancos impõem o aval do outro cônjuge e, desse como, cometem abuso de direito.

42. "Abuso del diritto", *Enciclopedia...*, cit., v. I, p. 167.

43. Ob. cit., p. 331.

Atualidades

INTERRUPÇÃO DA PRESCRIÇÃO PELO PROTESTO CAMBIAL

VINÍCIUS JOSE MARQUES GONTIJO

1. Introdução. 2. Autonomia em seus dois aspectos. 3. Interrupção da prescrição pelo protesto cambial. 4. Conclusões. 5. Referências bibliográficas.

1. Introdução

Seguindo a tradicional conceituação de Cesare Vivante,[1] o Código Civil brasileiro conceituou título de crédito a partir de seus três princípios básicos ou características ou, ainda, como preferem outros, atributos essenciais: a *cartularidade*, a *literalidade* e a *autonomia* (art. 887, CC).[2]

Considerando que todos eles são essenciais para a existência de um título de crédito, não se poderia afirmar, coerentemente, que haveria um deles que se sobreporia aos demais. Contudo, não causa estranheza quando se afirma que a autonomia se trata "de um dos princípios mais importantes do título de crédito, que surgiu a partir do século XIX, quando o título de crédito deixou de ser considerado mero documento probatório da relação causal, para ser entendido como documento *constitutivo de direito novo, autônomo, originário e inteiramente desvinculado da relação causal*".[3]

O entendimento da autonomia é foco central deste nosso articulado. A sua perfeita compreensão trouxe, na interpretação dos novos comandos do Código Civil, conseqüências diretas de grande impacto na aplicação e operacionalização dos títulos de crédito, não apenas atípicos, aos quais se aplicam o novo *Digesto* Substantivo, por força do art. 903 do CC,[4] mas também aos títulos de crédito típicos.

Ao aqui examinarmos a autonomia, traremos à apreciação sua aplicação aos chamados títulos de crédito típicos, com a conseqüente interrupção da prescrição pelo protesto cambial (art. 202, III, CC).

2. A autonomia em seus dois aspectos

Considerando o objetivo deste artigo proposto na Introdução, interessa-nos o estudo do princípio da autonomia das obrigações cambiais, tomando-se em perspectiva seus dois aspectos.

1. Tullio Ascarelli, *Teoria Geral dos Títulos de Crédito*, p. 43.

2. É perfeita a crítica formulada por Newton De Lucca, segundo a qual o texto legal peca por pretender "reproduzir fielmente" o conceito de título de crédito ditado por Cesare Vivante, mas faz uso da expressão *contido*, quando o correto seria *mencionado*, ou seja: o direito de crédito não é *contido* no título, mas, sim, *mencionado* (Newton De Lucca, *Comentários ao Código Civil*, v. 12, p. 125).

3. Luiz Emygdio F. da Rosa Júnior, *Títulos de Crédito*, p. 62.

4. Wille Duarte Costa, "Títulos de crédito e o novo Código Civil", *Revista de Faculdade de Direito Milton Campos* 8/105 e ss.

Fran Martins[5] já atentava para o fato de que reiteradas vezes os operadores do direito confundem *autonomia* com *abstração*. Esta é uma confusão comum, mas inadmissível, uma vez que se tratam de características diversas. Contudo, para que não pairem dúvidas conceituais na compreensão deste nosso artigo, demonstraremos a distinção entre a autonomia e a abstração, bem como demonstraremos os reais conteúdos da autonomia.

De fato, a autonomia está presente em todos os títulos de crédito, sendo-lhes mesmo essencial, enquanto a abstração é meramente incidental, na medida em que existem títulos de crédito, plenamente válidos, abstratos, e outros, também plenamente válidos, causais.

A abstração decorre do fato da lei que criou o título não lhe prever as causas de suas emissão, dessa sorte, como em direito privado o que não é proibido é permitido, o título poderá ser sacado tendo como negócio jurídico subjacente qualquer obrigação lícita, é o caso, por exemplo, do cheque, da nota promissória e da letra de câmbio. Por outro lado, o título de crédito causal é aquele em que a lei que o cria também prescreve os negócios jurídicos que lhe podem ser subjacentes, ou seja, a lei prescreve quais as obrigações que autorizam a emissão do título de crédito, é o caso, também como exemplos, da duplicata, do *warrant* e da cédula de crédito bancário.

A autonomia, por sua vez, e como leciona João Eunápio Borges,[6] pode ser examinada sob dois aspectos, sendo que ambos nos interessam para o tema proposto: primeiro, a *autonomia* como o desprendimento da relação subjacente ou fundamental que originou o título. O título de crédito não gera novação e não representa apenas e tão-somente um documento comprobatório da relação subjacente, ou seja, da *causa debendi*. O título é obrigação diversa da que lhe é subjacente, é obrigação cartular, "embora conexa, é autônoma em relação àquela".[7]

Assim, se a origem do título de crédito é um contrato de mútuo ou uma prestação de serviços, esta relação jurídica que lhe é subjacente não se confunde com a própria cambial ou cambiariforme. As obrigações são autônomas.

A autonomia deve ser estudada também sob seu segundo aspecto,[8] que nada tem a ver com os negócios jurídicos que deram origem ao título, mas, sim, aos coobrigados cambiais. Como decorrência da autonomia, tem-se que cada signatário de um título de crédito tem uma relação jurídica cambial exclusiva, que independe das dos demais coobrigados.

A partir da autonomia, os vícios que maculariam a obrigação de um dos coobrigados não se estendem às dos demais, da mesma maneira que as virtudes não aproveitariam. Cada signatário tem uma relação jurídica cambial *per si*.

Logo, cada um dos signatários de um título de crédito tem uma obrigação exclusiva, que independe da regularidade, da validade ou mesmo da existência da obrigação de outros signatários da mesma cambial ou cambiariforme. Não há relações acessórias, como se dá no direito civil comum. Aqui, a nulidade de uma obrigação não se estende às demais, nem mesmo quando a obrigação do avalizado é nula. Neste caso, a obrigação do avalista persiste sem qualquer reflexo (art. 32 da LUG).

A autonomia, neste contexto geral, é bem sintetizada por Fran Martins, que leciona: "Desse modo, ao falar-se em *autonomia* deve-se entender que *autônomas* são as *obrigações*, resultantes do título, o que significa que uma obrigação não fica a depender de outra para ter validade".[9]

5. Fran Martins, *Títulos de Crédito*, v. 1, 13ª ed., pp. 9 e 10.

6. João Eunápio Borges, *Títulos de Crédito*, 2ª ed., 6ª tir., pp. 13 a 16.

7. Idem, ibidem, p. 14.

8. Idem, ibidem, p. 15.

9. Fran Martins, *Títulos de Crédito*, cit., p. 9.

3. Interrupção da prescrição pelo protesto cambial

O art. 70 da Lei Uniforme de Genebra (LUG)[10] derrogou os prazos prescricionais para as ações cambiais no Brasil, que eram ditados pelo art. 52 do Decreto 2.044, de 31 de dezembro de 1908, reduzindo-lhes o tempo.[11]

"A prescrição tem como uma de suas características a possibilidade de ser suspensa ou interrompida; os casos de suspensão ou interrupção, não sendo matéria cambiária, regem-se pelo direito comum".[12] Assim, os casos de interrupção da prescrição dos títulos de crédito são ditados pela legislação comum, mas a legislação cambial se orienta pela autonomia que se aplica, inclusive, no que se refere ao instituto da interrupção do prazo prescricional.

Como decorrência lógica do princípio da autonomia que informa os títulos de crédito, agora já mesmo positivado no Código Civil (art. 887), o art. 71 da LUG diz que a interrupção da prescrição levada a efeito contra um dos coobrigados não aproveita aos demais (cada coobrigado tem uma obrigação autônoma). Destarte, tem-se, por exemplo, a interrupção do prazo prescricional em relação ao devedor cambial direto não implicará necessariamente na interrupção da prescrição em relação aos devedores indiretos. Nesse sentido, já decidiu o Superior Tribunal de Justiça em acórdão assim ementado:[13]

Prescrição. Interrupção. Cédula de crédito rural. Cambial. Solidariedade. Emitente. Avalista. Lei Uniforme.

Em se tratando de títulos de crédito, nas relações existentes entre avalista e avalizado não se aplica a regra do direito comum (art. 176, § 1º, do Código Civil), em face da superveniência da Lei Uniforme, art. 71, que assim dispõe: "A interrupção da prescrição só produz efeito em relação a pessoa para quem a interrupção foi feita".

A interrupção da prescrição operada contra o emitente não se estende ao seu avalista e vice-versa.

Posicionamento da doutrina nacional, francesa e italiana sobre a Lei Uniforme.

Precedentes jurisprudenciais.

Recurso especial conhecido e provido.[14]

Como se trata de expressão literal de lei especial, que, como tal, afasta aplicação de lei geral, não diverge da jurisprudência a doutrina,[15] sendo que Waldo Fazzio Júnior é peremptório: "Ao estipular que a interrupção da prescrição só produz efeito em relação à pessoa para quem a interrupção foi feita, o art. 71 da Lei Uniforme sobre cambiais quer dizer que a interrupção operada contra um coobrigado não afeta os demais".[16]

Diante disso, constata-se que a interrupção do prazo prescricional deve se dar contra cada um dos coobrigados ou pelo menos em relação àqueles de quem se pretende exigir a obrigação cambial, sob pena de, em relação àquele contra quem ela não se deu, não haver a interrupção e, via de conseqüência, não aproveitar, fazendo, com o transcurso regular do prazo, extinguir-se o direito de ação.

Contudo, como já dissemos, a legislação cambial não trata das hipóteses de interrupção da prescrição, que são regidas pelo Código Civil.

10. A LUG foi introduzida no Brasil pelo Decreto 57.663, de 24.1.1966.

11. Dylson Dória, *Curso de Direito Comercial*, v. 2, 7ª ed., p. 72.

12. Waldirio Bulgarelli, *Títulos de Crédito*, 18ª ed., p. 249.

13. Não são outros os precedentes jurisprudenciais colacionados por Fábio Ulhoa Coelho (*Código Comercial e Legislação Complementar Anotados*, 6ª ed., p. 363).

14. STJ, 4ª T., REsp 1.295-GO, v.u., Rel. Ministro Fontes de Alencar, j. 21.11.1989, *DJ* 18.12.1989, p. 18.478.

15. Cf. *verbi gratia*: Rubens Requião, *Curso de Direito Comercial*, v. 2, 23ª ed., p. 461; Amador Paes de Almeida, *Teoria e Prática dos Títulos de Crédito*, 20ª ed., pp. 67 e 68.

16. Waldo Fazzio Júnior, *Manual de Direito Comercial*, 3ª ed., p. 411.

O vigente Código Civil (Lei 10.406, de 10 de janeiro de 2002) estabelece no art. 202 as hipóteses de interrupção da prescrição, inovando em relação ao comando anterior quando determina que a interrupção somente se dará uma vez.

Inova o Código, ainda, quando dispõe no inciso III do art. 202 que o protesto cambial é causa de interrupção do prazo prescricional.

Há muito, a jurisprudência havia consolidado o entendimento de que o simples protesto cambial não produziria como efeito a interrupção da prescrição da obrigação cambial. Isso gerou inclusive a edição da Súmula 153 pelo Supremo Tribunal Federal, com o seguinte teor: "Simples protesto cambiário não interrompe a prescrição".

Diante disso, somente o protesto judicial interrompia a prescrição da obrigação.[17] No entanto, reitere-se, na contramão do entendimento jurisprudencial pacífico, o novo Código Civil, no art. 202, III, prescreveu que o protesto cambial interromperá o prazo prescricional.

Conforme já tivemos oportunidade de demonstrar,[18] o protesto cambial é a prova insubstituível da apresentação de um título de crédito, sendo que isso decorre do fato de serem as obrigações constantes das cambiais e cambiariformes quesíveis.

Ora, sabidamente há diversas modalidades de protestos, mas o Código Civil considerou que apenas os protestos cambiais (art. 202, III) e judiciais (art. 202, II) interrompem a prescrição. Assim, por exemplo, o protesto especial para o pedido de falência, de que trata o art. 10 do Decreto-lei 7.661/1945 (Lei de Falência), não tem o condão de interromper a prescrição.[19]

Agora, tratando-se de protesto cambial, não cuidou o legislador de distinguir se o protesto se deu por falta de pagamento, de aceite ou qualquer outra modalidade.[20] Como princípio de hermenêutica, não compete ao intérprete distinguir onde o legislador, podendo, não o fez. Destarte, qualquer modalidade de protesto cambial viável servirá para a interrupção da prescrição.

Considerando a autonomia das obrigações cambiais, onde cada signatário do título tem uma relação própria e o prescrito no art. 71 da LUG, a interrupção da prescrição pelo protesto cambial somente po-

17. À época da vigência do antigo Código Civil, Fran Martins lecionava: "Cumpre ressaltar, porém, que o protesto cambial não provoca a interrupção da prescrição, e sim o protesto judicial. O assunto foi bastante debatido na doutrina e a própria jurisprudência chegou a dividir-se, ora havendo decisões que admitiam a interrupção da prescrição pelo protesto cambial [TJSP, ag. de pet. 4.441, de 15.5.1936, in *RT* 101/465], ora outras a negando [TJSP, ag. de pet. 76, de 3.3.1937, in *RT* 108/601]. Chamado a pronunciar-se a respeito, o Supremo Tribunal Federal decidiu que 'simples protesto cambiário não interrompe prescrição' (Súmula 153). Essa é, pois, a orientação atual da mais alta Corte de Justiça a respeito dessa importante matéria" (Fran Martins, *Títulos de Crédito*, v. 1, 13ª ed., p. 273).

18. Vinícius Jose Marques Gontijo, "O protesto de título de crédito em que concordatário figura como devedor direto", *Revista da Faculdade de Direito Milton Campos* 9/198.

19. O art. 34 da Lei de Cheques (Lei 7.357/1985) prescreve que a apresentação do cheque à câmara de compensação equivale à sua apresentação a pagamento. Ou seja, a apresentação do cheque à câmara equivale ao protesto, que é a prova da apresentação. Obviamente, a interrupção do prazo prescricional é norma excepcional e, com tal, merece interpretação restritiva. Logo, como o Código Civil previu que apenas o protesto judicial e o *cambial* interromperão a prescrição, e não outras modalidades de apresentação que o substituem, constata-se que a apresentação do cheque à câmara de compensação não interromperá a prescrição. Isso até porque é possível o protesto *cambial* de cheques, ao teor do comando do art. 6º da Lei 9.492/1997 (Lei de Protestos).

20. Não é possível conceber o protesto por falta de data, quando o título é sacado a certo termo de vista ou por falta de visto (art. 78 da LUG) como causas interruptivas da prescrição, na medida em que servem de prova da apresentação que visa a fixação do termo *a quo* para o vencimento do título de crédito, e, segundo o princípio da *actio nata* a prescrição nasce com o direito de ação, se o título não era exigível, por não estar vencido, não poderia se falar no transcurso de prescrição e, via de conseqüência, na sua interrupção.

derá se dar no caso de o signatário houver sido intimado[21] do protesto, figurando no termo de lavratura e registro do protesto.

A despeito de se protestar o título e não a pessoa obrigada, havendo diversos devedores cambiais, o protesto cambial do título somente interromperá a prescrição em relação àqueles que foram expressamente intimados para o cumprimento da obrigação constante do título de crédito levado a protesto.

Intimado apenas o devedor direto, somente em relação a ele terá havido a interrupção da prescrição, mas não em relação aos demais coobrigados.

Para tanto, o art. 21, § 4º, da Lei 9.492, de 10 de setembro de 1997,[22] determina que os devedores indicados por aquele que apresentou o título ao protesto ou pelo credor, como responsáveis pelo cumprimento da obrigação não poderão deixar de figurar no termo de lavratura e registro do protesto, devendo, naturalmente, para tanto, serem intimados.

Ora, considerando que os signatários de um título de crédito são coobrigados cambiais, sendo devedores solidários,[23] são responsáveis pelo adimplemento da obrigação e não se pode negar a faculdade do credor ou do apresentante do título de indicar cada um dos coobrigados, que deverá ser intimado e figurar no termo de lavratura e registro do protesto para que, também em relação a ele, ocorra a interrupção da prescrição.

21. "A intimação consiste no ato de cientificação do devedor, que se encontra apontado no Tabelionato de Protestos um título seu, para a prática do ato de protesto" (Miriam Comassetto Wolffenbüttel, *O Protesto Cambiário como Atividade Notarial*, p. 40).

22. Esta lei, como já consignamos, é chamada pela doutrina de "Lei de Protestos", por regulamentar o procedimento do protesto no Brasil.

23. João Eunápio Borges demonstra que as declarações cambiais têm em comum, dentre outros, a vinculação de todos os subscritores solidariamente ao pagamento da quantia constante do título de crédito (*Títulos de Crédito*, cit., p. 51).

Naturalmente, para que os devedores indiretos permaneçam coobrigados cambialmente é necessário que o protesto obrigatório tenha se dado no prazo legal, na medida em que se trata de protesto cambialmente obrigatório.[24] Assim, não é concebível a interrupção da prescrição em relação àquele contra o qual não há mais uma obrigação cambialmente exigível.

4. Conclusões

Ante o exposto, tem-se por corolário:

A autonomia pode ser compreendida sob dois aspectos: *a*) como o desprendimento do título de crédito em relação à obrigação que a originou, que lhe é subjacente ou fundamental; e *b*) em relação aos coobrigados, de tal maneira que a obrigação de um dos signatários do título de crédito não depende da de outro para ter validade.

O novo Código Civil estabeleceu que o protesto cambial interromperá o prazo prescricional do título de crédito, sendo que, para tanto e em atenção à autonomia das obrigações cambiais, se faz necessária a intimação, pelo Cartório de Protestos, do obrigado cambial. A interrupção da prescrição deve se dar em relação a cada um dos coobrigados de quem se pretende exigir a adimplência da obrigação cambial.

5. Referências bibliográficas

ALMEIDA, Amador Paes de. *Teoria e Prática dos Títulos de Crédito*. 20ª ed., São Paulo, Saraiva, 2001.

ASCARELLI, Tullio. *Teoria Geral dos Títulos de Crédito*. Campinas, Red Livros, 1999.

24. "O protesto constitui, portanto, elemento fundamental para o exercício do direito de regresso. Sem ele, dado o formalismo do direito cambiário, não é possível o detentor exercer seu direito contra os obrigados regressivos. Dele decai o credor, de nada lhe valendo a alegação de que apresentou o título por outros meios. Tudo isso evidentemente na hipótese de não haver a cláusula 'sem protesto', inserida na letra" (Rubens Requião, *Curso de Direito Comercial*, v. 2, 23ª ed., p. 436).

BORGES, João Eunápio. *Títulos de Crédito*. 2ª ed., 6ª tir., Rio de Janeiro, Forense, 1976.

BULGARELLI, Waldirio. *Títulos de Crédito*. 18ª ed., São Paulo, Atlas, 2001.

COELHO, Fábio Ulhoa. *Código Comercial e Legislação Complementar Anotados*. 6ª ed., São Paulo, Saraiva, 2003.

______. *Curso de Direito Comercial*. v. 1, 6ª ed., São Paulo, Saraiva, 2002.

______. *Manual de Direito Comercial*. 14ª ed., São Paulo, Saraiva, 2003.

COSTA, Wille Duarte. *Títulos de Crédito*. Belo Horizonte, UFMG, 1998.

______. *Títulos de Crédito*. Belo Horizonte, Del Rey, 2003.

______. "Títulos de crédito e o novo Código Civil", *Revista da Faculdade de Direito Milton Campos* 8/105, Belo Horizonte, Del Rey, 2001.

DE LUCCA, Newton. *Comentários ao Novo Código Civil*. v. 12, Rio de Janeiro, Forense, 2003.

DÓRIA, Dylson. *Curso de Direito Comercial*. v. 2, 7ª ed., São Paulo, Saraiva, 1995.

FAZZIO JÚNIOR, Waldo. *Manual de Direito Comercial*. 3ª ed., São Paulo, Atlas, 2003.

GONTIJO, Vinícius Jose Marques. "O protesto de título de crédito em que concordatário figura como devedor direto", *Revista da Faculdade de Direito Milton Campos* 9/198, Belo Horizonte, Del Rey, 2002.

MARTINS, Fran. *Títulos de Crédito*. v. 1, 13ª ed., Rio de Janeiro, Forense, 2000.

REQUIÃO, Rubens. *Curso de Direito Comercial*. v. 2, 23ª ed., São Paulo, Saraiva, 2003.

ROSA JÚNIOR, Luiz Emygdio F. da. *Títulos de Crédito*. Rio de Janeiro, Renovar, 2000.

SANTOS, Moacyr Amaral. *Primeiras Linhas de Direito Processual Civil*. v. 2, 14ª ed., São Paulo, Saraiva, 1991.

THEODORO JÚNIOR, Humberto. *Curso de Direito Processual Civil*. v. 2, 10ª ed., Rio de Janeiro, Forense, 1993.

WOLFFENBÜTTEL, Miriam Comassetto. *O Protesto Cambiário como Atividade Notarial*. São Paulo, Labor Juris, 2001.

A LEI DE SOCIEDADES ANÔNIMAS SOB A ÓTICA DOS PRINCÍPIOS CONSTITUCIONAIS

NORMA JONSSEN PARENTE

Discorrer sobre a Lei de Sociedades Anônimas importa, necessariamente, analisar o tema da governança corporativa. A última reforma da lei trouxe para o ordenamento societário muitas disposições que visam a tornar a companhia mais democrática e transparente, como demandam o mercado e os investidores. O art. 124, § 5º, é exemplo dessa política, versando sobre a interrupção do prazo de convocação de assembléia geral ou o aumento do prazo de publicação do primeiro anúncio de convocação, a pedido de qualquer acionista, pela CVM.

Essa exigência do mercado por companhias que adotem práticas de boa governança foi fortalecida pelos últimos acontecimentos no mercado de capitais. Foram fatos que denunciaram a necessidade de as companhias tratarem, com mais respeito, o público investidor, tais como, por exemplo: os casos Enron, Worldcomm, no exterior.

As companhias que pretendam sobreviver no cenário atual, tornando-se mais competitivas, não podem olvidar a adoção das práticas de governança corporativa. Estas também são indispensáveis ao crescimento do mercado nacional e ao desenvolvimento econômico do país, já que este não pode ser vislumbrado sem o aumento da competitividade das nossas empresas e da segurança e transparência do nosso mercado.

Isto porque, por meio da governança corporativa, a empresa pode desenvolver plenamente sua função social, sendo importante a todos que se relacionam com ela, mediata ou imediatamente. Encontra-se na própria lei os subsídios necessários para que reste caracterizado o caráter indispensável da adoção da governança corporativa pelas empresas.

Trata-se do parágrafo único do art. 116 da Lei das Sociedades Anônimas, que determina:

> O acionista controlador deve usar o poder com o fim de fazer a companhia realizar o seu objeto e cumprir sua função social, e tem deveres e responsabilidades para com os demais acionistas da empresa, os que nela trabalham e para com a comunidade em que atua, cujos direitos e interesses deve lealmente respeitar e atender.

Esse artigo inaugura o princípio da função social da empresa, antes mesmo que a Constituição da República se referisse, tornando-o princípio constitucional mais genérico, à função social da propriedade (art. 5º, XXIII, CF).

Apesar de efervescente em nossos dias, não é de hoje que se estuda o papel dos princípios no ordenamento jurídico, notadamente dos princípios constitucionais. Vivemos uma fase pós-positivista, em que aos princípios é conferida plena eficácia jurídica e os mesmos são "convertidos em pedestal normativo sobre o qual assenta todo o edifício jurídico dos novos ordenamentos constitucionais".[1] Estes princípios acolhem valores que devem ser sempre tutelados em todas as atividades humanas, especialmente nas atividades privadas.

Mas, parece que a maior parte dos operadores do direito — o que se reflete na doutrina e especialmente na jurisprudência — ainda não se deu conta da importância dos princípios jurídicos.[2] Diante da pluralidade de situações jurídicas em que o ser humano pode se encontrar, fundamental é o papel dos princípios, que são como correntes que atraem para si uma vasta gama de situações. Com base neles é possível encontrar soluções para conflitos levantados pela sociedade, ainda que não haja para, os mesmos, norma positivada. Através deles é possível também se evitar uma produção legislativa em larga escala que, muitas vezes — e como é a sina das inovações em nossos tempos —, acabará desatualizada.

Diante disso, devemos ter claro que não vivemos mais em tempos nos quais o Estado era passivo, era o *veilleur de nuit*, nas palavras de Lassale — àquele cabia simplesmente assegurar a conclusão dos contratos e das atividades privadas de acordo com a autonomia das partes, sem observar se era ou não realizada justiça material.[3] A CVM, portanto, como representante do Estado na fiscalização da legalidade e da probidade no mercado de valores mobiliários, não deve ficar inerte diante de situações que firam a todo o sistema ético e democrático que a nova Lei das S/A nos trouxe.

É imperativo, hoje, que as relações privadas sejam concluídas de acordo com os princípios e valores constitucionalmente legitimados. Como leciona Heloísa Carpena: "as normas constitucionais contêm os fundamentos e os princípios da República e descrevem um projeto de sociedade, a ser realizado através dos valores por ela mesma escolhidos como prevalentes, num dado momento histórico. *Tais normas incidem diretamente sobre as relações interprivadas, somente legitimando os atos praticados em conformidade com os valores fundamentais do ordenamento*, contidos na própria Carta".[4]

É neste sentido que se compreende atualmente o "*poder funcional*" atribuído ao empresário controlador, para que este não apenas persiga os lucros a que faz jus com a exploração de sua atividade, mas que também vise a atingir um desenvolvimento econômico e social mínimo em retribuição ao que a sociedade suporta pela exploração daquela atividade, em conseqüência do princípio constitucional da solidariedade social.[5]

Enfim, as normas constitucionais prevêem programas de atuação e dão conteúdo à legislação societária e às normas de direito privado em si. O direito privado deve ser relido à luz da Constituição e de seus princípios, não se entendendo a Lei das S/A como um microssistema fechado

1. Paulo Bonavides, citado por Daniel Sarmento, *Ponderação de Interesses na Constituição Federal*, Rio de Janeiro, Lumen Juris, 2003, p. 41.

2. Como diz Daniel Sarmento, "um dos vícios da jurisprudência brasileira tem sido o do relativo descaso devotado aos princípios constitucionais, o que acaba despindo o processo de interpretação e aplicação da Constituição da sua dimensão ética mais profunda" (cit., p. 51).

3. Nos dizeres de Gustavo Tepedino, "Com o Estado intervencionista delineado pela Constituição de 1988 temos, então, a presença do Poder Público interferindo nas relações contratuais, definindo limites, diminuindo os riscos do insucesso e protegendo camadas da população que, mercê daquela igualdade aparente e formal, ficavam a margem de todo o processo de desenvolvimento econômico, em situação de ostensiva desvantagem" (*Temas de Direito Civil*, 2ª ed., Rio de Janeiro, Renovar, 2001, p. 204).

4. Heloísa Carpena, "Abuso de direito no novo Código Civil", in Gustavo Tepedino (org.), *A Parte Geral do Novo Código Civil: Estudos na Perspectiva Civil-Constitucional*, Rio de Janeiro, Renovar, 2002, pp. 384-385.

5. Como nos explica Eduardo Secchi Munhoz, o poder funcional "é atribuído ao titular, não para atender aos seus interesses egoísticos pessoais, mas para a realização de uma finalidade precisa, no caso, não apenas a produção de lucros, mas o *desenvolvimento econômico e social*, idéia que está imanente nos valores enunciados pela Constituição Federal" (ob. cit., p. 30).

em si mesmo, mas como diploma que é revigorado pelos princípios constitucionais e se insere numa ordem pública sistematicamente considerada que visa ao alcance dos objetivos da República (art. 3º, CF[6]). Na esteira do que tem acontecido atualmente como o direito civil (através da expansão da doutrina do Direito Civil-Constitucional, que sustenta exatamente aquela releitura com base nos princípios constitucionais), essa modernização já tem sido timidamente proposta para o direito societário.[7]

Esses princípios visam à promoção de valores e direitos fundamentais que têm o homem como medida para todas as coisas e que incidem direta e objetivamente nas relações privadas.[8] E a função social da empresa/propriedade é apenas um desses princípios constitucionais dentre muitos outros que são também conformadores da ordem social. Além da função social da propriedade/empresa, informam também a ordem econômica e social, à guisa de exemplo, os princípios da liberdade de iniciativa, a valorização do trabalho e a repressão ao abuso do poder econômico, todos convergindo para um princípio-fim, qual seja, a realização da justiça social.[9]

No entanto, o uso, pelo operador do direito, dos princípios constitucionais e dos direitos fundamentais — mormente no caso do julgador — tem sido visto por muitos como a realização de um direito "alternativo". Um direito que seria avesso ao estabelecido no ordenamento jurídico, contrário à legalidade e que se basearia na livre interpretação do juiz.

Todavia, esse termo, "direito alternativo", tem sido utilizado erroneamente. Em primeiro lugar, porque ele não é fiel à ideologia do movimento surgido no Rio Grande do Sul, a que o termo originariamente se refere, por estar sendo utilizado de forma pejorativa. Em segundo lugar, porque

6. "Art. 3º. Constituem objetivos fundamentais da República Federativa do Brasil: I — construir uma sociedade livre, justa e solidária; II — garantir o desenvolvimento nacional; III — erradicar a pobreza e a marginalização e reduzir as desigualdades sociais e regionais; IV — promover o bem de todos, sem preconceitos de origem, raça, sexo, cor, idade e quaisquer outras formas de discriminação."

7. "Frente a este cenário assombrado por interesses e desconfiança, surge a necessidade de uma atuação positiva e saneadora do Estado aliado a uma interpretação jurídica da realidade empresarial informada pelos valores constitucionais, com a releitura dos textos normativos à luz da Carta Magna através de uma filtragem constitucional e com a aplicação horizontal dos direitos fundamentais (*Drittwirkung*)" (Wilson Kozlowski, "Breves notas de governança corporativa acerca do conflito de interesses na sociedade anônima", in *Revista Jurídica* 313/36, Porto Alegre, Nota Dez, ano 51, nov. 2003).

8. Segundo Daniel Sarmento, "A dimensão objetiva estende a incidência dos direitos fundamentais sobre novos campos e searas e amplia o espaço de aplicação das normas constitucionais, que vão se irradiar para praticamente todos os domínios da vida social. Inobstante, este fenômeno, em princípio positivo e promissor, não deve chegar ao ponto de amputar todo o espaço de liberdade das instâncias sociais, limitando em demasia seus caminhos, que cumpre manter abertos numa sociedade que se pretenda pluralista e democrática. (...) os direitos fundamentais não devem significar o engessamento da sociedade, cabendo-lhes, ao inverso, catalisar o debate entre idéias e projetos divergentes, convertendo-se com isso em instrumentos de promoção do pluralismo" ("A dimensão objetiva dos direitos fundamentais: fragmentos de uma teoria", in *Revista de Direito da Associação dos Procuradores do Novo Estado do Rio de Janeiro*, v. XII, Rio de Janeiro, Lumen Juris, 2003, pp. 328-329).

9. Ensina-nos José Afonso da Silva: "Assim, a determinação constitucional, segundo a qual a ordem econômica e social tem por fim realizar a justiça social, constitui uma norma-fim, que permeia todos os direitos econômicos e sociais, mas não só a eles como também a toda ordenação constitucional, porque nela se traduz um princípio político constitucionalmente conformador, que se impõe ao aplicador das normas constitucionais. Os demais princípios informadores da ordem econômica e social — liberdade de iniciativa; valorização do trabalho como condição da dignidade humana; função social da propriedade; harmonia e solidariedade entre as categorias sociais de produção; repressão ao abuso do poder econômico; expansão das oportunidades de emprego produtivo — são da mesma natureza. Apenas esses princípios preordenam-se e hão de harmonizar-se em vista do princípio-fim, que é a realização da justiça social. Nesse sentido, hão de reputar-se plenamente eficazes e diretamente aplicáveis" ("As disposições constitucionais programáticas e a ordem econômica e social", in *RDM* 55/74, São Paulo, Ed. RT, ano XXIII, jul.-set. 1984).

ele confunde direito positivo com positivismo jurídico.

O movimento do Direito Alternativo, surgido inicialmente no sul do país, pretende emancipar as classes oprimidas através do direito, criticando o direito burguês posto — como fazia a Teoria Crítica do Direito, mas que não cogitava, todavia, da construção efetiva de um novo direito. Afirmam os críticos daquele movimento que o mesmo não se utiliza instrumentos postos pelo direito para realizar a justiça, cumprindo essa tarefa muitas vezes sem cogitar do raciocínio hermenêutico e principiológico. Por isso, há grande reação ao Direito Alternativo.

Todavia, a aplicação efetiva dos princípios insculpidos em nosso ordenamento impõe necessariamente a releitura do direito positivo à luz de uma nova dogmática jurídica (entendendo-se dogmática por "saber jurídico instrumental e auxiliar da solução de conflitos, individuais ou coletivos, de interesses",[10] "o pensamento construtivo da Ciência do Direito"[11]). Em vista disso, ao contrário do que muitos pensam — e utilizam esse argumento para criticar a eficácia dos princípios jurídicos —, a quebra com o positivismo estrito não desemboca no subjetivismo do juiz. O direito não vive sem a dogmática, mas a nova dogmática não pode ignorar contundentemente a valoração de normas e de situações fáticas ou abstrair completamente a realidade sobre a qual aquele direito é posto e as conseqüências desse fato.

Mas, é importante não confundir dogmática com dogmatismo, expressões que morfologicamente se assemelham, mas que semanticamente são opostas. Por dogmatismo, entende-se "o apego preconceituoso e irrefletido a dogmas"[12] pontos fundamentais e indiscutíveis de uma doutrina, que não podem ser valorados ou modificados. É o dogmatismo que origina o positivismo jurídico — leitura do direito positivo (o direito reconhecido como tal num determinado momento histórico) de forma neutra, estritamente legalista e indiferente à realidade. Para os positivistas, o direito é como um dado que pode ser apreendido; todavia, essa concepção é errada porque a interpretação e aplicação do direito não devem ser feitas de forma desencontrada com os interesses humanos que lhes inspiraram.

O resgate da dogmática jurídica já era percebido mesmo por aqueles que não partilhavam da ideologia do movimento alternativo[13] e "a construção da nova dogmática desafia a emergência de um esforço teórico interdisciplinar comprometido com os avanços da sociologia jurídica, da filosofia jurídica (...)".[14]

Diante disso, longe de se discutir se a aplicação dos princípios jurídicos, eminentemente os constitucionais, caracteriza ou não uma adesão ao movimento do Direito Alternativo, certo é que temos uma Constituição *compromissada* — que condensa os conflitos sociais e os interesses de todas as frações da sociedade que participaram de sua elaboração —, *dirigente* — porque apresenta uma solução para o futuro, uma direção a ser seguida pelo Estado e pela sociedade — e *democrática* — uma vez que reflete os interesses de todos os setores sociais. Uma Carta que condensa valores (emancipatórios das minorias, o que não é

10. Clèmerson Merlin Clève, "A teoria constitucional e o Direito Alternativo", in *ADV: Advocacia Dinâmica — Seleções Jurídicas*, São Paulo, jan. 1994, p. 46.

11. Paluto Faraco de Azevedo, "Aplicação do Direito: dogmática jurídica e contexto social", *Revista da EMERJ* 16/166, v. 4.

12. Clèmerson Merlin Clève, "A teoria constitucional e o Direito Alternativo", cit., p. 46.

13. Afirma Eros Roberto Grau: "O que importa assinalar, enfim, é que o nosso tempo *necessita mais de 'censores', críticos do Direito, do que de meros expositores dele*. É de certa forma dizer que os juristas se limitaram a interpretar o Direito de diferentes maneiras, mas o que importa é transformá-lo" ("Reflexão sobre o futuro do Direito", in *Revista do Advogado* 36/35, São Paulo, mar. 1992 — destacou-se).

14. Clèmerson Merlin Clève, "A teoria constitucional e o Direito Alternativo", cit., p. 46.

contraditório, ressalta-se, já que a Constituição da República é democrática) os quais devem ser realizados.

Essa realização resulta na construção de uma dogmática jurídica não dogmatista e não positivista, por sua vez. Porque a lógica jurídica não é depreendida da mesma forma que a lógica matemática, aquela não está alheia às reais situações concretas e aos valores e necessidades sociais. Em momento nenhum devemos nos apegar apenas ao preceito de que "a lei é dura, mas é a lei" e nos esquecermos de que há também a eqüidade, coroada pelo art. 5º da Lei de Introdução ao Código Civil, que preceitua: "na aplicação da lei, o juiz atenderá aos fins sociais a que ela se dirige e às exigências do bem comum".[15] Outrossim, não se pode olvidar a função do operados do direito, mormente dos julgadores, de adequar o direito à Justiça.

Portanto, não há mais como darmos as costas para os princípios jurídicos e entender que sua aplicação fere à nova dogmática jurídica — aquela comprometida com a realidade social, recuperando a razão de existir do discurso jurídico. Princípios são normas, logo, têm a mesma eficácia que as regras, outra espécie do gênero norma jurídica. Por meio da aplicação dos princípios pode-se reunificar o sistema jurídico atualmente tão fracionado pela pluralidade e dinamicidade do mundo moderno, fazendo valer em todas as áreas do direito os valores sobre os quais o ordenamento jurídico se sistematiza.[16]

Desta forma poderemos, então, assumir o otimismo de Eros Roberto Grau, ao dizer que: "Caminhamos, a passos largos — creio — para a eticização do direito à base dos princípios. Cumpre esperar que nessa passagem, do direito formal a um direito de princípios, a moralidade, inclusive a moralidade da Administração, não seja concebível como algo dele apartado, a ponto de se necessitar inscrevê-la na Constituição (art. 37, *caput*), mas atributo a ele inerente".[17]

Nesse sentido, vale repetir as palavras do meu Mestre, Professor Alfredo Lamy Filho,[18] a quem devo o meu amor pelo direito societário. Adverte ele "para a responsabilidade dos estudiosos do direito, nesses duros tempos de mudança, em que são postos à prova a validade e eficácia das instituições que nos habituamos a admirar e cultuar. Não se trata apenas de contestações ideológicas, ou da atração mágica das utopias, do devaneio dos sonhadores. Mas da brutal alteração das condições de vida, da consciência de que os problemas se acumulam e que não há oráculos a consultar, nem experiências a invocar, porque os desafios são novos, sem precedentes, nem referências no passado". E prossegue: "Esta é, pois, a hora do jurista, que não pode ficar apegado a instituições que fenecem, colocando-se de costas para o futuro, por amor a uma ordem que não é mais ordem. Cumpre-lhe, com seu pensamento crítico, e sua fé na justiça, (...) tentar a abertura de caminhos novos, trazer sua contribuição ao mundo que nasce, participar da grande aventura de torná-lo mais humano e solidário".

15. Luiz Machado, "Pode existir Direito Alternativo?", in *Revista da EMERJ* 18/242, Rio de Janeiro, v. 5, 2002.

16. Como leciona Eros Roberto Grau: "a teoria jurídica há de se voltar aos princípios jurídicos, salientando a sua importância. E a verificação de que os princípios são norma jurídica, ao lado das regras — o que converte norma jurídica em gênero, do qual são espécies os princípios e as regras jurídicas — abre novas vias de indagação, riquíssimas, para os que se dedicam à teoria do direito" ("Reflexão sobre o futuro do Direito", cit., p. 35).

17. Eros Roberto Grau, "Reflexão sobre o futuro do Direito", cit., p. 37.

18. Alfredo Lamy Filho, *A Lei das S/A — Pressupostos e Elaboração*, 2ª ed., Rio de Janeiro, Renovar, 1993, p. 2.191.

AS SOCIEDADES ANÔNIMAS E O *INTERIM MANAGEMENT*

RODRIGO R. MONTEIRO DE CASTRO
e
MARCELO KNOPFELMACHER

1. Introdução. 2. Órgãos da sociedade anônima. 3. Deveres e responsabilidades dos diretores. 4. Ação de responsabilidade. 5. Outras responsabilidades dos diretores. 6. Diretor — Aspectos tributários e previdenciários. 7. Diretor-empregado — Sujeito ao regime da CLT. 8. Prestação de serviços. 9. "Interim management". 10. Conclusões.

1. Introdução

Os profissionais que dedicam seu tempo à administração de empresas revelam-se muito criativos e oferecem, sistematicamente, novas ferramentas ou formas de gestão que, invariavelmente, são tidas como a solução de problemas históricos. *Downsizing*, *balanced scorecard*, *outsourcing*, *hosting* são algumas das práticas que invadiram as empresas, em qualquer parte do planeta. O chamado *interim management*, que também integra este grupo, é o objeto deste breve estudo.

Porém, por razões óbvias, não se encontra nas legislações locais previsão específica para tais práticas. No entanto, não raro o sistema jurídico oferece soluções para as dúvidas que se apresentam em decorrências dessas novidades.

Analisaremos, adiante, três possibilidades que, em tese, se aplicam ao caso: (i) a eleição do *interim manager* para a diretoria da companhia; (ii) a sua contratação sob o regime da CLT; e (iii) a contratação, pela companhia, de sociedade da qual o *interim* participe, para prestação de serviços "estratégicos".

Para que o raciocínio não se revele obtuso, abordaremos, brevemente, (i) os órgãos de administração das sociedades anônimas; (ii) os deveres e responsabilidades dos diretores; (iii) a ação de responsabilidade; (iv) outras responsabilidades dos diretores; (v) os aspectos fiscais e previdenciários dos diretores; (vi) a natureza do diretor-empregado; (vii) a contratação de serviços "especializados" para, enfim, atacar a questão central: o *interim management.*

2. Órgãos da sociedade anônima

Além da assembléia geral, órgão supremo da companhia, a Lei das S/A prevê outros três órgãos, a saber: o conselho de administração, a diretoria e o conselho fiscal. As atribuições e poderes conferidos por lei a estes órgãos não podem ser outorgados a outro órgão, criado por lei ou por estatuto. Nada impede, porém, a criação, por exemplo, de comitês consultivos ou executivos, endógenos ou exógenos, ligados a um determinado órgão, que o apoiarão em suas decisões, desde que não haja outorga das atribuições previstas na lei.

O conselho fiscal é órgão de existência obrigatória, mas de funcionamento facultativo. Por não se mostrar relevante para os fins deste trabalho, não mais se falará a seu respeito.

O conselho de administração é órgão de deliberação colegiada, obrigatório apenas nas companhias abertas e nas de capital autorizado, bem como nas sociedades de economia mista. Afora estas exceções, "o conselho de administração é optativo, cabendo ao estatuto adotá-lo ou não".[1] De todo modo, os acionistas, reunidos em assembléia geral, poderão, respeitado o *quorum* legal, criá-lo, se não existente quando da constituição da companhia, ou extingui-lo *a posteriori*.

À Diretoria compete a representação da companhia. O estatuto poderá distribuir entre os seus membros atribuições específicas. No silêncio do estatuto, porém, competirá a qualquer diretor a representação da companhia e a prática dos atos necessários ao seu funcionamento regular (Lei 6.404/1976, art. 144). Portanto, cabe ao estatuto delimitar o âmbito de atuação de cada diretor; caso não o faça, a atuação será individual.

Na ausência de conselho de administração, parte de seus poderes e atribuições será distribuída à diretoria e parte à assembléia geral, conforme as suas respectivas naturezas.

O diretor, finalmente, estará sempre sujeito a deveres, como os de diligência e lealdade, e terá obrigações e responsabilidades para com a companhia.

3. Deveres e responsabilidades dos diretores

De acordo com o art. 158 da Lei 6.404/1976, o diretor não é pessoalmente responsável pelas obrigações que contrair em nome da sociedade e em virtude de ato de gestão. Isso porque "(...) ante a teoria da representação orgânica, o diretor ou gerente não é representante ou mandatário da pessoa jurídica, mas, sim, um órgão desta, daí decorrendo que, nos negócios jurídicos celebrados em nome da sociedade, é esta quem ali está presente, através de um órgão (parte de seu organismo), e não representada, através de um representante (estranho a esse organismo) (...)".[2]

Responderá, porém, civilmente pelos prejuízos que causar quando proceder (i) dentro de suas atribuições ou poderes com culpa ou dolo; (ii) com violação da lei ou do estatuto.

Se não estiver de acordo com alguma decisão tomada em reunião de diretoria, portanto colegiada, deverá, para que possa se eximir de responsabilidades, fazer consignar sua divergência na ata da reunião. Para Tavares Guerreiro "(...) pouco importa a abstenção eventual do administrador na deliberação colegial, ou mesmo sua ausência do conclave a que lhe competia comparecer: a negligência abarca ambas as hipóteses; a culpa em ambas se caracteriza e bem assim a responsabilidade solidária".[3] Neste caso, portanto, imprescindível será que o diretor ausente cuide de tomar ciência do inteiro teor da ata e comunique a divergência, por escrito, ao órgão da administração, ao conselho fiscal, se em funcionamento, ou à assembléia geral. Já o diretor que tiver se abstido de votar será sempre responsável, se a deliberação violar a lei ou estatuto, porque o citado art. 158 também comporta a conduta omissiva.

Os diretores, ademais, devem também ser diligentes, exercer as atribuições que a lei e o estatuto lhe conferem para lograr os fins e no interesse da companhia, servir com lealdade à companhia e manter reserva sobre os seus negócios, assim como abster-se

1. José Edwaldo Tavares Borba, *Direito Societário*, 8ª ed., Renovar, p. 400.

2. Paulo Salvador Frontini, *RDM* 26/38.

3. José Alexandre Tavares Guerreiro, *RDM* 42/87.

de intervir em qualquer operação social em que tiver interesse conflitante com o da companhia.

4. *Ação de responsabilidade*

Para que a lei não se tornasse letra morta, o legislador cuidou de prever uma ação específica, a ser proposta contra os diretores (e também contra os conselheiros) caso tenham de ser responsabilizados por prejuízos causados à companhia.

Com efeito, o art. 159 determina que compete à companhia, mediante prévia deliberação da assembléia geral, a ação de responsabilidade civil contra o administrador (assim entendido o diretor e o administrador) pelos prejuízos causados ao seu patrimônio. Se a ação não for proposta no prazo de 3 meses da deliberação da assembléia geral, qualquer acionista poderá promovê-la. Porém, se a assembléia deliberar contra a proposição da ação, ela poderá ser intentada pelos acionistas, desde que representem 5%, pelo menos, do capital social.

A ação de responsabilidade aqui tratada não exclui a que couber ao acionista ou terceiro diretamente prejudicado por ato de diretor. Por óbvio, não exclui, também, a responsabilidade criminal, se for o caso, porque pessoal.

5. *Outras responsabilidades dos diretores*

O art. 135 do Código Tributário Nacional determina que os diretores de pessoas jurídicas de direito privado são pessoalmente responsáveis pelos créditos correspondentes a obrigações tributárias resultantes de atos praticados com excesso de poderes ou infração de lei ou estatutos.

A jurisprudência mais significativa tem interpretado esse dispositivo de maneira restritiva, não se admitindo, portanto, a responsabilidade pessoal dos diretores por débitos fiscais, salvo nos casos de infração a lei ou aos estatutos, não se compreendendo no conceito de "infração à lei" o pagamento em atraso ou, ainda, a falta de recolhimento de tributos.

Nesse sentido, aliás, é a posição da 1ª Seção do Superior Tribunal de Justiça, nos autos dos embargos de divergência em recurso especial 174.532-PR, Rel. Ministro José Delgado, *DJ* 20.8.2001.

Diretor, para todo e qualquer efeito, é aquele regularmente eleito pela assembléia geral, ou pelo conselho de administração, conforme o caso, devidamente empossado e cujos atos estejam registrados no Registro de Comércio.

Atos que caracterizem excesso de poder ou infração à lei ou estatutos podem gerar responsabilidade criminal dos diretores, principalmente quando ficar configurado crime contra a ordem tributária. E, a despeito da regra contida no art. 83 da Lei 9.430/1996, a jurisprudência dominante dos tribunais é no sentido de que a apuração de eventual crime não depende da conclusão do processo administrativo fiscal. Assim, ambos correm em paralelo, havendo inclusive casos em que o contribuinte, antes mesmo da apuração da infração à lei fiscal, é condenado pela prática de determinado crime.

Provado o excesso de poder ou a infração de lei ou estatuto, o diretor responderá com seus próprios bens pelos créditos tributários, sem prejuízo, obviamente, de eventual condenação na esfera penal.

Outras leis, que visam a regulamentar as ações de sociedades empresariais, e via de conseqüência tutelar os interesses dos que com ela se relacionam, tipificam condutas que, em última análise, podem recair sobre o diretor, se as tiver praticado ou autorizado: leis de defesa do consumidor, do meio ambiente e da livre concorrência são alguns exemplos.

6. Diretor — Aspectos tributários e previdenciários

Serão avaliados quatro aspectos, a saber: INSS, FGTS, pró-labore e participação nos lucros. Vejamos.

(i) Nos termos do art. 201, I, do Decreto 3.048/1999, que estabelece o Regulamento da Previdência Social, a contribuição social a cargo da empresa é de 20% sobre o total das remunerações ou retribuições pagas ou creditadas no decorrer do mês ao segurado contribuinte individual. Contribuinte individual, de acordo com o art. 9º, V, *f*, do mesmo Decreto é o diretor não empregado e o membro de conselho de administração da sociedade anônima.

(ii) A Lei 8.036/1990, que dispõe sobre o Fundo de Garantia do Tempo de Serviço — FGTS, faculta às empresas sujeitas ao regime da legislação trabalhista a equiparação de seus diretores não empregados aos demais trabalhadores sujeitos ao regime do FGTS. Ou seja, a companhia, a seu critério, ou em decorrência de negociações, poderá efetuar o recolhimento de 8,5% ao Fundo, sendo que 8% serão depositados em conta de titularidade do diretor, e o restante, nos termos da Lei Complementar 110, destinado ao próprio fundo de garantia.

(iii) Pró-labore é a contrapartida a que faz jus o diretor pelo trabalho despendido em prol da companhia. Não se sujeita, portanto, ao regime da CLT. O montante total recebido àquele título será dedutível na apuração da base de cálculo do imposto de renda.

(iv) A lei das companhias prevê que quando o estatuto fixar dividendo obrigatório em 25% ou mais do lucro líquido, poderá atribuir aos administradores participação nos lucros, desde que o seu total não ultrapasse a remuneração anual dos administradores nem um décimo dos lucros, prevalecendo o limite que for menor. Mas os administradores somente farão jus à participação nos lucros do exercício social em relação ao qual for atribuído aos acionistas o dividendo obrigatório. O montante distribuído a este título não é dedutível na apuração da base de cálculo do imposto de renda a pagar (arts. 303 e 463 do Regulamento do Imposto de Renda).

7. Diretor-empregado — Sujeito ao regime da CLT

O diretor-empregado, sujeito ao regime da CLT, exerce cargo de confiança. De acordo com o Professor Amauri Mascaro Nascimento, "o empregado exercente de cargo de confiança só pode ser considerado um tipo especial de empregado num ponto: a restrição de direitos trabalhistas que sofre. No mais, em nada difere do empregado comum, a não ser pelas vantagens econômicas maiores do cargo".[4]

Da lição do Professor extrai-se que diretor-empregado, em tudo e por tudo, difere de diretor (administrador ou estatutário). Este deve seguir a orientação geral dos negócios da companhia, fixadas pelo conselho, ou, na ausência deste, pela assembléia. Seguindo-as, gozará de indiscutível liberdade e autonomia para adotar as estratégias que lhe parecerem mais adequadas. A propósito, Modesto Carvalhosa assim pronunciou-se: "a independência dos diretores diante do próprio conselho de administração, fato inquestionável da vida empresarial moderna, tende a tornar esse órgão meramente homologatório das decisões e da própria política imprimida à companhia pelos diretores".[5] Essa posição ganha ainda mais força quando os resultados são positivos e a administração atinge ou supera os objetivos propostos.

Não há falar, em contrapartida, de liberdade e autonomia do diretor-empregado, porque subordinado a uma diretoria (formal) revestida dos poderes necessários para decidir os negócios da companhia.

4. Amauri Mascaro Nascimento, *Iniciação ao Direito do Trabalho*, 23ª ed., LTR, p. 175.

5. Modesto Carvalhosa e Nilton Latorraca, *Comentários à Lei de Sociedades Anônimas*, Saraiva, 1997, p. 15.

Aliás, vincula-o à companhia um simples contrato de trabalho, comumente assinado por prazo indeterminado.

Estabelecida a premissa de que as funções e a natureza do diretor (administrador) e do diretor-empregado são diversas, analisaremos, sucintamente, os aspectos trabalhistas, fiscais e previdenciários deste último.

A contratação de empregado representa inúmeros encargos à companhia. Além do INSS sobre o total das remunerações ou retribuições pagas ou creditadas no decorrer do mês e do FGTS equivalente a 8,5% sobre o salário, somam-se à conta direitos trabalhistas tais como férias, adicional de 1/3 sobre as férias devidas, 13º salário, hora-extra, adicional de hora-extra e adicionais de periculosidade e insalubridade. Por exercer cargo de confiança, hora-extra e adicional ficam prejudicados (CLT, art. 62, II).

Finalmente, ressalta-se que a Lei 10.101/2000 prevê a possibilidade de instituição de plano de participação em lucros e resultados, que se estabelecido com regras claras, e propriamente divulgado, pode servir não apenas como "ferramenta" de gestão de pessoas, mas assumir, perante os empregados, inclusive os diretores-empregados, a função estimuladora conferida aos administradores pelo art. 152, § 1º, da Lei 6.404/1976. Interessante apontar que esta participação não é considerada salário (e, portanto, não constitui base de incidência de qualquer encargo trabalhista) e é dedutível na apuração da base de cálculo do imposto de renda a pagar, dentro do próprio exercício de sua constituição.

8. Prestação de serviços

A constituição de sociedade empresária por (ex)diretor(es) empregado(s) ou estatutário(s), que passaria a prestar serviços à companhia, foi a forma que algumas sociedades encontraram para reduzir os impactos fiscais e trabalhistas acima apontados. Em suma, ao invés de o diretor (ou alguns diretores ou até mesmo a totalidade da diretoria) ser eleito pelo conselho, ou pela assembléia geral, conforme o caso, ou ainda contratado pelo regime da CLT, ele constitui uma sociedade empresária que celebrará com a companhia contrato de prestação de serviços, geralmente de consultoria "estratégica". Na maioria dos casos, apresenta-se como diretor, distribui cartões, concede entrevistas e, pior, mantém na sede da companhia seu escritório, de diretor. Ou seja, é reconhecido por tudo e por todos como diretor o que, de fato, ele é.

Como se verá, adiante, a adoção desse modelo, nos termos acima delineados, pode revelar, juridicamente, uma simulação, conforme o art. 166 do Código Civil. Isso porque, nessa hipótese, o tomador e o prestador acabam por oferecer uma aparência de negócio diverso daquele que efetivamente contrataram, o qual, aliás, é vedado também pelo art. 139 da Lei das S/A (que proíbe a outorga a outro órgão dos poderes e atribuições que lhe são conferidos). Ademais, a terceirização é matéria do Enunciado 331 do Tribunal Superior do Trabalho.[6] Além de estabelecer a responsabilidade solidária entre o empregador e o tomador dos serviços quanto às obrigações trabalhistas da sociedade contratada, condena a transferência, a terceiros, das atividades-fim da companhia.

6. Enunciado 331: "*Contrato de prestação de serviços. Legalidade.* I — A Contratação de trabalhadores por empresa interposta é ilegal, formando-se o vínculo diretamente com o tomador dos serviços, salvo no caso de trabalho temporário (Lei 6.019, de 3.1.1974). II — (...). III — Não forma vínculo de emprego com o tomador a contratação de serviços de vigilância (Lei 7.102, de 20.6.1983) e de conservação e limpeza, bem como a de serviços especializados ligados à atividade-meio do tomador, desde que inexistente a pessoalidade e a subordinação direta. IV — O inadimplemento das obrigações trabalhistas, por parte do empregador, implica a responsabilidade subsidiária do tomador dos serviços, quanto àquelas obrigações, inclusive quanto aos órgãos da administração direta, das autarquias, das fundações públicas, das empresas públicas e das sociedades de economia mista, desde que hajam participado da relação processual e constem também do título executivo judicial (art. 71 da Lei 8.666, de 21.6.1993)".

Ora, se a gestão da companhia compete à diretoria, se ela tem liberdade e autonomia para decidir assuntos estratégicos e se ela está obrigada tão-somente a seguir a orientação geral fixada pelo conselho de administração, é lícito afirmar que a realização do objeto da companhia e a consecução de seu fim maior — o lucro — dependem da atuação direta e ativa daquele órgão. Impossível afirmar, pois, que a diretoria exerce atividade-meio; pelo contrário, ela é a própria sociedade, porque um órgão seu, e, portanto, "meio de acesso do ente moral à capacidade jurídica".[7]

Além da vedação à terceirização da atividade-fim, os tribunais vêm reconhecendo a existência de vínculo trabalhista quando persistir a pessoalidade, a habitualidade na prestação de serviços e a subordinação. Portanto, não se descarta a possibilidade de o prestador de serviços, mesmo que sócio da sociedade contratada, postular reconhecimento do vínculo empregatício. Admitido o vínculo, a companhia ficará sujeita ao pagamento de todos os encargos e tributos apontados no item 7, *supra*, acrescidos de juros e correção.

Pode-se dizer, finalmente, que é inquestionavelmente lícita a contratação de consultoria para apoiar o conselho ou a diretoria. Não o será, entretanto, se o objetivo da contratação for o exercício da atividade própria de diretoria, órgão da sociedade. E três razões confirmam esta afirmativa: (i) o art. 139 da Lei das S/A; (ii) o Enunciado 331 do TST; e, principalmente, (iii) o art. 166 do Código Civil de 2002.

9. *"Interim management"*

Ínterim, no vernáculo, significa "no intervalo, entrementes, no interior de dois".[8] Na língua inglesa, o significado é o mesmo: *in the meantime*; *meanwhile*, *temporary*, *between*.[9] Em administração, a expressão *interim management* tem sido utilizada para identificar a *atuação efêmera, de curta duração, passageira*, de profissionais altamente capacitados, contratados para reestruturar a companhia, ou ainda para cumprir uma determinada função estratégica. Alguns os chamam de reestruturadores, outros de consertadores de empresas.

Cumpridos os objetivos, entregam a administração da companhia a outros diretores, em tese não interinos, mas geralmente especialistas do setor, que cuidarão de preservar e aumentar os resultados alcançados. Por missão tão nobre, sobretudo porque do ponto de vista social a preservação da empresa é importante à sociedade, percebem vultosa remuneração, muitas vezes parte dos próprios resultados alcançados, ou mesmo ações de emissão da companhia.

Ocorre que a legislação pátria não reconhece esta figura. Assim, para se utilizar experiência de um profissional altamente gabaritado, por prazo determinado e para uma missão específica, a companhia deverá lançar mão de uma das formas acima abordadas. Portanto, será possível elegê-lo para compor a diretoria, na forma da Lei das S/A. Poderá a companhia, também, contratá-lo como empregado — o que se apresenta absolutamente inadequado, não apenas pelos encargos, mas, principalmente, pela incompatibilidade de funções. Poderá, ainda, contratá-lo, ou à sua sociedade, para que preste serviço de consultoria.

Uma quarta alternativa, ainda, se apresenta, mas que, em última análise, tem o mesmo efeito da primeira, isto é, da participação do *interim* na diretoria: referimonos à sua eleição para o conselho de administração, assim como de outras pessoas por ele indicadas, de modo a lhe assegurar a eleição dos membros da diretoria. Esta, obviamente, passaria a ser exercida por pessoas de sua confiança, que executariam

7. José Alexandre Tavares Guerreiro, *RDM* 42/72.

8. *Dicionário Houaiss da Língua Portuguesa*, 1ª ed., Ed. Objetiva.

9. *Black's Law Dictionary*, Sixth Edition.

as orientações do conselho. Portanto, do verdadeiro *interim manager*.

Parece-nos não haver alternativa.

A primeira delas, a eleição para a diretoria, é a que se recomenda (ou a quarta, a depender das condições acertadas entre as partes). Afinal, o diretor reestruturará, tomará medidas drásticas, enfim, dará uma nova imagem à companhia, o que se coaduna perfeitamente com a lei do anonimato. Frise-se, a propósito, que ao diretor compete a representação e a prática dos atos necessários ao funcionamento da companhia e suas atribuições, como órgão, são indelegáveis.

Fazê-lo na qualidade de empregado representaria a construção de um "ornitorrinco jurídico": exigiria a eleição de uma diretoria, que não gozaria de poder algum, mas simplesmente disporia do título — assim como acontece com a família real inglesa. E ainda como esta, oneraria excessivamente a companhia (sem as vantagens psicológicas da pompa imperial) como restou demonstrado acima. Além disso, não eximiria a diretoria (formal) de eventuais danos causados à companhia, ou a terceiros, nos termos da lei do anonimato, porque inerente à sua função. Ou seja, deliberações tomadas em reunião de diretoria, consoante instruções de diretor-empregado ou de sociedade contratada, vinculariam os diretores, exceto os dissidentes. Àqueles restaria ação de regresso contra o(s) *diretor(es) de fato*.

Finalmente, a contratação de consultor, ou de sociedade, para prestação de serviços de "diretoria", se revela, na nossa opinião, negócio jurídico nulo, nos termos do art. 166, VI, do Código Civil de 2002,[10] porque simulado. Afinal, consultor é consultor, e nada mais, sobretudo diretor de companhia.

A propósito, ensina Sílvio Rodrigues que "Há que se ter permanentemente em vista que na simulação há sempre o escopo de enganar, sendo este, como já se apontou, um seu característico elementar. Apenas o engano, por vezes, não visa prejudicar terceiro, nem o Fisco, nem ilidir disposição de lei. Neste caso, embora se configure a simulação, é ela inocente". E continua: "Se as partes, todavia, foram conduzidas à simulação com o propósito de prejudicar terceiros, ou de burlar o Fisco, ou de ilidir a incidência de lei cogente, surge a figura da simulação maliciosa ou culpada, também chamada fraudulenta". E assim conclui: "Portanto, diz-se culpada a simulação quando ela tem por escopo: a) prejudicar terceiro; b) prejudicar o Fisco; c) fraudar a lei".[11]

Revela-se, assim, a intenção das partes ao utilizarem a contratação de "prestação de serviços de diretoria": prejuízo ao Fisco e fraude a lei. Sendo assim, o negócio jurídico simulado — a contratação de sociedade prestadora de serviços — é nulo, subsistindo, porém, o que se dissimulou — a eleição para órgão da companhia —, porque válido na substância e na forma. Mas a companhia ficará sujeita às penalidades previstas em lei, como, por exemplo, ao pagamento de tributo não recolhido, acrescido de multa e juros.

10. Conclusões

A companhia deverá, impreterivelmente, compor-se de uma diretoria e, se assim desejarem os acionistas, de um conselho de administração.

As atribuições e poderes conferidos por lei aos órgãos de administração não podem ser outorgados a outro órgão.

Conselheiros e diretores sujeitam-se a deveres e responsabilidades, extensivamente tratados na Lei 6.404/1976.

Acionistas podem propor ação de responsabilidade, a fim de reaver os prejuízos

10. "Art. 166. É nulo o negócio jurídico quando: (...); VI — tiver por objetivo fraudar lei imperativa."

11. Sílvio Rodrigues, *Direito Civil*, v. 1, 32ª ed., Saraiva, p. 299.

causados à companhia pelos diretores. Terceiro prejudicado também, através de ação especifica.

A negligência, a não-atuação, a omissão são exemplos de atos praticados pelo diretor que podem dar origem à ação de responsabilidade.

Em regra, a responsabilidade penal do diretor exige a demonstração de sua conduta dolosa ou culposa. Tais condutas podem ser comissivas ou omissivas.

Sobre o pró-labore devido aos administradores, dedutível na apuração da base de cálculo do imposto de renda, há incidência de 20% de contribuição social (INSS). A contribuição ao FGTS não é obrigatória.

O diretor-empregado exerce cargo de confiança. Além do INSS e do FGTS, somam-se à conta os direitos trabalhistas, tais como férias e 13º salário.

A terceirização da atividade-fim encontra obstáculo no Enunciado 331 do Tribunal Superior do Trabalho. Ademais, o reconhecimento de vínculo empregatício é provável quando persistir a pessoalidade, habitualidade e subordinação.

O *interim management* é utilizado nos casos em que profissionais altamente gabaritados são contratados para assumir determinadas funções específicas, geralmente até concluí-las. Se assim não fosse, deixaria de ser *interim*. Apesar da falta de previsão legal, essas passagens efêmeras pela sociedade podem se dar, em tese, através de eleição para o cargo de diretor (ou de conselheiro, desde que reúna votos suficientes para compor a diretoria com pessoas de sua confiança), pela contratação da pessoa sujeita ao regime da CLT ou pela contratação de sociedade empresária, prestadora de serviços.

A que se apresenta mais adequada é a eleição para a diretoria, na forma da Lei 6.404/1976. A segunda hipótese revela-se onerosa para a companhia, além de incompatível com a função a ser exercida. A contratação de sociedade empresária, para prestação de "serviços de diretoria" à companhia, é negócio simulado que traz inúmeros riscos de natureza civil, fiscal e trabalhista à companhia e à diretoria.

NOTAS SOBRE AS SOCIEDADES FICTÍCIAS, OU DE FAVOR

José Inacio Ferraz de Almeida Prado Filho

I — Sociedades fictícias e unipessoalidade. II — Simulação dos atos constitutivos. III — Fraude à lei. IV — Conclusões. V — Bibliografia.

Nesse breve ensaio, procurarei organizar algumas considerações sobre a manifestação mais corriqueira do fenômeno da unipessoalidade nos sistemas legais que não admitem a sociedade unipessoal ou a limitação de responsabilidade do empresário individual: a constituição de sociedade cuja pluralidade de sócios é artificialmente construída. Nessas sociedades, adjetivadas por Antônio de Arruda Ferrer Correia[1] como *fictícias* ou *de favor*, confluem para a assinatura dos atos constitutivos o controlador quase totalitário[2] e um *presta nome*, detentor de apenas uma quota ou ação. A questão que resta por analisar é a validade desta prática frente aos princípios do direito brasileiro.

I — Sociedades fictícias e unipessoalidade

Sempre foi assente na doutrina nacional a necessidade de dois ou mais sócios para a constituição de qualquer tipo de sociedade.[3] Entendia-se que a forma associativa apenas se justificava como uma maneira de unificar a pluralidade de sócios a ela subjacente, sendo a personalidade jurídica destinada única e exclusivamente a essa finalidade. Desse modo, sempre se repudiou a idéia da sociedade unipessoal, fato muito bem revelado pela perplexidade demonstrada por Trajano de Miranda Valverde[4] ao deparar-se com esse fenômeno: "Com absoluta falta de senso, sugeriu-se a possibilidade de se constituir sociedade anônima com um único subscritor ou acionista. Gente que ouve cantar o galo, mas não sabe onde. Nenhuma lei consagra, ou poderá consagrar essa monstruosidade jurídica: indivíduo-sociedade. Nem mesmo a lei alemã de 1937, a mais revolucionária de todas, dada a orientação política da Alemanha 'nacional-socialista', ousou admitir essa anomalia. (v. Quassowski, *Aktiengesetz*, 1937, p. 25). Aqui, porém, sob o calor dos trópicos, tudo se funde, até o bom senso".

Em certa medida, esta postura da doutrina nacional deve-se ao fato de que a sociedade unipessoal, no Brasil, jamais foi

1. *Sociedades Fictícias e Unipessoais.*

2. Conforme definição de Fábio Konder Comparato, *O Poder de Controle na Sociedade Anônima*, 3ª ed.

3. V., a esse respeito, Waldemar Ferreira, *Instituições de Direito Comercial*, 4ª ed.; José Xavier Carvalho de Mendonça, *Tratado de Direito Comercial*; Francisco Cavalcanti Pontes de Miranda, *Tratado de Direito Privado*, 3ª ed., 2ª reimp.; Fran Martins, *Curso de Direito Comercial*, 25ª ed.; Rubens Requião, *Curso de Direito Comercial*, v. 1, 23ª ed.; Modesto Carvalhosa, *Comentários a Lei das S/A*.

4. *Sociedades por Ações (Comentários ao Decreto-lei 2.627, de 26 de setembro de 1940)*, v. I, p. 196, nota de rodapé 16.

pensada como um *modelo legal*,[5] um instituto jurídico próprio, mas sempre como uma hipótese inaceitável porquanto contrária, assim supunham seus adversários, a um corolário necessário e inexorável do instituto jurídico da sociedade: a pluralidade de associados.

Nesse contexto, a formulação da teoria do contrato plurilateral, por Tullio Ascarelli,[6] bem como a moderna doutrina do contrato-organização,[7] colocaram no centro da discussão sobre o contrato de sociedade não mais a sua vocação para unificar uma pluralidade de pessoas, mas, sim, o seu caráter instrumental e organizativo.[8] Diferentemente dos contratos de permuta, que esgotam-se no cumprimento das obrigações avençadas, o contrato de sociedade tem, no cumprimento dos deveres ao seu abrigo constituídos, o pressuposto para a irradiação de sua eficácia típica: a organização dos fatores produtivos para o exercício da empresa.[9]

A idéia de *organização* desloca-se, assim, de uma posição estrutural no contrato de sociedade e passa a exercer um papel funcional.[10] A celebração de tais contratos justifica-se na necessidade de organizar esforços e recursos para o exercício da atividade econômica, sendo irrelevante que a organização emergente do contrato seja constituída, ou mesmo beneficie, um único sócio ou mais de dois deles.

O próprio caráter aberto reconhecido ao contrato de sociedade,[11] a permitir a entrada e saída de associados sem o distrato da avença, permite-nos concluir que são de todo irrelevantes, para a organização criada, tanto a quantidade quanto a qualidade dos sócios.

A personificação jurídica deferida a alguns tipos de sociedades representa uma simples técnica de imputação de direitos e deveres, com vistas à obtenção de autonomia patrimonial e limitação de responsabilidade[12] e deve, portanto, ser compreendida e estudada de maneira descolada da pluralidade de sócios.[13] Nada impede, nessa ordem de idéias, que a personificação seja concedida sobre substrato que não represente pluralidade de pessoas, como ocorreria na sociedade unipessoal, desde que autorizado por lei. É, aliás, justamente esse o caso das fundações, tal como admitidas no direito nacional vigente, pessoas jurídicas cujo substrato é uma massa de bens.

Importante ressaltar que esse caráter eminentemente organizativo do contrato de sociedade parece ter sido reconhecido pela lei brasileira, ainda que timidamente, ao admitir a subsidiária integral (art. 251 da Lei Acionária), a empresa pública unipessoal (art. 5º, II, do Decreto-lei 200/1967) e a manutenção temporária das sociedades reduzidas à unipessoalidade (art. 206, I, *d*, da Lei Acionária e art. 1.033, IV, do Código Civil).

5. Luiz Antônio Soares Hentz, *Direito de Empresa no Código Civil de 2002. Teoria Geral do Direito Comercial de Acordo com a Lei 10.406, de 10.01.2002*, São Paulo, Juarez de Oliveira, 2002, p. 174.

6. "O contrato plurilateral", in *Problemas das Sociedades Anônimas e Direito Comparado*.

7. Calixto Salomão Filho, *A Sociedade Unipessoal*, p. 59.

8. Nas palavras do próprio Tullio Ascarelli, "concluindo uma sociedade, as partes querem organizar-se para a realização de uma atividade ulterior: esta constitui o objeto da sociedade, e sua determinação é juridicamente relevante" (*Problemas...*, cit., pp. 395-396).

9. Nessas bases, é possível endossar a clivagem proposta por Fábio Konder Comparato entre o âmbito interno da sociedade, que consubstancia as relações entre os sócios, e seu viés externo, cristalizado no desenvolvimento, perante terceiros, da atividade cuja organização foi obtida por meio do contrato de sociedade (*O Poder de Controle na Sociedade Anônima*, 3ª ed., p. 42).

10. Rachel Sztajn, *Contrato de Sociedade e Formas Societárias*, p. 37.

11. V., a esse respeito, Tullio Ascarelli, *Problemas...*, cit., p. 411.

12. Fábio Konder Comparato, *O Poder de Controle...*, cit., p. 279.

13. Nas palavras de Fábio Konder Comparato, "nas sociedades personalizadas há, pois, dois níveis a se considerar: o interno e o externo. A supressão da pluralidade de sócios extingue as relações sociais internas, mas não suprime, necessariamente, a separação patrimonial" (*O Poder de Controle...*, cit., p. 42).

Dessarte, transposta a *fronteira do direito societário*[14] representada pela impossibilidade teórica da sociedade com um único sócio, não parece adequado atacar as sociedades fictícias acusando-as de puro artifício para disfarçar um absurdo lógico, a *monstruosidade jurídica* vislumbrada por Trajano de Miranda Valverde.[15] As indagações teóricas levantadas pelas sociedades fictícias não podem ser reconduzidas apenas a uma suposta violação do conceito de *sociedade*. O Direito é, afinal, ciência de normas; os conceitos exercem, nessa matéria, função puramente instrumental.[16]

Os questionamentos levantados pelas sociedades fictícias são, assim, muito mais profundos e técnicos, e dizem respeito a duas ordens de idéias: (a) a eventual existência de simulação de seu ato constitutivo, e (b) a verificação, nesse caso, de fraude à lei. Vejamos cada uma delas.

II — Simulação dos atos constitutivos

Embora a matéria societária insira-se num contexto de atividade — e não num de ato isolado, típico do direito civil — deve-se, ante a ausência de desenvolvimento legislativo sobre a disciplina da atividade, recorrer ao arcabouço já construído pela doutrina civilística como base nas indagações acerca da eventual existência de simulação em contratos e estatutos sociais.[17]

Nesse contexto, cumpre saber, em primeiro lugar, se a necessária presença do Estado para a válida personificação das sociedades impede a possibilidade de simulação de seus atos constitutivos, tal como proposto por Francesco Ferrara.[18]

Ainda que se admita que o reconhecimento estatal, expedido por meio do arquivamento dos atos constitutivos, seja essencial para a existência das pessoas jurídicas de direito privado (art. 45 do Código Civil), tal não desemboca na impossibilidade de simulação dos atos constitutivos das sociedades.

Isto porque, na constituição de sociedades por particulares, a intervenção do poder público destina-se apenas a conferir efeitos jurídicos a uma situação criada pelos próprios sócios.[19] A presença do Estado não obsta, *per se*, a possibilidade de simulação dos atos constitutivos arquivados porquanto não representa uma colaboração ativa do ente público na consecução dos elementos que recebem o reconhecimento jurídico. Na precisa síntese de Antônio de Arruda Ferrer Correia,[20] a autoridade pública não é parte no processo de constituição das sociedades, de modo que, tendo havido acordo simulatório entre os sócios, nenhum requisito faltará à perfeição da simulação.[21]

Uma vez superada esta questão prévia, pode-se adentrar o tema desta segunda seção: a eventual simulação dos atos constitutivos das sociedades fictícias. Em formulação bastante elegante, Antônio de Arruda Ferrer Correia[22] argumenta que embora o sócio de complacência deseje efetivamente a separação patrimonial advinda da constituição da sociedade, bem como aceite as regras fixadas no estatuto ou contrato social, faltar-lhe-ia a real intenção de constituir-se sócio da empresa e assumir, dessa forma, todos os direitos e obrigações advindos da sociedade contratada. Em razão desta suposta não assunção efetiva do *status socii* pelo *presta nome*, as socieda-

14. Na feliz definição de Calixto Salomão Filho, *A Sociedade Unipessoal*.

15. *Sociedades por Ações*..., cit., v. I, p. 196, nota de rodapé 16.

16. Antônio de Arruda Ferrer Correia, *Sociedades Fictícias*..., cit., p. 80.

17. Cf. Calixto Salomão Filho, *A Sociedade Unipessoal*, p. 110.

18. *A Simulação nos Negócios Jurídicos*, p. 127.

19. José Beleza dos Santos, *A Simulação em Direito Civil*, 2ª ed., p. 160.

20. *Sociedades Fictícias*..., cit., p. 37.

21. Em situação análoga, aponta Silvio Venosa que há simulação quando as partes declaram seu fingimento ao oficial público e este se limita a lavrar o ato (*Direito Civil*, v. 1, 3ª ed., p. 480).

22. *Sociedades Fictícias*..., cit., pp. 19 e 173.

des fictícias seriam simuladas para o autor ibérico.[23]

Francesco Dominedò[24] também filia-se à tese da existência de simulação nas sociedades fictícias, e afirma que não se encontra presente o interesse do *homem de palha* de concorrer para a formação do fundo social, de auferir dividendos pelos resultados da empresa nem de cooperar na sua gestão; faltar-lhe-ia, em suma a *affectio societatis* que se exige para que sua participação seja considerada *efetiva*.[25] Francesco Dominedò vai um tanto além, e acusa de simulada, inclusive, a participação do sócio quase totalitário, que, segundo ele, também manifesta declaração divergente de sua real intenção: declara intenção de associar-se quando, em realidade, não deseja se tornar sócio de ninguém.

Contudo, não parece possível buscar eventual ilicitude das sociedades fictícias no caráter fiduciário da participação de alguns de seus sócios. Dizer que o *presta nome* não seja sócio efetivo, ou que tenham ele e o controlador emitido declarações diversas das queridas, consistem em argumentos frágeis demais.

Lembre-se que, na simulação, há uma discrepância entre a vontade das partes e a declaração por elas emitida, divergência querida e deliberadamente procurada pelos envolvidos. As partes buscam, por meio do ajuste simulado, a criação de uma *situação aparente*, destinada a enganar terceiros, subjacente à qual encontramos a *situação real* que corresponde aos efeitos a ao quanto efetivamente objetivado pelas partes.[26]

Como muito bem anotado por Antão de Morais[27] e José Xavier Carvalho de Mendonça[28] acerca do negócio fiduciário, este é sério e real; não padece de simulação porque o fiduciário é, para todos os efeitos, legítimo proprietário dos bens transferidos, com a obrigação pessoal e não real, de respeitar a fidúcia ou confiança nele depositada. Não há que se falar em simulação porque *a transação realizada corresponde exatamente à vontade das partes*.[29] Mais: o negócio que aparece perante terceiros é exatamente o que fora celebrado, sem que haja a clivagem entre *realidade* e *aparência* que é essencial ao conceito de simulação.

Estes mesmos princípios valem para as sociedades fictícias. Nelas, tanto o controlador quanto o *presta nome* quiseram exatamente o que foi declarado, nada além ou aquém. Impossível dizer que o subscritor de complacência não seja sócio efetivo, ou que tenha emitido declaração diversa de seu verdadeiro intento. Veja-se que o *presta nome* tem efetiva e real intenção de integrar o quadro societário; têm-na, entretanto, como mero minoritário, com participação diminuta em comparação com o controlador. O mesmo raciocínio vale, *mutatis mutandis*, para o controlador, que declara exatamente o que deseja: estruturar o controle da sociedade constituída em conjunto com o sócio de complacência de forma quase-totalitária e em seu favor.

Interessante apontar que o próprio Antônio de Arruda Ferrer Correia estabelece uma presunção de que o efetivo desembolso, pelo sócio de complacência, da parcela de capital por ele subscrita, ainda que de pequeno valor, inverteria a situação, estabelecendo que, em regra, não haveria simulação posto que "o mais natural será ele ter querido adquirir nessa hipótese, para futuramente exercer no seio da corporação, os direitos correspondentes à sua titulari-

23. Antônio de Arruda Ferrer Correia, *Sociedades Fictícias*..., cit., p. 165.

24. "La costituzione fittizia delle anonime", in *Studi in Onore di Cesare Vivante*, v. II, pp. 663-664.

25. "La costituzione...", cit., v. II, p. 664.

26. Enzo Roppo, *O Contrato*, p. 162.

27. *Problemas e Negócios Jurídicos*, v. I, p. 393.

28. *Tratado de Direito Comercial Brasileiro*, v. IV, 1ª Parte, p. 85.

29. Antão de Morais, *Problemas*..., cit., v. I, p. 386.

dade formal".[30] Uma tal concessão equivale, em última análise, a admitir de fato a plena validade das sociedades fictícias.

O fato de o *presta nome* permanecer alheio à gestão da sociedade não influencia, de modo algum, seu *status* de sócio. Assume ele, malgrado sua pequena participação, todos os direitos e obrigações que cabem aos membros da pessoa jurídica.[31] É preciso, afinal, entender que o *status socii*[32] deriva da presença no quadro societário, e tem suas repercussões regulamentadas pela lei e pelos estatutos ou contrato social da pessoa jurídica.

Nesse sentido, irrelevante o fato de o sócio preocupar-se com atividade social, cooperando ativamente na empresa que constitui o objeto social da pessoa jurídica da qual participa, ou permanecer completamente alheio à ela, comportando-se como mero investidor de capital. Sobre ele incidirão todos os deveres de sócio, e ele poderá, no momento que desejar e independentemente da vontade do controlador, invocar todos os direitos que sua posição de sócio lhe garante.

Aliás, como apontado por Rachel Sztajn, há comprovação mais do que suficiente de que, apesar da existência de estímulos legislativos aos acionistas para que participem das assembléias, muitos deles não almejam senão permanecer como mero investidor ou especulador, "interessados apenas nos rendimentos que as ações podem produzir e não no poder político que elas possam representar".[33] Esta a razão, como também lembrado por Rachel Sztajn,[34] do sucesso na criação de ações preferenciais sem direito de voto, ou com tais direitos restritos.

Desconsiderar a presença do minoritário no quadro acionário (ou de quotistas) de qualquer sociedade, além de importar em presunção de má-fé daquele que já se encontra em desvantagem frente ao controlador, só poderia ser efetuada por presunções ou ficções legais, cuja aceitabilidade é, no mínimo, duvidosa, em razão do elevado grau de arbitrariedade que as reveste.

O que vem a lume, neste ponto, é que nas sociedades fictícias não há nenhuma dicotomia entre as declarações das partes e sua real intenção. O contraste que existe é entre a *função econômica típica do contrato de sociedade (servir a uma pluralidade de associados) e a função por ele desempenhada no caso concreto das sociedades fictícias (servir aos interesses de um sócio)*, como observado por Paolo Greco[35] e Tullio Ascarelli.[36] O que existe é, em boa verdade, *negócio indireto*, e não simulação.

Coube à sagacidade de Tullio Ascarelli a completa apreensão desse fenômeno, definido pelo doutrinador peninsular nos seguintes termos: "há negócio indireto sempre que as partes recorrem, no caso concreto, a um negócio determinado visando a alcançar através dele, consciente e consensualmente, finalidades diversas das que, em princípio, lhe são típicas".[37]

Com efeito, todo *negócio jurídico* é caracterizado por um *escopo típico* que se destina a realizar, hipótese em que se identificam precisamente suas causas econômica e jurídica. Muito embora a consecução do objetivo típico do negócio jurídico seja

30. Antônio de Arruda Ferrer Correia, *Sociedades Fictícias*..., cit., p. 171, nota de rodapé 2.

31. Veja-se que tal fato não pode ser negligenciado, especialmente nas sociedades limitadas, em que todos os sócios respondem solidariamente pela integralização do capital social, nos termos do art. 1.052 do novo Código Civil.

32. O termo *status socii* é ora tomado no mesmo sentido proposto por Rachel Sztajn, como "a posição jurídica que o titular das ações [ou de qualquer outra participação societária] tem em relação à sociedade (como unidade) e aos demais membros dessa sociedade, em oposição à posição jurídica que têm as pessoas não-sócias" (*Contrato de Sociedade*..., cit., p. 47).

33. Rachel Sztajn, idem, ibidem, p. 78.

34. Idem, ibidem, p. 78.

35. "Le società di *comodo* i il negozio indiretto", in *Riv. di Diritto Commerciale* I/788-789.

36. "O negócio indireto", in *Problemas*..., cit., 2001.

37. *Problemas*..., cit., p. 156.

normalmente o principal objetivo visado pelas partes, e represente, nessa ordem de idéias, o elemento comum a todas elas, nos negócios indiretos as partes vão além: pretendem, além dos efeitos típicos do negócio celebrado, também a consecução de um escopo ulterior, para cuja realização faz-se necessária a eficácia padrão do negócio celebrado.[38]

A escolha do negócio a ser celebrado não é, obviamente, aleatória. As partes elegem e celebram o negócio cuja disciplina seja por elas querida. Assim, não há apenas submissão à forma do negócio, mas, também, às disposições legais que o regulamentam. É exatamente isto que justifica a remissão, no negócio indireto celebrado, ao negócio direto, tipificado no ordenamento jurídico: as partes desejam conscientemente afastar-se o menos possível do terreno conhecido do negócio direto, sujeitando-se no maior grau possível à sua disciplina.[39]

Assim, nos negócios indiretos, as partes visam tanto os efeitos típicos do negócio celebrado, previsto em abstrato pelo legislador, quanto objetivos ulteriores, exclusivos às partes que celebram o negócio naquele caso concreto. Há, aí, uma *dúplice convergência de vontade*, a afastar a idéia de simulação.

Também contribui ainda mais para dispersar a acusação de simulação a ausência da clandestinidade que é peculiar aos contratos simulados. Com efeito, enquanto na simulação a vontade real das partes fica oculta, dissimulada sob um manto de aparência, nos negócios indiretos, além da ausência de divergência entre a vontade das partes e suas declarações, inexiste a ocultação típica da simulação: o processo desenvolve-se, na expressão do próprio Tullio Ascarelli,[40] "à luz do sol, e não há homem experimentado que se engane sobre suas finalidades".

38. *Problemas...*, cit., pp. 172-173.
39. Ascarelli, *Problemas...*, cit., p. 171.
40. *Problemas...*, cit., p. 180.

Os negócios indiretos, por sua vez, negócios jurídicos que são, poderão ser lícitos ou ilícitos, conforme estejam ou não em harmonia com o ordenamento jurídico. Em matéria de sociedades, tais limites de licitude dizem respeito às idéias de separação patrimonial e limitação de risco na atividade econômica, o que nos leva à terceira e última seção deste trabalho: a fraude à lei.

III — Fraude à lei

É bastante útil[41] a distinção feita por Tullio Ascarelli[42] entre dois tipos de normas: (i) aquelas que disciplinam somente o instrumento jurídico, sem qualquer preocupação com as finalidades perseguidas pelas partes, que podem dar guarida a *proibições de meio*; e (ii) aquelas que incidem sobre o resultado visado, qualquer que seja o meio utilizado para atingi-lo, que podem dar azo a *proibições de resultado*.

O mesmo Tullio Ascarelli,[43] acompanhado da doutrina já assentada,[44] leciona com muita precisão de que apenas no tocante à essas normas da segunda espécie, que contém proibições de resultado, é que é que se pode falar em *fraus legis* operada por meio do negócio indireto.

Assim, é preciso identificar, para o debate acerca da validade das sociedades fictícias, se os resultados últimos por elas atingidos são interditados pelo legislador nacional e ficam, desse modo, proibidos de serem atingidos por quaisquer meios. Im-

41. Na esteira de Genaro Carrió (*Notas sobre Derecho y Lenguage*, 4ª ed., p. 99) e Eros Grau (*A Ordem Econômica na Constituição de 1988*, 8ª ed., p. 65), adotamos a idéia de que classificações não são verdadeiras ou falsas, mas sim úteis ou inúteis.
42. *Problemas das Sociedades Anônimas...*, cit., p. 181.
43. Ascarelli, *Problemas...*, cit., p. 181, nota de rodapé 280.
44. Francesco Ferrara, *A Simulação nos Negócios Jurídicos*, p. 71; Paolo Greco, *Rivista di Diritto Commerciale* I/781 e ss.; Antônio de Arruda Ferrer Correia, *Sociedades Fictícias...*, cit., p. 275, nota de rodapé 1.

porta saber, para testar a validade das sociedades de favor, se há normas de resultado[45] no ordenamento nacional que importem em (a) impossibilidade de segregação patrimonial ou (b) necessária ilimitação do risco do empresário individual, o que tornaria estas pessoas jurídicas apenas um artifício para alcançar uma finalidade interditada pelo legislador.

Tanto a questão da segregação patrimonial quanto a discussão acerca da limitação do risco do comerciante individual tem, como raiz comum, o princípio fundamental de toda organização do crédito,[46] segundo o qual o patrimônio do devedor constitui a garantia comum dos credores e que restou expressamente consagrado pelo direito brasileiro no art. 957 do Código Civil e no art. 591 do Código de Processo Civil.

No tocante à possibilidade de segregação patrimonial, é digna de nota a opinião de Sylvio Marcondes,[47] para quem a coexistência no direito nacional da herança e do patrimônio (ambos *universitas juris*) sob a titularidade de uma mesma pessoa, é suficiente para que seja admitida a existência de patrimônios diversos na titularidade de um mesmo sujeito de direito. A personalidade subsiste, como suporte lógico do patrimônio, não sendo possível a existência de patrimônio sem titular. Contudo, tal não implica no endosso de todos os rígidos princípios que decorrem da doutrina personalista clássica, isto é, a indivisibilidade e unicidade do patrimônio.[48]

Em primeiro lugar, a concepção adotada pelo ordenamento brasileiro é digna de aplauso porquanto mantem-se em linha com os mais tradicionais conceitos civilísticos. Com efeito, é a identidade de sujeito que funciona como elemento unificador da massa patrimonial, e não sua destinação a um determinado fim, bem como a tutela prescrita pela lei nacional conserva o conceito de patrimônio como universalidade de direito.[49] De fato, no ordenamento brasileiro, a teoria do patrimônio subsiste personalista, uma vez que a sede deste continua a ser a personalidade; somente pessoas, físicas e jurídicas, podem ser titulares de patrimônio. Pode-se também concluir que todas as pessoas têm, *pelo menos*, um patrimônio,[50] onde deverão ingressar todas as posições jurídicas, ativas e passivas, simples e complexas, de que o sujeito seja ou venha a ser titular: o denominado *patrimônio geral*.[51]

Contudo, mais que isso não se pode afirmar. Frente ao direito nacional, a proposição de que a personalidade é o suporte lógico do patrimônio não pode ser interpretada de molde a obter como resultado a imperatividade de que, a um mesmo titular, deva corresponder apenas um único patrimônio (os assim chamados princípios da indivisibilidade e unicidade do patrimônio).

Absolutamente precisa, nesse sentido, a observação já traçada por Clóvis Bevilá-

45. Ressalte-se apenas que, nesse tema, as normas de meio dizem respeito à constituição da sociedade e regular arquivamento de seus atos constitutivos. Como a constituição das sociedades advém de um critério absolutamente formal, qual seja, o arquivamento de seus atos constitutivos no registro competente, conforme se depreende da leitura do art. 45 do Código Civil e também da análise da Lei de Registros Públicos (Lei 6.015/1973), as normas de meio serão sempre observadas ou o arquivamento do ato constitutivo da sociedade será indeferido e, via de conseqüência, a própria criação do novo sujeito de direito não terá ocorrido.

46. Sylvio Marcondes, *Problemas de Direito Mercantil*, pp. 88-89.

47. Idem, p. 91.

48. Oscar Barreto Filho, *Teoria do Estabelecimento Comercial*, 2ª ed., p. 52 e Sylvio Marcondes, *Problemas...*, cit., p. 92.

49. Paulo Cunha, *Do Patrimônio*, n. 34, pp. 89-90.

50. Como bem advertiu Caio Mário da Silva Pereira, apenas "em estado de natureza, com abstração da vida social, é possível conceber-se o indivíduo sem patrimônio" (*Instituições de Direito Civil*, v. I, 15ª ed., p. 247).

51. Conforme definição de Francisco Cavalcanti Pontes de Miranda (*Tratado de Direito Privado*, v. 5, Parte Geral, 2ª ed., p. 379).

qua,[52] segundo a qual a regra geral de que a cada pessoa corresponde um único patrimônio não significa impossibilidade de criação de patrimônios distintos para um mesmo sujeito de direito, assim denominados *patrimônios especiais*, porquanto "o direito permitte a divisão delle [o patrimônio], para satisfazer a necessidades de ordem prática".[53-54]

O direito brasileiro, aliás, é fértil em exemplos. Além da aceitação da herança, que em nosso ordenamento só pode ser a benefício de inventário (arts. 1.792 e 1.821 do Código Civil), veja-se os casos da comunhão matrimonial de bens (arts. 1.667 e ss.), do patrimônio do ausente (arts. 22 e ss.), da herança jacente (arts. 1.819 e ss.) e da aceitação da herança pelos credores do renunciante (art. 1.813). Há, ainda, duas grandes inovações trazidas pela promulgação da Lei 10.406/2002. A primeira delas encontra-se no art. 974 e seu § 2º, que põem a salvo do exercício da empresa os bens anteriormente detidos pelo incapaz e que sejam estranhos ao acervo da atividade; a segunda foi objeto do art. 978, que dispensa a outorga conjugal, qualquer que seja o regime de bens, para alienação ou oneração de imóveis afetados ao exercício de atividade econômica.

Assim, o direito brasileiro não parece ter considerado a criação de massas patrimoniais com direitos e obrigações próprios como um resultado em si mesmo proibido. Apenas exige-se que seja essa segregação operada ao abrigo da lei, ou por meio dos instrumentos por ela franqueados.[55]

Bastante interessante é a formulação de Francesco Messineo[56] de que se deve referir à noção de *patrimônio autônomo*, e não à idéia de patrimônio especial, quando se tenha em mira não o destaque de um núcleo de bens, que continua a pertencer ao mesmo titular, mas a formação, com elementos tirados de outro ou outros patrimônios, de um patrimônio novo e independente, com *sujeito próprio ou, pelo menos finalidades próprias*, sobre o qual incidirão diretos e obrigações autônomos. É precisamente este o caso da constituição de sociedades (pluripessoais e unipessoais), bem como a criação de fundações.

De modo semelhante ao que ocorre com os patrimônios especiais, e pelas mesmas razões, a criação de um patrimônio autônomo também não parece ter sido objeto de proibição de resultado por parte do legislador. Exige-se apenas que tal providência seja obtida pela lei, ou na forma que esta disciplinar. É o que ocorre nas sociedades fictícias, cujos sócios valem-se de um instrumento já constituído pela lei para obter a criação de um novo sujeito de direito, destinado a limitar o risco a que estaria sujeito o controlador quase totalitário caso se lançasse à atividade econômica sob empresa individual. O que resta por investigar é se tal intuito é colhido por alguma proibição de resultado no direito brasileiro, o que nos leva à noção de limitação da responsabilidade do empresário individual.

Preliminarmente, convém anotar que a limitação da responsabilidade do empresário individual seja pela via societária com a admissão da sociedade unipessoal, seja pela via não-societária, com a possibilidade de criação de um patrimônio especial, consiste na última fase de evolução da noção jurídica de responsabilidade, como mui-

52. *Código Civil dos Estados Unidos do Brasil*, Rio de Janeiro, Ed. Rio, 1976, pp. 290-291.

53. Clóvis Beviláqua, idem, ibidem.

54. No mesmo sentido: Vicente Ráo, *O Direito e a Vida dos Direitos*, 3ª ed., n. 194; Oscar Barreto Filho, *Teoria do Estabelecimento Comercial*, 2ª ed., pp. 56-57; na doutrina alienígena, sob seus respectivos ordenamentos jurídicos, posicionam-se favoráveis à existência de patrimônios especiais Roberto de Ruggiero, *Instituições de Direito Civil*, 2ª ed., p. 416; Francesco Messineo, *Manuale*, v. 1, § 26, n. 2, pp. 223-224; e Francesco Ferrara, *Trattato di Diritto Civile Italiano*, v. 1, pp. 877-878 e Paulo Cunha, *Do Patrimônio*, ns. 183-192. Contra: Tullio Ascarelli, *Problemas...*, cit., p. 215.

55. Pontes de Miranda, *Tratado...*, cit., v. 5, Parte Geral, 2ª ed., p. 368.

56. *Manuale di Diritto Civile e Commerciali*, v. 1, 8ª ed., § 26, n. 4, p. 224.

to bem elucidado por Ricardo Alberto Santos Costa.[57] O devedor, que originariamente respondia com sua vida, passou posteriormente a responder apenas com sua liberdade, e mais tarde com todo o seu patrimônio. Atualmente, quando se trate de comerciante coletivo, a responsabilidade dos sócios é limitada ao valor do capital social, para as sociedades limitadas, ou ao valor do lote de ações subscritas, quando se tratar de companhia.

Ao admitir as sociedades com responsabilidade limitada, a subsidiária integral, a empresa pública unipessoal e a unipessoalidade transitória, o direito nacional deixa entrever que se encontra em linha com essa evolução, e não avesso à limitação do risco na atividade empresarial.

É correto entender, na esteira de Tullio Ascarelli[58] e Antônio de Arruda Ferrer Correia,[59] que a limitação da responsabilidade do empresário individual não consiste em um resultado em si mesmo proibido pelo legislador. Apenas sucede não estar criada a forma jurídica que torne possível obter tal resultado diretamente.

A questão se coloca, em suma, como uma pura e simples ausência de meios diretos de obter tal limitação, sendo legítima a utilização indireta de qualquer dos instrumentos já admitidos para tanto. Estamos, assim, diante de uma "simples deficiência do sistema legislativo, explicável pelo fenômeno da inércia jurídica".[60] Aliás, é nesse contexto de *inércia jurídica* que o negócio jurídico indireto se insere, como uma espécie de "ponte de passagem histórica",[61] a fornecer um meio destinado à evolução história do direito, via aproximações sucessivas, de molde a prover à partes instrumentos aptos à satisfação das novas e diversas situações da vida.[62]

É preciso ainda lembrar que a admissão das sociedades fictícias não significa nenhum agravamento dos riscos aos credores já admitidos pelo ordenamento jurídico. Trata-se, em essência, do mesmo risco que já existe pela permissão da constituição de sociedades personificadas com responsabilidade limitada.

Com efeito, a existência do *relevo real* na integralização do capital social de qualquer sociedade personificada, conforme nos dá notícia Rachel Sztajn,[63] implica eficácia *erga omnes* da passagem de tais bens do patrimônio do sócio à titularidade da sociedade. Em conseqüência, os bens conferidos deixam de responder pelas dívidas do sócio e passam a constituir a garantia dos credores sociais; em contrapartida, o sócio recebe as partes em que se divide o capital social (ações ou quotas) correspondentes à entrada efetuada, restando a seus credores promover a constrição sobre os títulos de participação recebidos pelo devedor.

Por questão de justiça e coerência, se a limitação do risco no exercício da empresa fosse digna de repugnância pelo ordenamento jurídico, nada justifica que o legislador a tivesse proibido aos empresários individuais e admitido aos acionistas e quotistas.[64]

IV — Conclusões

Afinal, pode-se concluir que as sociedades fictícias não padecem que qualquer

57. *A Sociedade por Quotas Unipessoal no Direito Português*, p. 127.
58. *Problemas*..., cit., p. 217.
59. *Sociedades Fictícias*..., cit., p. 256.
60. Ferrer Correia, *Sociedades Fictícias*..., cit., p. 175.
61. Ascarelli, *Problemas*..., cit., p. 189.

62. Idem, p. 189. Nas palavras desse mesmo autor "novas exigências, de início satisfeitas indiretamente, mediante negócios disciplinados à vista de exigências diversas, acabam por poderem ser satisfeitas, diretamente, por meio de novos negócios que as levam diretamente em conta" (idem, ibidem).
63. *Contrato de Sociedade*..., cit., p. 38.
64. É essa mesma indagação que lança mão Trajano de Miranda Valverde para justificar a admissão do *estabelecimento autônomo* por ele proposto ("Estabelecimento autônomo", in *RF* XCVI, p. 577).

vício que lhes atinja o plano da validade. Não existente na sua constituição nenhuma divergência entre a vontade das partes e suas declarações. Os participantes que nela tomam parte querem o negócio nos exatos e precisos termos em que foi celebrado de forma que a sociedade constituída é real e efetivamente querida por todos os contratantes, nos exatos termos do contrato firmado. Não fosse suficiente, também não se encontra, na constituição de sociedade de favor, a clandestinidade que é peculiar aos contratos simulados.

Dessa forma, a constituição das sociedades fictícias representa hipótese de negócio indireto. E hipótese lícita, uma vez que não existe, em nosso ordenamento, nenhuma proibição *de resultado* no tocante à segregação patrimonial ou limitação de risco do empresário individual. A questão coloca-se como pura e simples ausência de meios diretos para obter tais resultados, que o negócio indireto vem a suprir temporariamente, até que o legislador digne-se a tratar do assunto.

A validade das sociedades fictícia não pode, obviamente, representar uma espécie de salvo conduto para a perpetração de fraudes contra terceiros. Como já concluíra Wilson de Souza Campos Batalha,[65] na criação de sociedades com o *exclusivo* intento de fraude, representando essa constituição simplesmente o processo escolhido para causar a terceiros um prejuízo econômico, não mais subsistirá obstáculo ao levantamento da forma utilizada.

Trata-se, em outras palavras, da verificação de *abuso de forma*, a autorizar a desconsideração da personalidade jurídica, de resto aplicável em qualquer hipótese de utilização das formas societárias para a fraude a terceiros, e que não é exclusividade das sociedades fictícias. Irrespondível a proposição de Vittorio Salandra[66] de que, contra as fraudes, mesmo no domínio particular da sociedade fictícia, valem os remédios ordinários do direito comum.

Assim, a disciplina mais correta em matéria de sociedades de favor consiste na sua admissão, cuidando-se de prevenir abusos por parte do controlador. Deve-se, em especial, evitar a confusão patrimonial entre a sociedade e seu controlador e, quando inevitável ou já ocorrida essa confusão, uma aplicação inteligente da *disregard doctrine*[67] parece suficiente para corrigir os desvios eventualmente verificados.

V — Bibliografia

ASCARELLI, Tullio. *Problemas das Sociedades Anônimas e Direito Comparado*. Campinas, Bookseller, 2001.

BARRETO FILHO, Oscar. *Teoria do Estabelecimento Comercial*. 2ª ed., São Paulo, Saraiva, 1988.

CAMPOS BATALHA, Wilson de Souza. *Direito Processual Societário*. 2ª ed., Rio de Janeiro, Forense, 1989.

CARRIÓ, Genaro. *Notas sobre Derecho y Lenguage*. 4ª ed., Buenos Aires, Abeledo-Perrot, 1990.

CARVALHO DE MENDONÇA, José Xavier. *Tratado de Direito Comercial*. São Paulo, Freitas Bastos, 1963.

CARVALHOSA, Modesto. *Comentários a Lei das S/A*. São Paulo, Saraiva, 1997.

COMPARATO, Fábio Konder. *O Poder de Controle na Sociedade Anônima*. 3ª ed., Rio de Janeiro, Forense, 1983.

COSTA, Ricardo Alberto Santos. *A Sociedade por Quotas Unipessoal no Direito Português*. Coimbra, Almedina, 2002.

CUNHA, Paulo. *Do Patrimônio*. Lisboa, Minerva, 1934.

DOMINEDÒ, Francesco. "La costituzione fittizia delle anonime", in *Studi in Onore di Cesare Vivante*. v. II, Roma, Foro Italiano.

65. *Direito Processual Societário*, 2ª ed., p. 378.

66. *Società Commerciali*.

67. Atualmente, a *disregard doctrine* encontra-se contemplada expressamente pelo art. 50 do Código Civil, mas já era aplicada por nossos tribunais há algum tempo. A esse respeito, Rubens Requião, "Abuso de direito e fraude através da personalidade jurídica", in *RT* 410, *RT* 650/109, *RT* 654/182.

FERRARA, Francesco. *A Simulação nos Negócios Jurídicos*. Campinas, Redlivros, 1999.

______. *Trattato di Diritto Civile Italiano*. v. 1.

FERREIRA, Waldemar. *Instituições de Direito Comercial*. 4ª ed., São Paulo, Max Limonad, 1957.

FERRER CORREIA, Antônio de Arruda. *Sociedades Fictícias e Unipessoais*. Coimbra, Atlântida, 1948.

GRAU, Eros. *A Ordem Econômica na Constituição de 1988*. 8ª ed., São Paulo, Malheiros Editores, 2003.

GRECO, Paolo. "Le società di *comodo* i il negozio indiretto", in *Riv. di Diritto Commerciale* I/788-789, 1932.

MARCONDES, Sylvio. *Problemas de Direito Mercantil*. São Paulo, Max Limonad, 1970.

MARTINS, Fran. *Curso de Direito Comercial*. 25ª ed., Rio de Janeiro, Forense, 2000.

MESSINEO, Francesco. *Manuale*, v. 1.

MORAIS, Antão de. *Problemas e Negócios Jurídicos*. v. I, São Paulo, Max Limonad, s/d.

PEREIRA, Caio Mário da Silva. *Instituições de Direito Civil*. v. I, 15ª ed., Rio de Janeiro, Forense, 1994.

PONTES DE MIRANDA, Francisco Cavalcanti. *Tratado de Direito Privado*. 3ª ed., 2ª reimpr., São Paulo, Saraiva, 1984.

RÁO, Vicente. *O Direito e a Vida dos Direitos*. 3ª ed., São Paulo, Ed. RT, 1991.

REQUIÃO, Rubens. *Curso de Direito Comercial*. v. 1, 23ª ed., São Paulo, Saraiva, 1998.

______. "Abuso de direito e fraude através da personalidade jurídica", in *RT* 410.

ROPPO, Enzo. *O Contrato*. Coimbra, Almedina, 1988.

RUGGIERO, Roberto de. *Instituições de Direito Civil*. 2ª ed., Campinas, Bookseller, 1999.

SALANDRA, Vittorio. *Società Commerciali*. Turim, Torinese, 1938.

SALOMÃO FILHO, Calixto. *A Sociedade Unipessoal*. São Paulo, Malheiros Editores, 1995.

SANTOS, José Beleza dos. *A Simulação em Direito Civil*. 2ª ed., São Paulo, Lejus.

SZTAJN, Rachel. *Contrato de Sociedade e Formas Societárias*. São Paulo, Saraiva, 1989.

VALVERDE, Trajano de Miranda. *Sociedades por Ações (Comentários ao Decreto-lei 2.627, de 26 de setembro de 1940)*. v. I, Rio de Janeiro, Revista Forense, 1941.

______. "Estabelecimento autônomo", in *RF* n. XCVI, p. 577.

VENOSA, Silvio. *Direito Civil*. v. 1, 3ª ed., São Paulo, Atlas, 2003.

Atualidades

UNA EXPERIENCIA COMPARADA RECIENTE: LA LEY CONCURSAL ESPAÑOLA[1]

JAVIER VALLE

I — Introducción. II — Los principios generales de la reforma: 1. El principio de unidad; 2. La insolvencia como presupuesto único y común; 3. El objetivo de la anticipación del concurso; 4. El convenio como opción preferente; 5. La conservación del patrimonio del deudor; 6. La extensión de la responsabilidad del deudor; 7. La amplia discrecionalidad judicial. III — Los efectos de la declaración de concurso: 1. Efectos de la declaración sobre el deudor; 2. Efectos de la declaración sobre los acreedores; 3. Efectos de la declaración sobre los créditos en particular y sobre los contratos; 4. Efectos de la declaración sobre los actos perjudiciales para la masa activa. IV — Valoración global.

I — Introducción

El día 10 de julio de 2003, el Boletín Oficial del Estado Español publicó la Ley 22/2003, de 9 de julio, Concursal ("LC"), que entrará en vigor el día 1 de septiembre de 2004. Ese año largo de *vacatio legis* da idea de la profundidad de la reforma llevada a cabo por la LC en el panorama concursal español.

Era éste un panorama confuso, disperso, obsoleto, deficiente técnicamente y escasamente eficaz, que estaba reclamando una reforma urgente después de diversos intentos fallidos y un largo proceso de gestación.

Efectivamente, el Derecho Concursal español se encontraba regulado en 5 cuerpos normativos diferentes (cuatro de ellos publicados en el siglo XIX), a saber, el Código de Comercio de 1829, el Código de Comercio de 1885, el Código Civil de 1889, la Ley de Suspensión de Pagos de 1922 y la Ley de Enjuiciamiento Civil de 1881 (declarada vigente, en materia concursal, por la ahora vigente Ley de Enjuiciamiento Civil de 2000). Tamaña dispersión normativa y temporal acarreaba, por supuesto, una completa falta de armonía legislativa y una más que notable irregularidad técnica, además de un alejamiento alarmante respecto de la realidad social en que la norma era aplicada. Desde el punto de vista de su eficacia, en fin, el Derecho Concursal anterior concedía o permitía que primasen los intereses particulares de determinados agentes, en detrimento de los intereses generales y sociales.

El nuevo régimen instaurado por la LC pretende poner fin a todos los problemas e ineficiencias apuntados. Y tal vez sea ésa

1. El presente artículo tiene su origen en una conferencia pronunciada en el acto organizado por la Facultad de Economía, Administración y Contabilidad y la Facultad de Derecho de la Universidad de São Paulo, el día 11 de noviembre en la USP, sobre la Reforma de la Legislación Concursal, al que el Autor fue amablemente invitado a participar por la Profesora Rachel Sztajn. El Autor agradece a la Profesora Sztajn la oportunidad de aquella Conferencia y de este artículo.

la primera conclusión que se puede extraer de la LC: es una ley carente de grandes declaraciones programáticas y de grandes principios, pero con una clara vocación de eficacia. No se encontrará en su Exposición de Motivos referencia alguna a su orientación político-legislativa o al interés jurídico protegido, pero su articulado tiene un tinte marcadamente técnico.

II — Los principios generales de la reforma

Caben en principio varios métodos para describir la LC. El más obvio y sencillo es el cronológico, es decir, la explicación de la LC siguiendo la cronología del procedimiento concursal, desde su inicio hasta su finalización. Mas es éste un método prolijo, minucioso, lejos de la intención de este artículo. El método elegido es el de la reducción de los 230 artículos de que consta la LC a varios principios generales, el de la explicación conceptual en lugar de la explicación técnica y de detalle.

1. El principio de unidad

De unidad puede hablarse en la LC en diversos sentidos:

A) *Unidad sistemática*, pues se regula en un único texto normativo toda la materia concursal, tanto la sustantiva como la procesal que, como ha quedado dicho, antes se encontraba dispersa en cinco textos normativos diferentes.

B) *Unidad legal*, pues la LC unifica todos los sistemas de concurso anteriormente existentes, ya afecte a deudores civiles o mercantiles (art. 1 LC, *la declaración de concurso procederá respecto de cualquier deudor, sea persona natural o jurídica*), en un único sistema y procedimiento. Efectivamente, el régimen legal vigente hasta el día 1 de septiembre de 2004 distingue los siguientes sistemas:

(i) *Deudor Civil*: concurso de Acreedores (arts. 1.911 a 1.929 del Código Civil y arts. 1130 a 1317 de la Ley de Enjuiciamiento Civil de 1881).

(ii) *Deudor Mercantil*: quiebra, en caso de insolvencia definitiva (artículos 1.001 a 1.177 del Código de Comercio de 1829, 870 a 941 del Código de Comercio de 1885 y 1.318 a 1.396 de la Ley de Enjuiciamiento Civil de 1881) o Suspensión de Pagos en caso de iliquidez o insolvencia provisional (Ley de Suspensión de Pagos de 1922).

C) *Unidad de procedimiento*, dado que todos los supuestos de insolvencia antes mencionados seguirán un único procedimiento, con dos posibles soluciones, el convenio o la liquidación.

D) *Unidad de presupuesto*, es decir, existencia de un presupuesto objetivo único y común para todos los casos para la declaración del concurso. Tal presupuesto es la insolvencia.

2. La insolvencia como presupuesto único y común

Conforme al art. 2.1 LC, *la declaración de concurso procederá en caso de insolvencia del deudor común.*

Da el art. 2.2 una definición general de lo que debe entenderse por estado de insolvencia (*se encuentra en estado de insolvencia el deudor que no puede cumplir regularmente sus obligaciones exigibles*). Es preciso, por tanto, imposibilidad de cumplimiento *regular* de las obligaciones exigibles. No será suficiente para solicitar la declaración de concurso el incumplimiento *puntual* de alguna o algunas obligaciones. Ahora bien, en atención a que uno de los objetivos de la LC es anticipar en el tiempo cuanto sea posible el procedimiento concursal (a efectos de minimizar sus consecuencias en la medida de lo posible) se permite al deudor, y sólo a él, solicitar declaración de concurso aún antes de que se haya producido el incumplimiento regular de sus obligaciones exigibles: *si la solicitud de concurso la presenta el deudor, deberá justificar su endeudamiento y su estado de insolvencia, que podrá ser actual o inminente. Se encuentra en estado de insolvencia inminente el deudor que prevea que no podrá cumplir regular y puntualmente sus obligaciones* (art. 2.2 LC). Así, se encontrará en situación de insolvencia inminente el deudor que no pueda cumplir sus obligaciones por falta de liquidez y no por hallarse en situación de desbalance patrimonial (es decir, lo que el anterior régimen denominaba situación de suspensión de pagos).

Para facilitar la labor de determinar cuándo existe incumplimiento regular de obligaciones exigibles, la LC mantiene el sistema de hechos de concurso que constituían el presupuesto objetivo de la quiebra para el concurso necesario (es decir, el solicitado por acreedores). Los hechos de concurso que determinan la situación de insolvencia son (art. 2.4 LC):

- despacho de ejecución o apremio contra el deudor, sin que del embargo resulten bienes libres bastantes para el pago de la deuda;
- sobreseimiento general en el pago corriente de las obligaciones del deudor;
- existencia de embargos por ejecuciones pendientes que afecten de manera general al patrimonio del deudor;
- alzamiento o liquidación apresurada o ruinosa de sus bienes por el deudor; o
- incumplimiento generalizado de determinadas categorías de obligaciones (tributarias, de seguridad social o saláriales) durante los tres últimos meses.

3. El objetivo de la anticipación del concurso

Como se ha señalado, uno de los principales objetivos de la LC es conseguir anticipar en el tiempo la declaración de concurso cuanto sea posible. Para ello, la LC se ha dotado de una serie de mecanismos, que pueden resumirse como sigue:

A) *En el concurso voluntario.* Los incentivos que contiene la LC para que el deudor solicite declaración de concurso voluntario son dos:

(i) Solicitud de declaración de concurso voluntario con base en insolvencia inminente: ya se ha señalado que se concede al deudor la posibilidad de acogerse al procedimiento concursal aún antes de encontrarse en situación de insolvencia regular, cuando prevea que el incumplimiento regular de sus obligaciones es inminente (art. 2.2 LC); y

(ii) Administración: conforme al art. 40.1 LC, *en caso de concurso voluntario, el deudor conservará las facultades de administración y disposición sobre su patrimonio, quedando sometido el ejercicio de éstas a la intervención de los administradores concursales, mediante su autorización o conformidad.*

B) *En el concurso necesario.* La LC ha incorporada al derecho concursal español la figura del privilegio del acreedor instante. Efectivamente, conforme al art. 91 6º LC, se consideran créditos con privilegio general *los créditos de que fuera titular el acreedor que hubiere solicitado la declaración de concurso y que no tuvieren el carácter de subordinados, hasta la cuarta parte de su importe.*

4. El convenio como opción preferente

De las dos posibles soluciones del procedimiento concursal (el convenio o la liquidación) el legislador prefiere claramente el convenio. Así, el art. 104 LC contempla expresamente la posibilidad de que el deudor, tanto en el concurso voluntario como en el necesario, presente a la Junta de Acreedores una propuesta anticipada de convenio, en cualquier momento anterior a la expiración del plazo para que los acreedores comuniquen sus créditos frente al deudor. La propuesta se admitirá a trámite si se presenta junto con adhesiones de acreedores ordinarios o privilegiados cuyos créditos superen la quinta parte del pasivo presentado por el deudor.

Ese mismo porcentaje (20%), pero del pasivo resultante de la lista definitiva de acreedores, está facultado para presentar a la Junta de Acreedores propuesta de convenio (art. 113 LC).

Respecto al régimen de mayorías, será preciso que vote a favor del convenio, ya sea anticipado o no, ya sea presentado por el deudor o por los acreedores, la mitad del pasivo ordinario del concurso, considerándose a estos efectos como pasivo ordinario los acreedores privilegiados que voten a favor del convenio (art. 124 LC).

Respecto al contenido de la propuesta de convenio, el art. 100 concede bastante margen: la propuesta puede contener proposiciones de quita (hasta la mitad del importe de cada uno de los créditos ordinarios), de espera (hasta 5 años desde la firmeza de la resolución judicial que apruebe el convenio o de quita y espera). Puede ir también acompañada de otras proposiciones, como la conversión de créditos en capital o en créditos participativos o la enajenación de conjuntos de bienes o derechos afectos a actividad empresarial o de unidades productivas, siempre que, en este último caso, el adquirente asuma determinadas obligaciones, entre las que destaca la de continuar la actividad empresarial.

5. La conservación del patrimonio del deudor

Otro de los grandes principios inspiradores de la reforma concursal española es el de la conservación del patrimonio del deudor, frente a (la) otra opción posible, su liquidación. Un ejemplo claro de ello puede encontrarse en el recién descrito art. 100 LC: se permite que la propuesta de convenio contenga proposiciones de ventas de activos, siempre que éstos formen una unidad empresarial y el adquirente continúe la actividad.

De modo más claro se pronuncia el art. 44 LC:

> 1. La declaración de concurso no interrumpirá la continuación de la actividad empresarial que viniera ejerciendo el deudor.
>
> 2. En caso de intervención, y con el fin de facilitar la continuación de la actividad profesional o empresarial del deudor, la administración concursal podrá determinar los actos u operaciones propios del giro o tráfico de aquella actividad que, por razón de su naturaleza o cuantía, quedan autorizados con carácter general.
>
> No obstante lo establecido en el apartado anterior, y sin perjuicio de las medidas cautelares que hubiera adoptado el juez al declarar el concurso, hasta la aceptación de los administradores concursales el deudor podrá realizar los actos propios de su giro o tráfico que sean imprescindibles para la continuación de su actividad, siempre que se ajusten a condiciones normales de mercado.

Incluso en caso de liquidación, el legislador insiste en el principio de la conservación del negocio. Así, el art. 148 ordena a los administradores del concurso que elaboren un plan de liquidación que, *siempre que sea factible, deberá contemplar la enajenación unitaria del conjunto de los establecimientos, explotaciones y cualesquiera otras unidades productivas de bienes y servicios del concursado o de algunos de ellos*. De no aprobarse el plan de liquidación o, en caso de que el aprobado no lo hubiese previsto, *el conjunto de los establecimientos, explotaciones y cualesquiera otras unidades productivas de bienes o de servicios pertenecientes al deudor se enajenará como un todo, salvo que, previo informe de la administración concursal, el juez estime más conveniente para los intereses del concurso su previa división o la realización aislada de todos los elementos componentes o sólo de algunos de ellos. (...) En caso de enajenación del conjunto de la empresa o de determinadas unidades productivas de la misma se fijará un plazo para la presentación de ofertas de compra de la empresa, siendo consideradas con carácter preferente las que garanticen la continuidad de la empresa* (art. 149 LC).

6. *La extensión de la responsabilidad del deudor*

Una de las principales novedades de la LC es, sin duda, la extensión de la responsabilidad del deudor persona jurídica a otras personas, físicas o jurídicas, especialmente vinculadas con él: las sociedades de su mismo grupo y sus administradores o liquidadores.

A) *Grupos de sociedades*. La posibilidad de instar el concurso de las sociedades pertenecientes a un mismo grupo viene enunciada en el artículo 3.5 LC, conforme al cual *el acreedor podrá instar la declaración judicial conjunta de concurso de varios de sus deudores cuando (...) siendo éstos personas jurídicas, formen parte del mismo grupo, con identidad sustancial de sus miembros y unidad en la toma de decisiones*. Obsérvese, no obstante, que la posibilidad de instar el concurso del grupo no es automática: sólo existirá en los casos en que exista unidad de decisión.

Aspectos relevantes del concurso de grupos, abordados también por la LC, son la posibilidad de solicitar la acumulación al procedimiento de concurso de la sociedad dominante de los concursos declarados de las sociedades dominadas (art. 25.1), la subordinación de los créditos de las sociedades del grupo (art. 93.2 3º) y las normas de Derecho Internacional Privado (arts. 199 y ss.).

B) *Administradores y liquidadores*. Los administradores o liquidadores, de hecho o de derecho, del deudor persona jurídica, así como quienes hubieran tenido tal condición en los dos años anteriores a la fecha de la declaración del concurso, pueden ser condenados a pagar a los acreedores concursales, total o parcialmente, el importe de los créditos que no perciban, en caso de que el concurso concluya en liquidación del deudor y sea calificado como culpable (art. 172.3 LC).

Con el fin de asegurar la posible responsabilidad de los administradores y liquidadores, el art. 48.3 LC autoriza al juez del concurso a ordenar el embargo de bienes y derechos de los citados administradores y liquidadores, *cuando de lo actuado resulte fundada la posibilidad de que el concurso se califique como culpable y de que la masa activa sea insuficiente para satisfacer todas las deudas*.

Debe señalarse que idéntica facultad se concede al juez respecto a los socios subsidiariamente responsables de las deudas del deudor, si bien en este caso el embargo podrá decretarse independientemente de la calificación, culpable o fortuita, que merezca el concurso.

7. *La amplia discrecionalidad judicial*

Novedad importante de la LC es también la amplia discrecionalidad que concede al juez del concurso. Esa discrecionalidad parece necesaria si se pretenden regular bajo un único procedimiento situaciones tan dispares como las que antes regulaban 5 leyes diferentes. Parece imprescindible dotar al procedimiento de la flexibilidad necesaria para servir a todas las hipótesis posibles, y el mejor instrumento para alcanzar dicha flexibilidad debe ser la discrecionalidad judicial.

Algunas de las muestras del principio enunciado:

A) *Antes de la declaración de concurso necesario*. Conforme al art. 17 LC, el juez puede adoptar medidas cautelares para asegurar la integridad del patrimonio del deudor.

B) *En la declaración del concurso*. Además de dar a la declaración de concurso la publicidad legalmente prevista, el juez *podrá acordar cualquier publicidad complementaria que considere oportuna, en medios oficiales o privados* (art. 23.2 LC).

Podrá igualmente el juez, en ese momento procesal, acordar la acumulación de concursos en los casos de deudor persona jurídica o de sociedad dominante de un grupo (art. 25 LC).

C) *En relación con la administración concursal.* Los artículos 27 y siguientes LC conceden amplias facultades al juez del concurso en relación con el nombramiento y la separación de los administradores concursales, así como con el régimen de la administración del concurso (*vid.* arts. 27.3, nombramiento de administradores; 32, nombramiento de auxiliares delegados; 34.4, retribución; 35.2, atribución de competencias; o 37, separación).

D) *Declarado el concurso.* Ya se ha visto cómo el juez puede ordenar el embargo preventivo de bienes de los administradores, liquidadores y socios subsidiariamente responsables (art. 48 LC). Además, el juez posee facultades amplias en relación con la administración del patrimonio del deudor (art. 40) y la continuación de su actividad (art. 44.4), el ejercicio de acciones por parte del deudor (art. 54.2), la vigencia o resolución de contratos celebrados por el deudor (arts. 61.2 y 62) o los contratos de trabajo (art. 64.2).

E) *Conclusión del concurso.* Si bien las funciones del juez en relación con el convenio vienen muy definidas en la LC (en atención al carácter fundamentalmente contractual del convenio), sí goza el juez de mayores facultades en caso de liquidación del patrimonio del deudor. En particular, compete al juez, *según estime conveniente a los intereses del concurso*, aprobar, modificar o rechazar el plan de liquidación propuesto por la administración concursal, salvo el caso en que el citado plan no haya recibido observaciones o propuestas de modificación, en cuyo caso el juez se limitará a aprobarlo (art. 148).

F) *La calificación del concurso.* En la sección de calificación del concurso como fortuito o culpable, el juez goza de amplia discrecionalidad en relación con la inhabilitación de las personas afectadas por la declaración [durante un período de 2 a 15 años, *atendiendo, en todo caso, a la gravedad de los hechos y a la entidad del perjuicio* (art. 172.2.2º)] y con la declaración de responsabilidad de los administradores y liquidadores del deudor por el importe insatisfecho de los créditos concursales (art. 172.3).

III — *Los efectos de la declaración de concurso*

Conviene detenerse brevemente en los efectos que produce la declaración de concurso sobre el propio deudor, sobre los acreedores, sobre los contratos celebrados por el deudor y sobre determinados actos perjudiciales para la masa de acreedores. También aquí las novedades son abundantes y notables.

1. Efectos de la declaración sobre el deudor

A) *Patrimoniales.* Ya hemos visto antes, y ahora sólo recordaremos, los efectos que la declaración del concurso tiene sobre el patrimonio del deudor: facultad de continuar administrando y disponiendo de su patrimonio, sujeta a intervención de los administradores concursales, en caso de concurso voluntario; y suspensión de dichas facultades, y atribución de las mismas a los administradores judiciales, en caso de concurso necesario. Respecto a los actos realizados por el concursado en infracción de las limitaciones impuestas a sus facultades, éstos sólo podrán ser anulados a instancia de la administración concursal, y cuando ésta no los hubiese convalidado o confirmado (art. 40 LC).

Respecto al deudor que desarrolle actividad profesional o empresarial, recuérdese que la declaración de concurso no interrumpirá la continuación de la misma; el art. 44 LC contiene normas sobre el modo de continuar dicha actividad según el deudor esté sujeto a intervención o a suspensión de sus facultades de administración y disposición.

B) *Personales.* La declaración de concurso impone al deudor una serie de deberes de carácter personal, enunciados en el art.

42 LC: *el deudor tiene el deber de comparecer personalmente ante el juzgado de lo mercantil y ante la administración concursal cuantas veces sea requerido y el de colaborar e informar en todo lo necesario o conveniente para el interés del concurso.*

Por otro lado, el deudor persona física tiene derecho a alimentos con cargo a la masa activa, en la cuantía y periodicidad que determine el juez del concurso (art. 47 LC).

C) *Documentales.* Tiene el deudor el deber de poner a disposición de la administración concursal los libros de llevanza obligatoria y cualesquiera otros documentos relativos a aspectos patrimoniales de su actividad (art. 45 LC). Igualmente, en caso de deudor sujeto a la obligación de depositar cuentas anuales o de auditarlas, dicha obligación subsistirá durante el procedimiento si bien, en caso de suspensión de las facultades de administración del deudor, la obligación recaerá sobre la administración concursal (art. 46 LC).

D) *El deudor persona jurídica.* Conforme al art. 48 LC, *durante la tramitación del concurso, se mantendrán los órganos de la persona jurídica deudora*, salvo que, como consecuencia de la apertura de la fase de liquidación, se declare el cese de administradores o liquidadores. Además de ello, conviene recordar aquí que, en determinados supuestos, el juez del concurso puede decretar el embargo preventivo de bienes de los administradores o liquidadores del deudor o de los socios que respondan subsidiariamente de las deudas sociales.

E) *La liquidación.* La apertura de la fase de liquidación determina la disolución de la sociedad deudora, en caso de deudor persona jurídica; en caso de deudor persona natural, determina la extinción del derecho a alimentos con cargo a la masa activa. En ambos casos, queda suspendido el ejercicio de las facultades de administración del deudor, en caso de que no lo hubiera sido antes (art. 145 LC).

2. *Efectos de la declaración sobre los acreedores*

La declaración de concurso produce un efecto inmediato en los acreedores del concursado: sus créditos quedan integrados en la masa pasiva del concurso: *declarado el concurso, todos los acreedores del deudor, ordinarios o no, cualesquiera que sean su nacionalidad y domicilio, quedarán de derecho integrados en la masa pasiva del concurso, sin más excepciones que las establecidas en las leyes* (art. 49 LC). Quedan excluidos de la masa pasiva, por aplicación de la propia LC (art. 84), los créditos contra la masa. Llama la atención la inclusión en esta categoría de los créditos por salarios de los últimos treinta días de trabajo anteriores a la declaración de concurso (y en cuantía que no supere el doble del salario mínimo interprofesional).

Los créditos que conforman la masa pasiva se clasifican en privilegiados, ordinarios y subordinados. Los privilegiados, a su vez, se dividen en créditos con privilegio especial (si afectan a determinados bienes o derechos) y créditos con privilegio general (si afectan a la totalidad del patrimonio del deudor). Aspecto fundamental de la reforma operada por la LC es la proscripción de los privilegios fuera de la propia LC. En efecto, conforme al art. 89.2 LC, *no se admitirá en el concurso ningún privilegio o preferencia que no esté reconocido en esta ley.*

A) Son *créditos con privilegio especial* (art. 90 LC) los siguientes, siempre que se hayan formalizado con los requisitos y formalidades exigidos legalmente para su oponibilidad a terceros (por lo general, documento público e inscripción en el registro público que corresponda):

(i) Los créditos garantizados con hipoteca, voluntaria o legal) o con prenda sin desplazamiento, sobre los bienes hipotecados o pignorados.

(ii) Los créditos garantizados con anticresis, sobre los frutos del inmueble gravado.

(iii) Los créditos refaccionarios, sobre los bienes refaccionados, incluidos los de los trabajadores sobre objetos por ellos elaborados mientras sean propiedad o estén en posesión del concursado.

(iv) Los créditos por cuotas de *leasing* o plazos de compraventa con precio aplazado, sobre los bienes arrendados con reserva de dominio, con prohibición e disponer o con condición resolutoria en caso de falta de pago.

(v) Los créditos con garantía de valores representados mediante anotaciones en cuenta, sobre los valores gravados.

(vi) Los créditos garantizados con prenda constituida en documento público, sobre los bienes o derechos pignorados que se encuentren en posesión del acreedor o de tercero. Tratándose de prenda de créditos, bastará con que conste ésta en documento con fecha fehaciente para gozar del privilegio.

B) Son *créditos con privilegio general* (art. 91 LC):

(i) Los créditos por salarios que no tenga reconocido privilegio especial, en la cuantía que resulte de multiplicar el triple del salario mínimo interprofesional por el número de días de salario pendientes de pago y determinadas indemnizaciones.

(ii) Las cantidades correspondientes a retenciones tributarias y de Seguridad Social debidas por el concursado.

(iii) Créditos por trabajo personal no dependiente y los que correspondan al autor por la cesión de derechos de explotación de obras objeto de propiedad intelectual, devengados durante los seis meses anteriores a la declaración del concurso.

(iv) Créditos tributarios y demás de derecho público que no gocen de privilegio especial ni del privilegio general descrito en el apartado (ii) anterior, hasta el 50% de su importe.

(v) Créditos por responsabilidad civil extracontractual.

(vi) Créditos del acreedor instante del concurso que no tuvieren el carácter de subordinados, hasta el 25% de su importe.

C) Son *créditos subordinados* (art. 92):

(i) Los créditos que hayan sido comunicados tardíamente o que no hayan sido comunicados oportunamente, si finalmente resultan incluidos en la lista por la administración concursal o por el juez, respectivamente.

(ii) Los créditos que tengan esta naturaleza por pacto contractual.

(iii) Los créditos por intereses de cualquier clase, salvo los garantizados con garantía rea hasta donde alcance la garantía.

(iv) Créditos por multas y sanciones.

(v) Créditos de titularidad de alguna de las personas especialmente relacionadas con el deudor. Estos son, para la persona física, los siguientes: cónyuge o quien conviva con el concursado con análoga relación de afectividad; ascendientes, descendientes y hermanos del concursado o del cónyuge del concursado o quien con él conviva con análoga relación de afectividad; los cónyuges de ascendientes, descendientes y hermanos del concursado. Para la persona jurídica, son los siguientes: socios personalmente responsables de las deudas sociales del concursado, socios titulares de al menos un 5% del capital social de sociedades cotizadas o 10% de sociedades no cotizadas; administradores de hecho o de derecho, liquidadores y apoderados generales del concursado y los que hubieran ostentado tales cargos en los dos años anteriores a la declaración del concurso; y sociedades del grupo del concursado. También se presumen especialmente relacionados con los concursados, *iuris tantum*, los cesionarios o adjudicatarios de créditos pertenecientes a cualquiera de las personas especialmente vinculadas, siempre que la cesión se hubiese producido dentro de los dos años anteriores a la declaración de concurso.

(vi) Créditos que, como consecuencia de la rescisión concursal (*vid.* III.4 *infra*), resulten a favor de quien en la sentencia haya sido declarado parte de mala fe en el acto impugnado.

D) Finalmente, son *créditos ordinarios* los que no son ni privilegiados ni subordinados.

E) *El pago de los créditos.*

(i) En caso de convenio, éste vincula a los acreedores ordinarios y a los subordinados si bien, respecto a éstos últimos, los plazos de espera se computarán sólo a partir del íntegro cumplimiento del convenio respecto de los acreedores ordinarios.

Los acreedores privilegiados sólo quedarán vinculados por el convenio si hubieran votado a favor de la propuesta o se hubieran adherido a la misma (art. 134 LC).

(ii) En caso de liquidación, el pago de los créditos con privilegio especial se hará con cargo a los bienes y derechos afectos. Ahora bien tratándose de créditos garantizados con garantía real sobre bienes del concursado afectos a su actividad profesional o empresarial o a una unidad productiva de su titularidad, los titulares de estos créditos no podrán iniciar la ejecución de sus garantías hasta que se apruebe un convenio cuyo contenido no afecte al ejercicio de este derecho o transcurra un año desde la declaración de concurso sin que se hubiera producido la apertura de la liquidación (art. 56 LC). Durante el citado período, la administración concursal podrá, en caso de liquidación, *comunicar a los titulares de estos créditos con privilegio especial que opta por atender su pago con cargo a la masa y sin realización de los bienes y derechos afectados.* Si se opta por esta alternativa, deberán abonarse inmediatamente la totalidad de los plazos de amortización e intereses vencidos y se asumirá la obligación de atender los sucesivos como créditos contra la masa (art. 155).

Los créditos con privilegio general se pagarán con cargo a los bienes no afectos a privilegio especial (o con cargo al remanente de éstos, una vez pagados los créditos con privilegio especial) y una vez atendidos los créditos contra la masa, por el orden antes señalado y, dentro de cada categoría, a prorrata.

Los créditos ordinarios se pagarán con cargo a los bienes y derechos de la masa activa que resten una vez satisfechos los créditos contra la masa y los créditos privilegiados. Su pago se realizará a prorrata.

Finalmente, los créditos subordinados sólo serán satisfechos una vez hayan sido completamente pagados los créditos ordinarios, por el orden antes indicado y, dentro de cada categoría, a prorrata.

3. *Efectos de la declaración sobre los créditos en particular y sobre los contratos*

A) *Efectos sobre los créditos.* Declarado el concurso, los créditos contra el concursado quedan sujetos a las siguientes reglas:

(i) Prohibición de compensación de créditos y deudas del concursado, salvo que los requisitos para practicar la compensación hubiesen existido con anterioridad a la declaración del concurso (art. 58 LC).

(ii) Suspensión del devengo de intereses, legales o convencionales, salvo los correspondientes a créditos con garantía real y a créditos saláriales (art. 59 LC).

(iii) Interrupción, hasta la conclusión del concurso, de la prescripción de las acciones contra el deudor por créditos anteriores a la declaración o de las acciones contra socios y contra administradores, liquidadores y auditores del concursado persona jurídica (art. 60).

B) *Efectos sobre los contratos.* Los artículos 61 a 70 LC establecen algunas reglas respecto a los contratos del concursado. Dejando a un lado las reglas relativas o los contratos de trabajo, cabe destacar lo siguiente:

(i) La declaración de concurso no afectará a las obligaciones recíprocas pendientes de cumplimiento, siendo a cargo de la masa la prestación a que esté obligado el concursado. No obstante, la administración concursal o el concursado, según corresponda, podrán solicitar la resolución del contrato, que será declarada por el juez en su caso (art. 61.2 LC).

(ii) De gran trascendencia resulta lo dispuesto en el art. 61.3, conforme al cual *se tendrán por no puestas las cláusulas que establezcan la facultad de resolución o la extinción del contrato por la sola causa de la declaración de concurso de cualquiera de las partes*, y ello sin perjuicio, no obstante, de la facultad de resolución de cualquier parte por incumplimiento posterior a la declaración del concurso (art. 62.1 LC). Esta última facultad quedará sujeta al criterio del juez, que podrá acordar el cumplimiento del contrato con cargo a la masa, atendiendo al interés del concurso.

(iii) También merecen mención las facultades de la administración concursal de rehabilitar contratos de préstamo o crédito (art. 68) o de adquisición de bienes con precio aplazado (art. 69) cuya resolución por incumplimiento del deudor se haya producido dentro de los tres meses anteriores a la declaración del concurso, o la facultad de rehabilitar la vigencia del contrato de arrendamiento urbano (sin límite de plazo, en este caso — art. 70).

(iv) Finalmente, en caso de liquidación, la apertura de la liquidación producirá el vencimiento anticipado de los créditos concursales aplazados y la conversión en dinero de aquellos que consistan en otras prestaciones (art. 146).

4. *Efectos de la declaración sobre los actos perjudiciales para la masa activa*

Una de las cuestiones más arduas de la anterior normativa de quiebras española era la llamada "retroacción de la quiebra". En efecto, conforme al art. 878 del Código de Comercio de 1885, todos los actos del quebrado de dominio y administración posteriores a la época a que se retrotrajeran los efectos de la quiebra eran nulos de pleno derecho, es decir, afectados de nulidad radical y absoluta. La fecha de la retroacción, conforme al artículo 1024 del Código de Comercio de 1829, debía ser la fecha *que resultare haber cesado el quebrado en el pago corriente de sus obligaciones* o, dicho de otro modo, la fecha de la efectiva insolvencia del deudor. La práctica conoció casos de retroacciones de hasta ¡9 años! A pesar de los intentos loables de una línea minoritaria de la jurisprudencia reciente de suavizar los efectos del instituto de la retroacción, lo cierto es que la jurisprudencia mayoritaria mantuvo su carácter radical y absoluto, con toda la carga de inseguridad jurídica que ello comportaba.

Pues bien, este panorama ha sido finalmente modificado de manera radical por la LC, cuyo art. 71.1 establece ahora un sistema de rescindibilidad de *los actos perjudiciales realizados por el deudor dentro de los dos años anteriores a la fecha de la declaración* [de concurso] *aunque no hubiera existido intención fraudulenta.*

El art. 71.2 presume *iuris et de iure* el perjuicio patrimonial cuando se trate de actos de disposición a título gratuito (salvo liberalidades de uso) y de pagos u otros actos de extinción de obligaciones cuyo vencimiento fuere posterior a la declaración del concurso.

Otros actos que se presumen perjudiciales, en este caso *iuris tantum* (art. 71.3), son los de disposición realizados a favor de alguna de las personas especialmente relacionadas con el deudor y los de constitución de garantías reales para asegurar el cumplimiento de obligaciones preexistentes.

Finalmente, proscribe el art. 71.6 la rescisión de *los actos ordinarios de la actividad profesional o empresarial del deudor realizada en condiciones normales.*

Destacan en el nuevo sistema los siguientes aspectos:

(i) Se pone afortunadamente fin al automatismo que imperaba bajo la anterior normativa. La rescisión de un determinado acto requerirá ahora el ejercicio de la correspondiente acción rescisoria y, para que ésta prospere, deberá acreditarse la existencia de perjuicio.

(ii) Se establece un límite temporal (2 años) a los efectos retroactivos de la declaración de quiebra.

(iii) El artículo 73 protege los intereses del tercero de buena fe y reconoce y respeta los derechos de terceros amparados por supuestos de irreivindicabilidad y protección registral, cuya posición jurídica deviene inatacable, debiendo quien hubiera sido parte en el acto rescindido devolver a la masa de la quiebra el valor que tuvieran los bienes salidos del patrimonio del deudor cuando salieron del mismo. Si quien contrató con el deudor obró de mala fe, será además condenado a indemnizar a la masa activa la totalidad de los daños y perjuicios causados a la misma.

IV — Valoración global

Si hubiese que explicar la LC en sólo unas líneas, cabría decir que la LC es eminentemente técnica y con una marcada vocación de eficacia. La Ley aspira a enmendar todos los yerros y las ineficiencias de la anterior normativa, aspira a tener presentes los intereses de todas las partes implicadas en el concurso y no sólo algunas de ellas e introduce una alta dosis de racionalidad, unidad de tratamiento en la materia y flexibilidad, necesaria para tratar de modo unitario una realidades potencialmente muy diversas y reflejada en el alto grado de discrecionalidad de que la Ley dota al Juez del concurso. Al margen de ello, pocos son los principios de política-legislativa que inspiran su articulado. Merece tal vez destacarse el tratamiento unitario de los grupos de sociedades, la preocupación por el difícil fenómeno de la insolvencia internacional o la notable tendencia que muestra la Ley por la conservación de la empresa del deudor concursado. En efecto, ésta se manifiesta en la clara preferencia por el convenio *versus* la liquidación de las empresas, en las normas que afectan a los derechos de los acreedores con privilegio especial en beneficio de la continuidad de la actividad del deudor o incluso en las normas sobre la liquidación del patrimonio del deudor.

Atualidades

PROPRIEDADE INDUSTRIAL E TRANSFERÊNCIA DE TECNOLOGIA NO DIREITO TRIBUTÁRIO BRASILEIRO

HELENO TAVEIRA TÔRRES

1. Introdução. 2. Os contratos de intangíveis patenteados. Publicidade da tecnologia e garantia estatal à exclusividade de uso: 2.1 Segredo industrial e os contratos de intangíveis não patenteados. "Know-how"; 2.2 Proteção ao segredo e os limites materiais do "know-how" no Direito brasileiro; 2.3 Os contratos de "know-how" e os serviços técnicos ou de assistência técnica — Impossibilidade de equiparação ou sujeição ao conceito de tecnologia patenteada. 3. Considerações sobre o regime tributário de patentes e de transferência de tecnologia: 3.1 Regime utilizado nos acordos para evitar dupla tributação internacional (art. 12 e Protocolos); 3.2 Transferência de tecnologia e CIDE-"royalties". 4. Considerações finais.

1. Introdução

A inovação rompe com a continuidade das formas de produção e, pelo benefício que agrega, torna-se garantia de satisfação dos consumidores, em face da criação de métodos novos de produção, novos produtos ou mesmo melhoria dos já existentes, mas com economia de custos, redução do esforço laborativo ou aumento de lucratividade, decisivos componentes para a sobrevivência e crescimento das empresas na sociedade competitiva em âmbito globalizado.

Para alcançar tais critérios de superação tecnológica, os gastos com sua produção intensificaram-se sobremaneira, com forte incremento da chamada "propriedade industrial", formada essencialmente por intangíveis.[1] E com o termo "propriedade industrial", apesar de criticável tal terminologia, procura-se identificar as distintas figuras jurídicas que envolvem a criação humana, como a tecnologia patenteada, a marca, os signos distintivos, o *know-how* e outros. Um gênero, do qual estes são espécies, mas cada um qualificado materialmente em âmbito próprio, submetidos, ambos, a proteção jurídica.

1. Como define Tulio Rosembuj, "Los intangibles son factores no físicos que contribuyen o son empleados en la producción o provisión de servicios o que se espera generen futuros beneficios productivos a los individuos o empresas que controlan el uso de tales factores" (Tulio Rosembuj, *Intangibles — La Fiscalidad del Capital Intelectual*, Barcelona, El Fisco, 2003, p. 37). O conceito de "bem jurídico", apesar das diversas acepções, possui uma, no seu sentido estrito, que permite ao intérprete acomodar a todos, sejam ou não materiais, a saber: "sintesi trai il particolare interesse tutelato e la situazione soggettiva predisposta dall'ordinamento giuridico come strumento di tutela destinato ad un soggetto particolare" (Salvatore Pugliatti, *Beni e Cose in Senso Giuridico*, Milão, Giuffrè, 1962, p. 27). Destarte, como os bens intangíveis correspondem a interesses tutelados, formam uma espécie de direito subjetivo tutelado pelo Direito, justificando-se a proteção estatal sobre tal direito subjetivo, desde a sua aquisição, pelo invento ou criação de uma marca etc.

Haja vista a infungibilidade que os caracterizam, pela carência de base material, a ordem jurídica prescreve um meticuloso mecanismo de reconhecimento, mediante garantia de confidencialidade, no caso dos segredos industriais, ou com publicidade do conteúdo de cada tipo de invento, marca ou modelo, como condição da afirmação jurídica da respectiva existência, mediante ato administrativo constitutivo de direitos (patente ou registro), a exemplo do que se passa com a constituição formal das sociedades.

Seja como for, o fato jurídico da invenção, na qualidade de idéia nova, já confere direitos protegidos ao inventor, tutelando o próprio segredo; nenhuma sanção[2] se verifica para quem não providencia o patenteamento de invenção, sendo inclusive muito atual o entendimento propenso à garantia no tempo, para proteção do *know-how*. Desse modo, para proteger o direito contra usos indevidos ou cópias não autorizadas, todos os inventores de utilidades industriais têm direito afirmado, por leis internas[3] e tratados internacionais[4] (União de Paris, TRIPS etc.) ao privilégio temporário para seu uso exclusivo, acompanhado da devida proteção sobre suas criações.

E sobre todos esses tipos, assiste ao detentor um direito de propriedade, daí sua

2. Em sentido oposto, Comparato: "A partir do momento em que se instaura um mecanismo de acumulação do poder econômico em favor de um ou alguns agentes, apenas, a livre iniciativa se torna uma ficção e a livre concorrência um mito justificador do *status quo*". E, mais adiante, completa: "A sanção legal à exclusividade de exploração empresarial, por parte dos detentores dos conhecimentos técnicos, não constitui, assim, mera exceção ao princípio da livre concorrência, mas a confirmação jurídica de uma desigualdade de fato já existente" (Fábio Konder Comparato, "A transferência empresarial de tecnologia para países subdesenvolvidos: um caso típico de inadequação dos meios aos fins", *RDM* 47/44, São Paulo, Ed. RT, ano XXI, jul.-set. 1982).

3. A Constituição de 1988 contempla em várias disposições uma rigorosa proteção e fomento à criação humana, em todas as suas expressões, o que se aplica perfeitamente à produção e uso de tecnologia. De início dispõe, no art. 3º, constituir objetivo fundamental da República Federativa do Brasil: "II — garantir o desenvolvimento nacional". Em seguida, no art. 4º, entende que as suas relações internacionais regem-se, dentre outros, pelo princípio de "cooperação entre os povos para o progresso da humanidade" (IX). Pela definição destes como princípios fundamentais, desvela-se, desde logo, o dever que a Constituição confere ao Estado para proteger e garantir o desenvolvimento da tecnologia no País, em todas as suas possibilidades, como instrumento imprescindível para alcançar tais objetivos. É a proteção do bem jurídico "tecnologia", haja vista seu papel social de extrema relevância. Mas os inventores também estão resguardados dos seus direitos, com princípios fundamentais, presentes no art. 5º, da Constituição, no inciso XXIX: "a lei assegurará aos autores de inventos industriais privilégio temporário para sua utilização, bem como proteção às criações industriais, à propriedade das marcas, aos nomes de empresas e a outros signos distintivos, tendo em vista o interesse social e o desenvolvimento tecnológico e econômico do País".

Em vista de tais direitos fundamentais, mais adiante, a Constituição busca garantir sua efetividade em diversos dispositivos, ao tratar da Ciência e Tecnologia, a exemplo: "O Estado promoverá e incentivará o desenvolvimento científico, a pesquisa e a capacitação tecnológicas. § 1º. A pesquisa científica básica receberá tratamento prioritário do Estado, tendo em vista o bem público e o progresso das ciências. § 2º. A pesquisa tecnológica voltar-se-á preponderantemente para a solução dos problemas brasileiros e para o desenvolvimento do sistema produtivo nacional e regional. § 3º. O Estado apoiará a formação de recursos humanos nas áreas de ciência, pesquisa e tecnologia, e concederá aos que delas se ocupem meios e condições especiais de trabalho. § 4º. A lei apoiará e estimulará as empresas que invistam em pesquisa, criação de tecnologia adequada ao País, formação e aperfeiçoamento de seus recursos humanos e que pratiquem sistemas de remuneração que assegurem ao empregado, desvinculada do salário, participação nos ganhos econômicos resultantes da produtividade de seu trabalho. § 5º. É facultado aos Estados e ao Distrito Federal vincular parcela de sua receita orçamentária a entidades públicas de fomento ao ensino e à pesquisa científica e tecnológica". Em vista disso, declara, no art. 219: "O mercado interno integra o patrimônio nacional e será incentivado de modo a viabilizar o desenvolvimento cultural e sócio-econômico, o bem-estar da população e a autonomia tecnológica do País, nos termos de lei federal".

Para um estudo a respeito, v.: J. X. Carvalho de Mendonça, *Tratado de Direito Comercial Brasileiro*, v. III, t. I, Campinas, Russell, 2003, pp. 117-460.

4. Sendo a matéria dotada de um caráter transnacional, faz-se mister que esse sistema seja consti-

aproximação com os direitos reais, mesmo que com tais modalidades não se possam confundir, pela temporalidade da exclusividade daqueles. De qualquer modo, enquanto durar o privilégio, a oponibilidade *erga omnes*, característica inerente aos direitos reais, estará presente nos direitos de propriedade industrial,[5] com a faculdade de opor-se a quaisquer intromissões ou turbações no uso e gozo desses direitos; bem como o poder de reivindicá-los a qualquer tempo, na hipótese de uso indevido sem título hábil de cessão ou licença.

Em vista dessas peculiaridades, a objetividade reclamada pela tipologia tributária impossibilita, por meio de ato administrativo, o uso de presunções, analogias ou de qualquer propósito de ampliação dos limites para o exercício da tributação. Desse modo, somente em presença de efetivo pagamento de *royalties*, devidos em razão da transferência de tecnologia, seja esta patenteada, de caráter público, ou na condição de segredo industrial ou sob a forma de *know-how*, em regime de confidencialidade ou não, pode haver aperfeiçoamento da materialidade da norma tributária que se proponha à tributação dos pagamentos destes decorrentes, sob tal condição.

2. *Os contratos de intangíveis patenteados. Publicidade da tecnologia e garantia estatal à exclusividade de uso*

Para que o inventor possa fazer valer seus direitos sobre a tecnologia produzida, necessita de reconhecimento estatal, formalizado em ato administrativo que ateste a existência do direito e confira-lhe as prerrogativas inerentes ao objeto; é dizer, não basta "inventar", é preciso que o invento venha a ser afirmado juridicamente como tal, por intermédio da "patente de invenção". Em virtude do seu efeito declaratório, a partir desse instante, a patente converte-se numa prova da originalidade da invenção e da proteção estatal a ela conferida.[6]

Os contratos de *know-how*, pela variabilidade que experimentam, são sempre atípicos; diversamente dos contratos de licença ou cessão de tecnologia ou uso de marcas, tipificados em legislação especial. Contudo, isso não compromete a proteção dos direitos subjetivos sobre o invento ou a utilidade, mesmo sob caráter de confidencialidade.

A proteção de interesses, mediante garantia dos direitos de propriedade industrial, nas várias modalidades de patentes,[7]

tuído e aplicado de modo harmônico com o que se verifica em outros países, formando uma teia global de proteção. Lembre-se aqui, de imediato, a Convenção de Paris para a Proteção da Propriedade Industrial — CUP (1883), que regula a matéria, independentemente do comércio, procurando estabelecer critérios uniformes de proteção. O TRIPS — *Trade Related Intelectual Property Aspects*, resultou das negociações da Rodada Uruguai e também constava da Ata Final da Rodada Uruguai de Negociações Comerciais Multilaterais, juntamente com o GATS — *General Agreements on Service and Tariffs* e GATT — *General Agreements on Trade and Tariffs*, firmada em Marrakesch, no dia 15.4.1994. Em seguida, adveio o Código intitulado "Aspectos da Propriedade Intelectual relacionados com o Comércio" — ADPIC, contendo regulação conjunta dos direitos de propriedade industrial e intelectual, ao qual se deveriam ajustar as legislações dos países-membros, como fez o Brasil, agregando ao direito interno diversas das suas normas, como a Lei 9.279/1996.

5. Conforme Carmén Otero García-Castrillón (*Las Patentes en el Comercio Internacional*, Madri, Dykinson, 1997, p. 38): "El fundamento de la creación de este régimen jurídico de protecciones encuentra en la conveniencia de establecer un mecanismo que salvaguarde el equilibrio entre los intereses públicos y privados que la invención despierta". Cf. também: Antonio Pérez de la Cruz, "La propiedad industrial e intelectual (I). Teoría general. Signos distintivos", in Rodrigo Uría e Aurelio Menéndez, *Curso de Derecho Mercantil*, t. I, Madri, Civitas, 1999, p. 356.

6. J. X. Carvalho de Mendonça, *Tratado*..., cit., v. III, t. I, p. 146, "A patente é o único meio de prova do direito do inventor. Por meio dela, o direito do inventor tem pleno desenvolvimento e assume caráter definitivo. Daí se vê que a entrega da patente não bastaria para criar direito onde a invenção não existisse. Seu efeito é declaratório".

7. Sem o registro da marca ou patenteamento de invenção ou utilidade o proprietário não adquire o direito à proteção estatal. Como bem resume Pontes de Miranda: "Sem a patente, o inventor, o pre-

marcas e outros direitos, é de suma importância, como medida de estímulo à produção de tecnologia e novas técnicas que visem a facilitar a vida das pessoas e o desenvolvimento da indústria, do comércio e das atividades de serviços de cada país ou setor.[8]

Invenção patenteada é invenção protegida contra cópias, que confere direitos ao proprietário de uso e gozo das vantagens do invento, com exclusividade. Assim, todos os contratos de propriedade industrial, para que possam obter o direito à proteção do Estado, precisam ser patenteados.

Entende-se por *patente* o direito atribuído ao inventor, mediante ato administrativo constitutivo, passível de transmissão aos seus herdeiros, para a exploração, comercial ou industrial, com exclusividade, mas limitado no tempo (20 anos), da utilidade inventada.

Obtida a patente, o sujeito passa a dispor de uma espécie de direito subjetivo negativo contra qualquer ato de produção ou utilização do intangível por outrem que não tenha obtido, previamente, por cessão ou licença, a partir de contrato próprio, tal direito com o efetivo proprietário. E caso alguém assim proceda, a patente será título legítimo para que o seu detentor faça cessar, de imediato, seu uso indevido.

Com a patente, seu titular passa a ter direito de exploração exclusiva da utilidade inventada, usando de negócios jurídicos de transmissão do seu domínio ou do respectivo uso, mediante licença ou cessão. Juridicamente, licença e "cessão" de patentes não se confundem, porque esta, diferentemente daquela, permite que o titular transfira o direito à propriedade industrial como um todo, com plenos poderes e exclusividade, e não apenas o seu direito de uso, simples ou exclusivo, reservando-se, o licenciador, à manutenção da propriedade. Na *cessão*, dá-se a plena transferência de domínio;[9] *licença*, por seu turno, é mera autorização para exploração do direito de uso da tecnologia,[10] i.e., contrato em virtude do qual o titular de uma patente (licenciador) faculta a outrem (licenciatário) o direito de explorar a invenção protegida em seu benefício.

Nesse ponto, vale retomar as teorias sobre a linguagem, porque em nenhum outro fica tão evidente a necessidade de distinguir seu suporte material da enunciação[11] (a idéia). A reprodutividade do suporte concreto (*facere*) é o que se transfere; não a idéia, que se mantém na propriedade do detentor, quando se tem uma simples licença do direito.

tendente à proteção do modelo de utilidade, do desenho ou modelo industrial ou da variedade nova de planta não é protegido como titular de propriedade industrial: ainda não a tem. (...) Muito diferente é o que acontece com a propriedade literária, artística e científica, que independe de qualquer formalidade administrativa" (Pontes de Miranda, "Direito das coisas. Propriedade mobiliária (bens incorpóreos). Propriedade intelectual. Propriedade industrial", in *Tratado de Direito Privado*, t. XVI, 4ª ed., São Paulo, Ed. RT, pp. 218-219).

8. "Objetivada a invenção industrial, entrada no mundo material, o seu autor é o proprietário e, como tal, pode dispor do conteúdo patrimonial do invento como bem entender" (J. X. Carvalho de Mendonça, *Tratado*..., cit., v. III, t. I, p. 144).

9. Uma licença pode ser simples ou exclusiva, a depender dos limites de poderes sobre o uso e gozo dos direitos de propriedade industrial. Será exclusiva sempre que o licenciador transferir os direitos de modo pleno e irrevogável, embora juridicamente o licenciador continue como titular do privilégio. A Lei 9.279/1996, no seu art. 61, diz expressamente que "o titular de patente ou o depositante poderá celebrar contrato de licença para exploração. Parágrafo único. O licenciado poderá ser investido pelo titular de todos os poderes para agir em defesa da patente". E no art. 62: "O contrato de licença deverá ser averbado no INPI para que produza efeitos em relação a terceiros".

10. Cf. Antonio Pérez de la Cruz, "La propiedad industrial e intelectual (II). Invenciones e creaciones técnicas", in Rodrigo Uría e Aurelio Menéndez, *Curso*..., cit., t. I, p. 413.

11. Como diz Paulo de Barros Carvalho, eminente jurista dedicado aos estudos de aplicação da linguagem ao Direito, "A percussão da norma pressupõe relato em linguagem própria: *é a linguagem do direito constituindo a realidade jurídica*" (Paulo de Barros Carvalho, *Direito Tributário: Fundamentos Jurídicos da Incidência*, 2ª ed., São Paulo, Saraiva, 1999, p. 12; cf. ainda: Fábio Konder Comparato, "A transferência...", cit., *RDM* 47/44).

Quem detém uma tecnologia patenteada, como seu titular, tem meios para impedir seu uso indevido ou mesmo de exploração das suas vantagens. Por isso, querendo, ele poderá negociar essa tecnologia, cedendo ou autorizando seu uso, mediante "licença", que é autorização conferida pelo detentor dos direitos sobre a patente, que concede o direito de explorar a tecnologia objeto da patente, nos limites dos poderes conferidos.[12]

E se no caso da patente é assim, não é muito diferente para as "marcas", quando devidamente *registradas*, para os fins de garantir sua *exclusividade* de uso. Como também a marca pode ser negociada, quando o direito de uso de uma dada força comercial de valor agregado, após longos investimentos em criação, qualidade, *marketing* e operosidade, justifica o pagamento de uma contraprestação.

Contudo, nem todas as invenções tornam-se patenteadas, seja porque não atendem aos requisitos exigidos para o patenteamento de uma invenção, seja porque seu detentor não tem interesse em fazê-lo, em virtude da publicidade e da limitação da vida útil da invenção e outros. A vantagem da garantia estatal precisa ser bem avaliada à luz das limitações que o registro impõe.[13] Fica, assim, num campo de disponibilidade, o direito à patente. Nenhum ilícito comete quem produz um "saber-fazer" e não o patenteia, assumindo apenas os riscos da omissão e o perigo de que outro o faça em seu lugar. Não quer dizer que fique desprotegido dos direitos inerentes à privacidade e ao segredo industrial.

2.1 Segredo industrial e os contratos de intangíveis não patenteados. "Know-how"

Como foi exposto acima, muitas vezes, não é de interesse do proprietário da tecnologia fornecê-la à divulgação e publicidade, requisito para obtenção da patente, preferindo mantê-la como um "segredo" industrial. Nesse aspecto, a tecnologia qualificar-se como *know-how*. Desse modo, qualquer contrato de *prestação de serviço* ou de *assistência técnica* poderá ter como objeto empregar a tecnologia diretamente ou transferindo o direito de uso mediante licenças, com ou sem reservas de confidencialidade.

Estamos diante de uma espécie distinta de tecnologia? Decerto que não. Em termos fáticos, a invenção poder-se-ia definir igualmente àquela que recebe a patente estatal. Nenhuma diferença qualitativa justifica alguma proposta de diferenciação. Mas isso se a invenção permanecer numa situação de fato, sem galgar o reconhecimento jurídico.

Todos têm direito de produzir tecnologia,[14] mantendo-a em segredo, sem dar publicidade da sua descoberta, que é condição para obter a patente, por diversas razões. Em determinados setores, especialmente os de tecnologias industriais, ou mesmo em certos tipos de contratos, como o de

12. Em muito se assemelha a um contrato de locação de coisa não fungível (Código Civil, arts. 565 a 578), até porque a Lei 9.279/1996, no seu art. 5º, considera os direitos de propriedade industrial como bens móveis, tal como os direitos autorais.

13. "El fundamento de la patente, entonces, es la recompensa legal al primero y el reconocimiento de su ventaja competitiva durante un lapso de tiempo, a cambio de la publicidad de su innovación o descubrimiento" (Tulio Rosembuj, *Intangibles*..., cit., p. 227). Para um amplo estudo sobre o regime jurídico aplicável às patentes no direito brasileiro, cf. Denis Borges Barbosa, *Uma Introdução à Propriedade Intelectual*, 2ª ed., Rio de Janeiro, Lumen Juris, 2003, pp. 335-648.

14. O Ato Normativo 116/1993, INPI, já revogado, definia a noção de *tecnologia*, nos seguintes termos: "3. Entende-se por tecnologias e resultados de pesquisas, entre outros, a engenharia básica, a engenharia de processo, os processos de produção, os testes de qualificação, a manutenção, o planejamento, bem como a transferência de quaisquer conhecimentos técnicos que direta ou indiretamente importem aumento da qualidade e da produtividade dos produtos e/ou serviços abrangidos pelas atividades da receptora da tecnologia envolvida". Vê-se afirmado aqui o reconhecimento das tecnologias não patenteadas.

enginering, mediante o qual uma dada empresa compromete-se a aplicar certas técnicas e experiências (*know-how*) para a consecução de um objetivo, construção ou aparato, nos quais misturam-se elementos tangíveis e intangíveis, é muito comum ver-se a adoção de tecnologia com emprego direto, sem qualquer transferência. Nessas hipóteses, por razões de segredos industriais etc., os pagamentos pelo seu emprego têm como fundamento o "uso" do direito à propriedade industrial, sem haver cessão ou locação.

A indisponibilidade das informações garante uma posição privilegiada na escala competitiva, resguardando-se, o detentor do segredo industrial, inclusive contra eventuais alterações no projeto original por sujeitos concorrentes, caso dele tomassem conhecimento, a partir da publicidade da patente, ou mesmo contra a expiração do prazo de exclusividade, haja vista querer reservar para si o direito de renovação da sua tecnologia.

Temos aqui o direito do segredo industrial (*trade secret rigth*) que é distinto do direito de patente (*patent rigth*), em virtude do tratamento como direito de exclusiva sobre a tecnologia reconhecida pelo Estado que este recebe, acompanhado de publicidade e outros aspectos diferenciais. Não quer dizer, todavia, que o segredo industrial não receba proteção do Estado. A tendência, inclusive, pela impossibilidade de patenteamento de toda tecnologia, como um exercício de autonomia privada e direito do proprietário usar ou não da chancela pública, é aquele de se garantir, também, esse direito ao "saber-fazer"[15] não patenteado, como o fez a União Européia, prescrevendo um prazo de 10 anos para sua proteção.

Usa-se fazer distinção, inclusive contábil,[16] entre tecnologia patenteada e *know-how*, quando juridicamente devem ser qualificadas de modo diverso, em virtude dos distintos efeitos gerados sobre os negócios jurídicos que se possam firmar em torno da tecnologia. Mas isso não tem o menor cabimento, na medida que o *know-how* nada mais é do que tecnologia que ainda não obteve reconhecimento estatal e a confidencialidade não se presta a modificar sua natureza, porquanto nada impede que ele seja aberto a conhecimento.

Segredo industrial e *know-how*, como institutos jurídicos, não se confundem, podendo este ser espécie daquele, mas não necessariamente. Nos Estados Unidos, o segredo industrial tem recebido intensos estudos, especialmente após a edição, em 1939, pelo *American Law Institute*, do *First Restatement of the Law of Torts* (adotados pela Corte do Texas no caso *Hyde Corp. vs. Huffines*),[17] quando se iniciou o trata-

15. *Know-how* vem da expressão inglesa "know-how to do it", ou seja, *saber como fazer*.

16. Como afirma Denis Borges Barbosa, "A teoria contábil faz distinção entre bens intangíveis identificáveis (as patentes, as cartas-patentes de instituições financeiras, as marcas, etc.) e os não identificáveis (o *know-how*, o aviamento em geral, etc.). Aqueles são passíveis de cessão singular, registrada nas demonstráveis contábeis, estes, só são registrados quando cedidos como parte de um conjunto de bens estruturados para a produção empresarial — e, acreditamos, já atuando num mercado determinado" (Denis Borges Barbosa, *Uma Introdução*..., cit., 2ª ed., p. 60).

17. O *Restatement of Unfair Competition* definiu, inicialmente, o segredo industrial do seguinte modo: "A trade secret may consist of any formula, pattern, device or compilation of information which is used in one's business, and which gives him an opportunity to obtain an advantage over competitors who do not know or use it. It may be a formula for a chemical compound, a process of manufacturing, treating or preserving materials, a pattern for a machine or other device, or a list of customers" ("O segredo comercial pode consistir em qualquer fórmula, padrão, mecanismo ou informação usado na atividade empresarial, e que confere ao titular uma vantagem sobre os competidores que não o conhecem ou não o adotam. Tal pode ser uma fórmula para um composto químico, um processo de fabricação, de tratamento, ou de preservação de materiais, um modelo para uma máquina ou outro aparelho, ou ainda uma lista de clientes") (*Restatement (First) of Torts*, § 757 cmt. B, 1939). Em seguida, assim estabeleceu: "(...) a trade secret is any information that can be used in the operation of a business or other enterprise and that is sufficiently valuable and secret to

mento mais apurado a respeito da matéria. E tanto a doutrina quanto a jurisprudência insistem em considerar o *know-how* como sendo espécie.

No Direito Comunitário, encontra-se em vigor o Regulamento (CE) 240/1996, emanado da Comissão,[18] de 31.1.1996. Dentre os vários artigos, um deles qualifica as diversas formulações adotadas (art. 10), com uma definição de *know-how* (saber-fazer) que envolve o segredo industrial como condição. Assim, para efeitos do regulamento, entende-se por:

"1. *Saber-fazer*, um *conjunto de informações técnicas que são secretas, substanciais e identificadas por qualquer forma adequada*". Mas como não fica claro o que se quer dizer com informações "secretas, substanciais e identificadas", passa o Regulamento a qualificá-las do seguinte modo:

"2. *Secreto*, o fato de o conjunto do *know-how*, considerado globalmente ou na configuração e montagem específicas dos seus elementos, não ser normalmente conhecido ou de fácil obtenção, de modo que uma parte do seu valor no avanço que a sua comunicação proporciona ao licenciado não possa ser alcançada; não deve ser entendido numa acepção estrita no sentido de cada elemento individual do *know-how* dever ser totalmente desconhecido ou impossível de obter fora da empresa do licenciatário;

"3. *Substancial*, o fato de o *know-how* abranger as informações que devem ser úteis, ou seja, poder razoavelmente esperar-se que, à data da conclusão do acordo, sejam susceptíveis de melhorar a competitividade do licenciado, por exemplo, auxiliando-o a penetrar no novo mercado ou concedendo-lhe uma vantagem concorrencial relativamente a outros fabricantes ou fornecedores de serviços que não têm acesso ao *know-how* secreto licenciado ou a outro *know-how* secreto comparável;

"4. *Identificado*, o fato de o *know-how* descrito ou expresso num suporte material de modo a tornar possível verificar se preenche os critérios de segredo e de substância e assegurar que a liberdade do licenciado na exploração da sua própria tecnologia não é indevidamente limitada. O *know-how* pode ser identificado mediante uma descrição constante do acordo de licença ou num documento distinto ou consignado por qualquer outra forma adequada, o mais tardar até quando da transferência do *know-how* ou pouco tempo depois, desde que esse documento distinto ou esse suporte estiver disponível em caso de necessidade."

afford an actual or potential economic advantage over others" (*Restatement (Third) of Unfair Competition*, § 39, 1993). Entre estes, houve uma espécie de unificação, patrocinada pelo *Uniform Trade Secrets Act* (UTSA), cuja primeira secção assim dispunha, definindo o que seria "segredo industrial": "Information, including a formula, pattern, compilation, program, device, method, technique, or process that: (i) derives independent economic value, actual or potential, from not being generally known to, and not being readily ascertainable by proper means by, other persons who can obtain economic value from its disclosure or use, and (ii) is the subject of efforts that are reasonable under the circumstances to maintain its secrecy" ("informação, incluindo uma fórmula, modelo, compilação, programa, mecanismo, método, técnica ou procedimento que: (i) origina um valor econômico autônomo, efetivo ou potencial, em razão de seu desconhecimento ou da dificuldade de sua determinação mediante meios apropriados, por terceiros que podem obter um valor econômico por meio da sua publicidade ou uso; (ii) é a matéria de esforços que torna razoável, sob as circunstâncias existentes, manter o segredo").

18. O Regulamento (CE) 240/1996 da Comissão, de 31.1.1996, relativo à aplicação do item 3, do art. 85 do Tratado (atualmente art. 81 do *Tratado de Amsterdam*) trata de certas categorias de acordos de transferência de tecnologia. Por se tratar de um "Regulamento", ele é obrigatório para todos os países, que a ele devem adequar o direito interno, desde logo. Com o Regulamento 240/1996, foram atendidos os requisitos de simplificação exigidos de há muito, especialmente para os chamados acordos puros e mistos de licença de patente e de saber-fazer (*know-how*), que eram objeto de regulamentos distintos. Este prevê, essencialmente: isenção automática da proibição de acordos, decisões e práticas relativamente aos acordos de licença que contemplem restrições territoriais entre as partes ou entre detentores de licenças; indicação das cláusulas que podem ser inseridas licitamente pelas partes nos seus contratos; uma lista negra das cláusulas ou restrições cuja presença num acordo exclui o benefício da isenção por categoria; dentre outros.

Como se dessome, o *know-how* não basta ser declarado em contrato como tal, antes, para que assim possa ser qualificado, precisa vir determinado amiúde nos termos acima descritos e sendo certo que não se pode proceder a uma desconsideração da sua forma jurídica, quando mencionado, sem prévia demonstração do não atendimento aos pressupostos elencados, ao menos em se tratando de contratos firmados com residentes da União Européia.

De um modo geral, os entendimentos coincidem que *know-how* corresponde ao conjunto de informações e conhecimentos a respeito de um dado modelo de produção ou de uma técnica,[19] um *saber-fazer* específico e caracterizado pela inovação e utilidade, obtido a partir de pesquisas e experiências por quem disponha de especial habilidade técnica e perícia.

Querendo, seu detentor, na maioria dos casos, poderia, mediante averbação, obter uma patente para sua melhor gestão; mas por diversas razões, inclusive por não poder vir a ser patenteado, prefere manter-se com o puro "saber-fazer", para que, com ele, possa "ensinar" outros a fazerem; ou empregar o conhecimento sem qualquer ensinamento, mas de modo tal que isso não se defina como sendo da normal atividade de prestação de serviços técnicos ou profissionais da empresa.

O "segredo", assim entendemos, não integra o conceito de *know-how*, apesar da orientação americana e européia reclamarem tal exigência. Todo conhecimento passível de ser patenteado será sempre *know-how*, mesmo que com este não se confunda, por ser mais determinado nos seus contornos técnicos, na medida que nem todo *know-how* pode ser patenteado.

Pode-se encontrar *know-how* sobre conhecimentos que já se encontram em domínio público, sem qualquer reserva ou confidencialidade. O que muda entre eles não é mais do que o valor econômico e o respectivo título jurídico de proteção, sem desnaturar sua qualificação como intangível.[20] Como sintetiza muito bem Denis Borges Barbosa, "O valor do *know-how* está, principalmente, em sua inacessibilidade: sua valoração leva em conta a oportunidade comercial que resulta do acesso a ele. Em segundo lugar, o *know-how* não é fórmula cabalística, mas modelo de produção; a execução do contrato de *know-how* implica reprodução, conforme certos limites, de uma estrutura de produção específica, existente na empresa ofertante/locadora e copiada pela empresa receptora/locatária".[21]

Por isso, uma definição satisfatória para o *segredo industrial* deve sempre levar em conta o caráter de confidencialidade e de proteção ao segredo, como faz Tulio Rosembuj, vendo-o como "qualquier información no disponible ni conocida en el mercado, cuya posesión ocasiona una ventaja competitiva".[22] Mas para os efeitos de definição do conceito de *know-how*, tal exigência não se faz necessária, salvo para indicar o tratamento jurídico de proteção aplicável à espécie, como será visto a seguir. Quer dizer, poderemos encontrar tanto *know-how* como típico *segredo industrial* como *know-how* desvestido dessa condição.

19. Ou como prefere Tulio Rosembuj (*Intangibles...*, cit., p. 196), "El objeto del contrato de *know-how* atiende la transmisión de un particular bien inmaterial — información técnica, científica, comercial — mediante el pago de un canon y en cuya virtud el concesionario acuerda un deber de confidencialidad, obligándose, incluso después del cese del contrato, a no divulgar los secretos puestos a su disposición". Cf. ainda: José Antonio Gomez Segade, *El Secreto Industrial ("Know-How") — Concepto e Protección*, Madri, Tecnos, 1974, pp. 70 e ss.; Tullio Ascarelli, *Teoria della Concorrenza e dei Beni Immateriali*, Milão, Giuffrè, 1960, pp. 282 e ss.; François Dessemontet, *La Propriété Intelectuelle*, Lausanne, Cedidac, 2000, pp. 61 e ss.

20. Nesse sentido, cf. Gabriel Francisco Leonardos, *Tributação da Transferência de Tecnologia*, Rio de Janeiro, Forense, 1997, pp. 92-95.

21. Denis Borges Barbosa, *Uma Introdução...*, cit., 2ª ed., p. 660.

22. Tulio Rosembuj, *Intangibles...*, cit., p. 195.

2.2 Proteção ao segredo e os limites materiais do "know-how" no Direito brasileiro

Feita a separação entre o *know-how* submetido a segredo e aquele desprovido de tal característica, cumpre verificar se o Direito brasileiro, apesar de não definir o "segredo industrial",[23] protege-o juridicamente. A resposta pode ser antecipada, nos termos do art. 195 da Lei 9.279/1996, que garante todos os direitos concernentes à matéria, mas sob severos limites, não se aplicando, pois, a todos os tipos de segredos. Veremos que somente encontram-se protegidos juridicamente aqueles segredos industriais que possam satisfazer aos critérios de qualificação de inventos ou modelos de utilidade passíveis de registro de patentes.

O art. 195 da Lei 9.279/1996 prescreve como tipo do crime de *concorrência desleal*,[24] a conduta de quem:

XI — *divulga, explora ou utiliza-se, sem autorização, de conhecimentos, informações ou dados confidenciais, utilizáveis na indústria, comércio ou prestação de serviços, excluídos aqueles que sejam de conhecimento público ou que sejam evidentes para um técnico no assunto, a que teve acesso mediante relação contratual ou empregatícia, mesmo após o término do contrato*; ou

XII — *divulga, explora ou utiliza-se, sem autorização, de conhecimentos ou informações a que se refere o inciso anterior, obtidos por meios ilícitos ou a que teve acesso mediante fraude.*

Sem querer ingressar em demorada análise dos elementos dos tipos acima indicados, vê-se presente a proteção jurídica ao silêncio, conferida em atenção ao direito subjetivo do titular dos segredos, quanto à "divulgação", "exploração" ou "utilização", desprovido de negócio jurídico (i) ou permissão funcional (ii) que possa motivar alguma daquelas ações. Por conseguinte, são afastados os casos onde não persistam o conceito de "segredo", apreendido por exclusão, na medida que qualquer "saber-fazer" que seja de conhecimento público (a), ou quando *sejam evidentes para um técnico no assunto* (b), não poderão ser considerados para os efeitos de proteção legal, porque aí o tipo esgota-se na sua finalidade, por se tratar de experiência perfeitamente alcançável por quem possa deter condições satisfatórias de conhecimento sobre seu conteúdo.

O traço da confidencialidade, respaldado constitucionalmente, nos moldes do art. 5º, X e XII, somente recebe garantia em se tratando de espécie de "segredo", em oposição ao que é público. E isso já é o bastante. O outro aspecto, sobre que *sejam evidentes para um técnico no assunto* é mais de determinação dos limites da matéria passível de proteção e menos questão de *publicidade* do que dantes era "segredo" passível de proteção, o que já estaria violado somente pelo acesso do técnico à invenção ou modelo de utilidade. Ao que

23. Pode-se construir uma definição genérica do conceito de "segredo industrial", aos fins do Direito brasileiro, como faz João Marcos Silveira ("A proteção jurídica dos segredos industriais e de negócio", *RDM* 121/152, São Paulo, Malheiros Editores, jan.-mar. 2001), apesar de não concordar com a interação que esse ilustre Autor promove entre tal disposição e o Direito americano, nas suas palavras: "Com base na definição inicialmente adotada, nas oferecidas pelo UTSA e pelo *Restatement*, e nos dispositivos acima transcritos da Lei 9.279/1996, podemos identificar cinco elementos básicos do segredo de negócio: a) seu *conteúdo* ou *objeto*, consistente em informações relacionadas com o *desempenho* de atividades empresariais industriais, comerciais ou de prestação de serviços; b) sua *utilidade*, devendo tratar-se de uma informação passível de aplicação na atividade empresarial; c) seu *valor econômico*, devendo o segredo de negócio propiciar uma vantagem competitiva ao seu detentor; d) seu caráter sigiloso ou restrito, já tendo sido visto que não há necessidade de que se trate de um sigilo absoluto; e) sua sujeição a medidas protetivas com vistas a preservar sua confidencialidade".

24. Cf. também: Newton Silveira, *A Propriedade Intelectual e as Novas Leis Autorais*, 2ª ed., São Paulo, Saraiva, 1998; José Carlos Tinoco Soares, *Lei de Patentes, Marcas e Direitos Conexos*, São Paulo, Ed. RT, 1997, p. 301; Eduardo Grebler, "A nova lei brasileira sobre propriedade industrial", *RDM* 111/99-119, São Paulo, Malheiros Editores, jul.-set. 1998.

nos parece, o Direito brasileiro somente reserva garantias de segredo ao *know-how* que poderia ser patenteado, mas que, por alguma razão, o titular preferiu omitir a tecnologia, resguardando-a de publicidade.

Deveras que, nesse último caso, tem-se que apreciar o limite de tal acesso cognitivo, posto exatamente para separar o *know-how* conhecido daquele submetido a segredo. O *conhecimento* sobre invenção ou de modelo de utilidade pode perfeitamente ser alcançado por alguém que seja técnico no assunto, sempre que a ele possa ser dado a conhecer, por "divulgação", do bem imaterial. Mas, em virtude dos requisitos de *atividade inventiva* ou de *ato inventivo*, dos arts. 13 (invenção) e 14 (modelo de utilidade), respectivamente, constantes da referida Lei 9.279/1996, somente poderiam ser patenteados tais conhecimentos quando aquelas qualidades pudessem ser atestadas por um técnico especializado, não decorrendo de saber vulgar, óbvio e já conhecido. Logo, antes que seja condição para a sanção, mostra-se, tal disposição, como requisito material para definir a *invenção* ou *modelo de utilidade* que, mesmo sem revestir-se do título jurídico de patente, encontra-se submetido às garantias de proteção, sob a forma de *know-how*.

Como dizíamos acima, toda tecnologia passível de ser patenteada pode ser qualificada como *know-how*, mesmo que o inverso não se verifique. E assim, há um mínimo de determinação sobre o *know-how*, enquanto domínio específico do *saber-fazer* que possa ser patenteado, que atenda às condições legais, mas que, por alguma razão, seu titular prefira mantê-lo em segredo, ou não (hipótese na qual o ordenamento não assegura qualquer proteção).

Suas notas estão todas na Lei 9.279/1996, quando afirma, no seu art. 8º, quanto à invenção: "É patenteável a *invenção* que atenda aos requisitos de *novidade*, *atividade inventiva* e *aplicação industrial*", o que é complementado pelo art. 9º, no que concerne ao modelo de utilidade, *in verbis*: "É patenteável como *modelo de utilidade* o objeto de uso prático, ou parte deste, suscetível de aplicação industrial, que apresente nova forma ou disposição, envolvendo *ato inventivo*, que resulte em melhoria funcional no seu uso ou em sua fabricação". A partir dessas duas qualificações jurídicas, de "invenção" e "modelo de utilidade", cumpre perquirir sobre o atendimento dos seus requisitos. Dentre estes, dois lhes são comuns: a "novidade", que o art. 11 prevê atendido quando (i) não estejam eles "compreendidos no estado da técnica", e (ii) sempre que, para um técnico no assunto, "não decorra de maneira evidente ou óbvia" (arts. 13 e 14 da Lei 9.279/1996).

2.3 Os contratos de "know-how" e os serviços técnicos ou de assistência técnica — Impossibilidade de equiparação ou sujeição ao conceito de tecnologia patenteada

Todo contrato de *assistência técnica* leva em conta uma dada prestação de serviço, por uma obrigação de "fazer" visando a um fim pré-determinado. O *know-how* esgota-se na transferência ou emprego de um dado conhecimento. Por isso, nos contratos mistos, de prestação de serviços e *know-how*, verifica-se que o fim do serviço, muitas vezes, consiste na própria aplicação do *know-how*, enquanto elemento de execução, apenas. Nesses casos, em vista da dificuldade de separar um e outro, finda-se por cobrar *royalties*, aplicando-se, aos serviços de assistência técnica, o mesmo regime de fornecimento de *know-how*.[25] Como a cobrança de tributos sobre transferências de tecnologias, no geral, não levam em conta a natureza jurídica de cada uma,

25. Assim também, Tulio Rosembuj: "La asistencia técnica como conocimiento específico y experiencia puede ser identificada como *know-how*. Hay un patrimonio de experiencia y conocimiento cuyo fruto es la información ignorada o desconocida para el receptor y secreta para el que la concede" (Tulio Rosembuj, *Intangibles...*, cit., p. 201).

pouco se discute a respeito da importância das distinções.

Quanto à tecnologia não patenteada, no que tange à sua remuneração, não se paga, em geral, pela "transferência" da tecnologia, *per se*, para que esta seja usada continuamente pelo licenciatário; paga-se, sim, pela tecnologia *empregada* ou pelos produtos de sua aplicação,[26] porquanto nem sempre o detentor do *saber-fazer* tem interesse de dar notícia sobre o uso e emprego dela. Eis porque, em certos domínios, como em alguns casos de contratos "chave em mãos", finda por ser quase uma imposição, para o adquirente, a aquisição do *know-how*, quando este não se reserva à liberdade para uma busca dirigida da melhor ou mais econômica empresa para realizar a obra ou a produção do bem, porquanto o detentor da tecnologia contratada só admita que ele ou empresa relacionada possa ser contratada para a execução dos trabalhos, de um tal modo que o adquirente não tenha contato com o emprego da tecnologia, mantida em segredo permanente, salvo os aspectos operacionais necessários ao funcionamento da maquinaria. Assim, nesses casos, a prestação de *serviços de assistência técnica* é exigência intransponível, de modo a garantir o controle de qualidade da tecnologia empregada, bem como, em alguns casos, o segredo inerente à tecnologia usada. Eis porque, nessas hipóteses, não se coloca à disposição do adquirente a tecnologia contratada, que se mantém em segredo; mas emprega-se a tecnologia, cobrando pela "licença"[27] de tal aplicação, apenas.

Todo serviço é obrigação de fazer, imaterial, portanto, e daí a confusão que muitas pessoas fazem, vendo *know-how* como espécie de serviços de assistência técnica ou até mesmo como serviços técnicos, confundindo-os entre si. Os serviços de *assistência técnica* podem repercutir no pagamento de *royalties*,[28] como ocorre por diversas vezes, não bem pelo uso da técnica empregada, mas, sim, pelo resultado dos serviços, e isso é o que dificulta, para muitos, com apego finalista, a separação entre o *know-how* e o contrato de assistência técnica.

26. Denis Borges Barbosa (*Uma Introdução*..., cit., 2ª ed., p. 964); e, mais adiante, seguindo a mesma linha, conclui: "Assim é que o serviço de um construtor de barragens cola-se à obra, e constitui parte do ativo permanente, imobilizado; da mesma forma, aliás, que os serviços da mão-de-obra industrial. Não ocorre o mesmo, quando o produto é um conjunto de instruções, de conclusões, um diagnóstico ou uma prescrição técnica; o modelo imaterial da obra concreta a ser realizado, objeto isolado de contratação, é o bem material" (ibidem, p. 967).

27. Em verdade, há uma atecnia em dizer-se "licença" para esse ato de transferência de *know-how*, posto que não se pode falar em direito de uso mediante locação que seja aplicável a todos os casos, haja vista a multiplicidade de regimes possíveis. Fala-se de "cessão temporária", mas com esta também não estamos de acordo (cf. Denis Borges Barbosa, *Uma Introdução*..., cit., 2ª ed., p. 1.012).

28. Como observa muito bem João Marcos Silveira ("A proteção jurídica...", cit., *RDM* 121/156-157), "É muito comum e freqüente, contudo, que um mesmo contrato tenha por objeto transferência de tecnologia e prestação de serviços de assistência técnica. Em geral, a transferência de tecnologia é remunerada mediante o pagamento de um preço fixo, de *royalties* periódicos calculados sobre a receita, o faturamento ou o lucro obtido com a exploração do *know-how*, de *royalties* fixos por unidades vendidas, ou mediante uma combinação dessas fórmulas, algumas vezes com a previsão de pagamento de *royalties* mínimos, especialmente quando o contrato é firmado a título exclusivo. A assistência técnica pode ser prestada contra um valor pré-determinado, mediante a remuneração dos técnicos de acordo com o trabalho efetivamente realizado ou, também, combinando-se essas duas fórmulas".

De fato, quando se tem contrato cujo objeto é a cessão ou licença dos segredos inerentes ao direito de uso do invento, o aluguel ou preço a pagar ao detentor da experiência ou da tecnologia será a título de *royalties*; como será a *licença*, em vista da locação temporária da tecnologia patenteada, ou a *cessão* dos direitos relativos a esta. Mas esse termo é também empregado, indevidamente, para indicar a remuneração paga pelo resultado de serviço prestado sem qualquer transferência, por ser confundido com os casos de serviços nos quais se efetua emprego da tecnologia, como algumas espécies de serviços técnicos ou de assistência técnica. O equívoco dessa equiparação só não é mais sentido do que a dormência doutrinária em descortinar suas verdadeiras qualificações.

Em vista do reduzido grau de objetivação sobre as modalidades de transferência de tecnologia ou mesmo espécies de serviços que a estas se possam vincular, nas hipóteses de tecnologia não patenteada (*know-how*, *franchising*, *engenering* etc.), passíveis de licenças ou cessões, a doutrina esforça-se em tentar separar tais contratos daqueles de propriedade intelectual, dos segredos industriais, dos contratos de projetos de engenharia e dos contratos de serviços técnicos que não envolvam quaisquer modalidade de transferência de tecnologia, posto que uma confusão conceitual entre estes pode gerar efeitos plenamente incompatíveis com a realidade, em especial, quanto ao tratamento tributário aplicável. E esta não é empresa fácil.

Bulhões Pedreira há mais de vinte anos, resumiu muito bem essa dificuldade, mesmo que tratando de problema distinto: "Para essa confusão contribui a ambigüidade da palavra 'serviço' que é usada com quatro significados distintos: a) em sentido mais genérico, é qualquer *input*, ou benefício, que um sistema aberto recebe do seu ambiente; b) na expressão 'serviços produtivos', é aquilo com que os fatores contribuem para a produção: c) 'serviço pessoal' é o serviço do trabalho fornecido pela pessoa física; e d) na expressão 'bens e serviços' é bem econômico imaterial". Dessa confusão conceitual, bem vista pelo citado Autor, é o caso da tributação de serviços de engenharia produzidos e fornecidos no exterior, que são bens econômicos imateriais e que a autoridade tributária confunde com os pagamentos de "'assistência técnica', no sentido de remuneração pelo uso dos serviços produtivos de capital tecnológico não patenteado".[29]

Todo contrato de *assistência técnica* é acessório em relação àquele principal de venda e compra de equipamentos, de instalação de sistemas ou de qualquer outra modalidade de bem ou serviço que mereça acompanhamento técnico especializado. Não se trata, portanto, de um *contrato de prestação de serviço principal*. É atividade posta à disposição do adquirente, muitas vezes como exigência deste (e não como condição de venda, porque exigido pelo vendedor), a ser desempenhada pela empresa vendedora do bem ou prestadora do serviço que exija acompanhamento técnico específico. Para atingir seus objetivos, tais contratos não necessariamente comportam transferência de tecnologia. E isso ocorre mui freqüentemente quando a tecnologia não é de propriedade do vendedor, cabendo-lhe apenas a produção do equipamento ou a concretização do serviço.

A dificuldade maior, contudo, está em admitir que *serviços técnicos* não tenham qualquer vínculo com transferência de tecnologia,[30] o que é perfeitamente possível. Diversas são as possibilidades, a exemplo, quando o serviço técnico consiste em executar o programa inerente a tecnologia alheia, produzida e vendida por sujeito distinto (contratos de produção etc.); quando o serviço técnico não tem qualquer função que permita subsunção com os requisitos de um "saber-fazer"; quando o serviço técnico é parte integrante de um projeto maior, cuja tecnologia vincula-se diretamente a este, como um todo. Por isso, uma série de contratos de prestações de serviços, como os de reparos, supervisões, assessoria, os projetos de engenharia, que nada tem que ver com transferência de tecnologia, mas que podem, eventualmente, compartilhar alguma hipótese de transferência de tecnologia, são desafios constantes, a merecer

29. *Imposto sobre a Renda — Pessoas Jurídicas*, Rio, ADCOAS/JUSTEC, 1979, p. 134.

30. Como ressalta Pontes de Miranda, "com a concepção da propriedade intelectual e da propriedade industrial, venceu-se o obstáculo de ordem conceptual-histórica à construção dos direitos que têm por objeto a criação literária, artística e científica e assinalações industriais ou inventos, como direitos reais. Os chamados bens imateriais passaram a ser suscetíveis de direitos dominicais e de outros direitos reais" (Pontes de Miranda, "Direito das coisas...", cit., in *Tratado*..., cit., t. XVI, p. 7).

atenção por parte dos órgãos de controle da transferência de tecnologia,[31] o que se deve analisar à exaustão para identificar sua natureza.

3. Considerações sobre o regime tributário de patentes e de transferência de tecnologia

Como é sabido, na disciplina dos contratos de transferência de tecnologia, prevista na Lei 9.279/1996 que é o *Código de Propriedade Industrial*, os arts. 62, 140 e 211 exigem a averbação do competente registro no INPI, cujo procedimento encontra-se nos Atos Normativos 135/1997, 155/2000 e 158/2000, além da Resolução INPI 94/2003. Essa determinação é o núcleo de outras regras jurídicas pertinentes à matéria, como a legislação de capital estrangeiro (Lei 4.131/1962), no que se aplica ao ingresso de capital tecnológico, à legislação sobre concorrência (cf. Lei 8.884/1994, art. 54, com redação que lhe foi atribuída pelas Leis 9.021/1995 e 10.149/2000), às normas do Banco Central,[32] sobre câmbio, bem como a legislação tributária relativa ao Imposto sobre a Renda, IOF-câmbio, tributos aduaneiros, Contribuição de Intervenção no Domínio Econômico (CIDE-*royalties*), PIS e Cofins[33] e Imposto Sobre Serviços.[34] E tudo nos limites das disposições contidas em tratados internacionais, como são as regras do GATT, mediante o Acordo TRIPS, relativas à exploração de patentes ou de uso de marcas e os de fornecimento de tecnologia e prestação de assistência técnica; dos tratados para evitar a dupla tributação (art. 12) e demais atos internacionais. Em todos esses, o que há em comum é a recepção, por reenvio, daquele regime de averbação dos contratos de transferência de tecnologia, por intermédio do INPI, como instrumento para atingir a respectiva finalidade.

Os pedidos de registro de contrato, para fins de transferências financeiras, para o pagamento de *royalties* devidos pelo uso de patentes, marcas de indústria e de comércio ou outros títulos da mesma espécie, deverão vir instruídos com certidão probatória da existência e vigência, no Brasil, dos respectivos privilégios concedidos pelo Instituto Nacional da Propriedade Industrial — INPI, bem como de documento hábil probatório de que eles não caducaram no país de origem.

Antes da Lei 9.279/1996, os contratos que genericamente vinham definidos na Resolução INPI 22, de 27.2.1991, como de "Transferência de Tecnologia" compreendiam: (i) contratos de exploração de paten-

31. Cf. Alberto Xavier, "O imposto de renda na fonte e os serviços internacionais — Análise de um caso de equivocada interpretação dos arts. 7º e 21 dos Tratados", *Revista Dialética de Direito Tributário* 49/7-17, São Paulo, Dialética, 1999, e "Aspectos fiscais de *cost-sharing agreement*", *Revista Dialética de Direito Tributário* 23/7-24, São Paulo, Dialética, 1997; Luciana Rosanova Galhardo, "Serviços técnicos prestados por empresa francesa e imposto de renda na fonte", *Revista Dialética de Direito Tributário* 31/39-44, São Paulo, Dialética, 1998; José Henrique Longo, "Natureza jurídica do ressarcimento no rateio de despesas", *Revista Dialética de Direito Tributário* 77/68-73, São Paulo, Dialética, 2002; Gabriel Francisco Leonardos, "O imposto de renda de fonte sobre os pagamentos ao exterior por serviços técnicos. Análise de um caso de renúncia fiscal do Brasil", *Revista Dialética de Direito Tributário* 40/32-48, São Paulo, Dialética, 1999; Márcio Calvet Neves, "O imposto de renda na fonte nos pagamentos por prestação de serviços técnicos por residentes no exterior. O Ato Declaratório CST 1/2000 e as Convenções celebradas pelo Brasil para evitar dupla tributação da renda", *Revista Dialética de Direito Tributário* 58/69-74, São Paulo, Dialética, 2000; Natanael Martins, "Rateio de custos/despesas entre empresas sob controle comum — Tratamento tributário aplicável", in *Planejamento Fiscal — Teoria e Prática*, São Paulo, Dialética, 1995, pp. 141-158.

32. Cf. Carta-Circular 2.816/1998, de 15 de abril, que instituiu o Registro Declaratório Eletrônico (RDE) para as operações contratadas com fornecedores e/ou financiadores não residentes no País; bem como a de n. 2.795, de 15.4.1998.

33. "Art. 149. (...). § 2º. As *contribuições sociais* e de *intervenção no domínio econômico* de que trata o *caput* deste artigo: (...); II — incidirão também sobre a *importação* de produtos estrangeiros ou *serviços*" (redação dada pela Emenda Constitucional 42, de 19.12.2003, destacamos).

34. Cf. Lei Complementar 116/2003.

tes; (ii) contratos de uso de marcas; (iii) contratos de fornecimento de tecnologia; e (iv) contratos de prestação de serviços de assistência técnica e científica. Contudo, com a edição da Lei de Propriedade Industrial,[35] a Lei 9.279/1996, seu art. 211, trouxe a seguinte redação: "o INPI fará o registro dos contratos que impliquem transferência de tecnologia, contratos de franquia e similares para produzirem efeitos em relação a terceiros". Quer dizer, todos os contratos que impliquem transferência de tecnologia, sejam estes entre empresas nacionais, ou entre empresas nacionais e não-residentes, estarão sujeitos à respectiva averbação, tais como: (a) licença[36] de exploração de patentes de invenção e de modelo de utilidade; (b) licença de uso de marca; (c) fornecimento de tecnologia não patenteada ou *know-how*. Nos casos de: (d) prestação de serviços técnicos; ou (e) participação nos custos de pesquisa (*cost-sharing*), entendemos que sempre que estes veiculem "transferência de tecnologia", deve haver averbação respectiva.

Averbam-se, assim, do mesmo modo, contratos que versam sobre tecnologia protegida por patente ou marca registrada, como a tecnologia não resguardada por direito de exclusiva no emprego da tecnologia. Neste caso, de contratos de tecnologia não patenteada (segredos e *know-how*), a averbação é devida porque o Estado também está obrigado a conferir proteção ao direito subjetivo do proprietário, mesmo que ausente o regime de patente, e também porque os efeitos decorrentes, para os fins cambiários, fiscais ou de concorrência, são equiparados, mesmo que eventualmente com tratamentos diferenciados.

Contudo, é erro inequívoco entender que seja esta uma imposição absoluta, a justificar necessária equiparação, quanto mais que a simples "averbação" justifique a necessária existência de transferência de tecnologia, nas hipóteses de obrigação de averbação de contratos, como os de "serviços técnicos", porque se trata de *presunção relativa* de existência de transferência de tecnologia na espécie, passível de contestação com prova em contrário, nos termos do art. 148 do CTN. O art. 211 da Lei 9.279/1996, não deixou dúvidas: "o INPI fará o registro dos *contratos que impliquem transferência de tecnologia*, contratos de franquia e similares para produzirem efeitos em relação a terceiros". Quer dizer, sem haver transferência de tecnologia, e não se tratando de "franquia", a averbação queda-se como simples formalidade, sem conteúdo suficiente para motivar qualquer mudança de tratamento jurídico, nos casos em que isso seja determinante.

Ao Direito Tributário importa somente a verdade material, para a qual certas presunções legais somente valem como hipóteses sujeitas a confirmação pela base natural de testabilidade: a situação fática tomada como motivo para a edição do ato administrativo de lançamento. Caso não se tenha por ocorrido tal como o supunha a norma, deve ser aberto ao contribuinte o direito de demonstrar, mediante produção de prova em contrário, a efetiva ocorrência do fato jurídico tributário.

O uso de presunções em matéria tributária há de encontrar limites muito claros. Primeiro, tais presunções só poderão ser de ordem probatória (presunção simples ou *hominis*); e, quando criadas por lei, não poderão ser absolutas, mas só relativas, admitindo a devida prova em contrário por parte do alegado, com liberdade de meios e formas. Segundo, a Administração deve respeitar o caráter de subsidiariedade dos meios presuntivos, pois só de modo excep-

35. A respeito dos antecedentes internacionais para efeito de regulamentação das transferências de tecnologia, v., Guido F. S. Soares, "Antecedentes internacionais da regulamentação de transferências internacionais de tecnologia", *RDM* 57/19-29, São Paulo, Ed. RT, ano XXIV, jan.-mar. 1985.

36. "Licenciar patente é permitir o uso ou exploração do bem incorpóreo que é objeto do direito real do inventor, ou do seu sucessor" (Pontes de Miranda, "Direito das coisas...", cit., in *Tratado*..., cit., t. XVI, p. 348).

cional se deve valer deles, na função de típica *finalidade aliviadora* ou *igualdade de armas*, nas hipóteses em que encontrar evidente dificuldade probatória. Terceiro, por que a verdade material é o parâmetro absoluto da tributação, qualquer modalidade de presunção relativa, há de ser aplicada com estrito respeito aos direitos fundamentais, e à legalidade, acompanhada de devido processo legal e sem qualquer espécie de discricionariedade que leve ao abuso de poder.

Neste ponto, são sobremaneira oportunas as palavras de Paulo de Barros Carvalho, a respeito da utilização de presunções ou ficções: "a atividade jurídico-tributária, no Brasil, há de ser desenvolvida em clima de total aderência aos textos legais, além de observância rigorosa dos grandes primados que a Lei Fundamental proclama. Tal concepção, que penetra hoje os sistemas positivos de todos os países civilizados, dista de permitir qualquer traço de arbitrariedade, afastando também, quase sempre, os atos de competência discricionária que poderiam vir a ser praticados pelos funcionários do Estado-Administração nesse campo de atividade administrativa".[37] Agir diversamente implicaria tributação ficta sobre suposições de demonstrações de capacidades contributivas irreais, ou mesmo discriminatória, quando baseada na simples atipicidade do negócio ou do ato praticado.

Causa espécie, nesse particular, o Ato Declaratório (Normativo) COSIT 1, de 5.1.2000, que dispõe sobre o tratamento tributário a ser dispensado às remessas decorrentes de contratos de prestação de assistência técnica e serviços técnicos sem transferência de tecnologia. Nesse, foi decidido que:

I — As remessas decorrentes de contratos de prestação de assistência técnica e de serviços técnicos sem transferência de tecnologia sujeitam-se à tributação de acordo com o art. 685, inciso II, alínea *a*, do Decreto 3.000, de 1999.

II — Nas Convenções para Eliminar a Dupla Tributação da Renda das quais o Brasil é signatário, esses rendimentos classificam-se no artigo Rendimentos não Expressamente Mencionados, e, conseqüentemente, são tributados na forma do item I, o que se dará também na hipótese de a convenção não contemplar esse artigo.

III — Para fins do disposto no item I deste ato, consideram-se contratos de prestação de assistência técnica e de serviços técnicos sem transferência de tecnologia aqueles não sujeitos à averbação ou registro no Instituto Nacional da Propriedade Industrial — INPI e Banco Central do Brasil.

No primeiro caso, que trata de regime interno, tem-se a equiparação entre os pagamentos de rendimentos do trabalho, com ou sem vínculo empregatício, e os da prestação de serviços, quando estes dêem ensejo a remessas decorrentes de contratos de prestação de assistência técnica e de serviços técnicos ***sem*** transferência de tecnologia.[38]

Essa decisão, apesar de nossa inteira discordância sobre outros aspectos, traz ínsito o entendimento da diferenciação que se deve manter entre os tipos de serviços prestados com ou sem transferência de tecnologia. E, exatamente no item três da decisão, onde aparentemente encontra-se

37. Paulo de Barros Carvalho, "A prova no procedimento administrativo tributário", *RDDT* 34/112, São Paulo, Dialética, jul. 1998; v., ainda, Delphine Costa, *Les Fictions Juridiques en Droit Administratif*, Paris, LGDJ, 2000, 614 pp.; Benoît Plessix, *L'Utilisation du Droit Civil dans l'Elaboration du Droit Administratif*, Paris, Panthéon Assas, 2003, 878 pp.; Louis de Gastines, *Les Présomptions en Droit Administratif*, Paris, LGDJ, 1991, 140 pp.

38. Com orientação similar: Decisão-COSIT 87, de 23.8.2000, segundo a qual "os rendimentos auferidos por residentes ou domiciliados na França, de fonte situada no País, decorrentes da prestação de serviços técnicos profissionais sem transferência de tecnologia ('prestação de serviços de consultoria e assistência relacionados às áreas financeira, contábil, administrativa, jurídica, comercial e pessoal') estão sujeitos à incidência do imposto de renda na fonte à alíquota de 25%. Dispositivos legais: Decreto 70.506, de 1972; Decreto 3.000, de 1999 (RIR/1999), art. 685, II, *a*; AD(N) COSIT 1, de 2000".

uma definição formal de transferência de tecnologia, baseada no registro pelo INPI, queda-se reconhecido, de modo tácito que, nos contratos de serviço técnico e assistência técnica acompanhados de "transferências de tecnologia", requisito da averbação no INPI, toda e qualquer contraprestação patrimonial deve ser reconhecida como pagamento de *royalty*, e não como típicas remunerações de serviços.

Posto nestes termos, a averbação dos contratos de transferência de tecnologia no INPI, mesmo quando não possuam efetiva transferência de tecnologia, não podem servir de presunção para a aplicação equivalente de eventual regime diferenciado. Seria expediente de mera tentativa arrecadatória, sem fundamentação legal.

3.1 Regime utilizado nos acordos para evitar dupla tributação internacional (art. 12 e Protocolos)

Apesar de alguns tratados contemplarem disposições voltadas para afirmar uma equiparação entre "serviços" e "fornecimento de *know-how*", a OCDE, em seus comentários ao Modelo, procura diferençar os contratos de "licença" de *know-how*, pelos quais são devidos *royalties*, daqueles contratos de *assistência técnica*, indicando que, nestes, a prestação tem como objeto a realização de um dado serviço, dentro do campo de atividades próprias do prestador,[39] sem qualquer vinculação com algum "saber-fazer" transferido e que eventualmente pudesse justificar o pagamento de algum *royalty*, reservando-se à espécie a qualificação de "honorários" ou "rendimentos" (desconsidera a aplicação do art. 12, para empregar as disposições do art. 7º do Modelo).

De fato, em alguns casos, as convenções para evitar a dupla tributação, firmadas pelo Brasil, são complementadas por protocolos que, por vezes, tratam de *serviços técnicos* e de *assistência técnica* como equivalentes de transferência de tecnologia, para os fins de qualificar o pagamento correspondente sob o conceito de *royalties*, cujo texto, a exemplo da Convenção Brasil-Espanha, é mais ou menos o seguinte: "(...) 5. Art. 12, § 3: *A expressão 'por informações correspondentes à experiência adquirida no setor industrial, comercial, ou científico', mencionada no § 3 do art. 12, compreende os rendimentos provenientes da prestação de serviços técnicos e assistência técnica*". A ausência de justificação jurídica para tal equivalência é absoluta, num verdadeiro arbítrio normativo que só aos mais desavisados convence.

Somos do entendimento contrário. A equiparação pretendida, entre (i) serviços técnicos e (ii) pagamentos de *royalties* por transferência de tecnologia (inclusive de *know-how*), além de restringir-se exclusivamente ao âmbito de tais acordos,[40] sob influências dos comentários, por ser este elemento do contexto do tratado, para os fins de interpretação (art. 3.2 do Modelo OCDE), mas sempre como hipótese de presunção relativa, na medida que não se pode admitir superação do regime constitucional de legalidade tributária, na determinação dos elementos qualificadores da efetiva

39. Cf. Comentários ao Modelo de Convenções para evitar a dupla tributação e prevenir a evasão fiscal, art. 12. Para Ignácio Cruz Padial, esse também é o critério que deve nortear tal distinção: "Al objeto de encontrar una delimitación precisa, entre ambas modalidades de contratos, puede establecerse que en el *know-how* el cedente se obliga al suministro de informes, especificaciones, etc., sobre un proceso industrial, especifico, siendo éstos desconocidos y sobre los que debe mantenerse el secreto (cláusula de confidencialidad), pero no hay intervención en la aplicación de las fórmulas ni se garantiza el resultado Por el contrario, si el cedente se obliga a suministrar información, consejo técnico necesario, garantizando el resultado, y comprende una obligación de hacer, el contrato se califica como de asistencia técnica" (Ignácio Cruz Padial, "Cánones: su concreción y sus implicaciones tributarias", in *Estudios Financieros*, Madri, IEF, 2002, n. 232, p. 78).

40. Alemanha, Argentina, Canadá, China, Coréia do Sul, Dinamarca, Equador, Espanha, Filipinas, Holanda, Hungria, Índia, Itália, Luxemburgo, Noruega, República Tcheca e Eslováquia.

transferência de tecnologia entre as partes. O regime geral dos acordos, para a tributação das rendas de pessoas jurídicas, é aquele do estabelecimento permanente, nos termos do art. 7º, na hipótese de qualquer espécie de prestação de serviços, aplicando-se o regime do art. 12 apenas nos casos de transferência de tecnologia que justifique o pagamento de *royalties* como contraprestação.

Desse modo, a equiparação de regimes acima mencionada, no caso dos serviços técnicos, somente poderá prevalecer quando houver indeterminação na existência ou não de transferência de tecnologia, como regra antielisiva, portanto.

3.2 Transferência de tecnologia e CIDE-"royalties"

Outro caso de indevida equiparação entre serviços técnicos ou de assistência técnica e os contratos de transferência de tecnologia, encontra-se no âmbito da Contribuição de Intervenção no Domínio Econômico, destinada a financiar o Programa de Estímulo à Interação Universidade-Empresa para o Apoio à Inovação, chamada de *CIDE-"royalties"* ou *CIDE-tecnologia*, instituída pela Lei 10.168, de 29.12.2000, e hoje atualizada pela Lei 10.332, de 19.12.2001, ambas gravadas de inequívoca inconstitucionalidade, inclusive pelo alargamento que esta última promoveu sobre a materialidade que se prestava como sua hipótese de incidência.

Nesta espécie, a pessoa residente (tomadora de serviços), quando efetua pagamentos a sujeitos não-residentes (prestadores de serviços), porque legalmente qualificada como "agente de retenção", aos fins do recolhimento da CIDE-tecnologia e do Imposto sobre a Renda Retido na Fonte — IRRF, capitulado no art. 685, II, *a*, do Regulamento do Imposto de Renda — RIR, Decreto 3.000/1999, obriga-se a apurar e pagar tanto o Imposto sobre a Renda em nome da pessoa jurídica não-residente (na qualidade de responsável) quanto a CIDE-tecnologia (na modalidade de contribuinte). E aqui surge uma situação gravosa e profundamente injusta para a empresa residente, que passa a suportar, isoladamente, o custo global de tal dispêndio, especialmente após a edição da Medida Provisória 2.159-70/2001, ao restringir o creditamento exclusivamente aos pagamentos derivados de exploração de patentes ou uso de marcas, para os fins da CIDE-tecnologia.[41]

Para tentar camuflar essa realidade, superando o art. 685, II, *a*, RIR/1999, e o art. 7º da Lei 9.779/1999, que trazia uma incidência exclusiva sobre as prestações de serviços de não-residentes, sujeitas à alíquota de 25%, veio a redução para 15%, pela mesma Medida Provisória 2.159-70/2001:

> Art. 3º. Fica reduzida para quinze por cento a alíquota do imposto de renda incidente na fonte sobre as importâncias pagas, creditadas, entregues, empregadas ou remetidas ao exterior a título de remuneração de serviços técnicos e de assistência técnica, e a título de *royalties*, de qualquer natureza, a partir do início da cobrança da contribuição instituída pela Lei 10.168, de 29 de dezembro de 2000.

A alíquota aplicável, aparentemente, estaria condicionada à incidência da CIDE, mas não vejo assim. A redação do artigo, que é de falível arranjo, pretendia unifor-

41. Para maiores considerações a respeito, v., de Heleno Taveira Tôrres, "Pressupostos constitucionais das contribuições de intervenção no domínio econômico. A CIDE-tecnologia", in *Grandes Questões Atuais do Direito Tributário*, 7º v., São Paulo, Dialética, 2003, pp. 107-172; "A tributação dos não-residentes no Brasil: o regime fiscal dos dividendos, juros *royalties* e *capital gains*", in Victor Uckmar (coord.), *Corso di Diritto Tributario Internazionale*, v. II, Pádua, Cedam, 1999, pp. 9-50; "A territorialidade nos impostos diretos e tributação de não-residentes no Brasil", in Victor Uckmar, Alejandro Altamirano e Heleno Taveira Tôrres (coord.), *Impuestos sobre el Comercio Internacional*, Buenos Aires, Editorial Ábaco, 2003, pp. 423-450; "A pluritributação internacional e as medidas unilaterais de controle", in Victor Uckmar (coord.), *Corso di Diritto Tributario Internazionale*, v. I, 2ª ed., Pádua, Cedam, 2002, pp. 185-232.

mizar todo o regime de pagamentos para o exterior fundados em serviços, com ou sem transferência de tecnologia. E assim o fez, para os fins do Imposto sobre a Renda. Como os pressupostos materiais da CIDE não estão atendidos, e tampouco esta poderia ser aplicada a casos estranhos ao motivo constitucional da sua instituição, entende-se que ela não se aplica à espécie, mantendo-se a alíquota de 15%. Em verdade, a alíquota que se deveria efetivamente aplicar seria aquela do regime próprio de serviços sem transferências de tecnologia, de 15% ou de 25%, no regime anterior. Mas ao optar por este, estar-se-ia por repristinar o art. 7º da Lei 9.779/1999, segundo o qual: "Os rendimentos do trabalho, com ou sem vínculo empregatício, e os da prestação de serviços, pagos, creditados, entregues, empregados ou remetidos a residentes ou domiciliados no exterior, sujeitam-se à incidência do imposto de renda na fonte à alíquota de vinte e cinco por cento". Não sendo isso possível, enquanto não advier lei modificadora do regime vigente, mesmo que no afastamento da cobrança da CIDE-tecnologia, há de se manter o percentual de 15%, nos termos da legislação vigente, para os fins de retenção na fonte sobre os pagamentos para não-residentes, aplicando-se, no que couber, os regimes dos tratados internacionais para evitar a dupla tributação.

Não estando contente com tamanha dificuldade que possuía, resolveu o legislador federal editar a Lei 10.332/2001, modificando o § 2º, do art. 2º, da Lei 10.168/2000 e ampliando significativamente sua hipótese material, para alcançar, além daqueles já elencados, também o fato de pessoas jurídicas residentes tomarem (iv) serviços técnicos e de (v) assistência administrativa e (vi) semelhantes de sujeitos residentes ou domiciliados no exterior, bem como o fato de pessoas jurídicas pagarem, creditarem, entregarem, empregarem ou remeterem (vii) *royalties*, a qualquer título, a beneficiários residentes ou domiciliados no exterior.

Desse modo, pelo critério material da norma tributária, são "fatos jurídicos tributários" da CIDE-tecnologia (Lei 10.168/2000, art. 2º, § 2º, introduzido pela Lei 10.332/2001), os seguintes:

1. ser detentor de *licença de uso* de conhecimentos tecnológicos, conferida por residentes ou domiciliados no exterior;

2. ser *adquirente de conhecimentos tecnológicos*, mediante cessão de direitos de propriedade industrial por residentes ou domiciliados no exterior;

3. ser signatário de contratos que impliquem *transferência de tecnologia* (relativos à exploração de patentes ou de uso de marcas e os de fornecimento de tecnologia e prestação de assistência técnica), firmados com residentes ou domiciliados no exterior;

4. ser signatário de contratos que tenham por objeto *prestações de serviços técnicos* por residentes ou domiciliados no exterior;

5. ser signatário de contratos para obter *assistência administrativa* por residentes ou domiciliados no exterior;

6. ser signatário de contratos de prestações de serviços semelhantes a serviços técnicos ou assistência administrativa, a serem prestados por residentes ou domiciliados no exterior;

7. pagar, creditar, entregar, empregar ou remeter *royalties*, a qualquer título, a beneficiários residentes ou domiciliados no exterior (Lei 10.168/2000, art. 2º, § 2º, introduzido pela Lei 10.332/2001).

O critério temporal da CIDE-tecnologia é o momento no qual as importâncias devidas sejam consideradas como pagas, creditadas, entregues, empregadas ou remetidas a título de remuneração da aquisição de conhecimentos tecnológicos.

A expressão "*royalties* a qualquer título" é dotada de ambigüidade insanável. Não é de hoje que se discute o campo semântico dessa terminologia no Brasil, especialmente por força do regime do Imposto sobre a Renda, que é reclamado subsidiariamente para aferir os regimes de aplicação da Lei (Lei 10.168/2000, art. 3º, parágrafo único). Por conseguinte, é como se houvesse sido recepcionada a previsão do art. 22, da Lei 4.506/1964, na sua inteira redação:[42]

> Serão classificados como *royalties* os rendimentos de qualquer espécie decorrentes do uso, fruição, exploração de direitos, tais como:
>
> a) direito de colher ou extrair recursos vegetais, inclusive florestais;
>
> b) direito de pesquisar e extrair recursos minerais;
>
> c) uso ou exploração de invenções, processos e fórmulas de fabricação e de marcas de indústria e comércio;
>
> d) exploração de direitos autorais, salvo quando percebidos pelo autor ou criador do bem ou obra.

Nem se diga que o regime não se alterou, logo, não caberia qualquer reclamação judicial, porquanto a alíquota do IR incidente fora reduzida de 25 para 15%. Há situações de imposto de renda isentas, outras que sequer suportavam incidência de imposto sobre a renda, e, além de tudo, o crédito total, a partir do próximo ano, sofrerá reduções gradativas, até quedar-se no limite de 30% do que fora pago, sempre aproveitado numa suposta operação seguinte. Por fim, é crédito que só pode ser utilizado por quem integrar contratos relativos a exploração de patentes ou uso de marcas (MP 2.159-70/2001, art. 4º).

Para ajustar as condições procedimentais necessárias à compensação, a Medida Provisória 2.062-60/2000, no seu art. 3º, § 4º, elevou a alíquota aplicável ao IR-Fonte sobre pagamentos de *royalties* a sujeitos não-residentes, de 15 para 25%. A partir de então, a transferência de tecnologia e serviços de assistência sem transferência de tecnologia técnica foram equiparados, para os fins de incidência do IR-Fonte. Como trazia a previsão de vir a ser reduzida (art. 3º, §§ 2º e 3º), a referida alíquota, quando da instituição da contribuição que aqui se cogita, tão logo veio a edição da Lei 10.168/2000, retornou à alíquota de 15%, agregando-se, agora, a alíquota prevista de 10%, para a CIDE-tecnologia. Assim foi.

Apesar do regime de compensação da CIDE com a diminuição da alíquota do imposto de renda retido na fonte incidente sobre as mesmas operações, o fato de a contribuição ser necessariamente devida pela parte brasileira, isso fez com que esta (e não a parte estrangeira) passasse a suportar o ônus de parte significativa do custo da operação.

Na origem, o art. 3º da Medida Provisória 2.062-60/2000 concedia um abatimento do débito quando o contribuinte executasse algum dos Programas de Desenvolvimento Tecnológico Industrial — PDTI e Programas de Desenvolvimento Tecnológiço Agropecuário — PDTA. Posteriormente, a Medida Provisória 2.062-63/2001 alterou esse regime, passando a um crédito aplicável às importâncias pagas, remetidas ao exterior, a título de *royalties* de qualquer natureza. A Medida Provisória 2.159-70, de 24.9.2001, pelo § 1º do seu art. 4º, ao criar um sistema de créditos que deverão decrescer de 100 para 30% até 2013, só veio a confirmar a natureza de adicional de Imposto sobre a Renda. E assim dispõe:

> § 1º. O crédito referido no *caput*:
>
> I — será determinado com base na contribuição devida, incidente sobre pagamentos, créditos, entregas, emprego ou remessa ao exterior a título de róialties de

42. Como bem recorda Bulhões Pedreira, a respeito das limitações que sempre coincidiram com equiparações nesta seara (mesmo que tratando da dedutibilidade do art. 74, da Lei 3.470/1958): "Esse preceito legal visou a coibir a prática que havia se generalizado, naquela época, de sociedades brasileiras controladas por capitais estrangeiros remeterem para os sócios controladores no exterior parte dos lucros sob a forma de *royalties* ou assistência técnica" (José Luiz Bulhões Pedreira, *Imposto sobre a Renda — Pessoa Jurídica*, v. I, Rio de Janeiro, ADCOAS, 1979, p. 396).

que trata o *caput* deste artigo, mediante utilização dos seguintes percentuais:

a) cem por cento, relativamente aos períodos de apuração encerrados a partir de 1º de janeiro de 2001 até 31 de dezembro de 2003;

b) setenta por cento, relativamente aos períodos de apuração encerrados a partir de 1º de janeiro de 2004 até 31 de dezembro de 2008;

c) trinta por cento, relativamente aos períodos de apuração encerrados a partir de 1º de janeiro de 2009 até 31 de dezembro de 2013;

II — será utilizado, exclusivamente, para fins de dedução da contribuição incidente em operações posteriores, relativas a róialties previstos no *caput* deste artigo.

Para garantir redução dessa ambigüidade latente, o Decreto 4.195/2002, ao regulamentar o art. 2º da Lei 10.168/2000, no seu art. 10, indicou reservarem-se à incidência da citada lei os contratos que tenham por objeto: I — fornecimento de tecnologia; II — prestação de assistência técnica: a) serviços de assistência técnica; b) serviços técnicos especializados; III — serviços técnicos e de assistência administrativa e semelhantes; IV — cessão e licença de uso de marcas; e V — cessão e licença de exploração de patentes.

Discutível legalidade, a desse Decreto, porquanto nada impede que eventualmente possa-se alegar restrição indevida do campo material de incidência da lei, de todo irregular, porquanto seria caso típico de isenção concedida sem lei específica, como está a exigir o § 6º, do art. 150, da Constituição.

Seja como for, o que importa é ver que a CIDE passou a ser devida, segundo o entendimento estatal, não apenas pelo pagamento decorrente do fornecimento de tecnologia, pela qual se paga *royalties*, mas por qualquer serviço técnico ou administrativo, independentemente de haver transferência de tecnologia, ou não.

Aqui já se descortina mais uma incorreção, pois querer cobrar CIDE quando do desenvolvimento de atividades não relacionadas à transferência de tecnologia é onerar atividade econômica que sequer poderá ser beneficiária direta da melhoria do parque tecnológico nacional, a partir do emprego da cobrança da CIDE.

Em recente decisão, a SRF pronunciou-se a respeito do momento temporal de incidência, nos seguintes termos:

> *Ementa*: O fato gerador da CIDE é o pagamento, crédito, entrega, emprego ou remessa de *royalties* de qualquer natureza e da contraprestação pelos serviços técnicos e de assistência administrativa e semelhantes prestados por residentes ou domiciliados no exterior. Dentre os vários momentos relacionados pela norma, prevalece o que primeiro ocorrer. Por *crédito*, deve-se entender o lançamento contábil pelo qual o rendimento é colocado de forma incondicional à disposição de seus titulares, ou seja, o reconhecimento contábil do direito adquirido à remuneração pelo residente ou domiciliado no exterior. [43]

Como visto aplica-se, aqui, o regime de competência, sobre aquele de caixa, o que nos afigura ainda mais oneroso.

Comparando algumas decisões emanadas da SRF, pode-se chegar ao cerne do entendimento da Autarquia sobre o referido corte material de incidência da CIDE-tecnologia. Vejam-se as seguintes decisões:

A resposta à Consulta 200/2001, pela 8ª Região, entendeu que a importância paga ou creditada a título de *royalty*, a residente ou domiciliado no exterior, pela remuneração de contratos de licença de direitos de comercialização de programas de computador (*software*), sofre a incidência da CIDE por se tratar de pagamento pela "licença de uso".[44] As importâncias pagas ou credita-

43. Dispositivos legais colacionados: CTN, art. 43; Lei 10.168/2000, art. 2º, § 2º; MP 2.159-69/2001, art. 3º; PN CST 440/1970; PN CST 7/1986; PN CST 140/1973.

44. Decisão 200, de 30.7.2001. Assunto: outros tributos ou contribuições. "*Ementa: Incidência.*

das para manutenção (atualização de versão) do programa e treinamento de pessoal não sofrem a incidência da CIDE. Além disso, o pagamento de *royalty* pelo uso de programa de computador não se encontra no campo de incidência pelo art. 8º do Decreto 3.949/2001, porque este limitou a incidência somente sobre licença de uso de marcas e licença de exploração de patentes. O programa de computador não é patente porque a legislação que trata da proteção da propriedade intelectual sobre programas de computador considera como direitos de autor. O seu registro não é no INPI, mas em órgão próprio que cuida de informática.[45]

Neste caso, vê-se que o fundamento que o ampara é mais a previsão do art. 22 da Lei 4.506/1964, que define como *royalties* a d) exploração de direitos autorais, salvo quando percebidos pelo autor ou criador do bem ou obra. Indiscutível que seu alcance vai além dos limites da propriedade industrial, para alcançar bens imateriais típicos de propriedade intelectual, sem qualquer justificativa.

Nas soluções às Consultas 99, 102 e 103, da 6ª RF, alegou-se que a partir de 1.1.2001, e enquanto persistir a cobrança da CIDE instituída pela Lei 10.168/2000, a alíquota do imposto de renda na fonte sobre a remessa de rendimentos de *serviços prestados para o exterior, com ou sem transferência de tecnologia*, fica reduzida para 15%. Dispõe ainda que os valores pagos ou creditados em pagamento de serviços prestados, com ou sem transferência de tecnologia, estão sujeitos ao pagamento da CIDE, à alíquota de 10%.[46]

Importa ver em ambas as decisões o peso da incidência recaindo inclusive sobre serviços prestados desprovidos de transferência de tecnologia.

Como se dessome das decisões analisadas, ao estender a aplicação da CIDE a pagamentos decorrentes de contratos que tenham por objeto serviços técnicos e de assistência administrativa e semelhantes, mesmo que não importem em transferência de tecnologia, o que se tem, na espécie, é um típico adicional do Imposto sobre a Renda nas prestações de serviços por sujeitos não-residentes, de todo descabido, e com inequívoca inconstitucionalidade, por desvirtuar-se da finalidade interventiva especificada, qual seja, de "estimular" o *desenvolvimento tecnológico brasileiro*, transmudando-se em imposto com arrecadação afetada a fundo (digo do fundo "verde-amarelo") e despesas específicas, contra tudo o que dispõe o art. 167, IV, da CF.

Aqui se tem algo profundamente incoerente, a demonstrar, às escâncaras, o sentido arrecadatório desprovido de qualquer finalidade de intervenção setorial na economia. Basta lembrar que o crédito de CIDE, em versões anteriores da própria Medida Provisória (até a 68ª reedição) era concedido no pagamento ou crédito de *royalties* de qualquer natureza, ao que foi limitado, nas edições seguintes, exclusivamente aos *royalties* devidos pela exploração de patentes e uso de marcas. Ademais, como bem o viram Fábio de Carvalho e Inês

Contribuição de Intervenção no Domínio Econômico. Licença de uso de 'software'. A importância paga, creditada, entregue, empregada ou remetida a título de *royalty*, a residente ou domiciliado no exterior, pela remuneração de contratos de licença de direitos de comercialização de programas de computador-*software*, sofre a incidência da Contribuição de Intervenção no Domínio Econômico, instituída pelo art. 2º da Lei 10.168, de 2000, por se tratar de pagamento pela 'licença de uso'. *Manutenção de 'software' e treinamento*. As importâncias pagas, creditadas, entregues, empregadas ou remetidas a residentes ou domiciliados no exterior, em pagamento pela manutenção (atualização de versão) do programa de computador-software e treinamento de pessoal, por se tratar de rendimentos decorrentes da prestação de serviços ficam sujeitas à incidência do imposto de renda na fonte à alíquota de 25% e, não sofrem a incidência da Contribuição de Intervenção no Domínio Econômico". Dispositivos legais: art. 7º da Lei 9.779, de 19.1.1999 e art. 2º da Lei 10.168, de 29.12.2000.

45. Consulta 200, da 8ª RF, publicada no *DOU* de 18.9.2001.

46. Consultas 99, 102 e 103, da 6ª RF, publicadas no *DOU* de 17.10.2001.

Murgel,[47] a redução do direito de crédito não foi acompanhada de qualquer vínculo com estímulo à produção de tecnologia ou relação com algum dos programas de desenvolvimento tecnológico. O que seria motivo de existência do tributo não é usado como medida para regular a intensidade da cobrança.

Sobreleva-se ainda a quebra da isonomia no próprio recurso ao crédito de imposto, distinguindo, para os fins de reconhecimento, casos de licença de marcas e patentes dos demais, tal como se encontra previsto no art. 4º da Medida Provisória 2.159-70, afastando direito que antes albergava todas as hipóteses de incidência às empresas industriais e agropecuárias que executaram.

Ao estender a incidência da CIDE a *serviços técnicos e de assistência administrativa e semelhantes*, passou-se a onerar adicionalmente atividades econômicas que deveriam, na realidade, ser fomentadas pelo Governo. Desvela-se aqui a falácia da motivação, revelando seu cunho nitidamente arrecadatório, em detrimento do caráter finalístico que lhe deveria nortear. A respeito desse assunto, bem se pronunciou Sacha Calmon: "Desse modo, tem-se que o contribuinte paga o tributo simplesmente porque praticou um dos fatos geradores da suposta contribuição (e não porque houve um sobre-esforço estatal a ele dirigido)".[48] Com profunda razão. O campo material de incidência demasiado amplo, as finalidades apregoadas destoantes dos limites constitucionais e dos procedimentos adotados, especialmente quanto ao prazo pré-determinado de compensação de créditos com o Imposto sobre a Renda, a revelam como uma espécie de imposto adicional sobre a renda, o que é gravíssimo, inclusive para os fins de aplicação dos tratados internacionais para evitar a dupla tributação.

A afetação ao princípio da não-discriminação é também inequívoca. Estão na mesma situação jurídica licenciadores nacionais e estrangeiros. Nos termos do art. 150, II, CF, exigido, pelo art. 149, CF, como critério de limite à sua instituição, ninguém pode ser tratado de modo diferente de outro quando ambos estejam em situação equivalente. A Lei 10.168/2000, ao excluir do seu campo de incidência os licenciamentos ou transferências de tecnologias territoriais, entre nacionais do pagamento da contribuição, autorizando-a apenas quando da existência de pagamento realizado para o exterior, incidindo diretamente sobre licenciador ou prestador de serviço não-residente, compromete, em plenitude, sua permanência como tributo válido no sistema. Afeta a não-discriminação e afasta-se do seu campo material, que se deveria cingir ao Grupo de Contribuição, mormente em se tratando de pagamentos com beneficiários "nacionais" de países com os quais o Brasil mantém acordos para evitar a dupla tributação internacional (art. 24).

Por outro lado, se o esforço estatal pretendesse desestimular o consumo de tecnologia estrangeira, qual a relação entre o grupo afetado e o que se beneficiará diretamente com a aplicação dos recursos? Não há qualquer demonstração aceitável. A intervenção que se quer "positiva" finda por servir como um atraso no desenvolvimento

47. Fábio Junqueira de Carvalho e Maria Inês Murgel, "A contribuição de intervenção no domínio econômico sobre *royalties* e a análise do crédito concedido", in Marco Aurélio Greco (coord.), *Contribuições de Intervenção no Domínio Econômico e Figuras Afins*, São Paulo, Dialética, 2001, pp. 277-87. Cf., ainda, Sacha Calmon Navarro Coelho e André Mendes Moreira, "Inconstitucionalidades da a contribuição de intervenção no domínio econômico incidente sobre remessas ao exterior — CIDE-*royalties*", *Revista Dialética de Direito Tributário* 89/71-87, São Paulo, Dialética, fev. 2003; Luis Eduardo Schoueri, "Algumas considerações sobre a contribuição de intervenção no domínio econômico no sistema constitucional brasileiro. A contribuição ao programa universidade-empresa", in Marco Aurélio Greco (coord.), *Contribuições de Intervenção...*, cit., pp. 359-373.

48. Sacha Calmon Navarro Coelho e André Mendes Moreira, "Inconstitucionalidades...", cit., *Revista Dialética de Direito Tributário* 89/76.

nacional. Nenhum benefício traz a consumidor ou fornecedor de tecnologia (indução positiva) e tampouco demonstra motivo suficiente para justificar um agravamento da situação de um ou outro, com finalidade de indução negativa. Ao contrário, por destinar-se ao Fundo Nacional de Desenvolvimento Científico e Tecnológico, tem como finalidade atribuir benefícios para todos, indistintamente, não se restringindo ao Grupo de contribuintes. Então, a pergunta: o que justifica sua criação como espécie típica de contribuição de "Intervenção no Domínio Econômico"? Carente de distinção, abandona sua natureza de contribuição para revestir-se em típico imposto com receita afetada, o que é completamente repelido pela Constituição, por força do seu art. 167, IV, da CF. E em se tratando de uma espécie de adicional de imposto sobre a renda, é notória sua inconstitucionalidade, pois afronta diretamente os limites do art. 154, I, da Constituição, ao não ter vindo sob a forma de Lei Complementar e ao ter como base de cálculo situação já contemplada nos impostos previstos na Constituição (Imposto sobre a Renda).

4. Considerações finais

Demonstra-se aqui a absoluta incoerência do nosso sistema jurídico quanto ao tratamento tributário empregado aos contratos de transferência de tecnologia, bem como, no plano do direito privado e do controle administrativo, na averbação do INPI, às modalidades de bens imateriais que formam a chamada "propriedade industrial", quanto às distintas figuras jurídicas que envolvem a criação humana, como a tecnologia patenteada, a marca, os signos distintivos, o *know-how* e outros.

Vivemos hoje a geração de comunhão plena entre direito interno e direito internacional, numa espécie de "era dos tratados internacionais", numa sociedade caracterizada pela produção de conhecimento e da tecnologia como fatores de desenvolvimento e evolução. Cumpre, assim, formar uma nova perspectiva de tratamento jurídico às diversas modalidades de atividade humana, evitando confusões técnicas e garantindo estímulo à produção de tecnologia, proteção jurídica aos seus titulares e uma tributação compatível com suas modalidades.

A equiparação ordinária entre serviços técnicos ou de assistência técnica com as modalidades de contratos de transferência de tecnologia, sem qualquer apreciação sobre a existência ou não da ocorrência desta, para desvirtuar a aplicação dos regimes de tributação dos *royalties* em favor do regime tributário dos "serviços", nos casos de aplicação dos tratados para evitar a dupla tributação internacional, ou de garantir uma ampliação da base tributável da CIDE-tecnologia, em ambos os casos, implica incorrer em quebra efetiva dos valores efetivos que amparam o adequado regime jurídico que se deveria atribuir às atividades de produção e consumo de tecnologia, fundamental para o desenvolvimento econômico, científico e social do País.

AS PARCERIAS PÚBLICO/PRIVADAS

JOÃO LUIZ COELHO DA ROCHA

O surgimento das parcerias no direito administrativo. Variedade de formulações jurídicas. Os objetos e diretrizes próprios das PPP. As PPP nos serviços públicos. As cláusulas obrigatórias. Os ganhos das parcerias privadas. As garantias das PPP. A licitação para escolha do parceiro. Conclusão.

O surgimento das parcerias no direito administrativo

Em agosto de 1996 escrevíamos sobre o surgimento, na ordem brasileira, da idéia de parceria como um novo instrumento de agregação societária, sobretudo no processo de desestatização então em curso ("Conta de participação, consórcio e parceria — Formas associativas não personalizadas", *RDM* 105/41, São Paulo, Malheiros Editores).

Ali dizíamos:

"Ao se falar, com freqüência, nesses últimos anos do século, em parceria, como modo ideal de juntar esforços, fala-se decerto em gênero, mesmo que envolvendo a idéia jurídica associativa.

"Veja-se tal propósito Arnoldo Wald, no recente *O Direito de Parceria e a Nova Lei de Concessões* (Ed. RT, 1996, p. 27): 'a formulação atual do direito do desenvolvimento está vinculada a uma idéia que é, ao mesmo tempo, antiga e nova. Antiga na sua concepção, nova na sua densidade e nas dimensões que está alcançando. É a idéia de parceria. Parceria entre nações, parceria entre Estado e a iniciativa privada, parceria entre empresas concorrentes, parceria entre morador do mesmo bairro, parceria entre o produtor e o consumidor, parceria entre acionistas e dirigentes da empresa, e finalmente parceria entre empregados e empregadores (...)'.

"Arnoldo Wald, aliás, também encontra raízes primeiras da parceria, como negócio jurídico, em nosso direito, nos artigos do Código Civil que tratam da parceria rural (ob. e p. cits.), como assim o fez em outubro de 1994 o professor Caio Tácito em parecer que solicitamos à ocasião para a idealização de módulo associativo no campo da geração de energia elétrica.

"E, no curso da sua valiosa monografia, o Dr. Wald reconhece a carência de ordenamento não só legal, positivo, mas teórico mesmo, quanto a esse importante conceito aglutinador moderno: 'Chegou a hora de construir uma nova dogmática jurídica que possa corresponder ao direito do desenvolvimento e ao espírito da parceria, sem sacrificar a segurança jurídica e sem descambar para o perigo de decisões subjetivas que caracterizam o direito alternativo' (ob. cit., p. 33).

"Talvez intuindo certos subsídios importantes na configuração doutrinária do instituto, o autor se socorre de princípios da *joint venture* (que é uma expressão consorcial de fonte anglo-saxônia) cujas qualidades, segundo Wald, 'se aplicam perfeitamente à parceria no seu sentido amplo, tal como ali se deve ter a *subersiva fides* que caracteriza as relações entre os sócios na *partnership* do direito inglês'."

Tudo isso aparece agora como motivo de reflexão e estudos no surgimento do projeto de Parcerias Público Privadas, as chamadas PPP, contidas no atual projeto de lei em votação no Congresso Nacional.

Pode-se e deve-se logo assegurar a inexistência, no direito brasileiro, de uma configuração legal de "parceria" como um instituto jurídico especialmente identificado.

Variedade de formulações jurídicas

De um modo bem claro, estuda-se, em doutrina jurídica, todas essas configurações de "parcerias", como necessariamente envolvendo a associação de dois ou mais empreendedores, ou sob uma entidade personalizada — e aí falaríamos de uma nova sociedade, uma dessas SPE (Sociedades de Propósito Específico) — ou sob contorno despersonalizado — como os consórcios de empresas, as sociedades em conta de participação etc.

Neste último enquadramento nada impede que as parcerias se agreguem sob um modo permanente operacional, contratual, até sem a formação de um consórcio, como tem sucedido em alguns casos na indústria do petróleo, sob a modalidade dos JOA (*Joint Operation Agreement*).

O conhecido projeto das PPP em nada inova acerca desse perfil básico das parcerias no direito brasileiro. Não existe ali a criação de um novo instituto jurídico, senão a estipulação, para fins de direito administrativo — de fixação de patamares para a busca pelo Poder Público de parcerias privadas em certas entidades — de regras novas que aparentemente pretendem facilitar tal agregação e preencher esse conhecido hiato entre as necessidades de aplicações estatais e a disponibilidade efetiva dos recursos públicos.

Na verdade, o art. 2º do projeto legislativo expressamente consagra o conceito de "contrato de parceria público-privada", como um acordo entre braços do Poder Público e empresas privadas.

E é evidente que, no desdobramento desse acordo básico, a formatação jurídica mais adequada, pode ser adotada pelas partes, seja na estruturação de uma SPE, de um consórcio etc.

Os objetos e diretrizes próprios das PPP

O que fica bem estratificado no texto legal não é assim a forma jurídica, senão o fundo, o conteúdo da tessitura obrigacional ali presente naquele acordo de parceria.

O mesmo art. 2º, em seu *caput*, já determina duas orientações básicas que serão assim essenciais para o empreendimento conjunto:

- tratar-se de implantação ou gestão, no todo ou em parte, de serviços, empreendimentos e atividades de interesse público;
- o financiamento e a responsabilidade pelo investimento e pela exploração do projeto cabem ao parceiro privado.

Algumas diretrizes legais (art. 2º) são então expressamente imputadas às PPP, que deverão assim observar:

> I — eficiência no cumprimento das missões de Estado e no emprego dos recursos da sociedade;
>
> II — respeito aos interesses e direitos dos destinatários dos serviços e dos entes privados incumbidos da sua execução;
>
> III — indelegabilidade das funções de regulação, jurisdicional e do exercício de poder de polícia;
>
> IV — responsabilidade fiscal na celebração e execução das parcerias;
>
> V — transparência dos procedimentos e das decisões;
>
> VI — repartição dos riscos de acordo com a capacidade dos parceiros em gerenciá-los; e

VII — sustentabilidade financeira e vantagens sócio-econômicas do projeto de parceria.

Chama-se atenção aqui para essa determinação do inciso III, de "indelegabilidade das funções de regulação, jurisdicional e do exercício de poderes de polícia".

Realmente ninguém haveria sequer de cogitar que o Poder Público, ao se associar com capitais privados, delegasse as funções regulatórias, as quais são hoje, na moderna estrutura de direito administrativo, desempenhadas pelas agências reguladoras, como autarquias.

De funções jurisdicionais nem sequer se há de considerar, por isso que a gestão da justiça é fração do poder político indelegável. Nem se pode aqui ter, nessa regra, um entrave à arbitragem, instituto processual vivo e válido na ordem brasileira, onde não existe delegação, senão o exercício jurisdicional através de painéis arbitrais, cabendo sempre a homologação pelo Judiciário.

E, enfim, o poder de polícia, inclusive de polícia administrativa, é privilégio do Estado, não se podendo entender onde o pré-legislador terá querido colocar freios, por isso que inexiste até hoje parceria ou empresa privatizada que exerça tal poder.

Ainda o projeto (art. 3º) cuida em determinar quais dentre os "serviços, empreendimentos e atividades de interesse público" referidos no art. 2º, podem ser objetos de parceria público-privada.

Na verdade, não significa isso que o Poder Público federal, estadual ou municipal não possa, em outros empreendimentos, se associar a empresas privadas. É claro que nos termos e limites legais outras "parcerias" podem ocorrer.

O que se quer aqui é que, para esse modelo jurídico específico de PPP, só os empreendimentos listados nos incisos do art. 3º serão cabíveis. São eles:

I — a delegação, total ou parcial, da prestação ou exploração de serviço público, precedida ou não da execução de obra pública;

II — o desempenho de atividade de competência da Administração Pública, precedido ou não da execução de obra pública;

III — a execução de obra para a Administração Pública;

IV — a execução de obra para sua alienação, locação ou arrendamento à Administração Pública.

As PPP nos serviços públicos

No primeiro inciso temos aí o vasto campo das concessões ou permissões de serviços públicos, atribuíveis eventualmente a terceiros, nos termos do art. 175 da Constituição Federal.

É bom que aqui se distinga bem as hipóteses. O Poder Público não é obrigado (art. 175 da Constituição Federal) a delegar — por concessão ou por permissão — os serviços públicos, mas se o fizer, precisa atender a um processo licitatório, hoje regido pelas Leis 8.987 e 9.074, ambas de 1995.

E pode, ainda, desempenhar tais serviços diretamente, inclusive por braços estatais que tenham natureza jurídica de empresa privada, como as sociedades de economia mista e as empresas públicas, mas que sejam controladas pelo ente público, majoritariamente em um caso, e totalmente no outro.

O que entendemos aqui é que, seja no caso de exercício direto do serviço pelo Poder Público, seja no caso de sua concessão ou permissão — alternativas de escolha pelo ente público — a PPP será cabível.

E, se se optar pela PPP, as regras deste projeto de lei, inclusive as da seleção de parceiro privado, serão cabíveis.

Agora, tratando-se de uma delegação por concessão ou permissão, também serão invocáveis as normas das Leis 8.987 e

9.074, de 1995, conforme ali se lê do art. 17 do anteprojeto.

Como existe ainda na ordem brasileira um estatuto geral de licitações do Poder Público, que é hoje a Lei 8.666/1993, suas regras serão sempre obedecidas, já no caso de concessões e permissões, já em qualquer outra hipótese das PPP, como também vemos do mesmo art. 17.

O legislador quis aqui criar uma outra opção remuneratória para o parceiro privado nessas associações que envolvam as concessões ou permissões, onde existe o sempre tormentoso problema tarifário do serviço, cujo ônus final é levado estruturalmente ao consumidor.

Neste sentido, o § 2º do art. 3º prevê a possível oferta, no edital especificada é claro, pela gestão pública, ao parceiro, de uma "contraprestação adicional à tarifa cobrada do usuário".

E ainda contemplar a hipótese de "em casos justificados", arcar integralmente com a remuneração de parceiro, entendendo-se, pois, que o Poder Público aí vai correr o risco tarifário, garantindo ao parceiro o seu ganho contratual acertado.

A justificativa deverá constar do edital, em termos de expressão dos motivos fundamentados pelas quais o parceiro privado terá seu ganho contratual bruto diretamente proveniente dos cofres públicos.

Também no caso formulado de "contraprestação adicional à tarifa" vemos presente a preocupação atrativa ao parceiro privado de assegurar-lhe uma margem de ganho que não dependa integralmente da flutuação de riscos inerentes à tarifa, e suas implicações com a economia popular e os índices inflacionários.

As cláusulas obrigatórias

O projeto de lei opta por elencar quatro espécies de clausulações obrigatoriamente constantes dos contratos das PPP.

Um prazo de vigência máximo de 30 anos, considerando-se uma fixação como necessariamente "compatível com a amortização dos investimentos realizados".

Ou seja, o Poder Público admite que a parceria terá que ter uma duração capaz de proporcionar a devida amortização (recuperação com ganhos reais) dos investimentos realizados. E, de outro lado, tomando-se um teto de 30 anos para que o ente público retome o total controle do serviço público bem como a "propriedade do bem móvel ou imóvel" (conforme art. 3º, § 3º).

Aliás, nas hipóteses de concessão, a disposição do art. 3º, § 3º, é irrelevante, pois a propriedade dos bens afetos àquela delegação de serviço público já é como notório, resolúvel, voltando ao poder concedente ao fim do prazo contratual.

• Também exige, por próprio, a consignação das penalidades contratuais a ambos os parceiros no caso de inadimplência.

• Com muita pertinência se demanda sejam expressos taxativamente os casos de extinção da parceria antes do prazo, e os critérios para cálculo e pagamento das indenizações devidas.

Realmente, aqui temos as pautas jurídicas de maior importância sob o prisma dos parceiros privados-investidores.

Esses contratos, como são necessariamente *a la longue* no tempo, podem enfrentar problemas futuros com o Poder Público.

Assegura-se assim, compulsoriamente, nestes contratos de parceria, que, fora hipóteses claras e definidas de inadimplência, qualquer extinção antecipada do ajuste ou fica expressamente vedada ou fica sujeita ao pagamento bem claro, líquido e certo de indenizações compatíveis com a perda do investimento e da justa e efetiva expectativa de retorno de lucros.

Estranha aparece a quarta das "cláusulas necessárias" referida no art. 4º, quando se reporta a "compartilhamento com a Administração Pública, nos termos previstos no contrato, dos ganhos econômicos derivados da alteração das condições de financiamento".

Tem-se por admitido que o financiamento dos projetos envolvendo as PPP será de responsabilidade do parceiro privado, conforme art. 2º.

Cabe a este obter essa alocação de recursos oferecendo as garantias exigidas. Supõe-se que os financiamentos serão pagos idealmente com os meios líquidos derivados do empreendimento PPP.

Se for assim, o Poder Público naturalmente aproveita, de modo compartilhado com seu parceiro, os ganhos eventualmente decorrentes da alteração das condições do financiamento.

Juros menores, prazos mais longos, são essas as possíveis vantagens derivadas que beneficiam o financiamento, e aí ganham os parceiros em conjunto.

Se for caso de concessão ou permissão e tais ganhos vão favorecer o parceiro delegatário privado no seu custo, na sua estrutura tarifária, o que desejará o Poder Público aí? Dividir em proporção esse ganho? Mas se há proporção de participação na empresa concessionária o ganho já verterá naturalmente para ambos os parceiros.

Se não há, não se tem como deferir ao Príncipe parcela desse proveito.

Ademais, o principio legal parece um tanto capenga em sua estrutura axiológica, pois se pretende dividir proveitos nas alterações do financiamento, como não se declarar divisíveis as perdas eventualmente ocorridas nas mesmas hipóteses?

Os ganhos das parcerias privadas

A estrutura legal declara, art. 5º, que a gestão pública pode oferecer ao parceiro privado como remuneração:

a) dinheiro;

b) cessão de créditos não tributários;

c) outorga de direitos perante a Administração Pública;

d) outorga de direitos sobre bens públicos;

e) outros meios legais.

É claro que a contraprestação em dinheiro é possibilidade óbvia, a mais líquida, cabível em hipóteses compatíveis com esse modo de ressarcimento, independente de terceiros, derivado diretamente dos cofres públicos.

Normalmente é compreensível que a forma de cessão de créditos estatais em pagamento seja expurgada daqueles créditos derivados diretamente do poder-dever de tributação, pelo seu caráter ínsito à função estatal e a destinação toda própria e vinculada dessas receitas.

A chamada "outorga de direitos em face da Administração Pública" é meio remuneratório amplo e bem compreensivo, encontrável, por exemplo, nas delegações por concessão ou permissão, pois ali o delegatário privado tem o direito de cobrar o "preço público" do serviço (de água, luz, gás etc.) direito, pois, em face da gestão pública, de se sub-rogar na titularidade ativa daquelas tarifas.

Ligado a esse modo de remuneração temos a "outorga de direitos sobre bens públicos", ou porque o delegatário tem titularidade — resolúvel, é certo — sobre os bens afetos a concessão do empreendimento, ganhando com seu uso nas suas atividades, ou porque se lhe é assegurado direito de controle e cobrança direta no uso dos bens públicos a ele afetos, como no caso das rodovias e seu pedágio, espaços publicitários nas margens etc.

E correta é a previsão em aberto para outras formas remuneratórias previstas em lei, ficando assim claro que não pode haver a criação de outro modo de pagamento no edital se não existir prévia presunção legal para isso.

A atualização periódica do *quantum* remuneratório é prevista sempre com fórmulas paramétricas, analíticas, ponderando fatores de custo, inclusive custo da moeda. A referência no edital é indispensável.

Como não se derroga aí a prevalente legislação sobre a moeda e sua preservação ("Plano Real"), fica entendido que essa periodicidade será, no mínimo, anual.

Também existe aqui (art. 5º, § 2º) ao contrário do que acontece com outras leis votadas a pleitos licitatórios públicos (Lei 8.666, Lei 8.987 etc.) a possibilidade expressa de uma proposta de remuneração variável ao parceiro privado. O que se exige é que tais ganhos sejam vinculados ao desempenho do parceiro na execução do contrato, com base em parâmetros e padrões de "qualidade e disponibilidade previamente definidos".

Está certa a preocupação do legislador em exigir que esses modos remuneratórios, justamente por serem variáveis, devam ter desde logo (edital, proposta e contrato) suas especificações e, bem assim, a identificação e qualificação *numerus clausus* das fontes geradoras desses recursos para pagamento do parceiro.

Em tantas obras e empreendimentos deve caber ao parceiro receber um *quantum*, se atingido certo patamar que mostre vantagens à coisa pública, e tal patamar haverá que ser desde logo identificado. De outro lado, o contrato já terá que especificar de onde virão os recursos para tal pagamento.

As garantias das PPP

Como necessário já será investida na lei (art. 6º) a autorização formal para concessão, pela União, pelos Estados, pelos Municípios ou pelo Distrito Federal, conforme o caso, das necessárias garantias em cobertura das obrigações assumidas pelo parceiro privado na correspondente PPP.

É evidente que as restrições supralegais e legais, como as da Lei de Responsabilidade Fiscal, se aplicam e prevalecem como lastro da integridade orçamentária do correspondente ente político.

As garantias acima referidas, a cuja concessão o Poder Público já fica autorizado, serão todas e quaisquer legalmente cabíveis, e que se tornem exigíveis na hipótese concreta: aval em título de crédito, fianças, e mesmo garantias reais de toda espécie.

Não se pode esquecer que, em matéria de concessão de serviços públicos os bens ali afetados são reversíveis ao fim do prazo ao Poder Público concedente e, em tese, não será estranho que tais bens sejam assinados em hipoteca ao credor da PPP, garantia real concedida cumulativamente pelo concessionário — que tem o domínio resolúvel — e pelo Poder Público, que terá a propriedade final.

Como novidade em direito administrativo brasileiro no trato de débitos públicos, o art. 7º admite que o contrato de PPP possa estipular que os empenhos relativos aos pagamentos derivados pelo Poder Público ao projeto possam ser liquidados diretamente a favor do financiador, como garantia do mútuo tomado.

A lei, contudo (art. 7º, parágrafo único), exclui o direito desse mutuante, eventual cessionário do crédito, perante a gestão pública, impugnar o valor ali contido.

Como ali se é reportado ao "valor verificado pela Administração Pública" a disposição nos parece bem relaxada e contraeficiente, pois diante da costumeira habilidade do poder estatal brasileiro de pagar mal a quem legitimamente deve, fica desprotegido o credor financeiro em face dessa brecha legal, que, ao fim, o compele a ter que aceitar como garantia efetiva de seu crédito não o que existe no contrato de valor real devido pela Administração Pública, mas, sim, o que esta última, unilateralmente, afirmar e reconhecer que deve.

Uma boa criação é a dos Fundos Fiduciários de incentivos às parcerias público-privadas, criados por instituições financeiras como vertedouros de garantias reais adicionais às obrigações do Poder Público nas PPP (art. 9º).

Estes fundos a serem criados por decreto poderão receber da União federal: (a) dotações orçamentárias, direitos e créditos adicionais; (b) ativos não-financeiros; e (c) bens móveis e imóveis, atendidas as prescrições legais (art. 9º, § 1º).

Como aqui se cuida de uma lei nacional de regras gerais, o art. 9º, § 3º, já autoriza Estados, Municípios e Distrito federal, por leis específicas, a integralizarem fundos semelhantes.

Ao outorgar a cessão de ações, dentre outros bens e direitos ao Fundo, o projeto no art. 9º, § 2º, cuida de proibir que tal cessão acarreta a perda de controle de companhias estatais ou controladas pela Administração Pública. E, assim, se evita uma privatização oblíqua.

É claro que, em se tratando do patrimônio imobiliário e mesmo mobiliário da União, há restrições legais diversas que embaraçam a cessão ao Fundo de diversos de seus componentes.

Mas, em se tratando de ações preferenciais ou mesmo ordinárias de estatais sem poder de controle, ou de títulos, debêntures e outros de domínio público e mesmo de parcela ponderável dos imóveis da União, existe um potencial grande de valores que podem, sem embaraços legais e também burocráticos, espera-se, servir de assecuração real às contrapartidas públicas nos projetos de PPP.

A licitação para escolha do parceiro

O princípio legal (art. 10) vai ser o de pleito público na modalidade mais abrangente da concorrência, mediante pré-qualificação.

De um modo geral, fora as disposições específicas dos arts. 10 e 12, o pleito é regido pelas normas da Lei 8.666 em matéria concorrencial.

Admite-se (art. 10, III) que o edital de concorrência pública para as PPP exija:

• garantias de proposta e de execução do contrato (*bid bonds*, *performance bonds*) até superiores às exigidas na Lei 8.666 e nas Leis 8.987 e 9.074, no caso de concessões e permissões. Essas garantias especialmente agravadas caberão "desde que compatível com o ônus decorrente" do descumprimento das obrigações edilatícias;

• promessa firme de financiamento por financiadores que atendam aos requisitos de solidez e segurança definidos no edital. Nessa hipótese, o Poder Público já vai escolher dentre os pré-habilitados um parceiro necessariamente munido de meios confiáveis de financiamento do projeto;

• a exigência de constituição de uma SPE, se o licitante for vencedor, que irá implantar e gerir o projeto, "bem como a adoção de uma contabilidade e demonstração financeira padronizada". Quer-se crer que o legislador deseje, com méritos, que o projeto seja incorporado em uma empresa nova, abarcando o parceiro privado e sua contraparte estatal, e que pretenda uma constante, permanente apropriação contábil e financeira dos custos, despesas e ganhos do projeto, de modo claro e identificado;

• a demanda da elaboração, pelo licitante, do projeto relativo ao objeto material da licitação, ou seja, da parceria, ou a admissão de um projeto alternativo ou já constante do documento licitatório. E aqui parece que se postula uma busca de otimização do projeto ao empreendimento, proporcionando-se ao Poder Público mais chance de opção por uma solução técnico-comercial mais adequada;

• a admissão formal da arbitragem nas disputas internas à PPP.

A diretriz legal é (art. 11) a de que se consigne no edital, de modo claro, a fisiologia do curso licitatório envolvendo:

• recebimento das propostas técnicas com possíveis pedidos de adequações às mesmas, desde que "conveniente para atendimento do interesse público". *E, neste particular, a disposição é sempre perigosa, pois abre ensejo a meios absurdos de modelar certas propostas, de modo a poder conceder-lhes ganho ulterior no pleito*. De modo como se enquadra nesse art. 11, I, qualquer proposta técnica por mais inconsistente que seja diante do projeto em tela, pode ser re-admitida ao pleito se o órgão licitante o quiser, orientando o proponente de modo favorável a sua aceitação;

• prazo "suficiente e razoável" para se atender a reclames da administração; o que é compreensível diante dos inúmeros questionamentos cabíveis quanto a materiais, insumos, soluções de engenharia etc.

Para fins de escolha dos melhores preços, a lei (art. 11, IV, V e VI) adota um sistema parecido ao de um leilão, assim estratificado:

• as propostas são formuladas por escrito, nos termos formais do edital;

• abertos tais propostas, os licitantes poderão apresentar novas e sucessivas propostas de preço até que um seja tido como vencedor. Condições e prazos para esse leilão devem constar do edital;

• o edital pode restringir o leilão aos licitantes que se acharem, em suas propostas iniciais, entre a proposta vencedora, de mesmo preço, e um limite de preço já declarado no edital;

• se não houver ao menos 3 (três) licitantes com propostas naquele intervalo de valores, a leilão fica restrito de todo modo às 3 (três) melhores propostas.

Os parâmetros básicos no julgamento desses leilões para as PPP serão alternativa ou combinadamente o menor valor de tarifa (tratando-se de serviço público), a menor contraprestação da Administração Pública e a melhor técnica (art. 128 e § 1º). O uso isolado desse último paradigma é sempre problemático pela sua quase sempre questionável aferição.

Se houver empate o art. 12, § 2º, declara que o Poder Público pode decidir em função da demonstração de responsabilidade social das licitantes (art. 12, 2º).

O parâmetro é confuso, pouco técnico e pouco prático, podendo ser usado — e então questionado — em razão de subjetividades do Poder Público.

Toda essa estrutura de leilão nos pleitos da PPP fica um pouco ambígua no cotejo com seus critérios acolhidos.

Se o padrão for só o da menor tarifa ou menor contrapartida da Administração Pública, o intervalo numérico utilizável para se escolher os habilitados ao leilão tem uso fácil.

Mas se o uso for combinado, como a lei o admite, qual será o intervalo valorativo aplicável?

E em caso de exclusivamente melhor técnica onde haveria essa mensuração de um espaço entre a melhor oferta e as outras que dela andam perto, para fins de credenciamento ao leilão?

Ou será admissível, pelos termos imperfeitos do art. 11, que haja um pleito de aferição linear, credenciados os pré-licitantes e depois qualificados de acordo com tarifas oferecidas, contrapartidas da Administração Pública e melhores técnicas, vencendo só o primeiro colocado?

Conclusão

O instituto jurídico, de direito administrativo, dessas PPP é, portanto, um elemento importante que se pretende implantar na busca dessa interação econômica entre Poder Público e Empresas Privadas para alavancagem de obras, serviços e empreendimentos públicos.

As bases do projeto de lei são razoáveis e interessantes, mas umas especificações ainda demandam melhorias que as tornem mais compatíveis com as instituições licitatórias vigentes e concedam mais limpidez e sentido prático ao instituto.

Abril 2004.

ALCA E UNIÃO EUROPÉIA: INTERESSES ESPECÍFICOS E GERAIS DA POLÍTICA ECONÔMICA BRASILEIRA

FREDERICO AUGUSTO MONTE SIMIONATO

I — Introdução. II — Limitações dos interesses e consenso nas negociações. III — Centro de poder econômico e centro de interesses. IV — O fim da teoria da dependência e os novos interesses da política exterior brasileira. V — Considerações finais. Bibliografia.

I — Introdução

A determinação dos interesses da política exterior brasileira deverá sempre ter como ponto de partida a realização de uma política comercial forte e de negociação. Se não fosse assim ela começaria muito fraca e ficaria perdida diante da atual estrutura de exploração capitalista global. Hoje o que se vê na Europa é uma estrutura de poder político extremamente conflitante internamente e que gera um *déficit* de representação exterior por parte dos países europeus, que não possuem ainda, e talvez nunca terão, uma política exterior comum. Na União Européia é clara a diversidade de política entre Inglaterra e França nas questões internacionais, que não envolvam o comércio, como as intervenções militares.

Ora, se o Brasil quer participar deste jogo internacional, e principalmente, se o Brasil acredita ser um país que tenha as condições e pré-requisitos para participar deste sistema internacional de interesses altamente segmentados nos quais a política continua cada vez mais obediente ao sistema econômico — e para isto basta ver a União Européia — na qual o Banco Central Europeu possui mais poder que muitos dos principais políticos europeus, o Brasil deve antes de qualquer coisa começar a tomar posições que sejam fortalecedoras do mercado de consumo nacional, estabelecer uma moeda forte e gerar o máximo possível de crescimento econômico. Isto tudo parece fácil para se propor e realizar, principalmente para nós juristas. O que o ocorre é que a realidade é sempre a resposta concreta, e no curto espaço de tempo parece que o Brasil terá algumas dificuldades práticas de incrementar e transformar sonhos em realidade. A União Européia vive hoje uma crise sem precedentes. Esta crise tem três vertentes: (i) desemprego; (ii) alargamento para a entrada de novos países; (iii) *déficit* democrático. Ora, a União Européia começou como uma Comunidade Econômica. Ocorre que hoje já foi feito tudo que se poderia fazer para aumentar e incrementar o comércio nesta região e agora o debate mudou completamente e se questiona até que ponto esta União é realmente democrática, no que diz respeito à representação popular e legitimação de suas decisões.[1]

1. Sobre este debate, Philippe Schmitter, *How to Democratize the European Union — And Why Bother?*; Bino Olivi, *L'Europa Difficile — Storia Politica dell'Integrazione Europea 1948-2000*; Neil Nugent, *The Government and Politics of the European Union.*

Nos dias atuais se fala em Constituição e Carta de Direitos Fundamentais para a União Européia.

Neste cenário internacional no qual a política exterior de vários e importantes países europeus e asiáticos tem sido feita, no mais das vezes, para agradar a vontade e os interesse dos norte-americanos, fica um pouco complicado imaginar que o Brasil, com milhões de pobres, sem moeda forte e estável, e com uma participação irrisória no comércio internacional, conseguiria reverter alguns dos principais caminhos desta política internacional. O que se nota é a formação de uma nova divisão de políticas que representam interesses nacionais. Neste contexto a proposta da ALCA é péssima para os interesses brasileiros. Ela representa, com novas vestes, a velha e sempre nova política exterior que os EUA têm diante da América Latina e em especial para o Brasil. Entrar na ALCA seria desastroso a médio e longo prazo para a economia brasileira. A estrutura diplomática e a teoria de política exterior brasileira sempre foram e serão umas das melhores do mundo, ao contrário da sua política interna. A representação brasileira sempre, desde os velhos tempos, enalteceu o pensamento liberal e de justiça nas relações internacionais. Então, do ponto de vista das negociações, o Brasil não tem nada a temer com a ALCA.

O grande problema seria a implicação, que independem das próprias negociações, que a ALCA causaria na economia e na política brasileira e sul-americana. O México é um grande exemplo do modelo de integração norte-americano, que talvez não seja o mais adequado para o Brasil.[2] O Brasil não precisa fazer uma escolha de Sofia entre ALCA e União Européia. A questão realmente não é esta. Se fosse, o destino do Brasil seria triste. Assim, a política exterior de comércio da UE tenderá sempre ao seu protecionismo natural (como, p. ex., no setor agrícola) e tenderá sempre e cada vez mais para o lado da política exterior dos EUA (sobre esta tendência basta ver a Inglaterra), sem falar na sempre crescente interferência política dos partidos racistas seja dentro da própria União Européia ou nos Parlamentos nacionais em cada país europeu.[3] A realidade é que o laço entre EUA e UE está muito forte no comércio.[4] O Brasil deveria descartar de imediato a opção ALCA e começar a pensar em um mundo global.

Ora, se o Brasil devesse escolher hoje uma solução para a sua política exterior a União Européia seria aquela que poderia trazer, de imediato, melhores resultados econômicos e políticos. Por que da mesma maneira que uma parte da política européia está atrelada até o pescoço com os EUA existe ainda uma outra parte muito significativa de políticos europeus importantes que estão procurando, desesperadamente, uma alternativa para as relações internacionais no mundo, e o fortalecimento do Brasil, país amigo por excelência, seria para

2. "Os romanos, nas províncias de que se assenhorearam, observaram bem estes pontos: fundaram colônias, conquistaram a amizade dos menos prestigiosos, sem lhes aumentar o poder, abateram os mais fortes e não deixaram que os estrangeiros poderosos adquirissem conceito" (Machiavelli, *O Príncipe*, p. 15). Em política, Machiavelli será eterno e pode explicar em poucas palavras esta tão complexa modernidade...

3. "A França viveu em 2002 um dos episódios políticos mais depressivos de sua história, ao ver aproximar da Presidência do país o líder de extrema direita Jean-Marie Le Pen. Não é apenas Le Pen que incomoda, mas tudo que ele traz também consigo: o que há de mais velho e recalcitrante na sociedade francesa, como o racismo, fora uma resistência implacável à mudança, à renovação. A França é um país envelhecido, que cultua a si mesmo como uma glória do passado, não como uma força do futuro. Tem horror à globalização, que ela associa à americanização do mundo. Ela vive o presente como uma decadência adiada, incapaz que é de se desfazer de seus fantasmas nacionalistas e abrir-se às levas de imigrantes, que, estes sim, são a verdadeira força da globalização no país e estão renovando a vida francesa, com muito custo, como um dia os imigrantes renovaram a vida americana" ("Uma revolução pós-revolucionária", Alcino Leite Neto, correspondente da *Folha* em Paris, publicado em 3.1.2003, na *Folha On Line*).

4. P. ex., é impensável que o turismo europeu possa viver sem os turistas americanos

muitos uma grande chance de ressurgimento e também para realizar uma nova política global. Este discurso se escuta na elite da política de centro-esquerda da Europa e em algumas universidades. O Brasil deve negociar diretamente com a Europa novas posições que não sejam somente de caráter comercial. O Brasil é já um grande parceiro comercial da Europa. O que se precisa fazer agora é colocar Europa e Brasil (Mercosul) em condição de negociação de posições importantes dentro dos organismos internacionais e que a posição consensual brasileira e européia sejam realmente a fonte de uma política internacional diferente da atual política monocrática dos EUA.[5]

II — Limitações dos interesses e consenso nas negociações

Quando se fala de interesses se deve precisar o que este termo significa. Ora, para Roscoe Pound, o interesse público na integridade da personalidade estatal pode ser entendido como interesse social na segurança das instituições sociais entre as quais as instituições políticas é uma forma. Quando se tem reconhecido, delimitado e assegurado um interesse, é importante identificar o interesse individual que o antecede e lhe garante significação jurídica. Com efeito, quando se considerar quais interesses reconhecer e dentro de quais limites se procura ajustar pretensões conflitantes e antagônicas, é necessário subsumir os interesses individuais diante dos interesses sociais. O termo interesse pode ser dividido em seis classes: (a) interesses sociais na segurança geral e na segurança das instituições sociais; (b) interesse social na moral geral; (c) na conservação dos recursos sociais; (d) no progresso coletivo; (e) na proteção da vida individual.[6]

Então, é claro que toda política é movida por um interesse. Este interesse na política exterior precisa ser delineado entre os interesses sociais na segurança geral e na segurança das instituições e também no progresso coletivo. O comércio ganhou tamanha proporção na atualidade que muitos talvez não vejam que o comércio é hoje a chave de toda política exterior e que, por conta disso, o interesse nacional pode ficar em segundo plano diante da magnitude do império das grandes companhias. Este fenômeno não é de todo novo e basta olhar a história para ver que a expansão comercial é sempre seguida de guerras ou conflitos generalizados.

O que o Brasil significa politicamente no mundo contemporâneo das relações exteriores? Esta certamente é uma pergunta que não posso responder. O que se vê, inicialmente, é uma tentativa de tomada de novas posições, a começar da crise venezuelana. Esta crise mostra com clareza a defesa de novos interesses específicos da política exterior brasileira, mas não se sabe até que ponto esta nova política é unânime dentro do Itamaraty. Juntamente com a crise econômica sem precedentes na Argentina e com o narcotráfico na Colômbia, a América do Sul nunca esteve tão entregue a si mesma como hoje. Ademais, com a preocupação dos EUA na guerra contra o terrorismo, com o novo eixo do mal, a América do Sul está passando por um momento bastante singular. Com o descaso da comunidade internacional com a Argentina, o Brasil está, aos poucos, tomando o lugar de centro de irradiação de novas perspectivas políticas para o continente. O que ocorre politicamente é uma crise existencial. Nos últimos anos o Brasil traçou fortes linhas dentro da diplomacia internacional. A presença do ex-Presidente Fernando Henri-

5. Ademais, o Brasil deve partir para uma nova política dentro da OEA, aumentando sua influência nesta organização e, conseqüentemente, nos demais países sul-americanos, em especial. Agora, acredito que não seja em nada aconselhável uma política conflitante com os interesses dos EUA porque isto seria suicídio político.

6. Roscoe Pound, *Examen de los Intereses Sociales*, p. 21.

que Cardoso foi singular para o desenvolvimento desta política.

Esta política mostra o amadurecimento do Brasil depois da queda do muro de Berlim. Enquanto muitos se perderam neste caminho o Brasil pôde começar a pensar com liberdade e autodeterminação nos pontos fundamentais de sua política exterior. A proposta do Mercosul é a resposta clara deste novo sistema. O Mercosul foi, e ainda é, e espero que seja por muito tempo, a tomada de decisão para colocar em primeiro lugar o interesse específico do Brasil em aumentar o comércio na região e aumentar sua importância política nesta mesma região. O fracasso do Mercosul seria também o fracasso da política exterior do Brasil para o cone sul e a proposta ALCA seria a materialização deste fracasso.

A ALCA representa a absorção total do mercado brasileiro pelas grandes companhias norte-americanas. Uma coisa que poucos pensam é no valor imensurável que o mercado brasileiro tem no mundo. O Brasil foi a 8ª economia do mundo graças ao trabalho de sua gente, dos políticos e do empresariado. O mercado brasileiro é hoje o mais cobiçado do mundo e acredito que nos próximos anos nenhum outro país do planeta terá as mesmas oportunidades e chances de crescimento econômico. Os EUA já dominam grande parte deste mercado brasileiro com suas empresas transnacionais. O que a ALCA significa é trazer as condições que impeçam, por exemplo, o fortalecimento do comércio exterior brasileiro com a UE ou com a Ásia.

O fenômeno que se vê muito contemporaneamente no Brasil é a colocação da América do Sul como interesse específico. Antes, a política exterior brasileira para o continente era de caráter geral, ou seja, significava que o Brasil passaria sempre por Washington para chegar a Buenos Aires. Este discurso era sempre genérico e sem fins realmente precisos. Esta situação parece que está mudando e, talvez, represente o maior passo que se pode pensar em política exterior no mundo. Seria, afinal de contas, o desvencilhamento da política norte-americana para a América do Sul, em especial para o Brasil, Argentina e Venezuela (petróleo).

O comércio que se defende dentro da ALCA é um comércio excludente. Seria a imposição de condição das negociações por parte dos americanos impedindo por completo que países como Argentina tenha uma posição de destaque dentro deste processo. Os EUA desenvolveram a tese da ALCA pensando somente em uma coisa: Brasil. Eles não se importam em nada com Paraguai, Bolívia ou Equador. A questão do ponto de vista dos americanos dentro da ALCA é: o que fazer com o Brasil e suas futuras possibilidades comerciais no mundo? A ALCA, nos termos propostos, é o bloqueio desta possível expansão comercial e política brasileira nas relações globais de comércio e de política global.

A questão comercial é sempre uma dialética de força. Os interesses que ela representa ultrapassam os limites da própria atividade empresarial e passam a repercutir na psicologia social, nos costumes, nos desejos de consumo, nas prioridades de vida da população, nos conflitos e diversidades sociais e econômicas, na busca por novos meios de satisfação de necessidades, ou seja, determinam com clareza uma parte considerável da atual mentalidade de consumo das pessoas. Ora, para alguns, o direito deve sempre correr atrás deste fato econômico, limitando vontades etc. Na macroeconomia a concorrência seria a forma de regulação deste mercado. Ora, de tudo que se pode ver no mundo empresarial o mais difícil de encontrar é a concorrência. O empresário detesta concorrência. Qualquer pessoa tem uma natural tendência de buscar o monopólio ou o oligopólio em suas atividades e isso até nos seus sentimentos mais profundos. No Brasil, alguns defendem um sistema ideal de proteção da concorrência em um discurso teórico pouco ou quase nada convincente, sem correlação com a vida prática dos negócios, fazendo da regulação dos mercados um fim em si mesma. Ora, ver nos blocos comerciais uma forma de regulação do mercado parece ser uma visão um pouco simplista diante da importância e das multiplicidades dos efeitos que os blocos econômicos provocam na política, no comércio, nas pessoas, nos trabalhadores etc. A União Européia é a resposta cabal que a limitação e a regulação do mercado representam pontos de partida de uma estrutura muito maior que se está construindo. Se não fosse assim, chegar-se-ia à conclusão que o Estado existe tão-somente para regular a vida das pessoas e das empresas, impondo regras, e que o direito não teria outra função senão estabelecer uma infra-estrutura jurídica para fazer valer a supremacia do fator econômico sobre qualquer outro em sociedade. Esta visão econômica do direito e da política não deve prevalecer. A política deve representar interesses que não se limitem apenas ao fator econômico, porque a política exterior é a expressão da vontade geral dos povos e pessoas, e esta vontade geral deve, necessariamente, ter em consideração interesses nacionais, quer sejam os culturais, sociais, de política nacional e de autodeterminação.

III — Centro de poder econômico e centro de interesses

Parece que o mundo tem um centro de poder que irradia outros interesses de natureza política e econômica que se materializam na vontade e nos interesses do império norte-americano. Se estes interesses são legítimos ou não, para a democracia mundial o comércio passa para o primeiro plano dos interesses da política a qual começa a se legitimar somente do ponto de vista das propostas econômicas.

Na Europa os interesses americanos são vários, sejam políticos, comerciais e estratégicos. Este fenômeno de supremacia americana no continente europeu se intensificou nos últimos anos com a reafirmação da OTAN. Deste ponto de vista, a política externa da Europa é risível. A União Européia não possui um representante político que possa falar em nome do continente, e nos interesses do continente. O que se vê é uma fragmentação ridícula, e sempre fisiológica, da política exterior destes países. O atual exemplo da guerra contra o Iraque, promovido pelos interesses norte-americanos no petróleo, mostra a fragilidade européia dentro de um mundo globalizado.

A França e a Alemanha, dois dos poucos países europeus que mantêm ainda o mínimo da sua integridade histórica e política nas relações com os EUA, firmaram decisivamente sua posição sobre o possível conflito. Ora, de outro lado, está a sempre subserviente Inglaterra, que de império não tem mais nada e que vive atrelada aos EUA para reviver tempos de glória já passados, e a Espanha e a Itália. Esta última, politicamente, dispensa esclarecimentos e tem hoje um dos governos mais reacionários do planeta. O que causou espécie nestes últimos acontecimentos foi à posição do minúsculo Portugal, seguida das novas repúblicas como Hungria, Polônia e Checa a favor dos EUA.[7]

Então, neste cenário, como o Brasil deve posicionar sua política exterior diante do fracasso da então chamada política externa comum da União Européia? Esta resposta não se restringe à guerra contra o Iraque, mas envolve todo o conceito de identidade brasileira na sua política exterior.

O Brasil continua, infelizmente, uma potência adormecida. País continente, com

7. Dentro do Parlamento Europeu a maioria era contra a guerra do Iraque. Entretanto, é uma maioria muito apertada. O referido Parlamento declarou-se "contra qualquer ação unilateral contra o Iraque e que um ataque preventivo é contrário ao direito internacional" por 287 votos contra 209 e 26 abstenções. Na União Européia o Parlamento tem pouquíssimos poderes, não tem legitimação política e não representa a vontade geral da União Européia. O Parlamento Europeu é somente voz, e quem quiser escutar que escute. É composto, na sua maioria, por políticos de segundo escalão, sem grande representatividade ou peso político. O poder político em matéria internacional continua com os países-membros da UE e com os Parlamentos nacionais. Na verdade, o Parlamento Europeu é uma ficção política.

riquezas infindáveis, povo maravilhoso, o Brasil não tem ainda uma consciência de suas reais possibilidades. Sua política interna o sufoca de modo determinante e a ignorância de grande parte da sua elite política e empresarial impede o seu pleno desenvolvimento como potência internacional. É interessante ainda que a aliança EUA-Europa tem funcionado para impedir o surgimento de novas potências depois da queda do muro de Berlim. A própria Rússia tem enfrentado problemas que não esperava, e interferências americanas que não desejava.

A Carta dos Oito é muito significativa. Documento diplomático de interesse duvidoso, mostra a subserviência de alguns países europeus diante dos EUA. Com isso, um país do nível de Portugal, sem nenhum peso internacional, país velho e decadente, de repente passa para o primeiro plano da política internacional quando assina a Carta dos Oito. Ora, imaginem se Portugal assinasse alguma Carta que não tivesse do mesmo lado os EUA e conclua qual seria a importância política desta Carta para o cenário internacional.

A referida Carta fala por si só: "O vínculo que une os Estados Unidos e a Europa são os valores que partilhamos: a democracia, a liberdade individual, os direitos humanos e o estado de direito. Aqueles que zarparam da Europa e ajudaram a criar o que agora são os Estados Unidos da América levaram consigo estes valores para o outro lado do Atlântico. Os ataques do 11 de setembro ensinaram-nos até onde estão dispostos a chegar os terroristas, os inimigos destes valores comuns, na sua determinação em destruí-los. Estas atrocidades foram um ataque contra todos. A reação dos Governos e dos povos da Europa e dos Estados Unidos, defendendo com firmeza estes princípios, mostrou a força das nossas convicções. Hoje, mais do nunca, o vínculo transatlântico é uma garantia da nossa liberdade. A relação entre a Europa e os EUA sobreviveu ao passar do tempo. Graças ao valor, à generosidade e à visão do futuro dos norte-americanos, a Europa livrou-se das formas de tirania que devastaram o nosso continente no século XX: o nazismo e o comunismo".[8]

A Carta faz uma mistura de fatos e acontecimentos históricos completamente diferentes, como a 2ª Guerra Mundial — patrocinada pelos próprios europeus, alemães, austríacos, sem esquecer dos italianos — com os terroristas fundamentalistas muçulmanos. Ademais, o nazismo e o comunismo são criaturas dos próprios europeus.

Quando se fala de política se deve falar de cidadania. Na Europa, este conceito está se perdendo e a diferença parece ser sempre um defeito. Ora, o Ministro Bertel Haarder — que tratou da pasta dos Assuntos Europeus, e foi Ministro dos Refugiados, Imigrantes e da Integração —, em entrevista a revista *ISTOÉ*, respondeu a esta pergunta: "*ISTOÉ* — Semanalmente a França recebe cerca de dez brasileiros em situação ilegal que foram expulsos da Grã-Bretanha. Eles vão para Paris porque foi o primeiro destino europeu. Como resolver este tipo de situação? Haarder — Este é um bom exemplo de problemas que iremos enfrentar. Para isso, teremos de adotar uma linha padrão para os países do Terceiro Mundo, com uma política específica. Os brasileiros têm que ter os mesmos direitos na França ou na Inglaterra. Não vai ser fácil".[9] Uma coisa é o sonho de uma política externa brasileira diferente e decisiva. Outra coisa é a realidade. O Brasil pode continuar participando do jogo internacional como mero coadjuvante. Muitos querem isto, inclusive aqui dentro. A falência do Estado brasileiro é uma falência política interna e externa. Enquanto a corrupção continuar atingindo níveis absurdos será

8. A Carta foi assinada por: José Maria Aznar (Espanha), José Manuel Durão Barroso (Portugal), Silvio Berlusconi (Itália), Tony Blair (Grã-Bretanha), Peter Medgyessy (Hungria), Leszek Miller (Polônia), Fogh Rasmussen (Dinamarca), Vaclav Havel (República Checa).

9. Revista *ISTOÉ*, 22.1.2003, n. 1.738, p. 81.

difícil para nós postularmos uma posição diferenciada no mundo. A política exterior brasileira não precisa ser antagônica diante dos interesses políticos do EUA. A América do Sul está atolada em dívidas, narcotráfico e corrupção em níveis jamais vistos. Nesta mesma América do Sul existem padrões de desenvolvimento (saúde, tecnologias etc.) que é difícil encontrar inclusive nos países mais ricos. Então o paradoxo é total. O que se pergunta hoje não é como desenvolver a América do Sul, como naquelas velhas políticas da CEPAL, ALALC e ALADI. Este modelo acabou, até que enfim. O que se discute hoje, no Brasil, é como distribuir este desenvolvimento ao maior número possível de pessoas? Esta pergunta só a elite econômica brasileira pode responder. A exportação é a resposta lógica. Então, se a exportação for a grande alavanca para começar a fomentar o crescimento do próprio mercado nacional, a proposta ALCA toma proporções terríveis e assustadoras para o futuro do Brasil. O Brasil precisa imediatamente aumentar suas relações comerciais com China e Rússia. Com estes países o Brasil não tem problemas de produtos similares e que agravariam a concorrência. O Brasil deve tomar uma decisão política de "fechar" as portas e perseguir contrabandistas, que despejam no mercado nacional produtos de péssima qualidade com sonegação, e perseguir a lavagem de dinheiro.

Se o Brasil tiver a péssima idéia de participar da ALCA e não fizer nada contra o contrabando e o crime organizado o futuro político do Brasil no exterior tenderá, infelizmente, ao fracasso total. Esta é a realidade brasileira. O país vive uma encruzilhada histórica. Esta encruzilhada é política e necessita de uma decisão política de um novo contrato social. Para o Brasil almejar um futuro internacional deve fazer uma redefinição de prioridades. Como ser uma potência internacional sem ter grandes empresas transnacionais? O Brasil tem priorizado o crescimento das instituições financeiras em detrimento do crescimento econômico. Isto se faz para fortalecer ao máximo a moeda, a qual já é tão fraca. Se não fosse assim, o Real desapareceria novamente com a volta da inflação. A nova proposta seria uma política de fortalecimento da moeda com crescimento e distribuição econômica. Só com uma moeda ancorada no mercado, e não só no sistema financeiro, que o Brasil começaria a ser respeitado no exterior. Sem isso, é mera ilusão esperar um lugar de destaque para o Brasil na política internacional.[10]

Um outro ponto importante é saber qual interesse a política exterior brasileira deve seguir e quem é o seu representante legítimo. Parece que esperar do Itamaraty tamanha responsabilidade seja muito mais que suas próprias forças. O interesse da política exterior brasileira deve refletir o interesse amplo do governo brasileiro. Não se restringe às questões puramente formais da diplomacia. Política é poder. Este poder, para ser respeitado, deve representar interesses bem determinados pelo governo. O interesse da política exterior brasileira deve refletir o interesse do povo brasileiro, dos seus cidadãos, dos seus empresários, da sua segurança, do meio ambiente e da sua soberania.

Como diz com maestria o Professor Celso Lafer, "a visão do mundo e do papel do Brasil nas relações internacionais é fruto das circunstâncias históricas que foram definindo nossa identidade internacional. Neste processo, certos valores foram se afirmando. Entre eles o da autonomia possível para uma potência média de escala continental situada na América do Sul. Este valor, com seus desdobramentos, passou a integrar o mapa da ação diplomática brasileira. Os valores, como explica Miguel Reale, são um bem cultural e tem uma objetividade que se revela no processo histórico. Com bem cultural, têm um suporte, uma base na realidade, mas têm igualmen-

10. Não se pode esquecer o esforço europeu para fazer o Euro e aumentar sua influência no mercado financeiro internacional frente ao Dólar.

te um significado, que aponta para uma direção de 'dever-ser'. Por isso mesmo, referem-se à realidade, mas não se reduzem a ela. Os valores têm igualmente várias dimensões. Uma delas, além do significado direcional, é a possibilidade de realização, que diz respeito à capacidade de o valor efetivar-se historicamente com apoio numa determinada realidade sócio-político-econômica. É precisamente o tema da possibilidade de realização de uma visão do mundo que, na dialética mudança/continente, se colocou na agenda diplomática brasileira na década de 1990".[11] Este é o grande passo que o Brasil precisa dar para começar a andar com liberdade na política internacional. Para que a política exterior brasileira mude completamente de foco e passe a seguir os verdadeiros interesses nacionais ela deve cancelar completamente a expressão — a qual foi a razão de grande parte, se não a totalidade, da política brasileira — a *dependência econômica.*

IV — O fim da teoria da dependência e os novos interesses da política exterior brasileira

A inserção do Brasil dentro da ALCA seria a retomada da teoria da dependência para os assuntos internacionais brasileiros. Esta dependência seria econômica e política e seus reflexos, de uma maneira geral, seriam imprevisíveis para as relações internacionais na América do Sul e no mundo.

Como afirma, com precisão, Paulo Roberto de Almeida, "Num caso — consolidação do Mercosul — como no outro — começo da implantação da ALCA —, a data fatídica de 2005 aparece como um verdadeiro marco divisor, um 'antes' e um 'depois' num processo de escolhas cruciais que estarão sendo colocadas para os países do Mercosul nos primeiros anos do século XXI. Os estadistas do Brasil e da Argentina, em primeiro lugar, não poderão furtar-se a essas opções dramáticas e da qualidade das respostas dadas por suas respectivas diplomacias econômicas a alternativas por vezes contraditórias dependerá o futuro do Mercosul (...). Conscientes do projeto ambicioso impulsionado pelos Estados Unidos, assim como de suas próprias fragilidades estruturais no confronto com a supremacia competitiva do *Big Brother* no Norte, os países-membros do Mercosul buscaram refrear o ímpeto inicial de, nos termos da Declaração de Miami, se 'começar imediatamente a construir a ALCA'. O Mercosul adotou uma postura essencialmente crítica em relação à ALCA, quando não um posicionamento cético à consecução de alguns — senão todos — objetivos fixados na Declaração de Miami, com exceção da própria meta geral de se empreender a construção de uma zona de livre-comércio hemisférica".[12]

Ora, ninguém melhor que o ex-Presidente Fernando Henrique Cardoso para explicar, com clareza e conhecimento de fato, que "essa é a expressão do movimento internacional do capital que, embora se desenrole à escala mundial, formal e estruturalmente, dá-se unindo termos que são diferentes e assimétricos: a reprodução do capital implica em sua circulação no mercado internacional e nesta existe transferência de mais-valia pelo intercâmbio desigual e existe a apropriação de excedentes por parte das burguesias centrais graças à deterioração dos termos de intercâmbio (aspectos superficiais da dependência); mas implica essencialmente na extração da mais-valia através do processo de produção. E esta extração, no caso das situações de dependência, implica na questão de controle do trabalho local por capitalistas estrangeiros (qualidade acidental, do ângulo da extração direta da mais-valia que também pode

11. Celso Lafer, *A Identidade Internacional do Brasil e a Política Externa Brasileira: Passado, Presente e Futuro*, pp. 114-115.

12. Paulo Roberto de Almeida, "O Brasil e o futuro do Mercosul: dilemas e opções", in Paulo Borba Casella (coord.), *Mercosul: Integração Regional e Globalização*, p. 21.

ser feita por capitalistas nacionais). E também implica, na transferência, para assegurar o circuito de produção, da massa de recursos acumulados da periferia para o centro, dada a heterogeneidade do sistema produtivo a nível mundial e a debilidade relativa dos setores tecnológicos avançados da periferia. É por isso que as deliberações e decisões da periferia encontram obstáculos reais na estrutura não só do comércio mundial, mas do sistema produtivo internacional".[13]

De uma certa forma a globalização, via ALCA, é uma nova forma de manter a dependência de capitais, implicando no comércio e nas novas possibilidades de negociações entre os países que não fazem parte do Centro. A proposta ALCA seria contrária aos interesses específicos do Brasil na região da América do Sul. Poderia ser também prejudicial para o interesse geral do Brasil porque iria inviabilizar o crescimento da presença internacional do Brasil em questões de política global.

Se a construção de uma nova sociedade é possível para a política o interesse político do Brasil na atualidade se resume ao Mercosul. Este deveria ser a pedra de toque da política exterior brasileira para a região. Qualquer outra forma de se posicionar diante do fenômeno associativo seria equivocada para o Brasil. A parceria dentro do Mercosul sempre foi difícil e seria muito estranho se os caminhos a serem traçados tivessem uma conotação de facilidade nos tratos entre Brasil e Argentina. Com histórico de interesses conflitantes, em muitos casos, a relação Brasil-Argentina tende, diante dos novos fatos, a tomar novas direções. Somente uma minoria de alucinados poderia ainda acreditar que a política dos EUA proposta, via FMI, para a economia Argentina seria satisfatória para alcançar o pleno desenvolvimento e sua estabilidade financeira.

O que ocorre é que a fragilidade institucional do Mercosul mostra a própria fragilidade institucional dos países que o integram. O Brasil vive uma democracia formal, na qual milhões de pessoas ficam total ou parcialmente excluídas das condições mínimas de subsistência, sem educação, com salários miseráveis, sem diversão ou esportes. A cidadania é ainda um desejo, não uma realidade.

Como escreveu Bobbio, "de qualquer modo, uma coisa é certa: os dois grandes blocos de poder descendente e hierárquico das sociedades complexas — a grande empresa e a administração pública — não foram até agora sequer tocados pelo processo de democratização. E enquanto estes dois blocos resistirem à agressão das forças que pressionam a partir de baixo, a transformação democrática da sociedade não pode ser dada por completa. Não podemos sequer dizer que esta transformação é realmente possível. Podemos apenas dizer que, se o avanço da democracia for de agora em diante medido pela conquista dos espaços até então ocupados por centros de poder não democrático, tantos e tão importantes ainda são estes espaços que a democracia integral (posto que seja meta desejável e possível) ainda está distante e é incerta".[14]

Um segundo objetivo dos EUA com a ALCA é dividir a América do Sul. Isto funcionaria, por exemplo, se determinados países sem expressão dentro da região aceitassem a participar da ALCA — porque para eles esta estrutura pode até ser conveniente em termos econômicos no curto e médio prazo — e, com isso, se reduziria a possível e tão sonhada expansão da interferência do raio de ação da política exterior brasileira sobre estes mesmos países. Um caso clássico foi com a Venezuela, quando o Brasil resolveu tomar a dianteira para tentar solucionar os impasses que ocorriam e que ocorrem neste país, através dos "Amigos da Venezuela". Interessante por-

13. Fernando Henrique Cardoso, *As Idéias e seu Lugar*, p. 198.

14. Norberto Bobbio, *O Futuro da Democracia: uma Defesa das Regras do Jogo*, p. 57.

que a política dos EUA sempre foi contra a atual política do governo venezuelano, e isto de maneira descarada.

V — Considerações finais

Ora, os EUA abriram, em fevereiro de 2003, as suas negociações com a ALCA para o Brasil. Na sua oferta inicial do documento que formaliza e abre as negociações com os 33 possíveis participantes, os EUA simplesmente reduziram de 63% para 58% o nível do volume de exportações brasileiras que entram nos EUA com taxação zero. Ora, imagina-se o que poderia ser feito com aquelas exportações brasileiras que são tributadas quando entram nos EUA.

Esta parece que será a moeda americana nas negociações da ALCA. A tentativa de isolar o Brasil é patente. Serão oferecidas novas e talvez interessantes condições para países sem nenhuma significação comercial dentro da América do Sul e Central para que todos eles, juntamente com os EUA, formem um cenário de negociações favoráveis e que possam mascarar os verdadeiros interesses dos EUA na região.

Com diz Descartes, *para distinguir as coisas mais simples daquelas que são complicadas e pôr ordem em sua investigação, cumpre, em cada série de coisas em que deduzimos diretamente algumas verdades umas das outras, observar o que é mais simples e como dele se distanciar, mais ou menos, ou igualmente, o resto.*

O Brasil precisa urgentemente descobrir o que lhe é mais simples e o que lhe é o mais complicado e o resto. Enquanto a sociedade política brasileira continuar girando em torno de si mesma, sem visões de continuidade sérias e de planejamento sustentável, terá dificuldades de alcançar e de defender seus interesses. No mundo, e na filosofia do direito internacional, a força e o estado natural continuam em pleno vigor. Em um mundo de igualdades formais, o estado mais forte materialmente tenderá sempre a procurar a sua expansão, e aquele que lhe é menos forte deverá, ao menos, procurar manter a sua liberdade ao máximo possível, para que, um dia, transforme igualdade formal em equilíbrio material. O caminho do Brasil dentro da ALCA será duro e perigoso porque hoje se joga o futuro do Brasil no mundo. E isto precisa ser lembrado por todos.

Bibliografia

ALMEIDA, Paulo Roberto de. "O Brasil e o futuro do Mercosul: dilemas e opções", in CASELLA, Paulo Borba (coord.). *Mercosul: Integração Regional e Globalização*. São Paulo, Renovar, 2000.

BEUTLER, B., BIEBER, R., PIPKORN, J., STREIL, J., e WEILER, J. H. H. *Die Europaïsche Union: Rechtsordnung und Politik*. Baden-Baden, Nomos Verlagsgesellschaft, 1998 (trad. it., *L'Unione Europea: Istituzioni, Ordinamento e Politiche*. Bolonha, Il Mulino, 2001).

BOBBIO, Norberto. *O Futuro da Democracia: uma Defesa das Regras do Jogo*. Rio de Janeiro, Paz e Terra, 1997.

CARDOSO, Fernando Henrique. *As Idéias e seu Lugar*. Petrópolis, Vozes, 1995.

CASELLA, Paulo Borba (coord.). *Mercosul: Integração Regional e Globalização*. Rio de Janeiro/São Paulo, Renovar, 2000.

LAFER, Celso. *A Identidade Internacional do Brasil e a Política Externa Brasileira: Passado, Presente e Futuro*. São Paulo, Perspectiva, 2001.

MACHIAVELLI. *O Príncipe*. Rio de Janeiro, Civilização Brasileira, 1985.

NUGENT, Neil. *The Government and Politics of the European Union* (trad. it., *Governo e Politiche dell'Unione Europea*. Bolonha, Il Mulino, 2001).

OLIVI, Bino. *L'Europa Difficile — Storia Politica dell'Integrazione Europea 1948-2000*. Bolonha, Il Mulino, 2000.

POUND, Roscoe. *Examen de los Intereses Sociales*. Buenos Aires, Ed. Perrot, 1959.

SCHMITTER, Philippe. *How to Democratize the European Union — And Why Bother?*. Lanham, Md., Rowman & Littlefield, 2000 (trad. it., *Come Democratizzare l'Unione Europea e Perché?*. Bolonha, Il Mulino, 2000).

ARBITRAGEM NA CONCESSÃO DE SERVIÇOS PÚBLICOS. ARBITRABILIDADE OBJETIVA. CONFIDENCIALIDADE OU PUBLICIDADE PROCESSUAL?*

SELMA M. FERREIRA LEMES

I — Introdução. Os novos paradigmas do direito administrativo; A redescoberta da arbitragem no Direito Processual Civil na ótica da facilitação do acesso à Justiça e no Direito Internacional Privado com o incremento do comércio internacional. II — A arbitrabilidade objetiva. III — O modo amigável de solução de divergências contratuais como cláusula essencial nos contratos de concessão de serviços públicos. IV — A privacidade e o sigilo na arbitragem e a publicidade da Administração.

I – Introdução

Os novos paradigmas do direito administrativo

Abordar sobre o instituto jurídico da arbitragem nos contratos de concessão de serviços públicos passa, a cada dia, ser algo mais presente e irreversível no moderno direito administrativo brasileiro. As premissas atuais que orientam as contratações públicas, em especial as novas formas de parcerias entre o Estado e os particulares,[1] estão a demonstrar a quebra de antigos paradigmas, verificados nos textos legais que disciplinam a concessão de serviços públicos (Leis 8.987, de 13.2.1995 e 9.074, de 7.7.1995), que instituíram as agências reguladoras, nas áreas de petróleo, comunicações, transportes etc.[2]

Em decorrência das peculiaridades presentes nas novas formas de parcerias firmadas entre a Administração e os particulares, notadamente o vulto e envergadura dos empreendimentos aos quais o Estado não pode dispensar a colaboração e o aporte de capital privado, procura-se flexibilizar a relação contratual, priorizando o *equilí-*

1. Referimo-nos às formas de contratação com o Estado, entre elas, a concessão, a permissão, o consórcio, o contrato de gestão etc. (cf. Maria Sylvia Zanella Di Pietro, *Parcerias na Administração Pública*, 4ª ed., São Paulo, Atlas, 2002, 395 pp).

2. "(...) o que muda é principalmente a *ideologia*, é a forma de conceber o Estado e a Administração Pública. Não se quer mais o Estado prestador de serviços; quer-se o Estado que estimula, que ajuda, que subsidia a iniciativa privada; quer-se a democratização da Administração Pública pela participação dos cidadãos nos órgãos de deliberação e de consulta e pela colaboração entre público e privado na realização das atividades administrativas do Estado; quer-se a diminuição do tamanho do Estado para que a atuação da Administração Pública, para permitir maior eficiência; quer-se a parceria entre o público e o privado para substituir-se a Administração Pública dos atos unilaterais, a Administração Pública autoritária, verticalizada, hierarquizada" (destaque no original — Maria Sylvia Z. Di Pietro, *Parcerias*..., cit., p. 16). Digno de nota, e na mesma linha, encontramos a manifestação do Ministro Carlos Átila, do Tribunal de Contas da União, ao revisar a questão da previsão da arbitragem em contrato administrativo, na Decisão 188/95, Ata 18/95, em razão do disposto no art. 23, XV, da Lei 8.987/1995, esclareceu, *verbis*: "(...) Penso que o tribunal, ao decidir, não

brio de interesses das partes.[3] Passa-se a dar maior relevo à igualdade de tratamento contratual, tal como no direito privado, sem com isso deixar de acatar as cláusulas exorbitantes, peculiares aos contratos administrativos. À luz desses novos paradigmas, escudados nos princípios jurídicos da igualdade, legalidade, boa-fé, justiça, lealdade contratual, do respeito aos compromissos recíprocos das partes etc., a Administração é conduzida a perfilhar novos caminhos que busquem a solução de controvérsias de modo mais rápido e eficaz para as divergências que envolvam direitos patrimoniais disponíveis nos contratos administrativos e que gravitam em torno das cláusulas econômicas e financeiras (equilíbrio econômico-financeiro). O escopo desta iniciativa é o de preservar e conciliar os interesses do concessionário e da Administração (e dos usuários dos serviços) relativos à boa, correta e justa governança da concessão outorgada, haja vista tratar-se de modalidade do contrato administrativo *de colaboração.*[4]

Referidas mudanças de rumo e de orientação também foram sentidas no direito administrativo comparado, tais como as verificadas na França, Espanha, Itália, Portugal etc. Nesses países, graças a estas novas formas de contratação, foi possível a realização de grandes obras, tais como, a construção de estradas, ampliações portuárias, serviços de saneamento básico etc., em que o parceiro privado efetua altos investimentos, recuperando-os posteriormente, com a exploração dos serviços prestados aos usuários. Esses contratos passaram a estabelecer novos conceitos jurídicos representados nos direitos e obrigações das partes, neles inseridos os institutos jurídicos da arbitragem, da mediação e da conciliação.

À guisa de ilustração mostra-se representativo o exemplo verificado com a construção do Túnel sob o Canal da Mancha, resultante de Acordo Internacional firmado em 1986, entre a Grã-Bretanha e a França que, entre outras avenças, redundou em contrato de concessão para exploração de serviços por particulares. Nesta negociação a arbitragem teve papel importante, pois as partes recorreram à arbitragem por várias vezes, para fixar as alterações imediatas no contrato exigidas no curso da obra, trans-

pode deixar de considerar as circunstâncias que envolvem os dispositivos em exame. O processo de privatização que o Poder Executivo e o Congresso Nacional indiscutivelmente vêm apoiando e promovendo traz inerente forte mudança de rumos e de orientação na política e na doutrina institucionais do Estado. Essa mudança de rumos se expressa em nova legislação, ou seja, só se viabiliza na medida em que provoca a ruptura com as disposições normativas até então vigentes — que consolidavam e mantinham a economia estatizada e que são agora substituídas por disciplinamento novo, que vem abrir caminhos diferentes para equacionar as questões políticas, econômicas e sociais na sociedade que vivemos. Nessa ruptura, inevitavelmente surgem áreas de dúvidas e mesmo de conflitos interpretativos da legislação antiga e mesmo de conflitos com a nova, ainda carente de maturação jurisprudencial, especialmente porque, como é sabido, o direito positivo não tem como esgotar todas as hipóteses de casos concretos que deve regular — situação que se agrava no campo do direito administrativo brasileiro, lamentavelmente saturado por um passado exageradamente profícuo na produção de normas e regulamentos sempre especiosos e nem sempre claros".

3. "A flexibilidade do Direito Administrativo contemporâneo, no setor econômico e, particularmente, nos aspectos referentes às relações negociais mantidas pelo Estado com os particulares, com vistas à execução de obras vinculadas às concessões de serviços públicos é um dos traços essenciais do Direito Administrativo hodierno" (cf. Arnoldo Wald, Luiza Rangel de Moraes e Alexandre de M. Wald, *O Direito de Parceria e a Nova Lei de Concessões*, São Paulo, Ed. RT, 1996, p. 39). Impende observar que nova modalidade de contratação conjunta em projetos que envolvem vultosos investimentos nas áreas de infraestrutura (setor elétrico e de saneamento básico) atualmente vem a lume, tal como o denominado contrato PPP — *Public Private Partnership*, que passa a ser enfocado como uma forma de responsabilidade social atribuída ao capital privado, no qual a arbitragem, como forma de solucionar controvérsias se mostra propícia (cf. José Emilio Nunes Pinto, "Projetos PPP — Parceria alia interesses dos setores público e privado", *Revista Consultor Jurídico*, <www.conjur.com.br>, artigos 3.2.2003).

4. Cf. Hely Lopes Meirelles, *Direito Administrativo Brasileiro*, 28ª ed., São Paulo, Malheiros Editores, p. 255. V. nota 34, *infra*.

ferindo para o final da execução as avaliações dos direitos e deveres das partes.[5] Os árbitros foram autorizados pelas partes a conceder medidas cautelares, que impediram a paralisação das obras que, se ocorrentes, encareceriam ou até inviabilizariam o empreendimento.[6]

A redescoberta da arbitragem no Direito Processual Civil na ótica da facilitação do acesso à Justiça e no Direito Internacional Privado com o incremento do comércio internacional

Ainda, nesta linha de balanço de final e início de novo século em que mutações são verificadas em todos os setores da sociedade e nas diversas ciências,[7] há de ser observado que a arbitragem não passou incólume a essas transformações, sendo que podemos constatar duas dinâmicas distintas. A primeira, no âmbito do direito processual civil, enquanto passa a enaltecer que a prestação jurisdicional deve priorizar a efetividade e a informalidade no contexto das denominadas "ondas renovatórias do direito", apregoadas por Mauro Cappelletti, consubstanciadas, no ambiente doméstico, nas leis que disciplinaram os juizados especiais cíveis e criminais (Leis 9.099/1995 e 10.259/2001), na tutela antecipada e execução provisória (Leis 8.952/1994 e 10.444/2002), na lei do fax (Lei 9.800/1999) etc. É indubitável, portanto, que a Lei 9.307, de 23.9.1996, que deu novas feições ao instituto jurídico da arbitragem, é fruto desta útil influência. Por sua vez a segunda, ocorreu no cenário mundial, em que a partir da década de 1950 a arbitragem voltou a ser prestigiada[8] e, definitivamente

5. Cf. Arnoldo Wald *et alii*, *O Direito de Parceria...*, cit., pp. 36-61. Os referidos juristas observam *que* "os próprios Estados concedentes — a França e a Inglaterra — mudaram as condições aumentando os prazos da concessão para permitir que a operação fosse rentável. Comparando com a construção de obras semelhantes na história, como os canais de Suez e Panamá, o Eurotúnel realizou um prodígio quanto ao tempo de sua realização que se deve não somente ao progresso tecnológico, mas também ao aprimoramento das normas legais e dos mecanismos jurídicos aplicáveis ao caso" (ob. cit., p. 36).

6. Ob. cit., p. 61. Igualmente, cf. Flávia Bittar, "Arbitragem na construção civil", *Boletim Informativo CAMARB*, 1º trim. 2003, <www.camarb.org.br>.

7. À guisa de ilustração, v., Fritjof Capra, *O Tao da Física*, São Paulo, Cultrix, 1983.

8. Pode-se dizer que, no século passado, a partir da década de 1950 a arbitragem foi reativada na sociedade das nações. Surgiu sob a égide da ONU a Convenção Internacional de Direito Privado com maior número de ratificações no mundo (mais de 130 países), a Convenção Internacional sobre Reconhecimento e Execução de Sentenças Arbitrais Estrangeiras, firmada em Nova Iorque, 1958 (em vigor no Brasil desde 5.9.2002 — Decreto 4.311/2002). Digno de nota nesta área foram os trabalhos desenvolvidos pela Comissão das Nações Unidas para o Desenvolvimento do Comércio Internacional — UNCITRAL (criada em 1963), que redigiu um regulamento de arbitragem (1976) que é adotado universalmente para administrar arbitragens *ad hoc* e institucionais, bem como o inestimável auxílio para harmonizar (e não uniformizar) as legislações arbitrais internas, ao elaborar a Lei Modelo sobre Arbitragem Comercial Internacional, em 1985, que, espontaneamente, passou a ser incorporada nas legislações internas de dezenas de países, inclusive no Brasil (cf. nosso artigo "Princípios e origens da Lei de Arbitragem", *Revista do Advogado* 51/32-35, São Paulo, Associação dos Advogados de São Paulo — ASSP, out. 1997; referido artigo foi publicado também no *Enfoque Jurídico*, Brasília, Suplemento do TRF-1ª R., jan.-fev. 1997, pp. 5-6). Enfim, diversas outras iniciativas no campo arbitral se têm verificado, tais como a elaboração de convenções internacionais específicas sobre arbitragem no âmbito interamericano, a Convenção do Panamá, de 1975, a Convenção de Montevidéu, de 1979, e no Mercosul com a Convenção sobre Arbitragem Comercial Privada, firmada em Buenos Aires, em 1998, e o Protocolo de Brasília para Solução de Controvérsias entre os Estados Partes, de 1991, alterado pelo Protocolo de Ouro Preto, de 1994, e o Protocolo de Olivos, de 2002. Ainda, podemos citar a Convenção Européia sobre Arbitragem, firmada em Genebra, em 1961, o acordo de integração econômica regional entre os Estados Unidos, México e Canadá (NAFTA), que regula a arbitragem em diversas seções, tais como os referentes a solução de controvérsias privadas, *antidumping*, investimentos etc. (cf. nosso artigo "O sistema de solução de controvérsias no *North American Free Trade Agreement* — NAFTA", in Paulo Borba Casella e Araminta Mercadante (orgs.), *Guerra Comercial ou Integração Mundial pelo Comércio?*, São Paulo, LTr, 1998, pp. 756-786), na OMC e em acordos de promoção de investimentos etc.

impulsionada, na década de 1980 com a globalização da economia, em que os contratos internacionais com os mais variados objetos, valores e complexidades técnicas, quase que à unanimidade, elegem a arbitragem para solução de diferendos, principalmente por ser foro especializado e desvinculado do Estado, sendo os árbitros nomeados pelas partes que, além da independência e da imparcialidade, podem ser especializados na matéria objeto da arbitragem.

Após estas observações introdutórias que se mostram oportunas na análise legal, em que os métodos de interpretação histórico, lógico, sistemático e teleológico não são excludentes, mas se complementam,[9] observamos, como acentua Francesco Ferrara que "(...) *a ratio legis* é uma força vivente móvel que anima a disposição, acompanhando-a em toda a sua vida e desenvolvimento; é como linfa que mantém sempre verde a planta da lei e faz brotar sempre novas flores e novos frutos".[10]

Assim, ao tratar da arbitragem nos contratos de concessão de serviços públicos dois temas defluem como inevitáveis frente às características e conceitos do direito arbitral e as peculiaridades presentes nos contratos administrativos. Destarte, o primeiro, refere-se ao âmbito de abrangência da arbitragem, que nos conduz a analisar a questão sob a ótica do conceito de arbitrabilidade objetiva (direitos patrimoniais disponíveis) e, o segundo, refere-se aos princípios da confidencialidade e sigilo, que estão presentes na arbitragem *vis-à-vis* a publicidade que deve pautar os atos da administração, conforme disposto no art. 37, *caput*, da Constituição Federal de 1988.

II — A arbitrabilidade objetiva

No Direito Arbitral o conceito de arbitrabilidade[11] subdivide-se em arbitrabilidade subjetiva e objetiva. A primeira refere-se aos aspectos da capacidade para poder se submeter à arbitragem e, no direito público e administrativo, seja como pessoa jurídica de direito público (Estado e autarquias) ou de direito privado (sociedade de economia mista e empresa pública), o ente público e privado a possui.[12] Por sua vez a arbitrabilidade objetiva refere-se ao objeto da matéria a ser submetida à arbitragem, ou seja, somente as questões refe-

9. Cf. Karl Larenz, *Metodología de la Ciencia del Derecho*, Barcelona, Ariel, 1994, p. 316. Certa feita anotamos: "(...) para entender e conhecer qualquer matéria jurídica, impende perquirir suas origens e princípios jurídicos, posto que, consoante acentuou Eduardo Couture, seria ingênuo demais pressupor que a lei, ao desenvolver os mandamentos constitucionais, por exemplo, limita-se a escrever artigos. Seu trabalho prévio será determinar os princípios que regerão a lei a ser redigida, os pensamentos diretores" (Selma M. Ferreira Lemes, "Princípios e origens...", cit., *Revista do Advogado* 51/32).

10. Francesco Ferrara, *Interpretação e Aplicação das Leis*, 4ª ed., Coimbra, Armênio Amado, 1987, p. 142.

11. Cf. João Bosco Lee, "O conceito de arbitrabilidade nos países do Mercosul", *Revista de Direito Bancário, do Mercado de Capitais e da Arbitragem* 8/346-358, abr.-jun. 2000; Clávio Valença Filho, "Arbitragem e contratos administrativos", na mesma revista, pp. 365-373; José Maria Rossani Garcez, "Arbitrabilidade no Direito brasileiro e internacional", *Revista de Direito Bancário, do Mercado de Capitais e da Arbitragem*, 12/337-356, abr.-jun. 2001; e, de nossa lavra, "Arbitragem em propriedade intelectual. Instituições arbitrais", *Revista de Direito Civil, Imobiliário, Agrário e Empresarial*, 74/120-131, out.-nov. 1995.

12. A possibilidade de a Administração submeter-se à arbitragem foi objeto de análise acurada de Castro Nunes, efetuando retrospectiva histórica desde a era imperial, salientando que, vedar ao Estado a possibilidade de se submeter à arbitragem, seria restringir a sua autonomia contratual, que, como qualquer pessoa *sui juris*, pode prevenir litígios ou solucioná-los por via transacional, nas questões de direito contratual ou privada, podendo, por conseqüência, submeter-se à arbitragem (cf. Castro Nunes, *Da Fazenda Pública em Juízo*, Rio de Janeiro, Freitas Bastos, 1950, p. 279). Esta questão ficou definitivamente assentada pela Corte Excelsa, em 1973, ao julgar o célebre caso que envolvia o espólio de Henrique Lage, tendo como Relator o Ministro Bilac Pinto. Foi referendada a legalidade da arbitragem, que o nosso direito sempre admitiu e consagrou, até mesmo nas causas contra a Fazenda, citando precedentes do STF e pontificando que o pacto de compromisso, sendo de natureza puramente consensual não constitui foro privilegiado, nem tribunal de exceção, ainda que regulado por lei específica (*RTJ* 68/385).

rentes a direitos patrimoniais disponíveis.[13] Estes conceitos estão dispostos no art. 1º da Lei 9.307, de 23.9.1996, quando prescreve "As pessoas capazes de contratar poderão valer-se da arbitragem para dirimir litígios relativos a direitos patrimoniais disponíveis".

Importa, nesta oportunidade, analisar o conceito de arbitrabilidade objetiva, ou seja, quais as questões, na seara administrativa, em especial nos contratos de concessão de serviços públicos, que seriam consideradas como de direitos patrimoniais disponíveis, haja vista que no direito administrativo há matérias que são de direitos indisponíveis, em que o ente público age com poder de império, e outras, no campo do direito privado (poder de gestão), em que lhe é autorizado margem de negociação que não agrida, ou conflite com o interesse público.[14]

Em elucidativa explanação Diogo de Figueiredo Moreira Neto salienta que o interesse público subdivide-se em interesse público primário e o secundário (ou derivado). O interesse público primário está relacionado com a sua relevância, considerando a segurança e o bem-estar da sociedade, sendo que o ordenamento jurídico os destaca, os define e compete ao Estado satisfazê-lo sob regime próprio. Esses interesses estão fora do mercado, submetendo-se ao princípio da indisponibilidade absoluta. *O interesse público secundário ou derivado tem natureza instrumental referindo-se às pessoas jurídicas que os administram e existem para que os interesses primários sejam satisfeitos, resolvendo-se em direitos patrimoniais e, por isso, tornam-se disponíveis* (destacamos). Assim esclarece que, "(...) *são disponíveis, nesta linha, todos os interesses e os direitos deles derivados que tenham expressão patrimonial, ou seja, que possam ser quantificados monetariamente, e estejam no comércio, e que são, por esse motivo e normalmente, objeto de contratação que vise a dotar a Administração ou os seus delegados, dos meios instrumentais de modo a que estejam em condições de satisfazer os interesses finalísticos que justificam o próprio Estado*"[15] (destaque no original).

Reportando-nos aos ensinamentos do jurista argentino Rafael Bielsa, precursor no estudo desta questão, anotamos que devemos distinguir os "atos administrativos de autoridade" e os "atos de simples gestão" (gestão patrimonial).

Assim, a sentença arbitral nunca poderia versar sobre matéria de "poder" de autoridade e vigilância, mas poderia se manifestar sobre questões pactuadas. Destarte, indaga o mestre portenho, "qual é o princípio que se oporia a que o preço de um ser-

13. A análise da exclusão da aplicação da arbitragem em direito público pode ser efetuada deslocando a lente para outro prisma, qual seja, avaliando-se a ausência de *imperium* do árbitro, que em conceito estrito foi definido por Charles Jarrosson como "*imperium merum*, isto é, o *imperium* puro, que deflui diretamente do poder de comando e constrição que se atribui ao juiz na condição de depositário de *imperium*" (trad. livre, Charles Jarrosson, "Réflexions sur l'*imperium*", *Études Offertes à Pierre Bellet*, Paris, Litec, 1991, p. 265). Em contexto amplo de análise da natureza jurídica da arbitragem esta questão é importante, posto que o árbitro tem *jurisditio*, mas não tem *imperium* (ob. cit., p. 267). Para aqueles que pretendam enveredar na senda da natureza jurídica da arbitragem o estudo empreendido pelo referido autor constitui leitura elucidativa. Retornando ao enfoque do direito público verificamos que é nesta visão de ausência de *imperium* do árbitro, que as questões de direito administrativo, em determinadas situações são, por princípio, insuscetíveis de serem solucionadas por árbitros (cf. Jean–Baptiste Racine, *L'Arbitrage Commercial Internacional et L'Ordre Public*, Paris, LGDJ, 1999, p. 95).

14. Para verificação da questão no direito comparado, cf. nosso artigo, "Arbitragem na concessão de serviço público. Perspectivas", *Revista de Direito Bancário, do Mercado de Capitais e da Arbitragem* 17/342-54, jul.-set. 2002, e em André Gomma Azevedo (org.), *Estudos em Arbitragem, Mediação e Negociação*, Brasília, UnB, Ed. Brasília Jurídica, 2002, pp. 45-61.

15. Diogo de Figueiredo Moreira Neto, "Arbitragem nos contratos administrativos", *Revista de Direito Administrativo* 218/84, jul.-set. 1997.

viço prestado ao Estado ou o valor de uma indenização fossem fixados por árbitros?".[16]

O que se não pode confiar a árbitros são matérias ou atribuições que importem no exercício de um poder de autoridade ou de império e dos quais não se pode transigir. "Assim, por exemplo, é nula a cláusula que confia à decisão de árbitros a determinação da natureza da corrente elétrica, ou seja, se ela deve ser contínua ou alternada porque, estabelecido pericialmente que a corrente alternada é perigosa, não se pode admitir que os árbitros declarem que ela convém e deve prestar-se".[17]

Para o mestre portenho as decisões que sobrevenham na execução de um contrato ou sua dissolução, por serem puramente patrimoniais, são arbitráveis.[18] No mesmo sentido preleciona, no direito pátrio, Caio Tácito que nos contratos administrativos quando se trata "tão-somente de cláusulas pelas quais a Administração está submetida a uma contraprestação financeira, não faz sentido ampliar o conceito de indisponibilidade à obrigação de pagar vinculada à obra ou serviço executado ou ao benefício auferido pela Administração em virtude de prestação regular do outro contratante".[19]

Em artigo pregresso de nossa lavra, em que discorremos sobre o assunto aqui versado concluímos que "(...) a Administração Pública pode submeter-se à arbitragem e é conveniente que o faça quando *não se trate de examinar nem decidir sobre a legitimidade de atos administrativos, mas de suas conseqüências patrimoniais*"[20] (destaque no original).

Eros Roberto Grau ao analisar as particularidades do contrato administrativo firmado com particulares pondera que "(...) embora a Administração disponha, no dinamismo do contrato administrativo de poderes que se tornam como expressão de *puissance publique [alteração unilateral da obrigação, v.g.]*, essa relação não deixa de ser contratual, os atos praticados pela Administração enquanto parte nessa mesma relação, sendo expressivos de meros 'atos de gestão'. Em suma, é preciso não confundirmos o Estado–aparato com o Estado-ordenamento. Na relação contratual administrativa o Estado-aparato *[a Administração]* atua vinculado pelas mesmas estipulações que vinculam o particular; ambos se submetem à lei *[Estado-ordenamento]*; ou seja, a Administração não exerce ato de autoridade no bojo da relação contratual".[21]

Com efeito, é na própria definição de contrato administrativo que encontramos a resposta insofismável a permitir a utilização da arbitragem, ao se referir aos direitos patrimoniais disponíveis. Conforme apregoa Celso Antônio Bandeira de Mello o contrato administrativo "é um tipo de avença travada entre a Administração e terceiros na qual, por força de lei, de cláusulas pactuadas ou do tipo de objeto, a permanência do vínculo e as condições preestabelecidas assujeitam-se a cambiáveis imposições do interesse público, *ressalvados os interesses patrimoniais do contratante privado*"[22] (destacamos). Por sua vez, as espécies de contratos administrativos, nas modalidades de contrato de concessão de serviço público ou de concessão de obra pú-

16. Cf. Rafael Bielsa, *Estudios de Derecho Público*, Buenos Aires, Depalma, 1949, p. 290.

17. Ob. cit., p. 290.

18. Ob. cit., p. 294.

19. Cf. Caio Tácito, "Arbitragem nos litígios administrativos", *Revista de Direito Administrativo* 210/114, out.-dez. 1997.

20. Selma M. Ferreira Lemes, "A arbitragem e os novos rumos empreendidos na Administração Pública. A empresa estatal, o Estado e a concessão de serviço público", in Pedro Batista Martins, Selma M. Ferreira Lemes e Carlos Alberto Carmona, *Aspectos Fundamentais da Lei de Arbitragem*, Rio de Janeiro, Forense, 1999, p. 194.

21. Eros Roberto Grau, "Da arbitrabilidade de litígios envolvendo sociedades de economia mista e da interpretação de cláusula compromissória", *Revista de Direito Bancário, do Mercado de Capitais e da Arbitragem* 18/401, out.-dez. 2002.

22. Celso Antônio Bandeira de Mello, *Curso de Direito Administrativo*, 15ª ed., São Paulo, Malheiros Editores, 2002, pp. 569-570.

blica, não alteram a natureza patrimonial da avença.[23]

Nesta linha, por oportuno, note-se que os contratos de concessão de serviços públicos possuem peculiaridades específicas, tal como acentuado por Maria Sylvia Z. Di Pietro, "do duplo aspecto da concessão ainda decorre outra peculiaridade: a submissão da empresa concessionária a um regime jurídico híbrido. Como empresa privada, ela atua, em regra, segundo as normas do direito privado, no que diz respeito à sua organização, à sua estrutura, às suas relações com terceiros (...) como prestadora de um serviço público, suas relações com a Administração concedente se regem inteiramente pelo direito público, já que a concessão é um contrato tipicamente administrativo (...)".[24]

Todavia, salientamos que não obstante se submeter às regras do direito público, estas não impedem, ao contrário autorizam, a utilização da arbitragem para solucionar os diferendos oriundos do contrato e que digam respeito aos interesses públicos derivados com repercussões patrimoniais, que nos contratos de concessão encontram guarida nas cláusulas financeiras e econômicas (repercussões técnicas e econômicas).

Os contratos de concessão de serviços públicos possuem cláusulas regulamentares e cláusulas financeiras. As primeiras são aquelas que outorgam prerrogativas públicas ao concessionário e, as segundas, as que denotam o caráter contratual da obrigação e o direito do concessionário à manutenção do equilíbrio econômico-financeiro.[25]

Neste sentido pode-se dizer que todas as questões disciplinadas no contrato de concessão que gravitam em torno dos interesses patrimoniais do contrato são suscetíveis de solução arbitral. Todas as matérias que versarem sobre disponibilidade de direitos patrimoniais, poderão estar sob a égide arbitral. Há de ser notado, igualmente, que a Administração está adstrita ao princípio da legalidade e este prisma coaduna-se com art. 1º da Lei 9.307/1996: "as pessoas capazes de contratar *[pessoas físicas e jurídicas de direito privado ou público]* poderão valer-se da arbitragem para dirimir litígios relativos a direitos patrimoniais *[entre particulares e entre estes e a Administração]* disponíveis *[bens apropriáveis, alienáveis que se encontram no comércio jurídico]*".[26]

Assim, nos contratos de concessão de serviço público, tudo que diga respeito, tenha reflexo patrimonial e esteja relacionado ao equilíbrio econômico-financeiro do contrato será suscetível de ser dirimido por arbitragem. Seja quando o objeto do contrato de concessão referira-se a obras de construção civil ou à prestação de serviços públicos (efeitos patrimoniais). Por outro lado, as disposições classificadas como regulamentares e atinentes à Administração, previstas no contrato, estariam fora da zona de direito disponível e, portanto, sujeitas à dirimência da jurisdição estatal.

No caso específico de contratos de concessão, tais como os estabelecidos no âmbito da Agência Nacional de Telecomunicações — Anatel, as questões referentes à violação do direito da concessionária à proteção de sua situação econômica, revisão das tarifas e indenizações devidas quan-

23. Contrato de concessão de serviço público, na definição doutrinária, é aquele pelo qual a Administração Pública delega a outrem a execução de um serviço público, para que o execute em seu próprio nome, por sua conta e risco, mediante tarifa paga pelo usuário ou outra forma de remuneração decorrente da exploração de serviço (arts. 2º, II, e 4º da Lei 8.987/1995). O contrato de concessão de obra pública recebe da doutrina a definição de ser aquele pelo qual o poder público transfere a outrem a execução de uma obra pública, para que a execute por sua conta e risco, mediante remuneração paga pelos beneficiários da obra ou obtida em decorrência da exploração dos serviços ou utilidades que a proporciona (art. 2º, III, da Lei 8.987/1995) (cf. Maria Sylvia Zanella Di Pietro, *Parcerias...*, cit., pp. 75 e 127).

24. Ob. cit., p. 74.

25. Ob. cit., p. 77.

26. Cf. Cláudio Vianna de Lima, *A Lei de Arbitragem e o Art. 23, XV, da Lei de Concessões*, Rio de Janeiro, FETRANSPOR, 1997, p. 4.

do da extinção do presente contrato, inclusive quanto aos bens revertidos, são matérias suscetíveis de serem dirimidas por arbitragem, depois de esgotadas as negociações amigáveis.[27]

À guisa de complementação, vale notar, também, as ponderações efetuadas em precedente jurisprudencial que analisou a pertinência da inclusão de cláusula arbitral em contrato que dispunha sobre a adaptação e a ampliação da Estação de Tratamento de Esgotos de Brasília (este era o fim público colimado) objetado pelo Tribunal de Contas da União — TCU.[28] O Conselho Especial do Tribunal de Justiça do Distrito Federal salientara que "(...) para sua consecução havia o fornecimento de diversos bens, prestações de obras civis, serviços de montagens eletromecânicas, etc. No caso, havendo dúvidas atinentes a tais disposições, podem perfeitamente ser solucionadas ante o juízo arbitral, tudo visando a eficiente consecução do objeto contratado".[29] Este precedente tornou-se o *leading case* para a matéria e, em voto lapidar, a então Desembargadora Fátima Nancy Andrighi ao relatar o mandado de segurança em comento pontificou que "(...) pelo art. 54 da Lei 8.666/1993, os contratos administrativos regem-se pelas suas cláusulas e preceitos de direito público, aplicando-se-lhes supletivamente os princípios do direito privado o que vem reforçar a possibilidade de adoção do juízo arbitral para dirimir questões contratuais. Cabe à Administração Pública cumprir as normas e condições constantes do Edital de Concorrência, ao qual está vinculada".[30]

Pedro Batista Martins, em acurado estudo jurisprudencial em que analisa a questão referente a participação do Estado em arbitragens traça histórico desde as suas origens, perpassa para o trato da questão na ótica da imunidade de jurisdição interna e internacional e, ao final, assevera "(...) seja na exploração empresarial de atividade econômica, ou na prestação de um serviço público afeta a atos de gestão patrimonial, é legal e recomendável valer-se (e sujeitar-se) o Estado aos efeitos da cláusula compromissória".[31]

O precedente jurisprudencial citado pode ser analisado invocando o princípio ético-jurídico da boa-fé, pois é ilegítima a alegação de quem negocia (inclui no edital e no contrato), e depois pretende invalidar a cláusula arbitral. Nesta mesma linha ética pondera com muita propriedade Adilson Abreu Dallari, "(...) *o interesse público não se confunde com o mero interesse da Administração ou da Fazenda Pública; o interesse público está na correta aplicação*

27. V. nota 38, a seguir, em que o Capítulo XXX dos Contratos de Concessão Modelo da Anatel está reproduzido.

28. Vale notar que, persistindo nessa linha, não obstante a manifestação em contrário do precedente judicial mencionado, o TCU vem de objetar a fixação de cláusula arbitral em contrato firmado pela Comercializadora Brasileira de Energia Emergencial — CBEE (Processo TC, 005.250/2002-5, acórdão da 2ª Câmara, Ata 12/03, em 10.4.2003).

29. Julgamento do mandado de segurança 1998002003066-9, em 18.5.1999 (*DJ* 18.5.1999), v.u., Conselho Especial do TJDF. Observe-se que nenhuma incompatibilidade existe entre o disposto no *caput* do art. 54 da Lei 8.666/1993 e o art. 23, XV, da Lei 8.987/1995 confrontados com o art. 55, § 2º, da Lei 8.666/1993 (eleição de foro), posto que dispensar entendimento diverso representaria deixar sem efeito o disposto no art. 23, XV, da Lei 8.987/1995, o que indubitavelmente não foi a intenção do legislador. Ademais, note-se que, a cláusula de eleição de foro também está prevista neste artigo (cf. nosso artigo "A Arbitragem e os novos rumos...", cit., in *Aspectos Fundamentais...*, cit., p. 194).

30. Excertos do referido acórdão encontram-se publicados na *Revista de Direito Bancário, do Mercado de Capitais e da Arbitragem* 8/358-365, abr.-jun. 2000 (cf. Clávio Valença Filho, "Arbitragem...", cit., comentários ao citado acórdão, na mesma obra, pp. 365-373).

31. Pedro Batista Martins, "O Poder Judiciário e a arbitragem. Quatro anos da Lei 9.307/1996 (3ª parte)", *Revista de Direito Bancário, do Mercado de Capitais e da Arbitragem* 12/333, abr.-jun. 2001. Ainda observa, quanto à questão de competência, que não se aplicam "às pessoas jurídicas de direito público, nos atos *jure gestionis*, em que há eleição de cláusula compromissória, as regras de competência do STF ou STJ previstas nos arts. 102, *f*, e 105, II, *c*, da CF, pois de efeitos processuais e de caráter ancilar" (p. 333).

da lei e se confunde com a realização concreta da justiça. Inúmeras vezes, para defender o interesse público, é preciso decidir contra a Administração Pública"[32] (destacamos). É por isso, igualmente, que ao eleger a arbitragem não se está transigindo ou negligenciando com o interesse público; ao contrário, está-se elegendo um modo mais célere e especializado de solucionar controvérsias, que observará os ditames de um julgamento justo, em que o procedimento acolha os princípios da igualdade de tratamento das partes, do contraditório, da imparcialidade do árbitro e de seu livre convencimento (art. 21, § 2º, da Lei 9.307/1996).

Em perfeita sintonia com esta realidade foi que, em Portugal, o Conselho de Ministros fez publicar a Resolução 175/2001, de 5.12.2001, presidida pelo Primeiro-Ministro António Guterres (*Diário da República* 299, 28.12.2001, p. 8.501), que ao incentivar e recomendar os métodos extrajudiciais de solução de controvérsias advertiu: "o reforço da qualidade da democracia e o aprofundamento da cidadania sugerem também a construção de uma nova relação do Estado com os cidadãos e as empresas. Exigem que o Estado, ele mesmo, voluntariamente aceite e promova exemplarmente a resolução de seus litígios fora dos tribunais, quer confiando a decisão a um terceiro neutral que arbitrará quer admitindo o auxílio de um mediador desprovido dos poderes de imposição de um juízo vinculativo".[33]

III — O modo amigável de solução de divergências contratuais como cláusula essencial nos contratos de concessão de serviços públicos

A inclusão das formas extrajudiciárias de solução de controvérsias nos contratos de concessão de serviços públicos, consoante disposto no art. 23, XV, da Lei 8.987, de 13.2.1995, reitere-se, representa importante mudança de paradigma a regular o moderno direito administrativo brasileiro, em que se procuram novas formas de gestão pública que melhor se coadunem com os atuais papéis atribuídos ao Estado. Verifica-se, assim, por coerência e justiça, uma mudança de postura e tratamento em relação aos particulares, seus parceiros, que são considerados colaboradores da Administração.[34] Neste diapasão, o legislador procu-

32. Adilson de Abreu Dallari, "Arbitragem na concessão de serviço público", *RTDP* 13/9, 1996.

33. A citada Resolução preceituou, com fundamento no art. 199, alínea *g*, da Constituição portuguesa, que estabelece que compete à Administração praticar todos os atos e tomar todas as providências necessárias à promoção do desenvolvimento econômico-social e à satisfação das necessidades coletivas: "1. Reafirmar o firme propósito de promover e incentivar a resolução de litígios por meios alternativos, como a mediação ou a arbitragem, enquanto formas céleres, informais, económicas e justas de administração e realização da justiça. 2. Assumir e afirmar que o Estado, nas suas relações com os cidadãos e com as outras pessoas colectivas, pode e deve activamente propor e aceitar a superação dos diferendos em que ele mesmo seja parte com recurso aos meios alternativos de resolução de litígios. 3. Determinar que, no contexto da negociação de contratos em que o Estado ou outras pessoas colectivas públicas que integram a administração estadual indirecta sejam parte, se proponham e convencionem cláusulas que privilegiem a composição de diferendos com recurso aos meios alternativos de resolução de litígios, nos termos da lei. 4. Recomendar que, no contexto da negociação de contratos em que seja parte uma entidade integrada no sector empresarial da Estado, se proponham e convencionem cláusulas que privilegiem a composição de diferendos com recursos a meios alternativos de resolução de litígios, nos termos da lei. 5. Determinar que, no desenvolvimento das suas atribuições, o Estado e outras pessoas colectivas públicas que integram a administração estadual indirecta proponham e adoptem soluções concretas de mediação e de arbitragem como modalidades, preventivas e alternativas, de composição de litígios com os cidadãos, as empresas e outras pessoas colectivas. 6. Fazer novamente saber que, sem prejuízo da escolha de arbitragem *ad hoc*, os centros de arbitragem legalmente reconhecidos e institucionalizados constituem hoje uma oferta merecedora de especial confiança e indiscutível aceitação para actuarem nos diferendos acima referidos".

34. Os contratos administrativos podem ser de colaboração e de atribuição. Nos contratos de colaboração o particular se obriga a prestar ou realizar algo para a Administração e nos contratos de atribuição a Administração confere ao particular determinadas vantagens ou direitos, tal como o uso espe-

rou estabelecer um equilíbrio entre os direitos e deveres da Administração e os direitos e deveres do parceiro privado, determinando a inserção, nos contratos de concessão de serviços públicos, na categoria de cláusula essencial a eleição de foro e o modo amigável de solução de divergências, entre elas a arbitragem, haja vista ser a celeridade e especialidade um dos principais atributos desta forma extrajudiciária de solução de controvérsias, e que representa importante fator de otimização do contrato administrativo.

Note-se que a inserção de cláusulas que, a bem do interesse público atendem aos interesses tanto da administração como do particular, foi objeto de análise de Themístocles Cavalcanti ao enfatizar que "(...) parece-me que a administração realiza muito melhor os seus fins e a sua tarefa, convocando as partes que com ela contratarem, a resolver as controvérsias de direito e de fato perante o juízo arbitral, do que denegando o direito das partes, remetendo-as ao juízo ordinário ou prolongando o processo administrativo, com diligências intermináveis".[35]

A Lei de Concessão de Serviço Público ao dispor como cláusula essencial nos contratos de concessão (Lei 8.987/1995, art. 23, XV) às questões referentes ao foro e ao modo de solução das divergências contratuais está ampliando e esclarecendo o previsto no art. 54 da Lei 8.666/1993, tudo sob o manto constitucional, haja vista o disposto nos arts. 173, § 1º, II, e 175, parágrafo único, I, da CF/1988.

Adverte Diogo de Figueiredo Moreira Neto que, com o advento da Lei 8.987/1995, nenhuma dúvida mais pode pairar quanto ao uso da arbitragem e que o legislador erigiu em cláusulas essências, portanto, obrigatórias, os modos de solucionar amigavelmente controvérsias e que não são outros do que a mediação, a conciliação e a arbitragem, salientando que "(...) o importante é ter-se patenteado um *reconhecimento inequívoco da Lei*, este sim, bem definido, de que há sempre um campo de interesses patrimoniais disponíveis dentro do qual a arbitragem não é apenas *aceitável*, porém, mais que isso, *recomendável* como alternativa ao litígio judicial. E neste ponto reside a inovação oportuna e modernizadora introduzida pelo legislador brasileiro"[36] (destaques do autor).

Neste sentido, não resta a menor dúvida da necessidade de os contratos de concessão disporem sobre a arbitragem quando a negociação ou a conciliação, utilizadas prévia e preferencialmente, não lograram dissipar a controvérsia.[37]

Com efeito, verifica-se que o objetivo do legislador ao incluir a solução extraju-

cial de bem público (cf. Hely Lopes Meirelles, ob. cit., p. 207).

35. *RDA* 45/517, *apud* Eros Roberto Grau, "Da arbitrabilidade de litígios envolvendo sociedades de economia mista e da interpretação de cláusula compromissória", *Revista de Direito Bancário, do Mercado de Capitais e da Arbitragem* 18/401, out.-dez. 2002.

36. Diogo de Figueiredo Moreira Neto, "Arbitragem nos contratos administrativos", *RDA* 209/88, jul.-set. 1997. No mesmo sentido verificar Adilson de Abreu Dallari, "Arbitragem na concessão de serviço público", *RTDP* 13/7, 1996.

37. E, ainda mais. Os contratos administrativos, ainda que não se refiram à concessão de serviços públicos, a teor do disposto no art. 54 da Lei 8.666/1993, devem enaltecer a solução arbitral, a bem do interesse público. A boa e oportuna administração da Justiça pelo Judiciário devem priorizar as questões que não digam respeito a direitos patrimoniais disponíveis, bem como é papel do Estado e de suas empresas públicas e sociedades de economia mista envidar esforços neste sentido, além de dar o exemplo à sociedade. Assim, matérias que digam respeito aos interesses públicos derivados, de natureza instrumental, devem ser solucionadas por arbitragem (inclusive para otimizar a gestão pública, posto que ao estabelecer o preço dos serviços ou obras o contratante privado leva em consideração os custos que incorrerá com possíveis e futuras demandas judiciais duradouras). Por isso, decisões esporádicas e dissociadas da realidade (dir-se-iam anacrônicas), no âmbito dos órgãos incumbidos de revisar os atos administrativos, que ainda não se ativeram às modernas técnicas administrativas existentes no novo cenário que une o contratante público e o privado, deveriam rever e analisar a pertinência da arbitragem como meio idôneo de solucionar diferendos contratuais.

dicial de controvérsias foi de contrabalançar as necessidades do Estado e os interesses do particular, procurando firmar a igualdade jurídica entre as partes, priorizando a composição amigável e a arbitragem que, com mais propriedade, se coadunam com os objetivos do contrato de concessão (contrato de colaboração). Nesta linha, as formas extrajudiciárias de solução de conflitos inaugurada com a Lei 8.987/1995, art. 23, XV, passaram a ser incluídas nas legislações posteriores, aprimorando a aplicação do instituto da arbitragem. No âmbito dos contratos de concessão firmados pela Anatel, estabeleceu a Lei 9.472/1997, no art. 93, XV, que esses contratos disporão sobre o foro e o modo extrajudicial de divergências contratuais.[38] No mesmo sentido a Lei 9.478/1997, art. 43, X, para os contratos de concessão firmados pela Agência Nacional de Petróleo — ANP estabelecerão as regras sobre solução de controvérsias, relacionadas com o contrato e sua execução, inclusive a conciliação e a arbitra-

38. No âmbito da Anatel o Modelo de Contrato de Concessão de Serviços (de diversas especialidades) prescreve a arbitragem no Capítulo XXX, a seguir reproduzido: "*Capítulo XXX — Da Arbitragem. Cláusula 30.1* Os eventuais conflitos que possam surgir em matéria da aplicação e interpretação das normas da concessão serão resolvidos pela Anatel no exercício da sua função de órgão regulador conforme prescrito nos arts. 8º e 19 da Lei 9.472, de 1997, podendo a Concessionária recorrer ao procedimento de arbitragem disposto no presente Capítulo exclusivamente quando inconformada com a decisão da Anatel relativa às seguintes matérias: I — violação do direito da Concessionária à proteção de sua situação econômica, conforme prescrito no Capítulo XII; II — revisão das tarifas, prevista no Capítulo XII; e III — indenizações devidas quando da extinção do presente Contrato, inclusive quanto aos bens revertidos. Parágrafo único. A submissão de qualquer questão à arbitragem não exime a Anatel e a Concessionária da obrigação de dar integral cumprimento a este Contrato, nem permite a interrupção das atividades vinculadas à concessão. *Cláusula 30.2* O processo de arbitragem terá início mediante comunicação remetida por uma parte à outra, requerendo a instalação do Tribunal Arbitral de que trata este Capítulo e indicando detalhadamente a matéria em torno da qual gira a controvérsia. Parágrafo único. A Anatel poderá rejeitar a instalação do Tribunal Arbitral se, motivada e justificadamente, demonstrar que a controvérsia não se enquadra no rol de matérias prevista na Cláusula 30.1. *Cláusula 30.3* O Tribunal Arbitral será composto por 5 (cinco) membros, assim nomeados: I — 2 (dois) membros efetivos e respectivos suplentes indicados pelo Conselho Diretor da Anatel dentre especialistas nas áreas afetas à matéria controvertida, não pertencentes aos seus quadros, sendo pelo menos um, que o presidirá, detentor de conhecimentos específicos em regulamentação jurídica de telecomunicações; II — 2 (dois) membros efetivos e respectivos suplentes indicados pela Concessionária, dentre especialistas nas áreas afetas à matéria controvertida, que não sejam seus empregados, sendo pelo menos um detentor de conhecimentos específicos em regulamentação jurídica de telecomunicações; e III — 1 (um) membro efetivo e respectivo suplente indicado pelos membros referidos nos incisos anteriores. § 1º. O Tribunal Arbitral poderá ser assistido pelos peritos técnicos que considere conveniente designar. § 2º. Considera-se constituído o Tribunal na data em que todos os árbitros aceitarem as suas indicações e comunicarem a ambas as partes as suas aceitações. § 3º. O Tribunal julgará segundo o direito constituído e suas decisões têm força cogente, independentemente de homologação judicial. *Cláusula 30.4* Não tendo sido rejeitado pela Anatel ou sendo superado tal questionamento, será iniciado o Processo versado no presente Capítulo, o qual obedecerá ao seguinte procedimento: I — as partes terão 10 (dez) dias contados do recebimento da comunicação de que trata o *caput* da cláusula anterior, para indicar os membros do Tribunal Arbitral, o qual será instalado imediatamente após a aceitação de todos os seus membros; II — estando inerte uma das partes ou tendo oferecido resistência à instalação do Tribunal Arbitral, a outra parte poderá se utilizar da faculdade prevista no art. 7º da Lei 9.307, de 23.9.1996; III — instalado o Tribunal Arbitral, será aberto prazo sucessivo de 25 (vinte e cinco) dias para que as partes apresentem suas razões sobre a matéria controvertida, podendo nesta oportunidade apresentar laudos, perícias, pareceres, juntar documentos ou informações que entendam relevantes para sustentar sua posição; IV — apresentados os memoriais, o Tribunal analisará as razões expostas e poderá, por requerimento de um de seus membros, determinar a elaboração de laudos, perícias ou pareceres, solicitar informações ou documentos para as partes, bem como realizar diligências e tomar as providências que entenda necessárias para a perfeita instrução da matéria controvertida; V — durante a coleta dos elementos a que se refere o inciso anterior, serão sempre permitidos às partes a manifestação e o contraditório, obedecidos os princípios da informalidade, da consensualidade e da celeridade que pautarão o procedimento; VI — declarada encerrada a instrução, será concedido prazo comum de 15 (quinze) dias para que as partes apresentem suas alegações finais; VII — transcorrido o prazo prescrito

gem internacional. A Lei 10.233/2001, no art. 35, XVI, estabelece que, nos contratos de concessão de transporte aquaviário, haverá cláusula que disponha sobre as controvérsias relacionadas com o contrato e sua execução, estipulando a conciliação e arbitragem etc. Impende observar que, no âmbito da Agência Nacional de Energia Elétrica — ANEEL, o denominado Mercado Atacadista de Energia — MAE, dispõe como cláusula obrigatória dos contratos a solução de controvérsias por arbitragem, a teor do disposto na Lei 10.233, de 24.4.2002, art. 2º, §§ 3º a 5º e na Resolução da ANEEL 102, de 1.3.2002, que institui a Convenção do Mercado Atacadista de Energia e a forma de funcionamento do MAE.[39]

Conclui-se, portanto, que os contratos de concessão de serviços públicos, não apenas podem estabelecer a solução de controvérsias por arbitragem, como devem assim proceder. O edital e o contrato de concessão ao obrigatoriamente disporem nas denominadas cláusulas essenciais sobre a negociação, conciliação, mediação e arbitragem, poderiam, por exemplo, estabelecer que as divergências referentes às compensações ou indenizações decorrentes das modificações dos serviços contratados, por razões de interesse público, atrasos imputáveis ao concedente durante o período da construção etc.; enfim, as controvérsias surgidas quanto à interpretação ou aplicação do contrato e que representassem ônus ao concessionário seriam submetidas a uma Comissão de Conciliação e Arbitragem, que observaria um regulamento próprio disposto previamente pelo poder concedente, fundamentando-se nos princípios jurídicos presentes na conciliação e na arbitragem, que prevêem a igualdade de tratamento das partes, o direito ao contraditório e a independência e imparcialidade dos árbitros e conciliadores.[40]

Em suma, é um imperativo imposto pelo legislador (art. 23, XV, da Lei 8.987/1995) que, ao assim proceder, teve como fundamento propiciar às partes, quando factível, modo célere de solução de controvérsias e, em conseqüência, dar efetividade aos princípios de direito aplicáveis no campo obrigacional, tais como a boa-fé, evitar locupletamento ilícito etc., cuja vertente pública se reflete no equilíbrio econômico-financeiro dos contratos que firmam com os particulares.[41] Neste sentido preleciona Caio Tácito que:

no inciso anterior, independentemente da apresentação das alegações finais, o Tribunal proferirá sua decisão em prazo não superior a 30 (trinta) dias; VIII — da decisão do Tribunal Arbitral não caberá recurso, exceto pedido de reconsideração, cabível apenas na hipótese da decisão ter sido adotada por maioria de apenas um voto; e IX — só caberá invalidação do processo de arbitragem nas hipóteses prescritas no art. 32 da Lei 9.307/1996. Parágrafo único. As despesas com o processo de arbitragem, abrangendo, inclusive, as custas de laudos, pareceres e perícias, bem como os honorários dos membros do Tribunal, serão imputadas à Concessionária ou à Anatel, conforme decisão do Tribunal Arbitral" (<www.anatel.gov.br>, biblioteca/contratos).

39. V. nota 50, *infra*.

40. Note-se, que no âmbito latino-americano, importantes passos foram dados no Chile na área de solução de controvérsias em contratos de concessão de serviços públicos. Em decorrência do Decreto com Força de Lei — DFL 164/1991 limitou-se os poderes públicos do Estado nos contratos de concessão, procurando a igualdade jurídica das partes. Foi estabelecido importante e profícuo sistema de conciliação e arbitragem, haja vista a jurisprudência arbitral advinda, principalmente após a instituição da "Comisión Conciliadora" pelo Decreto Supremo do Ministério de Obras Públicas — MPO 900, de 1996. Referida Comissão estabelece interessante procedimento de constituição, inclusive de Comissão Arbitral (portanto, com poderes jurisdicionais) e os árbitros indicados pelas partes atuarão como "árbitros arbitradores", isto é, a decisão deverá ser por eqüidade, opção comumente adotada naquele país, inclusive para as arbitragens privadas. Conferir excelente artigo da lavra de Juan Eduardo Figueroa Valdés, "La resolución de controversias en la ley chilena de concesión de obras públicas", na *web* <www.camsantiago.com>, seção "Artículos".

41. Neste particular observa o Professor paranaense Romeu Felipe Bacellar Filho, que o contrato administrativo não se liberta das características ínsitas de qualquer avença. Como consectário de uma obrigação, o contrato resulta de um acordo de vontades. "A autonomia da vontade é elemento imprescindível a ser observado em qualquer contratação.

"A convenção de arbitragem será, em tais casos, caminho aberto a que, pelo acordo de vontades, se possa alcançar a plena eficácia da relação contratual. A discriminação entre as hipóteses, tendo como fundamento a natureza própria das obrigações contratuais, está a merecer tratamento no plano normativo que faculte, nos contratos administrativos, equivalência entre partes desiguais, de tal modo que as prerrogativas da Administração não onerem excessivamente a outra parte ou eliminem a fruição do direito do contratante privado.

"Se, indubitavelmente, em certos casos, o princípio da indisponibilidade do interesse público repele o compromisso arbitral, não há por que obstar o benefício da transação quando a natureza da obrigação de conteúdo mercantil, a ser cumprida pelo órgão público, possibilita que ao acordo de vontade, fruto do vínculo bilateral, possa igualmente suceder o procedimento amigável como dirimente de eventual discrepância no entendimento da latitude da obrigação do administrador."[42]

IV — A privacidade e o sigilo na arbitragem e a publicidade da Administração

A segunda questão a ser tratada consiste em abordar quanto à privacidade e o sigilo, que costumeiramente estão presentes durante o procedimento arbitral, bem como depois da prolação da sentença e a problemática que envolve as arbitragens realizadas entre o concessionário e a Administração, surgindo a indagação: como conciliar tais procedimentos com os princípios da publicidade e transparência que devem pautar os atos da Administração decorrentes de preceito constitucional e submetidos a rígidos controles exercidos pelo Tribunal de Contas da União ou dos Estados?

É de conhecimento corrente que a privacidade e o sigilo (confidencialidade) são atributos desejáveis na arbitragem.[43] A privacidade está relacionada com o local em que a arbitragem é processada e quanto à matéria discutida, no sentido de não permitir a presença de pessoas estranhas nas audiências. Por sua vez, o sigilo (confidencialidade), refere-se à sentença arbitral e aos documentos apresentados no processo, vinculando as pessoas que gerenciaram o processo, os árbitros, procuradores e até as partes.

Sustenta a doutrina, na pena de Chávez Bardales que "a natureza privada da arbitragem está intimamente vinculada com o

Do mesmo modo os princípios *lex inter partem* e *pacta sunt servanda*, fazem certo que o contrato é a lei entre as partes e que estas, devidamente ajustadas, devem observar o que foi pactuado" (cf. "A natureza contratual das concessões e permissões de serviço público", *Revista do Instituto dos Advogados Brasileiros* 94/55, 4º trim. 2000).

42. Ob. cit., pp. 114-115.

43. Recentemente o Professor Alejandro Garro, da *Columbia Law School*, em entrevista observou, quanto ao sigilo e a publicidade do processo judicial, que "(...) o princípio geral da arbitragem é que, ao contrário do Judiciário, onde tudo e todos se tornam fatores de interesse público (a não ser que haja uma relevante razão para exceção), na arbitragem o sigilo é a regra, e a transparência ou abertura para terceiros é uma exceção. Mas isso é o máximo que se pode alcançar genericamente. Em um caso recente decidido por uma corte australiana, um fornecedor de combustível encontrou refúgio no sigilo da arbitragem para evitar o vazamento de informações abertas no procedimento, tais como os detalhes no cálculo de aumento dos preços da indústria de combustível. O Judiciário sustentou que o sigilo, no ponto em que era um atributo da arbitragem, não serviria como desculpa para a recusa de uma das partes em revelar informações relevantes para a decisão do caso. Em um outro caso recente, dessa vez na Suíça, o Judiciário sustentou que o princípio da boa-fé e de um acordo justo, no contexto da arbitragem, impõe o dever do sigilo entre as partes. Similar divergência pode ser encontrada entre as Cortes da Inglaterra e dos Estados Unidos, no que tange ao sigilo sobre os documentos apresentados durante a arbitragem. Uma Corte inglesa sustentou que o dever implícito de sigilo se estende a todos os documentos envolvidos na arbitragem, enquanto uma Corte americana defende que, a não ser que haja acordo das partes, nenhum sigilo envolve os documentos apresentados ou produzidos na arbitragem" (cf. *Boletim Informativo CAMARB*, 1º trim. 2003, <www.camarb.org.br>).

dever de confidencialidade, de tal forma que a primeira facilita a última"[44] (tradução livre). Note-se que de nada adiantaria preservar ou manter a privacidade das audiências se após fosse divulgado o que nela fora tratado. Nas arbitragens comerciais questões sensíveis à concorrência são discutidas, tais como, matérias vinculadas ao *know-how*, técnicas comerciais, estratégias de negócios que se divulgadas causariam prejuízos às partes na contenda arbitral.[45] O estudioso peruano referindo-se a precedente jurisprudencial inglês conhecido como caso Hassneh anota que "a confidencialidade dos documentos produzidos no transcurso ou exibidos com o propósito de uma arbitragem é, no direito inglês, um produto de direito tácito de privacidade"[46] (tradução livre).

No âmbito estritamente privado estas questões devem estar dispostas pelas partes nos contratos firmados ou em documentos apartados ou, ainda, nos regulamentos das instituições arbitrais para não prejudicar o interesse das partes, pois não há previsão a respeito na lei brasileira, a não ser a discrição exigida do árbitro (art. 13, § 6º). É de ser notado, contudo, que geralmente os Regulamentos das Instituições Arbitrais dispõem a respeito.[47] Também ressaltamos que em razão do cunho científico que as sentenças arbitrais encerram, no sentido de instituir a jurisprudência arbitral brasileira, é de todo conveniente a possibilidade de reproduzir e divulgar o teor as decisões arbitrais preservando a identidade das partes, tal como é verificado nos ementários de instituições arbitrais internacionais (*Recueil des Sentences Arbitrales de la CCI*, *Recueil des Décisions de Procédure dans l'Arbitrage CCI*) e publicadas em compêndios e revistas especializadas (*Yearbook Commercial Arbitration — ICCA*, *Bulletin de L'Association Suisse de L'Arbitrage — ASA*, *Revue de L'Arbitrage*, *Revista de la Corte Española de Arbitraje*, *Arbitration International*, *Journal of International Arbitration*, *Revista Vasca de Derecho Procesal y Arbitraje*, *Revista de Direito Bancário, do Mercado de Capitais e da Arbitragem* etc.).

Na seara doméstica já ensaiamos os primeiros passos na área dos precedentes arbitrais setoriais. É o que se verifica na Convenção de Arbitragem do MAE ao estabelecer, na Cláusula 16, que "a Câmara disponibilizará aos árbitros do Tribunal Arbitral os extratos de sentenças já proferidas decorrentes desta Convenção, que poderão ser consideradas para efeito meramente orientativo". O precedente jurisprudencial arbitral é meramente orientativo (portanto, como sói acontecer, sem efeito vinculante), mas possui funções terapêuticas, pois poderão existir precedentes similares, dos quais defluem a fixação de conceitos e a aplicação de princípios que poderão ser utilizados em outros casos. Aliás, esta prática é muito utilizada em arbitragens internacionais, em que os precedentes dos casos da CCI ou do Centro Internacional de Resolução de Disputas sobre Investimentos — CIRDI, por exemplo, são citados por seus números (nos casos do CIRDI pelo nome das partes envolvidas) e se tornam célebres por fixar conceitos e invocar princípios que passam a ser paradigmas para outras decisões.

Nas questões que digam respeito à Administração a privacidade e o sigilo (ou confidencialidade), em muitos casos, deverão ser afastados ou mitigados. É o que já se observa nos casos submetidos ao CIRDI no âmbito do Banco Mundial, em que as partes são, de um lado o Estado receptor do capital e, do outro lado, o investidor par-

44. Enrique Miguel Chávez Bardales, *Privacidad y Confidencialidad en el Arbitraje Comercial Internacional*, <www.servilex.com.pe/arbitraje/colaboraciones/privacidad-arbitraje.html>.

45. Idem.

46. Idem.

47. Corte Internacional de Arbitragem da Câmara de Comércio Internacional — CCI, arts. 20.7 e 21.3; Lei Modelo da Uncitral, art. 25.4; Câmara de Mediação e Arbitragem de São Paulo CIESP/FIESP, art. 17.4; Centro de Arbitragem da Câmara de Comércio Brasil-Canadá, arts. 9.8 e 9.9; Câmara de Arbitragem de Minas Gerais, art. 7.3 etc.

ticular estrangeiro. Os registros dos processos são publicados no *ICSID Annual Report*. A confidencialidade deve ser mantida pelos árbitros e pessoas que atuaram no processo, salvo consentimento das partes em contrário. Por sua vez, as deliberações e decisões do Tribunal Arbitral são reservadas e mantidas em sigilo. A sentença arbitral só será publicada se as partes anuírem nesse sentido, mas o CIRDI poderá publicar excertos da sentença arbitral no que concerne às regras legais aplicadas pelo Tribunal Arbitral.[48]

A confidencialidade no âmbito do CIRDI e em decorrência de outros tratados internacionais em que interesses públicos estão envolvidos, vem recebendo flexibilização normativa, tal como o Capítulo XI, do NAFTA[49] (refere-se a investimentos e as arbitragens são instauradas por particulares contra o Estado receptor do capital), que permite que terceiros, não parte na controvérsia, manifestem-se perante as partes, solicitando ao Tribunal Arbitral esclarecimentos sobre a interpretação do Acordo do NAFTA. Esta flexibilização tem por fundamento o princípio da transparência e as normas de contabilidade pertinentes às boas práticas de governanças difundidas atualmente e que propendem à divulgação das sentenças arbitrais.

No caso específico dos contratos de concessão de serviços públicos, poder-se-ia inferir que as audiências e documentos fossem mantidos em privacidade para preservar as partes, mas os resultados das decisões arbitrais, existindo exigência legal, passam a ser de conhecimento geral, salvo se for de interesse da Administração e do concessionário a manutenção de sigilo, mas, mesmo assim, seria mantido em termos, pois a Administração (poder concedente) está sujeita ao controle do Tribunal de Contas da União ou dos Estados. Ademais, importa observar que o contrato firmado entre a Administração e o concessionário é fruto de um processo de licitação, no qual a transparência e publicidade são inerentes.

Nas arbitragens referentes ao Mercado Atacadista de Energia – MAE, a regra é observar a privacidade e o sigilo (ou confidencialidade), desde que não exista impedimento legal.[50] Não serão consideradas informações confidenciais aquelas que qualquer uma das partes possa comprovar serem de domínio público. As informações serão consideradas de domínio público se tiverem sido obtidas de outra fonte que não através do

48. Cf. Margrete Stevens, "Confidentiality revisited", *ICSID News*, v. 17, Spring, 2000, <www.worldbank.org/icsid/news/news.htm>. Sobre o CIRDI ou ICSID cf. nosso artigo "A sentença arbitral", nota de rodapé 8, *Revista Conjur* de 23.12.02, <www.conjur.com.br>, *Revista Justilex* 15/58-60, mar. 2003 e <www.servilex.com.pe>.

49. Cf. nosso artigo "Mercosul e Nafta. Os acordos de proteção e promoção de investimentos. A solução de controvérsias por arbitragem", in José Maria Rossani Garcez (org.), *Arbitragem na Era da Globalização*, 2ª ed., Rio de Janeiro, 1999, pp. 215-253. Note-se que as arbitragens no âmbito do Mercosul são de direito internacional público e os laudos arbitrais são divulgados e publicados. Até o momento houve 9 processos instaurados e os postulantes são os Estados (e não os particulares), cf. <www.mercosul.gov.br/normativas>.

50. A Convenção Arbitral foi aprovada pela 13ª Assembléia Geral Extraordinária (AGE) do MAE realizada em 10.6.2002 e re-ratificada na 14ª AGE do MAE, encerrada em 17.7.2002, entrando em vigor a partir da data de sua aprovação pela ANEEL. A Convenção de Arbitragem do Mercado Atacadista de Energia Elétrica — MAE, Cláusula 18, estabelece que as partes, os árbitros, testemunhas, membros da Câmara deverão abster-se de comunicar, revelar ou disponibilizar a terceiros, no todo ou em parte, os documentos, dados, informações a que tiver acesso em razão do procedimento arbitral, salvo se tiver autorização expressa de todos os envolvidos no processo. Por oportuno note-se que as arbitragens referentes ao Mercado Atacadista de Energia — MAE terão curso na Câmara de Arbitragem da Fundação Getúlio Vargas — FGV (cf. *Boletim Energia — ANEEL* 64, 12-19.2.2003). Por sua vez o Regulamento de Arbitragem da Câmara FGV, no art. 59, prevê que o processo será absolutamente sigiloso e que a confidencialidade deverá ser observada pelas partes e todos que atuarem no processo, inclusive os membros da Câmara da FGV. Note-se, igualmente, que no *site* da instituição está esclarecido que "no procedimento arbitral as audiências têm caráter restrito, não abertas ao público, sendo a confidencialidade garantida pelo fato de somente as partes receberem cópia da sentença" (<www.fgv.br>).

procedimento arbitral em questão e desde que não seja violado acordo de confidencialidade a que estiverem vinculadas as partes. Todavia, referidas informações poderão ser divulgadas por exigência das leis aplicáveis ou por ordem, decreto, regulamento ou norma governamental ou, ainda, conforme exigido por qualquer intimação legal ou outro procedimento atinente a processos judiciais, administrativos ou arbitrais.

Assim, por fim e ao cabo, faz-se mister esclarecer que efetivamente não existe uma regra fixa e imutável quanto à privacidade, sigilo ou confidencialidade, tanto para as arbitragens eminentemente privadas, como para as arbitragens estatais ou quase-estatais. Os acordos de confidencialidade ou sigilo (inclusive as disposições dos regulamentos de arbitragem), deverão ser respeitados, sob pena de serem cometidos ilícitos contratuais[51] que, evidentemente, serão afastados diante de preceito legal que imponha a publicidade. Ainda, à guisa de complementação, vale observar que a par do que ocorre em processos administrativos no âmbito da legislação de defesa da concorrência (Lei 8.884/1994), especificamente nos processos que analisam atos de concentração, há tratamento especial para documentos sigilosos das empresas, formando-se autos em apartado. No âmbito internacional, há de ser notado que semelhante disposição é seguida, por exemplo, nas diretrizes do sistema de solução de controvérsias da Organização Mundial do Comércio — OMC,[52] em que informações comerciais e estratégicas das empresas são mantidas em confidencialidade, não obstante os relatórios circularem entre os representantes dos países-membros.

Isto posto, concluímos que tanto os interesses públicos devem ser respeitados e, portanto, a decisão arbitral receber a divulgação pertinente quando determinado por lei, mas, também, os interesses do concessionário deverão ser preservados, no sentido de manter a adequada privacidade nas audiências, bem como quanto aos documentos comerciais e estratégicos das empresas que instruírem o processo arbitral, salvo, evidentemente, disposição em contrário das partes ou determinação legal.

51. E não violação legal, posto que como mencionado acima não existe previsão legal de confidencialidade, a não ser o disposto no art. 13, § 6º da Lei 9.307/1996, que se aplica aos árbitros.

52. Ata Final da Rodada Uruguai do GATT, que instituiu a Organização Mundial do Comércio — OMC, Anexo 2 do Tratado de Marraqueche, denominado "Entendimento Relativo às Normas e Procedimentos sobre Solução de Controvérsias", Decreto 1.355, de 29.12.1994 (*DOU* 31.12.1994).

Atualidades

RATING E RISCO-PAÍS

Renato Sampaio Brígido

I — Introdução. II — Agências de classificação ("rating agencies"). III — Risco-País ("Country Risk"). IV — Valor de um "rating". V — Importância do "rating" para as partes envolvidas em um investimento: A) Mitigação do risco através da estrutura do investimento; B) Monitoramento dos riscos. VI — Conclusão. Bibliografia.

I — Introdução

O debate em torno do *rating* tem recebido, no Brasil, cada vez mais atenção de investidores, analistas financeiros e, também, do público em geral. A utilização do *rating* por parte dos *market players* (tais como investidores, Bancos e analistas) é razoavelmente rotineira, já que o utilizam, diariamente, como instrumento de trabalho. Porém, o atual interesse do público brasileiro em geral parece ter se originado, em grande parte, das críticas às agências de classificação, que em períodos recentes deram "notas" ou "classificações" baixas para o Brasil, principalmente em razão do impacto que a crise argentina de 2001 traria ao desempenho da economia brasileira. Sem entrar no mérito de uma discussão sobre os motivos e considerações que levaram à redução da classificação do País em tal período, não se pode negar que o termo *rating* passou a ter maior destaque, principalmente no que se refere à sua influência — direta ou indireta — no desenvolvimento de atividades econômicas.

Ora, ao se considerar o início de um investimento ou de uma atividade econômica, uma série de análises e decisões são feitas com o objetivo de determinar as características necessárias, ou mínimas, para que tal investimento ou atividade seja considerado desejável e atrativo para aquele que irá promovê-lo (o *investidor*). Independentemente de sua modalidade (investimento direto, no mercado de ações, instalação de uma subsidiária em outro país, financiamento etc.), o processo decisório de um investimento envolve um grande número de ponderações que variam desde o tempo necessário para recuperar o investimento feito e o início de obtenção de lucros, a obstáculos culturais que poderão ser enfrentados por investidores em outros países. Outros elementos de consideração podem, ainda, ser elencados, tais como cronogramas de implementação a serem cumpridos; custos inerentes à concretização do projeto; existência de fundos próprios ou possibilidade de obtenção de financiamentos de terceiros; riscos legais (tais como questões de ordem tributária, trabalhista e ambiental que decorram da realização do investimento); planos de contingência; garantias; ambiente regulatório do local em que a atividade será realizada; forma de operacionalização do projeto; impactos para a imagem do investidor; riscos comerciais ou inerentes ao negócio em que se traduz o investimento. Dependendo das circunstâncias específicas, os fatores acima referidos e mesmo outros, podem trazer um ônus maior ou menor para o sucesso do projeto, influindo diretamente na possibilidade de o mesmo ser realizado ou não.

Mais especificamente em relação a investimentos realizados em outros países — os *cross-border investments* —, podem ser citados, ainda, dois elementos de consideração: *risco-político* (golpes militares no país em que o investimento é feito; expropriação de bens e instalações pelo governo local; impossibilidade de remessa de lucros para o país do investidor etc.) e *risco-país* (considerado aqui o risco oriundo das características do país em si, como sua infra-estrutura, ambiente econômico e mercado consumidor).

A determinação do risco-político e do risco-país, bem como seu grau de influência em relação a um projeto, corresponde a um dos principais desafios enfrentados por investidores em operações a serem desenvolvidas (total ou parcialmente) no exterior. A identificação de tais riscos é crucial, já que sua ocorrência representa uma ameaça ao projeto e, dependendo de suas proporções, pode resultar na perda da totalidade do investimento, além de possíveis prejuízos adicionais.

As análises e estudos necessários para avaliar o risco-país e quais riscos-políticos afetam um investimento consomem tempo e requerem conhecimento profundo de vários aspectos do país receptor do investimento, quais sejam, sua história, geografia, ambiente político (no país receptor e em sua região no planeta), atividades dos setores econômicos (indústria, agropecuária, tecnologia etc.), recursos (naturais e outros), cultura, mercado consumidor, política de exportação e outros. Também importa conhecer os organismos multilaterais de que o país receptor do investimento faça parte (como a Organização das Nações Unidas, a Organização Mundial do Comércio etc.) e se suas regras ou princípios são efetivamente observados; conhecer os tratados internacionais de que o país seja signatário e assim por diante. Desse modo, a análise da situação geopolítica de países localizados no Oriente Médio não poderia deixar de considerar certas disputas existentes nessa região; a probabilidade de terremotos e conseqüentes custos para proteger instalações industriais desse fenômeno natural não podem ser ignorados no Japão; o fato do Brasil ter declarado, no passado, moratória de sua dívida externa não passa despercebido aos investidores internacionais; conflitos existentes no continente africano representam uma preocupação para investidores. Mesmo países geralmente tidos como lugares seguros para investimentos podem vir a enfrentar problemas para atraí-los ou mantê-los em determinadas áreas da economia: atividades terroristas passaram a ser vistas sob uma nova perspectiva, principalmente nos Estados Unidos após os ataques de 11 de setembro de 2001 (aeronaves civis direcionadas contra edifícios do World Trade Center na cidade de Nova York e contra o Pentágono, na capital americana), criando mais preocupações em diversas atividades, como aviação civil e seguros. Isso também pode ser verificado em relação à Europa, ainda mais após os atentados a bomba ocorridos em Madri, em 11 de março de 2004 (explosões ocorridas em estações de trem), gerando cada vez mais preocupações quanto a segurança, meios de transporte e correspondentes seguros.

Não só uma mera análise inicial será suficiente em determinadas situações. Dependendo das circunstâncias, será recomendável monitorar os elementos que possam influenciar o sucesso do investimento e, mesmo após seu término, a análise de um risco pode vir a ser de importância para os investidores: a repatriação de um investimento ou distribuição de bens restantes a sócios de uma *joint-venture* podem ser afetados por impossibilidade de conversão e remessa de moeda, por exemplo.

Este artigo pretende discorrer sobre o papel e influência que *ratings* a respeito de um investimento (principalmente *cross-border*) ou de um país em que se objetive localizar um projeto podem ter no processo decisório sobre investir ou não em determinada atividade num dado país.[1]

II — Agências de classificação ("rating agencies")[2]

As agências de classificação (as *rating agencies* ou *credit rating agencies*) são instituições que proporcionam uma grande variedade de serviços a investidores, Bancos e outras entidades, serviços esses que consistem, principalmente, no fornecimento de opiniões abalizadas quanto às características de um investimento, de um país ou de outro elemento por elas analisado. Assim, uma das principais atividades das *rating agencies* é proporcionar, ao investidor e a outros interessados, uma análise e opinião a respeito, por exemplo, de um projeto (apontando os itens que possam contribuir para seu sucesso ou fracasso); quais países apresentam riscos maiores para desenvolvimento satisfatório de uma operação etc. Numa analogia singela, pode-se dizer que revistas especializadas em automóveis prestam serviço semelhante àquele da agência de classificação. Tais publicações analisam as diversas características de um carro, tais como rendimento e potência do motor, consumo de combustível, estabilidade, conforto, tecnologia, desempenho dos freios e assim por diante para, ao final, chegar-se a uma opinião sobre as principais qualidades, vantagens e desvantagens do carro. Vale ressaltar que a atividade das agências de classificação pode ser feita a partir da análise de dados de conhecimento público (principalmente no caso de análise do risco-país[3]), ou através de dados fornecidos pelas partes envolvidas em um financiamento ou pela empresa que deseja ter seu *rating* analisado e informado ao mercado.

A contratação dos serviços de uma *rating agency* ou de outra instituição que forneça informações e serviços similares pode ser extremamente recomendável, principalmente nos casos de investimentos de grande monta ou de alta complexidade. Há um custo envolvido na obtenção dos serviços de uma agência de classificação e incorrer em tal custo pode não ser factível toda vez que um investidor considere um projeto. Desta forma, informações tornadas públicas por certas agências classificatórias, entidades financeiras ou por associações comerciais podem constituir uma alternativa aos serviços prestados por uma *rating agency*. Além disso, estudos feitos internamente pelo próprio investidor são importantes. Um Banco, por exemplo, não necessariamente contratará os serviços de uma agência de classificação para analisar e fornecer opinião a respeito de todos os contratos de financiamento por ele promovidos. Porém, Bancos costumam apresentar sistemas internos de classificação das operações de que participa de forma não-eventual, baseados em fatores relacionados não somente a risco-país e a risco-político, mas também a riscos representados pela categoria de cliente (cabendo, aqui, mais um sistema de classificação própria, no sentido de saber qual a *qualidade* ou o *crédito* de um determinado cliente), outras pessoas envolvidas na transação (garantidores, por exemplo), capacidade da atividade econômica desenvolvida pelo tomador do empréstimo gerar lucros suficientes para pagar suas dívidas junto ao Banco etc.

Ainda nesse sentido, é interessante observar que grandes corporações — principalmente instituições financeiras — geralmente estabelecem uma lista de países com os quais, ou nos quais, devem ser evitados investimentos e operações. Tais listas podem indicar países considerados de alto risco para o sucesso de um investimento e países ou regiões em relação aos quais o governo do país de origem da instituição

1. É importante notar que *risco-político* e *risco-país* não se confundem.

2. Como exemplos de *rating agencies* podem ser citadas *Moody's Investor Services*, *Standard and Poor's* e *Fitch Ratings*.

3. Por exemplo, a notícia de que determinado país decretará a moratória de sua dívida externa terá, como provável conseqüência, a imediata redução de seu *rating*.

financeira (ou de sua matriz) tenha determinado ou recomendado a não realização de negócios pelos mais variados motivos como, por exemplo, embargos econômicos.

Ainda que sem qualquer pretensão maior, mesmo que um investidor não contrate os serviços de uma *rating agency* ou não procure outras fontes de informações a respeito de um país, as considerações singelas contidas neste artigo podem auxiliar a compreensão de certos riscos existentes em projetos a serem desenvolvidos no exterior. É o caso, por exemplo, das alternativas que serão apresentadas para melhorar a classificação (ou *rating*) de um investimento — mesmo não contratando os serviços de uma agência de classificação, um investidor pode adotar táticas para aumentar a segurança (ou diminuir o risco) de seu investimento, táticas que trariam, como possível conseqüência, a melhora do *rating* desse projeto (se fosse feito seu *rating*).

III — Risco-País ("Country Risk")

O trabalho para se chegar à determinação de um "risco-país" pode ter diferentes aspectos, razão pela qual é importante atentar, em cada estudo a respeito, aos elementos objeto de análise. Além disso, é preciso considerar que o conceito de *risco-país* é, por vezes, confundido com o conceito de *risco-soberano* (*sovereign risk*).

A diferença entre *risco-país* e *risco-soberano* está, basicamente, em ser, este último, mais diretamente relacionado ao risco existente em operações que envolvam a participação do governo do país em que é realizado o investimento, participando tal governo como garantidor de uma operação, ou como devedor de um empréstimo. O risco-soberano abrangeria, assim, tanto a capacidade de um governo pagar sua dívida como sua intenção de realizar tal pagamento. Por sua vez, o *risco-país* está direcionado a uma visão mais abrangente do país que receberá o investimento, fazendo-se uma análise do ambiente (político, econômico, legal, social) no qual o investidor alocará recursos financeiros e/ou outros, como tecnologia, *know-how* etc. Muitas vezes, os conceitos de *risco-país* e *risco-soberano* são utilizados como sinônimos, pois não seria de se surpreender que os *riscos-país* e *soberano* acabassem sendo iguais em relação a um mesmo país.[4]

4. "In its broadest sense, country risk can be defined as potential financial losses due to problems arising from macro-economic and/or political events in a country (...). The risks for bank loans to governments or for loans with a government guarantee are straightforward. There the analysis can be called sovereign risk analysis and is the risk that the government at some stage will be either unable or unwilling to meet its obligations. By definition the servicing of these loans is not linked to the performance of any particular project or enterprise and therefore there are only two questions: firstly, whether the government has the foreign exchange to pay, and secondly, whether it is willing to do so.

"Loans either to financial or industrial enterprises which are not guaranteed by the government can usefully be seen as subject to three levels of risk. At the micro level there is the creditworthiness of the enterprise itself in terms of its management and commercial viability. At the middle level there is the risk associated with the industry. For example, an investment or a loan to a copper mine in Africa is subject to the risk that the industry will change dramatically making the project unviable. Neither of these are the concern of the country risk analyst.

"Then at the country level there are essentially two types of risk. One is in effect identical to the sovereign risk described above and is usually called transfer risk. This is the possibility that even though the project is generating a cash flow in local currency, which is sufficient to meet obligations, the government does not have the foreign exchange available to make the foreign currency remittance for servicing the debt. In practice this risk can normally be analyzed in exactly the same way as sovereign risk provided that a non-financial concern is involved. Sovereign risk analysis is therefore identical to transfer risk analysis. In the case of a financial institution obligations may sometimes be met even while the government is rescheduling its own debts, but this usually depends on there being an independent source of foreign exchange.

"The other form of country risk affecting loans or investments in countries in the private sector is much broader (...). This is the risk of countrywide factors, economic or political, affecting the creditworthiness of the borrower. The most important risks are as follows: major devaluation; major recession; major shift in economic policy *e.g.* reduction of trade barriers or change in energy pricing; civil unrest; discrimination against foreign companies.

Muitas vezes é importante determinar os aspectos que sejam relevantes cobrir ao determinar o *risco-país*. Dentre outros elementos que podem ser levados em consideração nessas análises, citam-se os seguintes: situação das instituições políticas; transparência do objetivo e das decisões referentes a política econômica; organização e seriedade das instituições jurídicas; possibilidade de utilização de métodos alternativos de solução de disputas,[5] estrutura e qualidade do mercado financeiro e de capitais; políticas de protecionismo que possam existir em relação a indústrias nacionais de determinado setor; atividades regulatórias exercidas por instituições governamentais; crescimento econômico, distribuição de renda e despesas governamentais; políticas de câmbio; reservas monetárias; mercados comuns dos quais o país participe etc.

Como exemplo, transcrevemos abaixo o risco-político de alguns países, conforme considerado pela OECD (*The Organization for Economic Cooperation and Development*), em 24.10.2003:[6]

Argentina – 7	Equador – 7	Paraguai – 7
Bolívia – 7	Hong Kong – 2	Peru – 5
Brasil – 6	Índia – 3	Rússia – 4
Chile – 2	Iraque – 7	África do Sul – 3
China – 2	México – 3	Uruguai – 6
Cuba – 7	Nepal – 7	Venezuela – 7

Determinar o risco-país pode ser um ponto de partida para analisar o nível de risco inerente a um projeto, já que as características do país em que será localizado tende a influenciar o nível de segurança do projeto em si.

Por outro lado, o grau de influência do *rating* do país em que o investimento ou projeto específico será realizado pode sofrer alterações (melhora ou piora) dependendo das circunstâncias que envolvem o projeto, ou a forma como o mesmo é estruturado. Dentre outras dessas circunstâncias, podem ser citadas a quantidade e a qualidade de negócios e bens que um devedor possui espalhados pelo mundo (e que possam ser dados em garantia); se a matriz da empresa candidata a tomar um empréstimo está localizada em país diferente daquele para o qual será direcionado o investimento, e medidas adotadas para a melhora do *rating* de um projeto — tal é o caso, por exemplo, dos investimentos cobertos por seguros de risco-político, como aqueles disponibilizados pela MIGA (*Multilateral Investment Guarantee Agency*) e pela americana OPIC (*Overseas Private Investment Corporation*).

Condições de infra-estrutura e do mercado consumidor também precisam ser consideradas a fim de ser determinado o grau de probabilidade de retorno satisfatório do investimento. Um empréstimo a empresa que consuma altas quantidades de energia,

"Some of these are mainly economic factors, others mainly political. For banks these aspects of country risk may be less significant than the sovereign/transfer risks discussed above. Banks' private sector portfolios can obviously be badly affected but in most developing countries these tend to be limited. In some countries where they have been significant the government has acknowledged responsibility for these debts. Nevertheless, if the bank operates a local branch, generalized country risk is clearly important.

"For multinational companies, however, these aspects of country risk are crucial. Transfer risk is important since it affects the remittance of profits. However, very often companies have a long time horizon and they can wait if the country is going through a difficult patch. But changes in economic and political conditions can, temporarily or permanently, eliminate profits or bring large losses. Since investments in developing countries are frequently especially difficult and costly to terminate, generalized country risk advice is critical both before an investment is made and during operations" (John Calverley, *Country Risk Analysis*, pp. 3-4).

5. Um dos métodos de solução alternativa de disputas é a arbitragem. Além da possibilidade de utilização do instituto da arbitragem no âmbito doméstico, mostra-se relevante a possibilidade de execução, no País, de sentenças arbitrais proferidas no exterior.

6. *Website* da OECD, em 28.10.2003, <http://www.oecd.org/dataoecd/47/29/3782900.pdf>.

por exemplo, pode ter seu custo alterado em razão do risco oriundo do fato de tal empresa estar localizada em país com deficiências, ou não, em sua estrutura de geração e distribuição de energia elétrica.[7]

O objetivo da análise de um risco-país consiste, portanto, em obter uma opinião sobre se determinado investimento encontrará um ambiente favorável para seu sucesso. Em outras palavras, se determinado país representa um lugar seguro para se investir ou financiar um projeto.

IV — Valor de um "rating"

Uma classificação (ou *rating*) satisfatório para um projeto específico — projeto em relação ao qual serão emitidos, por exemplo, instrumentos de dívida ou do qual pretende-se sejam originados recursos para pagamento de empréstimos — aumenta a probabilidade desse projeto ser considerado elegível como objeto de investimento por pessoas (jurídicas ou físicas) que tenham recursos disponíveis para aplicação. Essa mesma consideração pode ser utilizada em relação ao *risco-país*: o melhor *rating* do país "A" torna-o mais atrativo para investimentos do que o país "B", que tenha recebido um *rating* pior (lembrando-se, sempre, que o *rating* de um país influencia o *rating* do projeto em si). Desta forma, a classificação de risco de um país impacta nos custos de uma transação ou investimento a ser nele realizado.[8]

O *rating* consiste, basicamente, em uma *opinião* abalizada a respeito de um determinado assunto.[9] Ou seja, o *rating* apresentado não pode ser considerado o resultado de uma fórmula matemática específica e absoluta; há uma grande discrição ou subjetividade dos analistas na consideração e apresentação dos resultados de seus estudos. Por esta razão, ao analisar as conclusões das agências de *rating* ou de estudos realizados por equipes próprias do investidor, é de suma importância verificar e entender a metodologia utilizada por quem as elaborou, seu escopo na análise e método de notas utilizado, a fim de se entender corretamente o conteúdo da informação assim transmitida ao investidor.[10] A mensagem contida no *rating* atribuído a um projeto ou a um país deve ser clara, de modo a ser completamente absorvida por seu destinatário. Segue, abaixo, trecho contido no *website* da Moody's:

"Ratings play an important role in today's capital markets. They help to foster the dramatic growth, the stability, and the efficiency of international and domestic markets, which now encompass more than $80 trillion of rated bonds and other fixed-income securities.

"The ultimate value of a rating agency's contribution to that market efficiency depends on its ability to provide ratings that

7. Não podem ser desconsideradas, por exemplo, crises energéticas como a ocorrida no Brasil, em 2001, ameaçando o funcionamento ideal de diversos setores da economia.

8. Cada agência de crédito possui seu próprio sistema de classificação e consideração de cada tipo de risco. Um dos métodos utilizados para expressar as opiniões de uma *rating agency* vale-se da combinação de letras: *AAA* ou *C*, por exemplo. Apesar de mais de uma agência de classificação poder utilizar um mesmo sistema de "notas" (como a utilização de letras), o significado de tais resultados pode demonstrar diferentes conclusões em relação a um mesmo risco ou investimento. O fato de duas agências de classificação conferirem a mesma nota a um projeto (*BB*, por exemplo) não significa que essas agências tenham a mesma opinião. Será necessário verificar as metodologias individuais de cada agência para entender o risco que cada uma considera existir num investimento.

Há várias agências de risco no mercado, a maioria das quais publica suas opiniões sobre riscos de longo prazo (*long-term risk*) usando as notas *AAA* a *C*, que têm sido padrão no mercado desde sua introdução por John Moody, em 1909 (v. *The Same Rating from Different Agencies Only Looks the Same*, em <http://www.moodys.com/moodys/cust/staticcontent/2000200000265909.asp?section=about&topic=understanding&link=y>, em 4.4.2004).

9. O *rating* não é, nem deve ser considerado, uma garantia das agências de classificação.

10. V., a respeito, *The Same Rating...*, cit. *supra*, nota 8.

are clear, credible, accurate risk opinions based on a fundamental understanding of credit risk. To provide a reliable frame of reference for investment decisions, the agency's ratings should offer broad coverage and also be based on a globally consistent rating process, supported by rating committees with a multi-national perspective.

"When ratings meet investors' needs for reliable risk assessments, their value also extends to borrowers seeking flexible, economical funding in the capital markets, and to intermediaries, regulators, savers, governments, economists, the financial media, and a host of other market participants and observers (...)."[11]

Essa passagem mostra, também, a importância que um *rating* apresenta para a parte que receberá o investimento (como o mutuário em um empréstimo bancário). Um investimento com bom *rating* poderá, por exemplo, apresentar uma taxa menor de juros ou, então, tornar desnecessária a prestação de garantias de mesma qualidade das que seriam solicitadas caso o *rating* da operação em questão fosse inferior. Prevalece, assim, a máxima de que quanto menor o risco de um investimento, menor seu custo.

V — Importância do "rating" para as partes envolvidas em um investimento

O *rating* de um projeto (ou do país onde será desenvolvido) corresponde a um item adicional na análise feita por um investidor a respeito das características da atividade de que poderá participar, principalmente se esse *rating* for elaborado por um terceiro, tal qual uma agência de classificação (*rating agency*). Apesar do *rating* não ser (e não dever ser considerado) uma garantia, ele apresenta um conjunto de importantes informações e opiniões que podem ser utilizadas no processo decisório de um investimento. Um Banco, por exemplo, dependendo de seu perfil de atuação (mais ou menos arrojado) provavelmente será mais favorável ao financiamento de projetos em países que tenham recebido classificação satisfatória por uma agência de *rating* de renome do que num país que tenha recebido uma classificação pior. Uma classificação baixa não significa, porém, o impedimento do investimento. Tudo dependerá do nível de risco que um investidor esteja disposto a assumir (conforme mencionado, não pode ser esquecida a máxima de que quanto maior o risco, maior a previsão de retorno).

O *rating* também é importante se considerada a perspectiva do devedor. Tomando-se o caso de um empréstimo como base, uma boa classificação aumenta a probabilidade de aprovação do financiamento desejado, aumentando também a margem de negociação dos termos do respectivo contrato (um Banco, por exemplo, pode considerar desnecessário exigir linguagem mais restritiva num contrato ligado a um financiamento de *rating* alto, diferentemente da que seria utilizada em contratos relacionados a financiamentos com baixa classificação). O tomador de recursos poderá, inclusive, adaptar a estrutura originalmente pretendida para um financiamento com o escopo de atingir um *rating* (ou nível de risco) considerado aceitável para aquele que disponibilizará os recursos financeiros.

Além da necessidade de determinação do *rating* de um investimento por iniciativa das partes nele envolvidas, sua obtenção pode ser necessária para atendimento de exigências de ordem legal ou regulatória. É o caso, por exemplo, do requisito constante da Instrução 404, de 13.2.2004, da Comissão de Valores Mobiliários (CVM).[12]

11. *Website* da Moody's (28.12.2003), *The Truth About Credit Ratings*, em <http://www.moodys.com/moodys/cust/staticcontent/2000200000265984.asp?section=about&topic=understanding&link=y>.

12. A Instrução CVM 404/2004, publicada no *DOU* em 19.3.2004, dispõe sobre o procedimento simplificado de registro e padrões de cláusulas e condições que devem ser adotados nas escrituras de

Este normativo submete o deferimento do registro de distribuição de debêntures padronizadas a análise simplificada de documentos e informações submetidas à CVM, sendo que o pedido de registro deverá apresentar, dentre outros documentos, "relatório elaborado por agência classificadora de risco em funcionamento no País".[13] Entende-se que o objetivo da CVM, ao fazer tal exigência, é o de obter opinião abalizada de um terceiro (agência de risco) sobre a qualidade do investimento representado pelas debêntures submetidas a registro, bem como fazer com que prevaleçam o interesse público, adequada informação e proteção ao investidor (*caput* do art. 3º da Instrução CVM 404/2004).

O *rating* de um projeto combina a análise de vários elementos como, por exemplo, risco de crédito, risco-país, risco-soberano e risco-político. Também englobará aspectos relacionados às partes envolvidas no projeto e as características e circunstâncias em que as atividades que darão origem aos lucros do investimento serão realizadas (no caso de emissão de papéis no mercado internacional, por exemplo, são pontos importantes saber qual a empresa emissora, suas principais atividades, se tais atividades podem ser exercidas de modo consistente até a data de vencimento dos títulos, quem controla a emissora, qual a influência do governo local em relação à emissora e suas atividades, qualidade de seus dados financeiros etc.). Conseqüentemente, o risco do projeto pode variar se os riscos relacionados a ele forem alterados no início ou durante o prazo do investimento (conforme referido, riscos-políticos podem variar no correr do tempo; da mesma forma, riscos de crédito podem sofrer modificações em razão de outros fatores).

A possibilidade dos *ratings* serem alterados traz consigo duas importantes considerações: (i) alteração do *rating* de um projeto através de suas especificidades (mitigação do risco através da estrutura do investimento), aumentando suas chances de ser elegível como receptor de fundos, e (ii) monitoramento do *rating* durante o prazo do projeto.

A) Mitigação do risco através da estrutura do investimento

Para determinar as alternativas de redução de riscos que influenciam um investimento, deve ser considerada a estrutura deste e os riscos geradores de maior preocupação. No caso de projeto altamente influenciado por risco-político, por exemplo, uma série de recursos pode ser usada na tentativa de mitigá-lo para, conseqüentemente, ter a chance de melhorar o *rating* do investimento.

Primeiramente, os riscos-políticos que influenciam o *rating* de um projeto podem ser reduzidos, com a conseqüente melhora de sua classificação, se os pagamentos ou retornos devidos ao investidor estrangeiro forem menos afetados pela existência de fronteiras. Assim, estruturar o projeto de tal forma que o pagamento a ser feito ao investidor se dê a partir de seu próprio país de origem ou, então, a partir de países que não costumam criar barreiras à transferência de fundos ao credor, são possíveis alternativas, assim como contratar o pagamento através de cartas de crédito (*letter of credits*[14]). Instrumentos de garantia emitidos por entidades localizadas no mesmo país de origem do investidor (ou, como já mencionado, em países que não apresentam obstáculos significantes à transferência de fundos ao investidor) podem ser uti-

emissão de debêntures destinadas a negociação em segmento especial de Bolsas de Valores ou entidades do mercado de balcão organizado.

13. Instrução CVM 404/2004, art. 3º, II, *b*.

14. A UCP 500 dispõe, em seu art. 2º, serem as cartas de crédito (dentre outras características) um acordo pelo qual o Banco emitente, agindo a pedido e de acordo com instruções do tomador (ou em seu próprio interesse), obriga-se a efetuar um pagamento ao beneficiário (ou à ordem desse beneficiário), ou obriga-se a aceitar e pagar saques emitidos pelo beneficiário.

lizados na estrutura de uma operação — uma das garantias que podem ser consideradas é aquela emitida pela "empresa-mãe" ou controladora, a fim de garantir as obrigações de sua subsidiária estrangeira. A *standby letter of credit* é outro instrumento de garantia bastante utilizado em transações internacionais — além da segurança para o credor, decorrente do fato de o pagamento ser feito por um Banco, esse tipo de garantia mitiga o receio advindo do possível fato de o devedor ser desconhecido ou não possuir um histórico de transações com o credor. Outra modalidade para redução de risco-político é a contratação de seguros que cubram tais tipos de eventos — é o caso dos seguros oferecidos por OPIC, MIGA (já mencionados) e outras entidades, inclusive instituições financeiras privadas. Por fim, cabe mencionar que outras formas de redução de risco existem[15] ou podem ser criadas com o objetivo de facilitar ou possibilitar a realização de um investimento. Boa parte dessas soluções é alcançada através de estudos e considerações feitas por instituições financeiras (e seus advogados), tornando possível a criação de novas alternativas de investimento e geração de divisas.

B) Monitoramento dos riscos

A segunda consideração corresponde ao monitoramento dos riscos analisados. A razão para esse acompanhamento reside na possibilidade de mutação das condições anteriormente existentes: riscos anteriores podem deixar de existir ou novas ameaças ao sucesso de um investimento podem surgir. Situações há, por exemplo, em que determinado fato aumenta ou diminui a probabilidade de concretização de certo risco, seja este um risco-político (como guerra entre dois países) ou um risco de crédito (como o início de ação judicial contra o tomador de um empréstimo que, se decidida contra ele, poderá afetar sua capacidade financeira e, conseqüentemente, sua habilidade em pagar principal e juros de um financiamento). Em outras palavras, mostra-se importante para um investidor saber se certo projeto continua a apresentar o mesmo nível de risco que apresentava em seus momentos iniciais ou se aumentaram os riscos do seu sucesso para que, se necessário, sejam adotadas medidas para proteção do investimento.[16] No caso de um empréstimo, possíveis medidas incluiriam a renegociação de seus termos, assim como a exigência de garantias ou novas garantias (nesse caso, torna-se de grande valia as declarações e obrigações contratuais em que, por exemplo, é exigido o fornecimento de novas garantias na ocorrência de diminuição do nível financeiro do devedor ou de seu próprio *rating*).

Pode-se monitorar o nível de risco de um investimento mediante a atualização periódica da análise do projeto (ou de fatores a ele relacionados) por uma agência de classificação ou, então, através de equipes especializadas do próprio investidor (como departamentos de crédito de um Banco). A constante atualização não se mostra de interesse somente em projetos específicos, mas também em relação a empresas ou entidades que queiram demonstrar a terceiros que suas condições financeiras ou operacionais apresentam características satisfatórias. Exatamente por isso, uma empresa que seja objeto de análise de classificação (uma empresa administradora de recursos — *asset management company* —, por

15. Por exemplo, a estrutura do empréstimo sindicalizado (*syndicated loan*), através da qual vários Bancos contribuem para o financiamento de uma mesma atividade, pode ser utilizada não somente para a redução de risco-político de um empréstimo, mas também para a redução de risco de crédito envolvido.

16. "In any given year, some 10 percent of Moody's ratings are adjusted to reflect fundamental changes in credit risk. Our ongoing studies of rating transitions provide capital market participants with indications of the probability that an issuer at any given rating level will be upgraded to any higher rating or downgraded to any lower rating" (*website* da Moody's, em 27.12.2003, <http://www.moodys.com/moodys/cust/staticcontent/2000200000265989.asp?section=about&topic=understanding&link=y>).

exemplo) normalmente concordará em fornecer informações e assistir uma agência de classificação de forma continuada, a fim de que qualquer alteração relacionada aos riscos ou condição financeira dessa empresa sejam imediatamente verificados e informados a seus clientes e investidores.[17] Aliás, é razoável admitir que as agências de classificação obtenham da empresa objeto de análise o fornecimento continuado de informações (ou que a *rating agency* tenha acesso contínuo à empresa objeto de análise e a seus dados) — porque o principal patrimônio de uma agência de classificação é sua credibilidade, a confiança que seus clientes e o mercado como um todo tem em suas opiniões.[18]

Essa análise constante poderia, em princípio, ser vista como contrária aos interesses da empresa objeto de classificação já que, por exemplo, poderá tornar-se de conhecimento do mercado que sua nota de classificação foi diminuída. Uma análise constante servirá, todavia, aos interesses da empresa sujeita à classificação na medida em que uma das razões para uma empresa buscar os serviços de uma *rating agency* consiste em fornecer ao mercado, através da opinião de um terceiro especializado nesse tipo de análise, informações sobre sua qualidade, seriedade e padrões de funcionamento. No caso de uma *asset management company*, por exemplo, é importante que o mercado saiba que ela possui um bom *rating*. Informação nesse sentido tende a aumentar a confiança de seus clientes, bem como a atrair novos negócios. Além disso, a obtenção de *rating* superior ao de um concorrente pode trazer vantagens significativas para a empresa objeto de classificação.

Um credor também poderá tentar manter controle sobre a qualidade do projeto por ele promovido valendo-se, para tanto, de termos contratuais. Tal seria o caso de cláusulas determinando o fornecimento de demonstrações financeiras periódicas pelo devedor, aviso imediato de eventos ou circunstâncias que ameacem sua saúde financeira, ou outros termos e condições semelhantes, que podem auxiliar um Banco (ou outro tipo de investidor) a verificar não somente se o devedor cumpre suas obrigações contratuais, mas também se o risco representado por tal investimento continua a ser o mesmo existente quando de seu início.[19] Provisões contratuais dispondo sobre a possibilidade de representantes do credor visitarem as dependências do devedor, ou de que questionários enviados à empresa devedora sejam respondidos, também podem ser inseridas em contrato celebrado entre as partes. Isso não quer dizer, entretanto, que não existam problemas em relação a essas disposições contratuais: (a) tempo e pessoal do credor terão que ser alocados para essa atividade de obtenção de informações e de determinação de seu significado; (b) mesmo que auditadas por auditores independentes, as informações fornecidas ao credor podem não conter todas aquelas consideradas necessárias, ou podem não ser tão detalhadas quanto seria desejável, e assim por diante.

VI — Conclusão

Todo projeto a ser desenvolvido traz consigo uma série de riscos que podem va-

17. Invariavelmente surgem questões a respeito de confidencialidade de informações durante as negociações entre a agência de classificação e a empresa objeto de análise.

18. "An agency's value in the market place derives from its credibility with investors. And it is precisely that investor confidence which enables borrowers to maintain access to the capital markets over time" (*website* da Moody's, em 27.12.2003, cit.).

19. Uma das formas através das quais se busca a manutenção da saúde financeira de uma empresa durante o período em que é devedora de um determinado empréstimo é a inclusão de obrigação no sentido de ser mantido, pelo devedor, um nível de dívida previamente estabelecido e mencionado no contrato de empréstimo. O nível de dívida aqui mencionado poderia ser verificado através do balanço da devedora e outros documentos relevantes. Assim, obediência aos termos do contrato de financiamento consistiria em indicação de que um risco (nesse caso, comercial ou "de crédito") relacionado a um investimento feito por um Banco encontra-se estável.

riar dependendo de suas características e complexidade. É circunstância que decorre do investimento em si, seja ele no exterior ou não. Assim, uma das decisões a serem tomadas pelo investidor corresponde à determinação do nível de risco que está disposto a assumir em relação a um determinado investimento, considerando-se o lucro ou retorno que pretende obter. Uma análise adequada dos riscos que afetam um investimento (seja ou não feito por uma agência de *rating*) poderá, desse modo, auxiliar o investidor em sua decisão ou, mesmo, estimular a criatividade de suas equipes a fim de serem estruturadas operações de forma a que o investimento pretendido seja executado com a mínima influência possível dos riscos então verificados, na busca do objetivo de realizar o investimento com o maior grau de segurança e retorno possível.

Como visto, a classificação de um projeto ou investimento pode auxiliar, e mesmo influir, no processo decisório sobre sua promoção, já que através do *rating* são levantados (ou, pelo menos, tenta-se levantar) os riscos que ameaçam o sucesso do investimento.

O *rating* poderá conter informações valiosas para aquele que alocará recursos para o projeto, desde o ambiente que será encontrado pelo investimento e pelo investidor, passando pela possibilidade de restrições à execução das atividades necessárias, tempo necessário para gerar os lucros pretendidos, até a possibilidade desse lucro ser recebido pelo investidor.

Caberá ao investidor determinar o melhor uso a ser feito com os dados do *rating* que venha a receber e decidir, assim, se poderá prosseguir com o investimento ou se será necessário mitigar os riscos existentes para que tal projeto possa ainda ser considerado. Sob esse aspecto, cabe lembrar que a informação da *rating agency* é abalizada, e serve como indicação, mas não poderá ser tomada como afirmação de que determinada situação ocorrerá. Também não pode ser considerada uma garantia a respeito do sucesso do investimento. É o *rating*, portanto, instrumento a ser utilizado com sabedoria pelo empreendedor no seu processo de tomada de decisões.

Bibliografia

CALVERLEY, John. *Country Risk Analysis*. Londres, Butterworths, 1985.

Website da Moody's Investor Services. <www.moodys.com>.

Website da OECD. <www.oecd.org>.

Website da Standard & Poor's. <www.standardandpoors.com>.

TELECOMUNICAÇÕES NO BRASIL: BALANÇO E PERSPECTIVAS

UMBERTO CELLI JUNIOR

e

CLÁUDIA SILVA DE SANTANA

I — Introdução. II — O modelo brasileiro de regulação do setor de telecomunicações. III — Problemas enfrentados pelo modelo de telecomunicações: 1. Falta de concorrência nos serviços de telefonia local; 2. Universalização e o "excedente" de serviços de telecomunicações; 3. Manutenção da competitividade com a tendência de concentração no mercado. IV — Alterações propostas. V — Conclusões. Bibliografia.

I — Introdução

O setor de telecomunicações no Brasil vive um período de reestruturação. Tendo em vista o fato de alguns dos objetivos propostos pela Agência Nacional de Telecomunicações (Anatel) não terem sido plenamente atingidos, como, por exemplo, a introdução de ampla concorrência na telefonia fixa (Serviço Telefônico Fixo Comutado — STFC), no qual persiste um virtual monopólio das empresas originadas do Sistema Telebrás, muitos passaram a duvidar da adequação do modelo regulador adotado pelo país nos últimos anos.

Tanto assim é que, em setembro de 2003, o atual governo submeteu à consulta pública dois anteprojetos de lei que, em essência, alteram o papel das Agências Reguladoras no Brasil, inclusive o da Anatel. O primeiro anteprojeto prevê a transferência de parte das competências da Anatel para o Ministério das Comunicações, notadamente no tocante à outorga de concessões, permissões e autorizações para a exploração de serviços de telecomunicações. O segundo dispõe sobre a gestão, a organização e o controle social das Agências Reguladoras, o que, na prática, poderá implicar a perda de parte substancial de sua autonomia.

O objetivo desse artigo é, pois, o de analisar a evolução e os resultados alcançados sob o modelo de telecomunicações em vigor, seus principais problemas e suas perspectivas, estas principalmente em face das propostas apresentadas pelo atual governo ao crivo da opinião pública.

II — O modelo brasileiro de regulação do setor de telecomunicações

A reforma do Estado empreendida ao longo da última década resultou em uma mudança substancial do papel que este deve exercer na economia do país. Como se sabe, o Brasil chegou ao final do século XX tendo empresas estatais em praticamente todas as atividades econômicas, fruto de uma concepção de Estado altamente intervencionista. Por falta de investimentos e por terem sido administradas, na maior parte das vezes, ao sabor de interesses políticos, tais empresas acabaram por se revelar incapazes de suprir a demanda interna por novos produtos e serviços e de competir, de modo eficiente, em um mercado globalizado.

Com efeito, a Constituição de 1988, em seu art. 173, já sinalizava para a alteração que estava por ser realizada no tocante à forma de intervenção do Estado na economia ao estabelecer que "(...) a exploração direta de atividade econômica pelo Estado só será permitida quando necessária aos imperativos da segurança nacional ou a relevante interesse coletivo (...)", e ao ressaltar, em seu art. 174, a função do Estado como agente normativo e regulador da atividade econômica. Consolidava-se, assim, a visão de que o Estado deve apenas atuar na prestação de determinados serviços quando houver interesse coletivo relevante.

Foi nesse contexto que teve início o processo de abertura do mercado de telecomunicações no Brasil. A Emenda Constitucional 8, de 15.8.1995 — que alterou a redação do art. 21, XI, da Constituição Federal, eliminou o monopólio estatal na prestação de serviços de telecomunicações, tendo determinado, ademais, a criação de um órgão regulador.

A Lei 9.472, de 16.7.1997 (Lei Geral de Telecomunicações — LGT) marcou definitivamente o término da intervenção direta do Estado nas telecomunicações, ao autorizar a privatização do Sistema Telebrás e a criação da Anatel. A LGT traçou também as diretrizes básicas para a regulamentação do setor, a saber: (i) a expansão e a universalização dos serviços de telecomunicações; (ii) o fomento da concorrência com o estabelecimento, em uma primeira etapa, de um duopólio na telefonia fixa e celular, e com a previsão de liberalização do mercado a partir de 31.12.2001; e (iii) a garantia de parâmetros mínimos de qualidade dos serviços de telecomunicações prestados aos usuários.

De acordo com a LGT, os serviços de telecomunicações devem ser prestados em dois distintos regimes: público e privado. A diferença básica entre eles é que são prestados em regime público os serviços de telecomunicações, cuja existência, universalização e continuidade a própria União (i.e., o Governo Federal) comprometa-se a assegurar (ou seja, são serviços cuja prestação é imprescindível para a sociedade), enquanto os serviços sujeitos aos princípios da livre iniciativa e da mínima interferência do Poder Público são prestados em regime privado. Atualmente, apenas o Serviço Telefônico Fixo Comutado (STFC) oferecido pelas concessionárias (empresas resultantes da cisão do Sistema Telebrás) é prestado em regime público.[1] Todos os outros serviços são prestados em regime privado, inclusive os serviços de telefonia fixa fornecidos pelas denominadas "empresas-espelho" (empresas concorrentes das concessionárias nas respectivas regiões do Plano Geral de Outorgas — PGO[2]).

Essa divisão dos regimes de prestação dos serviços de telecomunicações entre público e privado teve o intuito de, por um lado, garantir o acesso da população aos serviços de telecomunicações considerados mais relevantes, que, por essa razão, estão

1. No final de 2003, a Anatel criou o Serviço de Comunicações Digitais destinado ao público em geral que também será prestado em regime público.

2. O Decreto 2.534, de 2.4.1998, mais conhecido como Plano Geral de Outorgas (PGO), fixou as regras básicas para a prestação do Serviço Telefônico Fixo Comutado (STFC), e dividiu o país em 4 (quatro) diferentes áreas de prestação de serviços, a saber: Região I — Estados do Rio de Janeiro, Minas Gerais, Espírito Santo, Bahia, Sergipe, Alagoas, Pernambuco, Paraíba, Rio Grande do Norte, Ceará, Piauí, Maranhão, Pará, Amapá, Amazonas e Roraima; Região II — Distrito Federal e dos Estados do Rio Grande do Sul, Santa Catarina, Paraná, Mato Grosso do Sul, Mato Grosso, Goiás, Tocantins, Rondônia e Acre; Região III — Estado de São Paulo; e Região IV — Nacional.

sujeitos a maiores condicionamentos e interferências do Poder Público em sua prestação, como a telefonia fixa, e, de outro lado, simplificar a outorga e a prestação dos demais serviços.

Verificou-se, conseqüentemente, uma significativa expansão dos serviços de telecomunicações. A atual disponibilidade de linhas telefônicas fixas e de telefones celulares contrasta com a precariedade na oferta de serviços de telecomunicações no Brasil anterior à privatização. Na época do Sistema Telebrás, o preço oficial de uma linha telefônica fixa chegou a ser superior a US$ 3 mil e a espera por uma linha adquirida pelos chamados planos de expansão ultrapassava dois anos. Como as estatais não conseguiam suprir a demanda, nem tampouco cumprir os prazos para instalação e transferência de telefones, criou-se um mercado paralelo de venda de telefones. O telefone celular era inacessível à maioria esmagadora da população, tanto pelo preço dos aparelhos quanto pelas exigências das estatais para a aquisição de uma linha. A evolução no número de telefones em utilização é também expressiva. De 1998 até junho de 2003, o Brasil passou de pouco mais de 22 milhões de telefones fixos instalados para mais de 39 milhões; de 589 mil telefones públicos para 1.350.000, e de menos de 7.300.000 celulares para 40 milhões. Ademais, sob o novo quadro regulatório, além do preço obtido por meio da venda dos ativos da Telebrás (US$ 19 bilhões), o setor recebeu investimentos em infra-estrutura da ordem de US$ 40 bilhões.[3]

O aprimoramento dos serviços de telecomunicações no Brasil é, pois, fato incontestável, o que permite afirmar que o modelo adotado tem sido razoavelmente bem-sucedido. Isso não significa, no entanto, que tal modelo esteja isento de problemas e que não necessite de ajustes.

3. A esse respeito ver jornal *O Estado de São Paulo*, 27.7.2003, pp. B8-10.

III — Problemas enfrentados pelo modelo de telecomunicações

1. Falta de concorrência nos serviços de telefonia local

Como precedentemente mencionado, a LGT estabeleceu como um de seus principais objetivos a introdução da concorrência, tanto na telefonia fixa como na celular, por meio do regime de duopólio até dezembro de 2001, i.e., durante esse período, cada área de prestação de serviço seria atendida por duas empresas (uma concessionária e uma autorizada). Após o transcurso desse período, o mercado deveria ser definitivamente liberalizado.

Ao contrário do que se esperava, porém, a concorrência não se tornou efetiva no mercado de telefonia fixa, principalmente no de telefonia local, em que se constata ainda a existência de um virtual monopólio das empresas concessionárias. É notória a falta de competitividade das "empresas-espelho".

Aliás, o que se observa é que, em qualquer país, a instituição de um ambiente realmente competitivo na telefonia fixa não é tarefa das mais simples. Essa dificuldade pode ser creditada, em larga medida, às características intrínsecas do mercado de telecomunicações, que requer a instalação de dispendiosa infra-estrutura e de interligação de redes de operadores de telecomunicações. Isso, agravado pelo fato de as telecomunicações terem sido anteriormente objeto de monopólio legal, o que fez com que, em regra, a maior parte da infra-estrutura em uso estivesse nas mãos de apenas poucos prestadores de serviços.

No Brasil, toda infra-estrutura de telecomunicações existente até a privatização do Sistema Telebrás foi alienada para as atuais concessionárias, proporcionando-lhes grande vantagem competitiva, mesmo considerando os encargos (*e.g.*, compromissos de expansão, atendimento, qualidade e continuidade dos serviços) a que estão sujeitas por estarem prestando serviços em regime público.

Apesar de a LGT determinar a obrigatoriedade da interconexão entre as redes e o compartilhamento da infra-estrutura já instalada para possibilitar a concorrência na telefonia fixa, nem a interconexão nem o compartilhamento da infra-estrutura (especialmente a da chamada "última milha") foram implementados de maneira satisfatória.

A) Interconexão

Consiste a interconexão na ligação entre redes de telecomunicações funcionalmente compatíveis, de modo que os usuários de serviços de uma das redes se comuniquem com usuários de serviços de outra ou que acessem serviços nela disponíveis. É essencial a interconectividade entre as redes dos diferentes prestadores de serviços, sobretudo para as empresas que estão entrando no mercado, visto que têm pouca possibilidade de êxito se não houver comunicação entre seus usuários e os usuários das outras prestadoras de telefonia fixa ou móvel. O acesso à rede de determinada empresa é remunerado pela tarifa de interconexão e o valor dessa tarifa constitui, atualmente, uma das maiores fontes de disputa entre as empresas de telefonia fixa, as empresas de telefonia fixa e as de serviço móvel, e entre essas empresas e a Anatel.

A fixação da tarifa de interconexão é assunto complexo. Isso porque se deve obter um valor que, ao mesmo tempo, remunere o investimento feito pelo detentor da rede e não impeça a entrada de novos operadores.[4]

Os dispositivos legais em vigor têm-se mostrado insuficientes para assegurar soluções eficazes aos problemas relacionados à interconexão. A LGT prevê, em termos genéricos, em seu art. 153, que os acordos entre as prestadoras para a interconexão das redes sejam objeto de livre negociação entre os interessados e que o provimento da interconexão seja feito em termos não discriminatórios, sob condições técnicas adequadas, garantindo preços isonômicos e justos, atendendo ao estritamente necessário à prestação do serviço. Em que pese o fato de o Decreto 4.733, de 10.6.2003, dispor de regras mais claras e objetivas, ao prescrever que as tarifas de interconexão e os preços de disponibilização de elementos de rede devem ser calculados por meio da adoção de modelo de custo de longo prazo, ficando preservadas as condições econômicas necessárias para o cumprimento e a manutenção das metas de universalização pelas concessionárias, tais regras somente terão eficácia a partir de janeiro de 2006. É por isso que a indefinição acerca do preço mais apropriado a ser cobrado pela utilização da rede de outras operadoras (tarifa de interconexão) continua no cerne das disputas, especialmente entre as empresas de telefonia fixa local, de um lado, e as empresas de telefonia fixa de longa distância e de telefonia móvel, de outro.

• *Disputa entre as empresas de telefonia fixa local e telefonia fixa longa distância* — As operadoras de longa distância alegam que as locais, detentoras da maior parte da infra-estrutura atualmente instalada, praticam conduta anticompetitiva conhecida como *price squeeze* ou elevação dos custos das rivais, por meio de (i) *discriminação de preços* na cobrança da tarifa de interconexão de rede local para "si mesma" (sua unidade de longa distância) e para seus concorrentes; ou por meio (ii) de *subsídio cruzado* implícito entre o serviço local e o de longa distância. Segundo essas empresas, tal conduta feriria não somente os arts. 3º, III (direito do usuário de serviços de telecomunicações de não ser discriminado

4. Segundo Eduardo Boulos, "após muita controvérsia, dadas as conseqüências das possíveis escolhas, parece que a tendência dos economistas é a pacificação em torno dos custos de longo prazo para o fornecimento de bens e serviços envolvidos na prestação do serviço em questão *[Serviço Telefônico Fixo Comutado]*, dentro da tecnologia mais moderna empregada pelo prestador" ("Concorrência e regulação no serviço telefônico fixo comutado — Um balanço", in Bolívar Moura Rocha (org.), *A Regulação da Infra-Estrutura no Brasil — Balanço e Propostas*, p. 40).

quanto às condições de acesso e fruição do serviço), 6º (princípio da livre, ampla e justa competição entre todas as prestadoras) e 70, I (coibição da prática de subsídios para redução artificial de preços), da LGT, como, também, o art. 20 da Lei 8.884, de 11.6.1994, Lei de Defesa da Concorrência, configurando, assim, infração à ordem econômica.

• *Disputas entre as operadoras de telefonia fixa local e móvel* — A disputa entre as prestadoras de serviços locais e móveis diz respeito às operações de telefones móveis pré-pagos. Como se sabe, o acesso das classes de menor poder aquisitivo aos serviços de telecomunicações deu-se, na prática, por meio do telefone celular pré-pago, o qual é utilizado, basicamente, para a recepção de ligações originadas em telefones fixos. Pelo fato de a grande maioria dos celulares pré-pagos não originar chamadas, atualmente entre 40% (quarenta por cento) e 60% (sessenta por cento) do faturamento das operadoras de telefonia celular decorre das tarifas de interconexão.

As operadoras de telefonia fixa local reivindicam a redução no valor das tarifas de interconexão em virtude do significativo impacto em seus faturamentos causado pela grande diferença de tráfego entre as redes (as regras de interconexão determinam que, quando a diferença de tráfego for maior que 55% (cinqüenta e cinco por cento), deve haver pagamento da empresa emissora para a empresa receptora da comunicação). Por sua vez, as empresas de telefonia móvel sustentam que somente com os valores de interconexão cobrados atualmente foi possível que as classes sociais de menor poder aquisitivo obtivessem acesso à telefonia por meio dos celulares pré-pagos, que têm conta média muito baixa. Segundo elas, sem essas tarifas de rede, sua sobrevivência estaria ameaçada.

• *Sumidouro de tráfego* — Outro aspecto que vem sendo muito debatido no tocante à tarifa de interconexão é o chamado "sumidouro de tráfego" resultante de acordos entre as prestadoras de telefonia fixa e os provedores de Internet, notadamente os gratuitos.

Como se sabe, os provedores de acesso gratuito à Internet são grandes consumidores de telefonia local com tráfego unilateral entrante, i.e., destinam às prestadoras um volume significativo de chamadas, sem, no entanto, originarem tráfego de telefonia. Esse grande volume de tráfego unilateral entrante despertou a atenção das empresas de telefonia fixa para a possibilidade de obtenção de receitas adicionais por meio da associação com tais provedores.

Assim, essas empresas passaram a oferecer aos provedores não somente sua infra-estrutura, i.e., suas linhas telefônicas, como também o compartilhamento de receitas de interconexão.[5] Ou seja: passaram a aplicar regras de interconexão estabelecidas especificamente para o tráfego de voz ao tráfego de dados (Internet). É justamente essa "distorção" gerada na forma de pagamento das tarifas de interconexão que tem sido denominada de "sumidouro de tráfego".

A polêmica causada por esses acordos, que têm sido objeto de calorosas discussões acerca da chamada "inclusão digital" e do papel dos provedores gratuitos nesse processo de inclusão, está relacionada ao suposto subsídio de fato de um serviço de valor adicionado (no caso, a Internet) por um serviço de telecomunicações, o de telefonia fixa.

B) Compartilhamento de infra-estrutura e *unbundling*

Como assinalado antes, a dificuldade na implantação de ambiente competitivo na telefonia fixa pode ser atribuída precipuamente à dispendiosa infra-estrutura necessária à prestação do serviço, motivo pelo

5. Essas receitas têm sido responsáveis, na prática, pela sobrevivência desses provedores de acesso gratuito, já que o modelo de negócios por eles adotado, baseado em receitas de publicidade virtual e de comércio eletrônico, não obteve os resultados esperados.

qual a telefonia fixa é usualmente classificada como um monopólio natural. Monopólio natural é como a teoria econômica denomina certas atividades que possuem características estruturais que dificultam ou inviabilizam o estabelecimento da concorrência. Por meio do estudo dos monopólios naturais no direito concorrencial norte-americano, foi desenvolvida a doutrina das *essential facilities*.[6] Uma *essential facility* existe quando há situação de dependência de um agente econômico em relação à estrutura de outro agente, principalmente quando a duplicação dessa estrutura é inviável, seja pelos custos envolvidos, seja pela necessidade de escala para a operação do sistema.

No setor de telecomunicações, a rede física para a prestação da telefonia fixa, especialmente a última milha (*last mile*) (estrutura que permite o acesso da rede da prestadora aos usuários) é considerada uma *essential facility*. Assim, o acesso à última milha para as entrantes através do *unbundling* (desagregação das redes) é vital para que seja possível o estabelecimento de concorrência efetiva nesse mercado.

O desenvolvimento tecnológico do setor de telecomunicações e a tendência de convergência dos serviços fixos e móveis levaram alguns especialistas do setor a considerar que o problema do monopólio natural estava superado.[7] É provável que, em um futuro próximo, o problema do compartilhamento das redes possa ser de fato superado pela convergência tecnológica dos serviços de telecomunicações. Contudo, analisando-se o momento atual da telefonia fixa no Brasil, constata-se que: (i) a aplicação das principais soluções tecnológicas alternativas, quais sejam, a transmissão por fibra óptica e *wireless* (sem fio), tanto via rádio como através da tecnologia *Wi-Fi*,[8] é incipiente; (ii) problemas de custo e confiabilidade no uso dessas tecnologias impedem sua utilização em larga escala; e (iii) essas novas tecnologias devem ser direcionadas para o atendimento do mercado corporativo.

6. "Sua formulação tem origem jurisprudencial. Em *United States vs. Terminal Railroad Association of St. Louis*, a Suprema Corte reconheceu que a criação de obstáculos ao acesso à determinada infra-estrutura poderia caracterizar uma infração ao *Sherman Act*, diante de certas circunstâncias. No caso considerado, a circunstância que se sobressaía era a impossibilidade prática de uma composição ferroviária passar ou entrar na cidade de St. Louis, sem se utilizar certas instalações terminais, as quais ligavam as vias férreas que davam acesso à cidade, passando pelas pontes existentes sobre o rio Mississipi. Além disso, não era possível às companhias dependentes desse acesso adquirirem ou construírem para si as estruturas, dados os custos proibitivos para tanto" (Calixto Salomão Filho, *Regulação e Concorrência*, p. 39). Essa doutrina, "which was first adopted by the Supreme Court in 1912 recognizes that a monopolist can gain an unfair competitive advantage in a related market by denying its competitors the right to access a resource required to engage in effective competition in that market" (Thomas A. Piraino Jr, "An antitrust remedy or monopoly leveraging by electronic networks", 93 *Nw. U. L. Rev.* 1, pp. 6-7).

7. Segundo expõe Floriano de Azevedo Marques Neto, a "rede pública de comunicações consiste na única trama de cabos, fios, ligações e estações de comutação pela qual se cursava a telefonia. Este fato conduzia a noção, tão divulgada, de que o serviço de telecomunicações consistia em um monopólio natural, pois esta infra-estrutura pré-montada era única e pertencia a um ente único, o Estado. Esta foi a teoria desenvolvida pelo Ministério das Comunicações, determinando que o serviço de telecomunicações, por suas condições naturais, apenas poderia ser explorado por um prestador, ou o Estado ou um concessionário desta rede. O desenvolvimento tecnológico, tratado alhures, derrubou a teoria do monopólio natural, pois agora, por exemplo, pode-se transmitir a telefonia por freqüência, reduzindo de sobremaneira os custos de instalação de uma rede" ("Direito das telecomunicações e a Anatel", in Carlos Ari Sundfeld (coord.), *Direito Administrativo Econômico*, p. 303).

8. *Wi-Fi* (abreviação de *wireless fidelity*) é o termo utilizado para designar uma rede local sem fio de alta freqüência (WLAN). A tecnologia *Wi-Fi* está sendo rapidamente bem aceita em muitas companhias como uma alternativa às redes cabeadas. *Wi-Fi* é especificada sob o código 802.11b do *Institute of Electrical and Electronics Engineers* (IEEE) e é parte da série de especificações para redes sem fio junto com os códigos 802.11, 802.11a, and 802.11g.

(<http://searchmobilecomputing.techtarget.com/sDefinition/0,,sid40_gci838865,00.html>, acessado em 19.10.2003).

2. *Universalização e o "excedente" de serviços de telecomunicações*

A questão sobre como compatibilizar os princípios da livre iniciativa e o da justiça social revela, de modo eloqüente, a presente situação do mercado de telefonia fixa. Ao longo dos últimos anos, a atuação da Anatel tem-se pautado fortemente pela busca da ampliação do acesso e da melhoria de qualidade dos serviços de telecomunicações. Nesse sentido, o próprio Poder Executivo, através do PGO, instituiu algumas vantagens para incentivar as empresas a antecipar o cumprimento das metas de universalização previstas nos contratos de concessão para 31.12.2003, como a possibilidade de essas empresas serem autorizadas a prestar outros serviços.

Como precedentemente mencionado, a telefonia fixa é fornecida pelas concessionárias em regime público, ou seja, com a obrigação, assegurada pela União, de universalização, i.e., garantia de acesso a todos ao serviço. A prestação de serviços de telecomunicações, na qualidade de serviço público, "deve considerar as condições e diferenças sociais dos usuários e a determinação da expansão dos serviços voltada para a consecução do atendimento universal, de modo a possibilitar o acesso a tais serviços a todos, 'independentemente das forças do mercado'".[9] No dizer de Calixto Salomão Filho, a universalização, "freqüentemente tratada como um objetivo de política econômica" é, "na verdade, uma garantia sistêmica ou institucional. (...) Entretanto, o simples provimento formal dos serviços a todos sem que muitos tenham condições materiais não é também suficiente. Isso não significa que a regulamentação possa ou deva substituir as políticas sociais. Significa que a regulação, como também o direito antitruste, não pode e não deve ser instrumento de criação de desigualdades sociais e principalmente de exclusão. Novamente aqui essa é a maneira de compatibilizar materialmente os ditames constitucionais da livre concorrência e da justiça social".[10]

O que se observa é que, apesar do expressivo aumento da oferta de serviços de telefonia fixa e de um estoque de 10,7 (dez vírgula sete) milhões de linhas ociosas existentes no país, resultado dos investimentos das concessionárias para a antecipação das metas de universalização, as camadas de menor poder aquisitivo não foram atingidas. Enquanto a densidade telefônica das famílias das classes A, B e C é de, respectivamente, 99% (noventa e nove por cento), 84% (oitenta e quatro por cento) e 62% (sessenta e dois por cento), apenas 20% (vinte por cento) das famílias da classe D e 5% (cinco por cento) da classe E dispõem de telefone fixo.

O acesso de significativa parcela da população de baixa renda aos serviços de telecomunicações tem ocorrido por meio da telefonia celular, especialmente com o telefone pré-pago, que, como se sabe, é utilizado, basicamente, para a recepção de ligações.

Essa "universalização" por meio do serviço celular pré-pago deve-se, em larga medida, ao fato de as tarifas de telefonia fixa serem proibitivas para a maioria da população do país, apesar de comparativamente mais baixas do que as cobradas em outras partes do mundo.

Tendo em vista que os serviços oferecidos para as classes D e E urbanas e para as áreas rurais não cobrem os custos de sua prestação, há certa polêmica acerca de quem deve "arcar" com os custos da universalização.[11] Alguns defendem, inclusi-

9. Dinorá Adelaide Musetti Grotti, "Teoria dos serviços públicos e sua transformação", in Carlos Ari Sundfeld (coord.), ob. cit., p. 56.

10. Calixto Salomão Filho, *Regulação da Atividade Econômica (Princípios e Fundamentos Jurídicos)*, p. 126.

11. Segundo Gesner Oliveira, em entrevista ao jornal *Valor Econômico*, "o setor de telefonia, como outros setores de infra-estrutura, é marcado por aquilo que se chama de externalidade positiva. O retorno social do serviço telefônico é maior do que o retorno privado. Então, há uma diferença entre os dois. Cada

ve, a utilização de subsídios estatais para o custeio dos serviços às classes populares, levando-se em conta o inegável valor social da prestação dos serviços de telefonia. Não há, porém, nenhum tipo de consenso sobre esse assunto.

3. Manutenção da competitividade com a tendência de concentração no mercado

Há uma evidente tendência de concentração entre as empresas de telecomunicações, incentivada pela percepção generalizada de que o mercado é pequeno para tantas empresas de telecomunicações no país.

A questão é como administrar essa tendência de concentração, evitando-se que o mercado de telecomunicações se transforme em monopólio privado. Claro está que as eventuais concentrações devem ser analisadas com extremo cuidado. Há certa pressão para que a regra do art. 14 do PGO[12] seja suavizada. A revogação dessa regra, que, por estar consubstanciada em um decreto, somente poderia ser efetuada pelo Poder Executivo, resultaria em profunda alteração dos princípios regulatórios hoje vigentes, visto que o modelo original considerou "que a 'separação' dos controladores fortaleceria o ambiente competitivo proporcionando, como conseqüência, ganhos para os usuários, decorrentes da disputa pelo mercado".[13]

Outra questão é a participação das concessionárias de telefonia fixa nas empresas celulares. Não existe limitação regulatória à formação desses conglomerados. Porém, essas associações trazem riscos à concorrência, como o de que possa ocorrer transposição da predominância que essas empresas têm no mercado de telefonia fixa para a telefonia celular, o que exigiria uma rigorosa atuação preventiva e fiscalizadora tanto da Anatel quanto dos órgãos de defesa da concorrência.

IV — Alterações propostas

Como analisado, a opção de deixar a intervenção direta do Estado para apenas certos setores da economia, de sorte a assegurar sua atuação como regulador da atividade privada, foi causa imediata da instituição das agências reguladoras, tais como a Anatel, a Agência Nacional de Energia Elétrica ("Aneel") e a Agência Nacional de Petróleo ("ANP"), dentre outras. Mais do que um modismo inspirado no direito norte-americano (que muitos consideram causa da chamada "febre das agências"), a necessidade de um órgão técnico de regulação estatal origina-se do inerente risco de o Estado perder o controle sobre as atividades econômicas essenciais para o país pelo exercício privado de atividades de maior relevância. A regulação pode, consoante lembra Calixto Salomão Filho, "representar exatamente a contribuição mais útil de um Estado que decide retirar-se da intervenção econômica direta (através da prestação de uma gama bastante variada de serviços) para sua função de organizador das relações sociais e econômicas e que, por outro lado, reconhece ser para tanto insufi-

serviço adicional beneficia mais o país do que ele dá à empresa. Conseqüentemente, a sociedade de um modo geral gostaria de ter mais serviços do que o resultado puramente de mercado resultaria. Para fazer isso de uma forma eficiente é preciso, de uma maneira transparente, deslocar recursos. Não se pode imaginar que o setor privado fará todos os serviços necessários para dar o retorno social desejado porque isso simplesmente diminuiria a rentabilidade, inibiria os investimentos e levaria a um serviço de má qualidade ou insuficiente" ("Universalização requer fonte de recursos", *Valor Econômico*, São Paulo, 10.12.2002, Especial Telefonia Fixa, p. F3).

12. Nos termos do art. 14 do PGO, a obtenção de concessão em determinada Região por empresa já concessionária de telefonia fixa, sua coligada, controlada ou controladora implica a obrigatória transferência a outrem, de contrato de concessão detido em outra Região, no prazo máximo de dezoito meses, contado da data de obtenção da concessão.

13. Renato Guerreiro, "Telecomunicações — O que mudar no modelo", *Valor Econômico*, São Paulo, 3.1.2002, p. A14.

ciente o mero e passivo exercício de um poder de polícia sobre os mercados".[14]

Assim, de acordo com a LGT, cabe à Anatel cumprir funções como, dentre outras, o estabelecimento de metas para a prestação dos serviços, a regulamentação e a fiscalização dos serviços prestados e a defesa dos interesses dos consumidores. Além disso, é dever da Anatel atuar como órgão de solução de disputas entre os prestadores de serviços. Já ao Poder Executivo ficou reservada a tarefa de estabelecer políticas públicas.

O que se nota, contudo, é a existência de uma "área cinzenta" entre as competências do Poder Executivo e as da Anatel, pois é tênue a linha divisória entre a regulação e a formulação de políticas públicas, especialmente no tocante a temas que demandam decisões técnicas com importantes conseqüências políticas e econômicas, tais como os reajustes de tarifas.

Na visão dos defensores do atual modelo, a competência do Poder Executivo, tal como definida pelo art. 18 da LGT,[15] deve ser interpretada restritivamente, de forma a garantir a independência da Anatel e a estabilidade temporária do mandato de seus conselheiros. Isso porque, segundo eles, tais atributos constituem, justamente, uma perspectiva de estabilidade nas relações entre o Poder Público e a iniciativa privada e de diminuição da influência de *lobbies* políticos e empresariais nas decisões administrativas mais técnicas ("teoria da captura").

Por outro lado, os críticos do modelo atual argumentam que o art. 18 é apenas exemplificativo e que a total independência da Anatel em relação ao Poder Executivo é ilegal por ferir a divisão tripartite dos Poderes, tornando as agências reguladoras um "quarto poder".

Com efeito, não há dúvidas de que como as questões de regulação econômica abrangem, além de aspectos técnicos, a conciliação de interesses de usuários e de prestadoras de serviços, as decisões das agências reguladoras envolvem, muitas vezes, escolhas políticas,[16] motivo pelo qual existe também a possibilidade de captura desses órgãos. Conseqüentemente, é necessário que o governo e a sociedade civil disponham de instrumentos que lhes permitam controlar e fiscalizar as atividades das agências, bem assim corrigir eventuais ineficiências em sua atuação, de modo a atenuar o risco da formação do chamado "quarto poder".

Não se pode esquecer, porém, de que, consoante assinala Maria Sylvia Zanella Di Pietro, esse "controle (administrativo) não significa que os entes descentralizados estejam hierarquicamente subordinados à Administração Direta. Existe apenas uma *vinculação* para fins de controle; essa vinculação normalmente se dá com relação ao Ministério ou Secretaria de Estado ou de Município cujas atividades se relacionam com a da pessoa jurídica da administração indireta". Ademais, diz ela, há "diferenças sensíveis entre tutela e hierarquia (...) a tutela é *condicionada* por lei, ou seja, só admite os atos de controle expressamente previstos; a hierarquia é incondicionada e im-

14. Calixto Salomão Filho, ob. cit., p. 14.

15. Por este artigo, cabe ao Poder Executivo (i) instituir ou eliminar a prestação de modalidade de serviço no regime público, concomitantemente ou não com sua prestação no regime privado; (ii) aprovar o PGO dos serviços prestados no regime público; (iii) aprovar o Plano Geral de Metas para a progressiva universalização de serviço prestado no regime público; e (iv) autorizar a participação de empresa brasileira em organizações ou consórcios intergovernamentais destinados ao provimento de meios ou à prestação de serviços de telecomunicações.

16. "Um segundo valor envolvido na interpretação desse requisito (participação dos interessados no procedimento regulamentar) é a rejeição da crença que caracterizou os teóricos do *New Deal* de que a atividade das agências seria eminentemente técnica e de que os agentes públicos encarregados de sua condução seriam invariavelmente imparciais, estando sempre dispostos a realizar o abstrato interesse público. Modernamente, ao contrário, reconhece-se que a expertise das agências não é capaz de eliminar o caráter político de muitas das decisões cometidas a órgãos administrativos" (Sérgio Varella Bruna, *Agências Reguladoras: Poder Normativo, Consulta Pública, Revisão Judicial*, p. 205).

plica uma série de poderes que lhe são inerentes, como o de dar ordens, o de rever os atos dos subordinados (*ex officio* ou mediante provocação), o de avocar e delegar atribuições".[17]

Fato é que, mesmo que se considere necessária essa tutela das agências reguladoras pela sociedade civil e pelo Poder Executivo, a forma pela qual ela deve ser exercida está longe de ser consensual.

Foi por essa razão que o Poder Executivo, conforme anteriormente citado, colocou em consulta pública, em setembro de 2003, dois anteprojetos de lei que tratam da atuação das agências reguladoras.

Um dos anteprojetos dispõe sobre a gestão, a organização e o controle social das agências reguladoras, propondo, em suma, a celebração de Contratos de Gestão com os Ministérios aos quais estão vinculadas, bem como a criação de ouvidorias para apurar reclamações de usuários contra a própria agência e os prestadores de serviços.

O outro anteprojeto altera dispositivos das Leis 9.427, de 26.12.1996, 9.472, de 16.7.1997 (LGT), 9.478, de 6.8.1997 e 10.233, de 5.6.2001, que tratam, respectivamente da Aneel, Anatel, ANP, Agência Nacional de Transportes Terrestres — ANTT e da Agência Nacional de Transportes Aquaviários — ANTAQ. Pelos termos desse anteprojeto, em síntese, a competência para celebrar contratos de concessão e outorgar autorização para a prestação de serviços, hoje detida pelas agências, seria retomada pelos respectivos Ministérios.

• *Contrato de Gestão* — A idéia de contrato de gestão ou contrato-programa, como preferem alguns, inspira-se em experiências de empresas estatais estrangeiras, principalmente européias, que têm procurado, por meio desse instrumento jurídico, uma forma adequada de regulamentar suas relações com os respectivos governos. Nesse sentido, por exemplo, podem ser citadas as iniciativas levadas a efeito por estatais francesas dos setores energéticos, de telecomunicações e de transporte ferroviário. No direito brasileiro, os contratos de gestão têm sido utilizados para denominar acordos celebrados com entidades da Administração indireta, notadamente com empresas de economia mista,[18] com as chamadas organizações sociais e, a partir da Emenda Constitucional 19, de 14.6.1998, também com órgãos da Administração direta.

Contratos de gestão com agências reguladoras não constituem novidade no direito brasileiro, uma vez que o art. 7º da Lei 9.476/1996 já prevê esse tipo de contrato para a Aneel. Todavia, a falta de uma disciplina legislativa genérica que estabeleça as características básicas do instituto, bem assim de estudos doutrinários mais aprofundados sobre a abrangência de tais contratos, traz grande insegurança. Isso porque tais contratos podem acabar se constituindo em uma forma de ingerência nas competências das agências, e não apenas como meio de vincular estas últimas às políticas públicas traçadas pelo Poder Executivo.

Entretanto, caso os contratos de gestão tenham seu escopo bem delimitado por lei, poderão tornar-se instrumentos eficazes de controle social e de aperfeiçoamento da gestão e do desempenho das agências.

• *Ouvidoria* — O intuito da criação das ouvidorias é o de estabelecer um canal de acesso da sociedade às agências. Porém, como o anteprojeto prevê uma competência muito abrangente para o ouvidor, qual seja a de zelar pela qualidade, receber, apurar e solucionar as reclamações dos usuários contra a atuação da agência reguladora, a ouvidoria pode acabar se transformando em

17. Maria Silvia Zanella Di Pietro, *Direito Administrativo*, 13ª ed., p. 399.

18. A esse respeito, v. Umberto Celli Junior, "Contratos de gestão e o processo de abertura de capital das empresas de telecomunicações", in *Revista de Direito Administrativo* 206/166-183.

uma maneira de o Poder Executivo intervir diretamente nas decisões das agências.

• *Outorga de serviços pelo Poder Executivo* — A retomada da competência para a outorga de concessões e autorizações de serviços pelo Poder Executivo é, sem dúvida, a que traz maiores riscos para os mercados regulados. É notório que, historicamente, grande parte das concessões e permissões licitadas pelos Ministérios foi baseada muito mais em critérios políticos e ideológicos do que em critérios técnicos, como se pode constatar, por exemplo, pelo exame de algumas concessões de rádio e televisão. Portanto, a exclusão dessa competência das agências, notadamente da Anatel, poderá ser um fator de desestabilização do mercado e, conseqüentemente, desestimular os investimentos privados nas telecomunicações, comprometendo os avanços obtidos na última década.

V — Conclusões

Se, de um lado, não se registraram avanços significativos na regulação de certos setores da economia por algumas agências, de outro, no que diz respeito às telecomunicações, a evolução da qualidade e da abrangência da prestação de serviços foi, sem dúvida, notável. Ao longo desses últimos anos, a Anatel teve e continua tendo papel importante nessa conquista.

É bem verdade que alguns acertos nas funções da Anatel e no seu relacionamento com o Poder Executivo precisam ser realizados. Isso se deve em parte ao fato de o Brasil não ter ainda uma sólida cultura regulatória. Nesse sentido, é imperiosa a tarefa de conciliação dos conceitos de política de governo e política de Estado. Somente assim os objetivos de estabilidade de regras, de estímulo à concorrência e de universalização dos serviços poderão ser plenamente atingidos.

Todavia, não se deve permitir que esses necessários ajustes, consoante o proposto nos dois anteprojetos submetidos à consulta pública, sirvam de pretexto para o esvaziamento da competência da Anatel e para o retorno da regulação do setor de telecomunicações à dependência de critérios políticos e ideológicos. A autonomia das agências (da Anatel em particular) em relação ao governo constitui requisito fundamental para a continuidade dos investimentos privados, na medida em que assegura maior transparência e estabilidade no cumprimento de regras.

São Paulo, março de 2004.

Bibliografia

ARAGÃO, Alexandre Santos de. "As agências regulatórias independentes — Algumas desmistificações à luz do direito comparado", in *Revista Trimestral de Advocacia Pública* 17, São Paulo, Instituto Brasileiro de Advocacia Pública, ano VIII, mar. 2002.

BARROSO, Luis Roberto. "Apontamentos sobre as agências reguladoras", in MORAIS, Alexandre de (org.). *Agências Reguladoras*. São Paulo, Atlas, 2002.

BRUNA, Sérgio Varella. *Agências Reguladoras: Poder Normativo, Consulta Pública, Revisão Judicial*. São Paulo, Ed. RT, 2003.

CELLI JUNIOR, Umberto. "Contratos de gestão e o processo de abertura de capital das empresas de telecomunicações", in *Revista de Direito Administrativo* 206/166-183, out.-dez. 1996.

DERANI, Cristiane. *Privatização e Serviços Públicos*. São Paulo, Max Limonad, 2002.

DI PIETRO, Maria Sylvia Zanella. *Direito Administrativo*. 13ª ed., São Paulo, Atlas, 2001.

GROTTI, Dinorá Adelaide Musetti. "Teoria dos serviços públicos e sua transformação", in SUNDFELD, Carlos Ari (coord.). *Direito Administrativo Econômico*. São Paulo, Malheiros Editores, 2000.

MARQUES NETO, Floriano de Azevedo. "Direito das telecomunicações e a Anatel", in SUNDFELD, Carlos Ari (coord.). *Direi-*

to Administrativo Econômico. São Paulo, Malheiros Editores, 2000.

______. *Regulação Estatal e Interesses Públicos*. São Paulo, Malheiros Editores, 2002.

MELLO, Celso Antônio Bandeira de. *Curso de Direito Administrativo*. 14ª ed., São Paulo, Malheiros Editores, 2002.

PIRAINO JR., Thomas A. "An antitrust remedy or monopoly leveraging by Electronic Networks", 93 *Nw. U. L. Rev.* 1, 1998.

ROCHA, Bolívar Moura (org.). *A Regulação da Infra-Estrutura no Brasil — Balanço e Propostas*. São Paulo, IOB-Thompson, 2003.

SALOMÃO FILHO, Calixto. *Regulação da Atividade Econômica (Princípios e Fundamentos Jurídicos)*. São Paulo, Malheiros Editores, 2001.

______. *Regulação e Concorrência (Estudos e Pareceres)*. São Paulo, Malheiros Editores, 2002.

______ (coord.). *Regulação e Desenvolvimento*. São Paulo, Malheiros Editores, 2002.

Jornais e periódicos

Gazeta Mercantil.

O Estado de São Paulo.

Valor Econômico.

Jornal Telecom.

"Sites"

<Telecom on line <www.teleconnonline.com.br>.

What is <www.whatis.com>.

BANCO CENTRAL DO BRASIL — PROCEDIMENTOS DE REGISTRO DE INVESTIMENTOS ESTRANGEIROS DIRETOS — EMPRÉSTIMOS EXTERNOS*

THEREZA MARIA SARFERT F. MONTORO

e

MARIANA MARTINS RIBEIRO

Lei 4.131, de 3.9.1962

Disciplina a aplicação do capital estrangeiro e as remessas de valores para o exterior.

Definição de capital estrangeiro

"Art. 1º. Consideram-se capitais estrangeiros, para os efeitos desta Lei, os bens, máquinas e equipamentos entrados no país sem o dispêndio inicial de divisas, destinados à produção de bens e serviços, bem como os recursos financeiros ou monetários, introduzidos no País, para aplicação em atividades econômicas, desde que, em ambas as hipóteses, pertençam a pessoas físicas ou jurídicas residentes, domiciliadas ou com sede no exterior."

Obrigatoriedade de registro de capitais estrangeiros — competência: BACEN (art. 3º).

Prazo de 30 (trinta) dias para registro do capital estrangeiro contados do ingresso das divisas no país (art. 5º).

* Palestra Banco Central, exibição em *PowerPoint*.

Situação político-econômica

A nova regulamentação de registro de investimento estrangeiro direto e empréstimo externo está inserida na política de liberação cambial iniciada pelo BACEN, em razão da crescente competitividade entre os mercados de capitais mundiais.

Finalidade

Eliminação de barreiras ao ingresso e à saída de investimento agilizando as atividades dos investidores, redução das restrições operacionais, burocráticas, bem como agilidade na obtenção do registro.

Procedimentos alterados

Empréstimos externos:

Resolução 2.770, de 30.8.2000;
Circular 3.027, de 22.2.2001.

Investimentos diretos:

Circular 2.997, de 15.8.2000;
Carta-Circular 2.935, de 1.9.2000;
Comunicado 7.817, de 31.8.2000;

***Comunicado 7.948, de 25.10.2000*; *Circular 3.021, de 28.12.2000*; *Comunicado 8.277, de 15.3.2000*.**

Procedimentos para registro

Antes

- Normas esparsas e confusas
- Solicitação através de formulários
- Protocolo físico de formulários
- Demora para a emissão do Certificado de Registro

Atualmente

- Normas consolidadas
- Registro efetuado pelo próprio interessado *on-line*
- Eliminação de formulários
- Extrato Consolidado de Investimento obtido imediatamente

INVESTIMENTOS ESTRANGEIROS DIRETOS

Circular 2.997/20

Institui e regulamenta o Registro Declaratório Eletrônico de Investimentos Externos Diretos — Módulo RDE-IED.

I — investimento em moeda;

II — investimento em bens tangíveis e intangíveis;

III — conversão de direitos/créditos remissíveis;

IV — reinvestimentos;

V — capitalização de reservas de capital;

VI — reaplicações;

VII — reorganizações societárias;

VIII — permutas e conferências no país;

IX — remessas para o exterior;

X — alterações diversas;

XI — dados econômicos e financeiros.

• Agosto de 2000 — BACEN introduziu o sistema de Registro Eletrônico de Investimento Estrangeiro Direto — RDE-IED.

• A companhia brasileira que receberá o investimento estrangeiro deverá obter uma senha perante o sistema BACEN para poder usar o SISBACEN-RDE-IED.

• A companhia brasileira deverá fornecer suas informações, bem como as informações do investidor e de seus representantes. Depois de toda a informação ser registrada, o sistema emitirá um número de RDE-IED para cada investidor e companhia brasileira. Esse número permitirá que as partes executem o contrato de câmbio quando os recursos chegarem ao Brasil.

• Uma vez assinado o contrato de câmbio, o investimento estrangeiro deverá ser registrado no BACEN através do SISBACEN-RDE-IED dentro de 30 dias.

• Esse registro permite ao investidor estrangeiro remeter lucros, dividendos e o capital inicialmente investido.

• Não é necessária prévia autorização do BACEN para investimentos diretos.

• Investimentos mediante a importação de mercadorias sem cobertura cambial devem ser registrados através do RDE-IED.

Pré-requisito para registro de qualquer transação no SISBACEN

Inclusão do patrimônio líquido da receptora de até 30 dias antes da data do ato societário que está sendo registrado.

• Normalmente não há restrições para a distribuição e remessa de lucros, dividendos e participação no capital investido (*juros sobre o capital próprio*) para o exterior.

• A remessa de lucros, o repatriamento de capital e os registros de reinvestimentos são baseados no valor do investimento estrangeiro previamente registrado no BACEN através do RDE-IED.

• O número de RDE-IED emitido pelo BACEN deverá ser informado ao banco brasileiro autorizado a operar o câmbio quando a remessa for feita.

Tributação

• Não incide imposto de renda sobre dividendos distribuídos e apurados desde 1º de janeiro de 1996.

• Incide 15% de imposto de renda sobre a distribuição de *juros sobre o capital próprio* (25% quando o beneficiário é residente em um paraíso fiscal).

• Não há incidência de IOF nas operações cambiais de investimento.

OPERANDO O SISBACEN — DECLARAÇÕES DA RECEPTORA

TRANSAÇÃO PRDE600 **INVESTIMENTO EXTERNO DIRETO — DECLARANTE** MRDE630
DECLARAÇÕES DA EMPRESA RECEPTORA
INFORMAÇÕES CONTÁBEIS E ECONÔMICAS-FINANCEIRAS
10 – Inclusão/Atualização de Patrimônio Líquido
11 – Demonstrativos Econômico-Financeiros Atuais — Data-Base 31.12
ATOS SOCIETÁRIOS
20 – Aumento/Redução de Capital — Inclui Constituição de Empresas e Reorganizações Societárias
21 – Desdobramento/Grupamento de Ações/Cotas e Mudança de Espécie por Transformação de Sociedade
22 – Distribuição de Dividendos/Lucros
23 – Distribuição de Juros sobre Capital Próprio
24 – Extinção de Receptora por Incorporação/Fusão
25 – Dissolução, Liquidação e Extinção de Receptora
OPÇÃO:____ Operação:____ (I-Inclui, A-Altera, E-Exclui, C-Consulta)
Receptora:________________________________
Data Balanço/Balancete: _________ (ddmmaaaa)
Data Ato Societário : _________ (ddmmaaaa)
ENTRA=SEGUE F9=TRANSAÇÃO F1=S.O.S F12=ENCERRA F3=RETORNA

OPERANDO O SISBACEN — DECLARAÇÕES DO INVESTIDOR

TRANSAÇÃO PRDE600 **INVESTIMENTO EXTERNO DIRETO — DECLARANTE**	MRDE630
DECLARAÇÕES DO INVESTIDOR	
REGISTRO DE INVESTIMENTO - ACRÉSCIMOS	**VALORES REMISSÍVEIS REGISTRÁVEIS**
10 – Integralização de Capital	AFERIÇÃO/BAIXA/DESTINAÇÃO
11 – Aquisição de Nacionais	30 – Alienação a Nacionais
12 – Câmbios anteriores ao RDE-IED	31 – Redução Capital p/ Restituição
13 – Transf. Intl. em Moeda Nacional	32 – Liquidação de Receptora
14 – Simulação de Links do Sistema **REGISTRO DE INVESTIMENTO - DECRÉSCIMOS**	33 – Destinação: Alienação, Redução, Liquidação, Dividendos/Lucros e Juros sobre Capital Próprio
20 – Cessão para Outro Não Residente	**CONSULTA**
21 – Cisão de Receptora	40 – Extrato Consolidado Investimento
22 – Conferência Ações/Cotas no País	41 – Demonstrativo Financeiro
23 – Permuta Ações/Cotas no País	42 – Receptora por Investidor
	43 – Investidor por Receptora
OPÇÃO:____ Operação:____ (I-Inclui, A-Altera, E-Exclui, C-Consulta)	
Num. RDE-EID: ______________________________	Data Ato Societário: ________ (ddmmaaaa)
Receptora :______________________________	
Investidor : ______________________________	
ENTRA=SEGUE F9=TRANSAÇÃO F1=S.O.S	F12=ENCERRA F3=RETORNA

Obrigações

Obrigações da empresa receptora do investimento

• Registrar o investimento em moeda no prazo de 30 dias contados do ingresso das divisas.

• Lançar no SISBACEN as informações econômico-financeiras da sociedade até o dia 30 de abril de cada ano relativas ao exercício anterior.

Responsabilidade e penalidades

Responsabilidade do "master" (Gerente Setorial de Segurança da Informação)

• documentos relativos a todas as operações devem ser mantidos por 5 anos para eventual fiscalização;

• informações incorretas, falsas ou intempestivas estão sujeitas às penalidades previstas em lei.

Penalidades previstas

Lei 9.983, de 14.7.2000 (art. 313, CP)

• 12 anos de prisão para quem inserir dados falsos ou alterar informações confidenciais nos bancos de dados da administração pública.

Resolução 2.883/2001

• Prestação incorreta ou incompleta de informações no prazo regulamentar, por ocorrência ou evento individualmente verificado, sendo o valor cobrado em dobro quando a correção ou a complementação dos dados não forem executados no prazo indicado pelo Banco Central: *multa de 10% sobre o valor previsto no art. 58 da Lei 4.131 (R$ 250.000,00), ou 1% (um por cento) do valor a que se relaciona a incorreção, o que for menor.*

• Ausência de destaque no balanço das empresas, inclusive sociedades anônimas, de parcela do capital e dos créditos, registrados no Banco Central do Brasil: *multa de 20% sobre o valor previsto no art. 58 da Lei 4.131 (R$ 250.000,00), ou 2% (um por cento) do valor do destaque não efetuado, o que for menor.*

• Não apresentação ou apresentação fora do prazo, da declaração ao Banco Central do Brasil, das informações solicitadas quando da realização do Censo de Capitais Estrangeiros: *multa de 20% sobre o valor previsto no art. 58 da Lei 4.131 (R$ 250.000,00), ou 2% (um por cento) do valor sujeito à declaração, o que for menor.*

• Não efetuar, dentro do prazo estipulado na Lei 4.131, o registro no Banco Central do Brasil: *multa de 50% sobre o valor previsto no art. 58 da Lei 4.131 (R$ 250.000,00), ou 5% do valor sujeito a registro, o que for menor.*

• Prestação de informação falsa ao Banco Central do Brasil: *multa de 100% sobre o valor previsto no art. 58 da Lei 4.131 (R$ 250.000,00), ou 10% do valor da informação que deveria ter sido prestada, o que for menor.*

• Penalidades específicas para instituições financeiras e demais instituições autorizadas a funcionar pelo Banco Central do Brasil — Resolução 2.901.

EMPRÉSTIMOS EXTERNOS

Resolução 2.770/2000 — Programa Nacional de Desburocratização

Alterou e consolidou as normas que disciplinam as operações de empréstimos entre residentes no País e não-residentes.

Revogou a necessidade de autorização prévia.

Mais de 200 normas revogadas.

• Fevereiro de 2001 — BACEN introduziu o sistema de Registro Eletrônico de Operações Financeiras — RDE-ROF.

• Essas transações financeiras incluem: empréstimos em moeda nacional ou estrangeira obtidos diretamente do credor estrangeiro ou mediante títulos, incluindo aqueles conversíveis em ações ou cotas; transações de créditos relacionados à exportação (seguro de exportação) e transações de exportação pré-pagas com prazo acima de 360 dias.

Circular 3.017/2001 — Programa Nacional de Desburocratização

Institui e regulamenta o Registro Declaratório Eletrônico — RDE, de empréstimos entre residentes ou domiciliados no País e residentes ou domiciliados no exterior.

I — empréstimo em moeda nacional ou estrangeira captado de forma direta ou por meio da colocação de títulos, inclusive os conversíveis em ações ou em contas;

II — operações de crédito com vínculo à exportação (securitização de exportações); e

III — pagamento antecipado de exportação, com prazo de pagamento superior a 360 dias.

• O registro de cada operação no ROF deve ser providenciado com anterioridade ao ingresso dos recursos no País, via SISBACEN.

• O registro é emitido de forma automática, exceto quando as condições da operação não forem compatíveis com as condições e práticas usuais de mercado.

• O prazo de validade do ROF é de 60 dias corridos.

• Após o ingresso dos recursos, o tomador deve efetuar o registro do esquema de pagamento no ROF.

• O prazo de validade do ROF, para remessa de pagamentos, fica limitado a 120 dias corridos, a contar da data de cada vencimento.

Tributação

• Os juros estão sujeitos a 15% de retenção de imposto de renda; no entanto, quando o beneficiário é residente em um paraíso fiscal, a alíquota é de 25%.

• Os empréstimos externos com prazo menor do que 90 dias estarão sujeitos à incidência de até 5% de IOF. Os empréstimos externos com prazo maior do que 90 dias não estarão sujeitos ao IOF.

• As alíquotas de IOF podem aumentar durante o ano fiscal mediante ato do Poder Executivo, tendo efeitos imediatos (CF, art. 153, § 1º).

Registro de conversão de crédito em investimento direto

• Créditos resultantes de transações financeiras registradas perante o RDE-ROF podem ser convertidos em investimento direto sem a prévia autorização do BACEN.

• Quando investimentos estrangeiros são convertidos em capital, o credor, ao invés de poder receber em parcelas o pagamento do principal e dos juros, poderá receber dividendos do investimento após a conversão da moeda.

• A conversão de empréstimos é realizada mediante uma operação simbólica. Neste sentido, a conversão está sujeita à CPMF (alíquota de 0,38%).

• Enquanto a conversão do principal não está sujeita ao imposto de renda, a conversão dos juros do empréstimo estrangeiro está sujeita ao pagamento de imposto de renda.

Espaço Discente

A SOCIEDADE EM CONTA DE PARTICIPAÇÃO E OS CONTRATOS DE INVESTIMENTO COLETIVO: PARALELISMO E ASSIMETRIA

FLAVIO AUGUSTO PICCHI

1. Introdução. 2. A sociedade em conta de participação: 2.1 A SCP na legislação brasileira; 2.2 Elementos típicos do contrato de sociedade; 2.3 Estrutura da SCP; 2.4 A "societaridade" da SCP. 3. O contrato de investimento coletivo: 3.1 Normatização do CIC; 3.2 A doutrina jurídica brasileira sobre os CICs; 3.3 O conceito americano de "security" e o brasileiro de valor mobiliário; 3.4 Natureza jurídica do CIC. 4. Paralelismo e assimetria: 4.1 O CIC enquanto contrato; 4.2 O CIC enquanto título; 4.3 Atipicidade societária e títulos de participação. 5. Conclusões. 6. Bibliografia.

1. Introdução

O objetivo do presente texto é discutir semelhanças e diferenças entre os contratos de investimento coletivo e a sociedade em conta de participação. O trabalho inicia pela análise desta figura societária, e alguns problemas de ordem teórica que se colocam frente a sua classificação no seio dos contratos de sociedade. Em seguida, traça algumas considerações sobre o contrato de investimento coletivo, forma de valor mobiliário na atual configuração da legislação brasileira sobre mercado de capitais, e sua natureza jurídica. A partir de traços de cada instituto, procedeu-se à comparação entre ambos, de maneira a ponderar sobre estrutura e função.

Lamenta-se não ter podido dissertar sobre um elemento específico dos contratos de investimento coletivo, qual seja, a oferta pública.[1] Esta falha, devida às atribulações diárias de acontecimentos que influem na rotina de todo aquele que intende pela especulação teórico-jurídica, bem como todos os demais equívocos que viciam estas linhas, devem ser levados à conta da responsabilidade do autor. O qual, não obstante, espera ter dado, nas premissas expressas e implícitas, mais ou menos desenvolvidas, de seu pensamento, um formato pelo menos possível e não-exclusivo para o tratamento que o tema propõe e demanda.

2. Sociedade em conta de participação (SCP)

2.1 A SCP na legislação brasileira

A SCP encontra-se regulada nos arts. 325 *et seq.* do Código Comercial (CCo). O novo Código Civil Brasileiro[2] (nCCB) manteve essa figura societária ao tratar do

1. Não foi possível, igualmente, comparar, o regime de atuação do agente fiduciário dos investimentos coletivos e do agente fiduciário de debêntures, como inicialmente se pretendeu.

2. Lei 10.406, de 11.1.2002.

Direito de Empresa, em termos que pouco se diferenciam em relação à codificação oitocentista. O seguinte quadro comparativo, não exaustivo, fornece bases para tal afirmação, mediante a comparação de termos:[3]

Código Comercial	Novo Código Civil
duas ou mais pessoas	as pessoas
sendo ao menos uma comerciante	para o exercício de atividade econômica
se reúnem	celebram contrato de sociedade
para lucro comum	[para] a partilha de resultados
sem firma social	inscrição da sociedade não lhe confere personalidade jurídica
em uma ou mais operações de comércio determinadas	realização de um ou mais negócios determinados
trabalhando um, alguns ou todos para o fim social	[para os] negócios sociais
não está sujeita às formalidades para formação de outras sociedades	independe de qualquer formalidade
prova-se por todo gênero de provas admitidas nos contratos comerciais	pode provar-se por todos os meios de direito
sócio ostensivo é o único que se obriga para com terceiro	obriga-se perante terceiro tão-somente o sócio ostensivo
outros sócios ficam obrigados com o ostensivo pelo resultado das operações sociais, nos termos do contrato	e [obriga-se] exclusivamente perante este [ostensivo] o sócio participante, nos termos do contrato social

Para fins do presente trabalho, portanto, a estrutura adotada pelo nCCB não influirá na análise e conclusões. Passar-se-á, portanto, ao comentário quanto a alguns pontos principais desse tipo contratual.

2.2 *Elementos típicos do contrato de sociedade*

Nos termos do art. 981 do nCCB, o contrato de sociedade é caracterizado por: (i) acordo de vontade entre partes; (ii) contribuição recíproca, entre as partes, com bens ou serviços; (iii) finalidade de exercer atividade econômica (um ou mais negócios determinados); (iv) partilha dos resultados.

Vale notar que as dúvidas antes existentes sobre tipicidade ou atipicidade do contrato de sociedade[4] foram, assim, sanadas, em vista da redação do art. 983 do mesmo diploma, que vincula a constituição de sociedades, empresárias e simples, às formas que especifica. Entretanto, a taxatividade das formas exclui a SCP (parágrafo único do art. 983), dado que sua estrutura é diversa das outras formas societárias.

2.3 *Estrutura da SCP*

Primeiramente, é sociedade interna, produzindo efeitos exclusivamente em relação a seus sócios, não perante terceiros; o que não lhe permite afirmar que seja atípica;[5] seus lineamentos tipológicos, de

3. Cf. arts. 325 *et seq.* do CCo e 981 e 991 *et seq.* do nCCB.

4. Rachel Sztajn, *Contrato de Sociedade e Formas Societárias*.

5. Entendendo-se por "atípica", no sentido vulgar da palavra, ser de molde a não partilhar de certos caracteres comuns que vinculem espécies a seus gêneros. Em estrito sentido jurídico, atípica não

fato, não contemplam elementos externos.[6] Além disso, é sociedade sem personalidade jurídica, e este é o fato que mais comoção traz em relação a sua caracterização como sociedade.

A utilidade da SCP é vária. A primeira é a possibilidade de uma pessoa participar em um negócio à conta de outrem, sem que seja necessária sua presença neste negócio, o que pode cumprir a uma série de fins subjetivos. A segunda é a especialização patrimonial da contribuição dos sócios, gerida pelo sócio ostensivo em seu nome, mas garantida a prestação de contas e o direito de regresso aos sócios ocultos, com as respectivas conseqüências econômicas advindas deste fato: limitação da responsabilidade patrimonial do sócio oculto, nos termos contratados.

Questão talvez mais interessante que a da personalização jurídica da sociedade é a da formação de seus fundos sociais. Toda sociedade tem fundo social, como decorrência necessária da existência de contribuição recíproca entre os sócios, tanto por bens quanto por serviços. Neste caso, fundo social não significa capital social definido,[7] basta a contribuição de cada sócio, que será objeto especial — nos termos da contratação entre os sócios — mas não de afetação especial do patrimônio de cada um perante terceiros (art. 994, § 1º, nCCB). O fundo social, podendo ser constituído unicamente de serviços, não poderá ser expresso monetariamente, mas a partilha necessária dos resultados o será.

Como conseqüência decorrente, outra discussão que importa é sobre a propriedade desses fundos, quando monetariamente exprimíveis. Não nos parece que a propriedade do fundo social passe ao patrimônio do sócio ostensivo; senão sua administração.[8] Mesmo no regime do CCo, a responsabilização dos fundos sociais pelo sócio ostensivo (gerente), ainda que por obrigações pessoais, confere, aos demais sócios, direito contra aquele. Houvesse transferência de patrimônio de uma pessoa a outra, qual seria a contrapartida? No caso, nenhuma, de modo a representar enriquecimento sem causa. E, além disso, como se pode pretender o direito regressivo contra alguém que alienou seu próprio patrimônio? De qualquer forma, o nCCB parece resolver o problema, ao mencionar "especialização" patrimonial, e não transferência. Além disso, contribuição dos sócios constituir patrimônio especial não é causa de alienação, mas de regime diferenciado de administração.

Por fim, vale lembrar que, em se tratando de acordo de vontades, não é requisito legal que seu instrumento seja escrito. Não é embargo à existência da SCP a forma não-escrita, mas a ausência trará conseqüências graves quanto à formação dos meios de prova. Desta maneira, nem confusão poderá haver entre SCP e sociedade em comum, pois esta deve ser provada por instrumento escrito, assim nas relações intra-societárias como nas exteriores (art. 987, nCCB), ao passo que naquela a prova é feita por todos os meios e sua constituição independe de formalidades. Por via de conseqüência, sem contrato escrito, a prova será quase impossível, o que trará desvantagens facilmente imagináveis, especialmente para os sócios ocultos.

2.4 A *"societaridade" da SCP*

Discussões sobre o caráter da SCP como verdadeira sociedade restam extintas, tanto pela definição legal do CCo e do Código Civil de 1916, quanto, especialmente, pela do nCCB. Sociedade não se con-

é, visto encontrar expressa previsão, definição e regramento legal. Plasticidade de forma não significa atipicidade.

6. Sztajn, *Contrato...*, cit., p. 71.

7. Em sentido contrário, com fundamento nos arts. 287 e 289 do CCo: Mauro Brandão Lopes, *A Sociedade em Conta de Participação*, pp. 63-64.

8. Em sentido discordante, com raciocínio sempre *a contrario sensu*: Lopes, *A Sociedade...*, cit., pp. 63-85.

funde com personalidade jurídica nem com externalização, inexistente na SCP; nesta, há, como em qualquer outra, fundos sociais; ocorre a intenção da partilha de resultados como finalidade, ainda que possa ocorrer a assunção de prejuízos, em face do risco inerente à atividade empresarial; e a formação de um objetivo comum, bem como a assunção compartilhada de risco, definem a *affectio societatis*, o nexo social, afastando a confusão conceitual entre sociedade e comunhão.[9]

Há, entretanto, quem não veja distinção entre comunhão e sociedade para fins de definição da *affectio societatis*, pois esta "[n]ão se trata do instantâneo encontro de um pólo positivo com um pólo negativo, acendendo a centelha da obrigação, como na compra e venda; mas de uma intenção comum permanente, cuja cessação acarretaria a imediata extinção do contrato, um estado de ânimo continuativo, ainda mais pronunciado do que o existente, por exemplo, no mandato".[10]

O mesmo autor prossegue, tocando, agora, um ponto fundamental para conceituar a afinidade social: "[a] distinção deve ser pesquisada na natureza da causa, enquanto elemento objetivo do negócio jurídico. Na comunhão, é o uso e gozo em comum da mesma coisa, sem qualquer referência a uma ulterior utilidade coletiva. Em outras palavras, a comunhão é do objeto e não dos objetivos. Na sociedade, ao revés, essa comunhão de escopo é essencial. (...) Assim, o acento tônico, nos negócios de comunhão, é posto nos próprios bens comuns, ao passo que, na sociedade, os bens sociais são simples instrumento para o exercício de uma *atividade*, com intuito lucrativo. (...) De um lado, pois, há comunhão de bens sem exigência de uma atividade coletiva; de outro, uma atividade em comum, em função da qual os bens sociais adquirem uma característica puramente instrumental".[11] Mesmo a mera comunhão, portanto, implica afinidade entre partes.

E mais, característico do contrato de sociedade, não apenas há objeto social (bem jurídico) em específico, há objetivo comum e mútuo a cumprir. A finalidade social é a obtenção de resultados monetariamente exprimíveis, independentemente assim do objeto a alcançar como de sua forma.[12] Atingido o objetivo, expresso entre as partes, com ou sem exaurimento do objeto social, pode extinguir-se a sociedade; e a SCP constituída por dois sócios e com único objeto social (como, por exemplo, a celebração de um específico negócio jurídico vantajoso para as partes), perfeitamente se enquadra neste caso, independentemente de qual dos sócios exerça ostensivamente a atividade empresarial, ou econômica.

Tendo especificamente esta possibilidade em mente, não são desnecessárias outras palavras do mesmo autor: "Elemento essencial dos contratos ditos plurilaterais, em contraste com os de intercâmbio, não é apenas o aspecto exterior de aqueles poderem, e estes não, contar com mais de duas partes. É também a comunhão de objeto e objetivo, própria dos contratos plurilaterais. A comunhão de objeto diz respeito à atividade a ser desenvolvida no quadro do contrato, que assume, sob este aspecto, um caráter nitidamente instrumental. A segunda incide sobre o escopo ou finalidade do exercício dessa mesma atividade. (...) A atividade é comum, não necessariamente no sentido de que todos os sócios deverão exercitá-la diretamente, mas porque ela é su-

9. Lopes, *A Sociedade...*, cit., pp. 26-32.

10. Fábio Konder Comparato, *O Poder de Controle na Sociedade Anônima*, 3ª ed., p. 117. O autor compara a possibilidade de provocamento da divisão da coisa comum pelo comunheiro à possibilidade de dissolução da sociedade comercial de prazo indeterminado por vontade de qualquer sócio. Neste particular, a evolução jurisprudencial do regime atual das sociedades segue em sentido oposto, pelo já usual mecanismo de resolução da sociedade em relação ao sócio, legalmente previsto no nCCB (arts. 1.085 e 1.086). Desta forma, o exemplo argumentativo utilizado perde força, mas não seu fundamento.

11. Comparato, *O Poder...*, cit., p. 118.

12. Sem querer antecipar conclusões, v. item 3.4 e 4.2, *infra*.

postamente exercida em benefício de todos os sócios, e não de alguns deles apenas".[13]

Ora, a plasticidade da SCP, com diferentes destinações econômicas, pode impactar na relação societária de seus componentes. Isto, especialmente, se a SCP tiver por objeto a realização de um único negócio e for exercida por um único sócio ostensivo, como acima referido. Neste caso, pode ocorrer de a posição pessoal do sócio oculto ser irrelevante para a consecução do objetivo que dá vida à sociedade. Se, no conceito geral de sociedade, a atividade é comum, mas não implica seu exercício direto, na SCP esse axioma salta aos olhos: quem concorre ativamente para o exercício do objeto social é exclusivamente o sócio ostensivo, competindo ao sócio oculto a contribuição, neste caso pecuniária, de sua parcela nos fundos sociais. Todos os elementos da posição de sócio se encontram na SCP.

A doutrina, referindo-se especificamente à sociedade anônima, discorreu algumas linhas a respeito dessa posição, as quais são perfeitamente cabíveis em outras formas societárias: "[é impossível] identificar os direitos do sócio em 'um só' direito, seja real, seja obrigacional. Pode-se, antes, encarar na posição do sócio uma 'posição', um pressuposto, um *status* do qual decorrem deveres, e, de outro lado, direitos de caráter patrimonial e não-patrimonial, e poderes".[14] Assim, há direitos de partilha dos lucros e da quota em liquidação, direito à informação sobre o negócio ou negócios praticados, e poder de exigir a prestação de contas. De outro lado, os deveres de constituição do fundo social, em bens ou serviços, pelo oculto e pelo ostensivo, para a realização do objeto social.

Assim, ainda que nem sempre, e não necessariamente, a *afectio societatis* na SCP deve ser sua interpretação mitigada. Não é a típica afeição entre sócios de uma sociedade limitada, em que todos gerenciam e trabalham em volta do objeto social, para a partilha dos resultados. Sua estrutura funcional pode tomar, e normalmente toma, contornos rigorosamente diversos das sociedades "típicas".[15-16] A mitigação da *affectio societatis* na SCP pode ser comparada, por exemplo, à do detentor de uma única ação de companhia, cujos papéis são negociados em bolsa. Neste caso, o interesse do detentor não está na gestão, na administração dos negócios sociais, mas unicamente nos proventos materializados por eventuais dividendos.[17]

3. O contrato de investimento coletivo (CIC)

3.1 Normatização do CIC

O CIC foi inicialmente definido no direito brasileiro mediante a edição da Medida Provisória 1.637, de 8.1.1998 (convertida, após várias reedições, na Lei 10.198, de 14.2.2001), e posteriormente nas Instruções CVM 270, de 23.1.1998, e 296, de 18.12.1998. As mínimas diferenças de redação em nada conflitam com a redação do art. 2º, IX, da Lei 6.385, de 7.12.1976 (redação esta introduzida nos termos da Lei 10.303, de 31.10.2001), assim expressos: "[Constituem valores mobiliários] quando ofertados publicamente, quaisquer outros títulos ou contrato de investimento coletivo, que gerem direito de participação, de

13. Fábio Konder Comparato, "O direito ao lucro nos contratos sociais", in *Direito Empresarial — Estudos e Pareceres*, p. 150.

14. Tullio Ascarelli, *Problemas das Sociedades Anônimas e Direito Comparado*, 2ª ed., p. 340.

15. V. nota 5, *supra*.

16. Nestes termos, não se deve dizer que, à luz do art. 1º do Decreto 3.708, de 10.1.1919, o "legislador" tenha se esquecido da ou suprimido a SCP (cf. Sztajn, *Contrato...*, cit., pp. 172-173); a edição de referido diploma apenas contemplou a possibilidade de constituição de mais um tipo de sociedade, mas com delineamentos externos.

17. Sem prejuízo, por exemplo, de ser uma ação ordinária, que lhe concederá direito a voto nas assembléias gerais; ou ação preferencial sem direito a voto, que lhe confere diversas vantagens sobre as ordinárias ou outras classes de preferenciais, em compensação.

parceria ou de remuneração, inclusive resultante da prestação de serviços, cujos rendimentos advêm do esforço exclusivo do empreendedor ou de terceiros".

O regime anterior à Lei 10.198/2001 estabelecia que a competência para definição dos valores mobiliários era atribuída ao Conselho Monetário Nacional; o atual,[18] bastante mais amplo, incorpora o regime anglo-saxão, mais especificamente o das *securities* norte-americanas, afastando-se das enumerações restritas, características do direito continental.[19]

3.2 A doutrina jurídica brasileira sobre os CICs

As primeiras letras sobre o CIC foram escritas logo após a edição da Medida Prvisória 1.637/1998[20] e, por esta razão, várias das especulações e conclusões se mostraram inadequadas. Vale referir o enfoque dado ao CIC não como espécie de valor mobiliário, mas em função das cláusulas e objeto mais comum (no caso, "boi gordo"). Igualmente, tais contratos não se caracterizam como parceria rural, nem como relação de consumo. Também a identificação das sociedades patrocinadoras como possíveis instituições financeiras,[21] não encontra guarida legal.

Entre os grandes méritos dessas iniciais notas sobre o CIC, entretanto, são comentários incidentais, expressão da perplexidade quanto às possíveis conseqüências advindas da introdução do novo conceito de valor mobiliário no ordenamento brasileiro, que induzem os leitores à tarefa criativa de buscar, cada vez mais, o entendimento de certos institutos. Motes que podem passar despercebidos ao leitor desatento, mas que, bem raciocinados, levam a indagações teóricas de repercussões importantes e criadoras.[22] Entre os comentários, o autor menciona a diferença necessária a fazer entre títulos e contratos (de investimento coletivo),[23] lembra a obscuridade da natureza jurídica do investimento coletivo (comunhão, condomínio, sociedade), mencionando, expressamente, a similitude com a SCP.[24] Por fim, dando, por exemplo, a compra de unidades de *flats* por proprietários para fins de locação por terceiros, no sistema de *pooling*,[25] o autor oferece ao debate a questão da oferta pública dos contratos.

3.3 O conceito americano de "security" e o brasileiro de valor mobiliário

O *Federal Securities Act* americano (1933),[26] *Section* 2(1), define *security* como: "[a]ny note, stock, treasury stock, bond, debenture, evidence of indebtedness, certificate of interest or participation in any profit-sharing agreement, collateral-trust certificate, preorganization certificate or subscription, transferable share, investment contract, voting-trust certificate of deposit for a security, fractional undivided interest in oil, gas, or other mineral rights, any put,

18. Em face da edição da Lei 10.303/2001, não se fará menção à Lei 10.198/2001, dado que esta foi tacitamente revogada, em todos os termos que interessam ao presente trabalho, pelo diploma alterador da Lei 6.385/1976.

19. Modesto Carvalhosa e Nelson Eizirik, *A Nova Lei da S/A*, p. 473.

20. Haroldo Malheiros Duclerc Verçosa, *RDM* 108/91-100.

21. Verçosa, cit., pp. 91-94. Quanto a essa caracterização, ressalve-se que o próprio autor levanta a hipótese como especulação teórica, sem propugnar efetivamente por ela.

22. Fato que o autor, com fina ironia, deixa claro na epígrafe do texto, citando *Eclesiastes* 1:9 ("O que foi, será, o que se fez, se tornará a fazer; não há nada de novo debaixo do sol").

23. Verçosa, cit., pp. 97-98, discussão que não desenvolve, mas certamente o preocupou.

24. Questionamento tão rico e interessante que motiva o presente trabalho!...

25. Verçosa, cit., p. 100. Parece-nos que o exemplo não foi muito feliz. Se há adquirentes que se propõem a não deixar seus apartamentos no *pool*, como não é raro acontecer, não haverá investimento coletivo. Além disso, a oferta contratual é de venda de unidades imobiliárias, não de participação em um empreendimento que tenha por fim a locação centralizada da unidade.

26. 15 USC § 77a.

call straddle, option, or priviledge on any security, certificate of deposit, or group or index of securities (including any interest therein or based on the value thereof), or any put, call, straddle, option, or priviledge entered into on a national securities exchange relating to foreign currency, or, in general, any interest or instrument commonly known as a 'security', or any certificate of interest or participation in, temporary or interim certificate for, receipt for, guarantee of, or warrant or right to subscribe to or purchase, any of the foregoing".

Nota-se que se incluem entre as *securities* os *investment contracts*, os quais, entretanto, não são definidos. O termo *investment contract* tradicionalmente encontra-se nas *Blue Sky laws* estaduais,[27] anteriores à edição da legislação federal, tendo sido objeto da interpretação jurisprudencial típica da *Common Law*.[28]

O *case* que delimitou o conceito de *investment contract* foi julgado em 1946 pela Suprema Corte americana,[29] ocasião em que se assentaram seus elementos; assim, quatro são os quesitos para defini-lo: "[A]n investment contract for purposes of the Securities Act means a contract, transaction or scheme whereby a person (1) invests his money (2) in a common enterprise and (3) is led to expect profits (4) solely from the efforts os the promoter or a third party".[30] Esta fórmula ficou conhecida como *Howey test*, a partir do nome da companhia demandada.

O caso *Howey* envolveu a aplicação do conceito de *security* à oferta de venda de lotes de terras, pela companhia, onde havia uma plantação de frutas cítricas, venda esta combinada à celebração de contratos de cultivo e comercialização das frutas, com divisão de lucros, auferidos pelos resultados da comercialização, entre companhia e adquirentes.[31] A partir daí, a definição foi uniformemente aplicada pelas Cortes americanas, para as quais "[a]n investment contract thus came to mean a contract or scheme for 'the placing of capital or laying out of money in a way intended to secure income or profit from its employment'".[32]

Sobre os elementos do *Howey test*, a doutrina alienígena[33] afirma, ainda, que o "investimento em dinheiro" não necessariamente necessita ser em espécie, bastando que o investidor ofereça bens definidos e tangíveis. Quanto ao empreendimento comum, este pode ser entendido num conceito horizontal (ou seja, uma congregação de investimento —*pooling of investment*), ou vertical (quando os valores entregues pelos investidores dependam da *expertise* do promotor do investimento), sendo certo que mais adequada é a conjugação de ambos os conceitos, vertical e horizontal: "when the income of one investor and one promoter was each dependent upon the profits on an undertaking". A expectativa de lucros deve ser qualificada como o risco do próprio empreendimento, que pode ou não ser sucedido. E, por fim, a exclusividade do esforço alheio deve requerer, especificamente, a prova de que "the efforts made by those

27. Os Estados da Federação americana têm competência legislativa concorrente com o Poder Federal quanto a direito comercial. Chamam-se essas leis "blue sky laws" em razão de combaterem e prevenirem operações inconsistentes e fraudulentas: "the statutes, which vary widely in their terms and scope, are commonly referred to as 'blue sky' laws, an appellation with several suggested origins. It has been said, for example, that the Kansas legislative was spurred by the fear of fast-talking eastern industrialists selling everything, including the blue sky" (Thomas Lee Hazen, *Treatise on the Law of Securities Regulation*, 3ª ed., p. 492).

28. Louis Loss e Joel Seligman, *Fundamentals of Securities Regulation*, 3ª ed., p. 184.

29. *SEC vs. W. J. Howey Co.*, 328 US 293 (1946).

30. Idem, *apud* Loss e Seligman, *Fundamentals...*, cit., p. 186.

31. Loss e Seligman, *Fundamentals...*, cit., p. 183; Carvalhosa e Eizirik, *A Nova Lei...*, cit., p. 489.

32. Loss e Seligman, *Fundamentals...*, cit., p. 184.

33. Loss e Seligman, *Fundamentals...*, cit., pp. 186-193.

other than the investor are the undeniably significant ones, those essential managerial efforts which affect the failure or success of the enterprise".[34]

Como se pode perceber, os elementos do *Howey test* em nada, essencialmente, se diferem da definição ampla de valores mobiliários ora presente na legislação brasileira, pelo que se pode afirmar a equivalência do *investment contract* ao CIC. E mais, que os elementos de sua caracterização são, do mesmo modo, idênticos.

3.4 Natureza jurídica do CIC

Os valores mobiliários, visto constituírem técnica de negociação em massa, podem, ou não, constituir-se como títulos de crédito, cuja nota característica é a fungibilidade,[35] em relação ao instrumento e circulabilidade em relação à titularidade. Em sendo veículo de negócio jurídico de cunho empresarial, e, portanto, sempre de finalidade lucrativa, pouco importa o meio pelo qual o objetivo se atinja. Diz-se dos valores mobiliários que "constituem títulos ou documentos que instrumentam investimentos de risco, aptos a circularem em série, ou seja, passíveis de negociação em massa. Há, porém, determinados papéis que também podem ser considerados valores mobiliários, não integrando o mercado de capitais, mas sim o mercado monetário. Por outro lado, há títulos de crédito que não instrumentalizam investimentos de risco, como é o caso das debêntures, mas que são tidos como valores mobiliários".[36]

Essa despreocupação com a forma — ou, melhor dizendo, maleabilidade de formatação possibilitada a este instrumento de negócio jurídico — acaba por trazer dificuldades em sua qualificação (classificação, tipificação, definição, natureza) jurídica. Dada a correlação dada atualmente no direito brasileiro entre valor mobiliário e *security*, vale lembrar que nos Estados Unidos, "[n]a legislação específica, o tema em pauta foi definido de molde a permitir a inclusão, por força de nome ou de descrição, de todo e qualquer instrumento cujo traço comum seja negócio de investimento. Alguns desses instrumentos, tais como nota, obrigação e ações são suficientemente estandardizados e com significados perfeitamente estabelecidos. Outros, porém, são de caráter indefinido e designados por expressões descritivas, tais como 'contato de investimento' ou 'todo direito ou interesse comumente descrito como *security*'. (...) Todo instrumento pode ser abrangido por uma dessas designações, desde que corresponda à descrição legal. O alcance da lei não se limita apenas ao que é evidente e ao que é conhecido. Processos novos, pouco comuns ou irregulares, quaisquer que sejam, também são atingidos pela lei, desde que se prove que eles foram utilizados a fim de que os valores fossem oferecidos ao público, nos mesmos moldes em que são oferecidos ao público os 'contratos de investimento', ou como são oferecidos os 'instrumentos ou direitos comumente conhecidos como *security*'".[37]

A despreocupação com a forma é dada ao agente econômico, não podendo, entretanto, escapar ao jurista. A inclusão da definição de CIC, e, mais amplamente, de valor mobiliário como "título ou contrato", faz perquirir sobre a natureza jurídica desses valores mobiliários mesmo no direito americano, para o qual o enquadramento de tal ou qual instituto nesta ou naquela categoria, se não é desinteressante, pelo menos tem muito menor importância. De fato, "[the investment contract] embodies a flexible rather than a static principle, one

34. *SEC vs. Glenn W. Turner Enter., Inc.*, 474 F.2nd 476, 482 (9th Cir. 1973), *apud* Loss e Seligman, *Fundamentals...*, cit., p. 192.

35. Carvalhosa e Eizirik, *A Nova Lei...*, cit., p. 471.

36. Nelson Eizirik, *Aspectos Modernos do Direito Societário*, p. 153.

37. Palavras do *Justice* Jackson na decisão do caso *SEC vs. C. M. Joiner Leasing Corporation*, 320 US 344 (1943), *apud* Luiz Gastão Paes de Barros Leães, *RDM* 14/46.

of that is capable of adaptation to meet the countless and variable schemes devised by those who seek the use of the money of others on the promise of profits. (...) It follows that the arrangements whereby the investors' interests are made manifest involve investment contracts, regardless of the legal terminology in which such contracts are clothed".[38]

4. *Paralelismo e assimetria*

4.1 O CIC enquanto contrato

É característica, ainda que não fundamental, dos contratos plurilaterais (como o de sociedade) serem "contratos abertos". Assim, "[à]s vezes, o contrato importa numa permanente oferta de adesão a novas partes (que satisfaçam determinadas condições) e numa permanente possibilidade de desistência de quantos delem participem, sem que seja necessária uma reforma do contrato para que novas partes participem dele ou para que se retirem os que já participam".[39] Esta característica é encontrada normalmente em cláusula de CIC, cujos instrumentos contratuais estabelecem a livre cessibilidade de posição contratual de investidor, bastando a este apresentar o cessionário de seus direitos e obrigações à sociedade investida, para regularização da cessão e transferência. Igualmente, numa SCP, nada obsta semelhante cláusula contratual.[40]

Mas este esquema comparativo entre ambas as estruturas contratuais somente pode prosperar se o CIC contemplar outras características tipológicas comuns à SCP. Assim, pode-se dizer do CIC o quanto já se afirmou da SCP: constitui um contrato de comunhão de escopo, que não se personaliza juridicamente, com formação de objetivo comum e assunção compartilhada de riscos, com contribuição dos sócios com bens ou serviços, atuando um dos sócios ostensivamente numa atividade econômico-empresarial, vinculada à contribuição pecuniária de vários sócios ocultos, sendo certo que investidor e agente empresarial investido gozam de posições que lhes permitem o exercício de direitos (patrimoniais e não patrimoniais), deveres e poderes.

Dadas as bases da comparação, dúvida que se pode levantar é concernente à extensão da plurilateralidade do CIC, e decorrente descaracterização como contrato bilateral, permutativo.

Se prosperar a comparação, caracterizando-se o CIC como contrato plurilateral, a resposta é simples. Há sinonímia entre contrato plurilateral e contrato de comunhão de escopo. Nestes termos,[41] os bens da sociedade constituem meio instrumental de exercício de uma atividade. Ora, a atividade-objeto do CIC não é aquela desenvolvida pelo empreendedor ou por terceiros, mas o financiamento atomizado da atividade alheia. É, assim, sua "atividade constitutiva do objeto social", para usar da terminologia do nCCB no que diz à SCP. É essa a atividade coletiva em função da qual se instrumentalizam os bens sociais, vale dizer, a contribuição pecuniária dos investidores.

Desta distinção entre atividades é que a caracterização como valor mobiliário se assenta. O investidor não se interessa pelo "ativo subjacente" (*sic*) do contrato, mas pela divisão dos rendimentos proporcionado pela atividade empresarial da sociedade empreendedora. É contrato, portanto, derivado.[42]

38. Loss e Seligman, *Fundamentals...*, cit., p. 185.

39. Ascarelli, *Problemas...*, cit., p. 283.

40. Sobre a (des)importância da qualidade pessoal na SCP, cf. item 2.4, *supra*.

41. Cf. nota 10, *supra*.

42. Seria o caso de enquadramento do CIC como instrumento derivativo, nos termos da Lei 6.385/1976, art. 2º, VIII? Assim como os derivativos, "[p]odem ser ativo objeto dos contratos de investimento coletivo quaisquer produtos ou subprodutos destinados a fins comerciais" (Instrução CVM 298/1998, art. 4º, *caput*). Os limites deste trabalho não comportam a análise. A resposta é, preliminarmente, positiva, mas a análise de contratos derivati-

Sobre a qualificação do contrato como sinalagmático ou plurilateral, a boa doutrina já ofereceu subsídios para que a discussão se supere, caso devidamente identificada a posição contratual das partes.

"Nos contratos plurilaterais, essa relação [de sinalagma], em lugar de ter um caráter direto e imediato, como nos contratos de permuta, adquire um caráter indireto e mediato; a invalidade ou inexecução das obrigações de uma parte não exclui, só por si, a permanência do contrato entre as demais, a não ser quando torne impossível a consecução do objetivo comum".[43] Se recordarmos a dicotomia entre objeto e finalidade sociais, a citação tem explicação. À entrada do investidor corresponderá, sinalagmaticamente, à obrigação de, ao termo do CIC, dar-se a contrapartida monetária da sociedade investida, se bem sucedido o empreendimento (ou assunção dos prejuízos, dado o componente risco). Por outro lado, o conjunto dos CICs de certa emissão ou série, englobando um objeto contratual instrumental único, tendo à frente um sócio que exerce a empresa, e diversos investidores que contribuem apenas financeiramente para esse exercício, não afasta a figura da plurilateralidade.

É interessante, ainda, notar que a hipótese de comparação entre SCP e CIC encontra, *mutatis mutandis*, guarida também no direito americano. Assim, "even interests in something called a general partnership may be securities".[44-45]

4.2 O CIC enquanto título

A própria expressão "valor mobiliário" introduz as dificuldades de concepção jurídica de sua natureza: a referência se faz ao valor creditório materializado num instrumento circulável, que pode assumir diversas modalidades nominadas de negócio jurídico. O CIC, como já referido, não escapa deste fato.[46]

Se o CIC é instrumento contratual de dupla feição, plurilateral e sinalagmático, por que a menção não somente a contratos, mas também a "títulos de investimento coletivo"? A doutrina, referindo-se à convergência de manifestações que incidem sobre a representação de créditos econômica e juridicamente relevantes, manifestou-se no sentido de que todo instrumento creditório, independentemente de sua natureza, manifesta-se por títulos, de que decorrem uma gama de conseqüências: "[e]ncaro, nos 'títulos de crédito', uma categoria geral, identificada por característicos jurídicos próprios, mas independente do fato de se prender, o direito mencionado no título, a uma operação de crédito ou de constituir, ele, um direito de crédito no rigoroso sentido do termo; o alcance jurídico da expressão não corresponde ao seu alcance literal".[47]

Caracterizam-se assim tanto os contratos, quantos os títulos que representam o investimento coletivo. É, em categoria, um título de crédito, instrumentalizado que pode

vos cuja função não seja proteção do investidor por *hedging*, senão o auferimento de renda, está por render frutos.

43. Ascarelli, *Problemas...*, cit., p. 290.

44. Loss e Seligman, *Fundamentals...*, cit., pp. 194-195.

45. Mesmo que as estruturas do direito societário americano não correspondam às do direito brasileiro, a *general partnership* tem alguns pontos comuns com a SCP: "A partnership is a logical extension of a proprietorship where there is more than one owner. (...) There is generally no need for a written agreement and no public filing of any document (...). Most of law of partnership that is discussed in law school courses deals with the rights and duties of partners among themselves rather than the relationship of the partnership to the outside world" (Robert W. Hamilton, *Fundamentals of Modern Business*, pp. 303-304).

46. Cf. item 3.4, *supra*.

47. Ascarelli, *Problemas...*, cit., n. 86, p. 341. No mesmo local, o autor ainda, referindo-se em específico às ações, enquadra-as na categoria de "títulos de crédito" ou "títulos-valor", subespeciados nos chamados "títulos de participação", que conferem a seu titular direitos, poderes e obrigações. De notar o uso da expressão "títulos de crédito" não como os instrumentos típicos que levam esta denominação, mas como categoria geral.

ser contratualmente, nada obstando — ainda em termos categoriais, sem embargo de eventuais prescrições legislativas — que se constituam em títulos de crédito próprios.

Não fora assim, não se poderia falar em circulabilidade e fungibilidade: a vinculação entre investidor e sociedade investida (ou sociedade empreendedora) daria ênfase à pessoa daquele, e não aos capitais que venha a investir — definitivamente o importante para a realização do negócio. Por outro lado, os títulos ou contratos são emitidos em séries, sendo, assim, fungíveis entre si, e totalmente padronizados. Mais uma vez, há um grau de semelhança com os contratos futuros, também caracterizados pela modalidade de negociação em massa, com *standards* quanto a preço e objeto.[48]

O CIC enquanto modalidade de SCP, nestes casos, encontra óbices teóricos. Trata-se, é claro, da caracterização da *affectio societatis*. Pois se o vínculo que une a todos os investidores é um mero título, e não uma participação societária contratualmente expressa, poderia se falar em verdadeira comunhão,[49] ou seja, vínculo pelo objeto e não pela atividade. Sem embargo da opinião já esposada, segundo a qual a *affectio* existe tanto em sociedade quanto em comunhão, desde que presente a intenção comum permanente de obrigar-se mutuamente, este argumento pode ser lançado. E ele é refutado pelo fato de não existir uma obrigação unilateral típica de título creditório: independentemente da forma, o vínculo é molde a valorizar a atividade; valorizasse o objeto, falaríamos em autonomia da obrigação quanto ao título, e de forma alguma isto ocorre no caso. Frise-se mais uma vez: título aqui significa categoria geral, independentemente de sua forma.

A estrutura do CIC, ainda que manifestada por um título com os quesitos gerais dos tradicionais "títulos de crédito", não é de autonomia creditícia, senão de uma obrigação vinculada. Se, quanto aos *investment contracts,* "[f]orm was disregarded for substance and emphasis was placed upon economic reality",[50] deve-se recordar ao estudioso do direito mercantil que é a realidade econômica que conformou esse ramo jurídico, que, por sua vez, deve adaptar os conceitos por ela oferecidos, fugindo à tentação de categorizar todo e qualquer problema que se lhe mostre aos compartimentos já abertos.[51]

4.3 Atipicidade societária e títulos de participação

Cabe, neste ponto, lembrar o problema da definição das formas societárias e sua tipologia. A SCP é, certamente, um tipo contratual plurilateral, verdadeiro contrato de sociedade. A incompreensão a este ponto deve-se ao fato de, vulgarmente, haver a confusão entre os conceitos de sociedade e personalidade jurídica. A tipologia das sociedades é fechada, justamente para oferecer a segurança e certeza de sua conformação para fins de relacionamento externo. Ainda mais em face da nova estrutura legal das sociedades no nCCB: o único caminho para a introdução de modalidades clausulares mais "abertas" é a SCP. Mas isto, sempre respeitando as regras cogentes que a conformam. Não se pode afirmar, na presente data, como se situarão os contratos de sociedade celebrados, por exemplo, nos termos do Código de Bevilácqua; aí, de fato, pode-se falar, em análise casuística, de contratos de sociedade "abertos". Mas, independentemente do teor de suas cláusulas, o contrato será nominalmente de sociedade, neste regime ou no futuro, se contiver os elementos essenciais do negócio: é

48. Marcos Paulo Almeida Salles, *O Contrato Futuro*, pp. 79-93. Mas, como afirmado, não é o propósito do CIC a proteção contra riscos, causa essencial dos futuros.

49. Cf. item 2.4, *supra*.

50. Loss e Seligman, *Fundamentals...*, cit., p. 184.

51. Assim, válida a crítica às "pirâmides de conceitos", que busca os essencialismos de definições imutáveis. Cf. Comparato, *O Poder...*, cit., pp. 83-84.

seqüência do princípio geral segundo o qual se deve atender mais à sua intenção que ao sentido geral da linguagem. Em outras palavras, é o predomínio da estrutura sobre a forma. O processo de categorização, portanto, perde um pouco do seu sentido.

Assim, constituindo o CIC ou contrato ou um título de participação, em sentido amplo, deve-se lembrar que sua conformação estrutural é à imagem e semelhança da SCP. E se pela estrutura é que a classificação deve ter maior preocupação, a conseqüência é que os princípios e regras aplicáveis à SCP podem, ou devem, ser aplicados igualmente ao CIC, sempre em benefício da congruência de princípios gerais, a prevalecer sobre regras específicas que lhes sejam contrárias ou dissonantes.

5. Conclusões

Em síntese conclusiva, afirmamos a perfeita caracterização da conta de participação como sociedade regulada e delineada juridicamente. Sem embargo de ser sociedade interna e sem personalidade jurídica (e mesmo de prescindir de instrumento escrito), ela se constitui pela existência de sócios, com manutenção de um fundo social, não necessariamente capitalizado, para as atividades a desenvolver.

A conjugação de atividades entre os sócios corresponde à *affectio societatis*, que visam a um objetivo (finalidade) comum, a obtenção de resultados, compartilhando entre si a assunção de riscos. Há uma intenção comum permanente (durante a existência da SCP, esta podendo ser transitória), cuja natureza é dada pela causa do negócio ou negócios, atividades instrumentais da finalidade. Pela comunhão de objeto e objetivo, está-se à frente de um contrato plurilateral. Especificamente na SCP, é possível que a posição de sócio interesse meramente por sua contribuição patrimonial, irrelevante seu *status* pessoal. Não obstante, qualquer que seja o sócio, sua posição é dada pela conjugação de direitos, deveres e poderes que exerce no seio da sociedade. Assim, a *affectio societatis* deve ser entendida, na SCP, com todas as mitigações que sua forma maleável e diferenciada contempla quando comparada à *affectio* existente nas demais sociedades.

De outra parte, a introdução do CIC como forma enunciativa mais abrangente de valor mobiliário no direito brasileiro, que o importou diretamente do direito americano, a partir de seus conceitos de *security* e *investment contract*. Este novo formato corresponde integralmente à noção alienígena, expresso doutrinária e jurisprudencialmente, motivo pelo qual essas fontes jurídicas podem ser úteis no estudo do instituto. Mas a introdução do novo conceito, estranho à tradição de um direito de raiz continental, trouxe variadas dúvidas quanto a sua natureza jurídica. Isto se deve à maleabilidade de formatação do CIC, bem como, a partir da nova definição, de todos os valores mobiliários, instrumento empresarial de risco, fungível e circulável.

Da análise empreendida, entretanto, ficou a impressão de tratar-se o CIC duma modalidade imprópria, ou pelo menos, não reconhecida, de SCP. Isto, não obstante sua configuração poder ser enfocada sob o prisma de um instrumento contratual permutativo (bilateral) e ao mesmo tempo plurilateral, ou como um título creditício, "autônomo" ou não. Mas constituindo obrigação creditícia causal, sempre se deverá falar em causa da obrigação, o que remeterá à *affectio* que, em maior ou menor grau, vincula todos os contratantes.

Conseqüentemente, se compostos dos mesmos princípios informadores, deve-se seguir que são aplicáveis ao CIC, enquanto espécie de SCP, o mesmo regramento jurídico que a esta fundamenta.

Por fim, do mesmo modo como a SCP comporta ampla maleabilidade em sua conformação, respeitadas as regras cogentes que a tipificam, também o CIC, respeitadas as regras de sua emissão, poderá se constituir com grande plasticidade. O paralelismo entre SCP e CIC, portanto, não se prende simplesmente a sua estrutura categorial, senão também à função de permitir o exercício criativo da atividade empresarial e econômica, sem o qual o desenvolvimento do Direito Mercantil como disciplina autônoma jamais haveria ocorrido.

6. Bibliografia

ALMEIDA SALLES, Marcos Paulo de. *O Contrato Futuro*. São Paulo, Cultura, 2000.

ASCARELLI, Tullio. *Problemas das Sociedades Anônimas e Direito Comparado*. 2ª ed., São Paulo, Saraiva, 1969.

CARVALHOSA, Modesto, e EIZIRIK, Nelson. *A Nova Lei da S/A*. São Paulo, Saraiva, 2002.

COMPARATO, Fábio Konder. *O Poder de Controle na Sociedade Anônima*. 3ª ed., Rio de Janeiro, Forense, 1983.

______. "O direito ao lucro nos contratos sociais", in *Direito Empresarial — Estudos e Pareceres*. São Paulo, Saraiva, 1990, pp. 150-157.

EIZIRIK, Nelson. *Aspectos Modernos do Direito Societário*. Rio de Janeiro, Renovar, 1992.

HAMILTON, Robert W. *Fundamentals of Modern Business*. Boston, Little Brown, 1989.

HAZEN, Thomas Lee. *Treatise on the Law of Securities Regulation*. 3ª ed., St. Paul, West Group, 1995.

LEÃES, Luiz Gastão Paes de Barros. "O conceito de *security* no direito norte-americano e o conceito análogo no direito brasileiro", *RDM* 14/41-60, 1974.

LOPES, Mauro Brandão. *A Sociedade em Conta de Participação*. São Paulo, Saraiva, 1990.

LOSS, Louis, e SELIGMAN, Joel. *Fundamentals of Securities Regulation*. 3ª ed., Boston, Little Brown, 1995.

SZTAJN, Rachel. *Contrato de Sociedade e Formas Societárias*. São Paulo, Saraiva, 1989.

VERÇOSA, Haroldo Malheiros Duclerc. "A CVM e os contratos de investimento coletivo ('boi gordo' e outros)", *RDM* 108/91-100.

Jurisprudência Comentada

INSTITUIÇÃO FINANCEIRA. RESPONSABILIDADE DE EX-ADMINISTRADOR POR OBRIGAÇÃO ASSUMIDA NA FASE DE LIQUIDAÇÃO ORDINÁRIA

Comentários de
HAROLDO MALHEIROS DUCLERC VERÇOSA
ao acórdão do agravo de instrumento 1.172.142-5-SP, do 1º TACivSP

AgIn 1.172.142-5-SP - 3ª C. — 1º TACivSP

Agtes.: São Fernando Participação e Representações S/A e outros

Agdo.: Agrobanco Banco Comercial S/A

Rel. Juiz Erbetta Filho

j. 5.8.2003.

Execução. Instituição financeira. Invocação do art. 40 da Lei 6.024/1974. Inadmissibilidade. Hipótese em que o dispositivo prevê a responsabilidade solidária do ex-administrador pelas obrigações assumidas tão-somente durante a sua gestão. Demonstração de que o título sob execução foi constituído após a cessação da liquidação extrajudicial, quando já havia se transformado em liquidação ordinária e a instituição estava sendo gerida pelo liquidante.

Ementa da Redação: Não há que se invocar o art. 40 da Lei 6.024/1974 visando o chamamento do ex-administrador de banco para que este responda solidariamente por obrigações assumidas durante sua gestão, uma vez que dos autos se extrai que o título sob execução foi constituído após a cessação da liquidação extrajudicial, quando já havia se transformado em liquidação ordinária e a instituição estava sendo gerida pelo liquidante.

ACÓRDÃO

Ementa oficial: Execução. Título judicial. Pretensão dos credores à citação de ex-diretor da instituição devedora, ora em liquidação ordinária. Insurgência contra a decisão que a indeferiu. Negativa adequadamente fundamentada, embora de forma concisa. Inadmissibilidade da medida, por inaplicável ao caso o art. 40 da Lei 6.024/1974. Desconsideração da personalidade jurídica, ademais, sequer levada à apreciação do Juízo Monocrático. Descabimento, porém, da habilitação do crédito no procedimento de liquidação ordinária. Recurso parcialmente provido (Voto 5.284).

Vistos, relatados e discutidos estes autos de AgIn 1.172.142-5, da Comarca de São Paulo, sendo agravantes São Fernando Participação e Representações S/A e outros e agravado Agrobanco Banco Comercial S/A (em liquidação ordinária).

Acordam, em 3ª Câmara do 1º Tribunal de Alçada Civil, por v.u., dar provimento parcial ao recurso.

Vistos.

Voltam-se os agravantes contra decisão que, nos autos da execução de sentença que promovem contra o ora recorrido, indeferiu pedido de citação do ex-diretor e acionista controlador do banco agravado, remetendo-os à habilitação do crédito no procedimento de liquidação da instituição financeira. Insistem na acolhida da formulação naqueles termos, para o que expõem, em síntese: é nulo o *decisum* sob referência, por falta de fundamentação; o acionista principal do executado, Serafim Rodrigues de Moraes, assumiu a responsabilidade pelo pagamento de dívidas, operandose a conversão da liquidação extrajudicial do banco em liquidação ordinária; em vista disso, e do que dispõe o art. 40 da Lei 6.024/1974, deve a mencionada pessoa a responder solidariamente pelas obrigações assumidas pelo banco durante a sua gestão, daí por que se qualifica como parte legítima para responder à execução; haveria que ter aplicação ao caso, de qualquer forma, a desconsideração da personalidade jurídica.

Regularmente processado e respondido, opinando a douta Procuradoria de Justiça, a final, pelo provimento.

É o relatório.

Repele-se, por primeiro, a pretensão dos agravantes a que seja tornada nula a decisão sob exame, adequadamente fundamentada que está a mesma, embora de forma concisa, tal não se confundindo com falta de motivação.

Já pelo aspecto do mérito comporta parcial reforma o *decisum*, no que fez remeter os interessados à habilitação de seu crédito no procedimento de liquidação do banco recorrido.

A liquidação extrajudicial dessa instituição, com efeito, foi transformada em liquidação ordinária, a qual, para as sociedades anônimas, processa-se na conformidade do que dispõem os arts. 208 a 218 da Lei 6.404/1976. Assim sucedeu por certo que, com amparo no estatuído pelo art. 19, *b*, da Lei 6.024/1974, do que decorre estar cessada a liquidação extrajudicial e a intervenção do Poder Público na condução dos interesses da entidade e dos seus credores.

Ora, pela disciplina da aludida modalidade de liquidação, não há lugar para habilitações de créditos, limitando-se o liquidante ao cumprimento do dever de pagamento do passivo (art. 210, IV, da Lei 6.404/1976) segundo o seu próprio critério ou, se o caso, de acordo com o decidido pela Assembléia Geral.

O crédito dos recorrentes, no caso resultante de título judicial, pois, há que ser reclamado nos próprios autos da execução do mesmo, como já vem sendo feito.

A despeito disso, mostrou-se acertado o repúdio à pretensão dos exeqüentes a que fosse citado para o pagamento o ex-diretor e acionista controlador do banco, Serafim Rodrigues de Moraes.

Os documentos aqui anexados pelos agravantes à f., *data venia*, não dão conta de estar o banco com suas atividades paralisadas; e, de qualquer forma, nada haveria de estranho nisso, dado que o propósito da liquidação é justamente o de ultimar os negócios da companhia.

Ainda que apenas para isso, no entanto, subsiste a instituição, dotada de personalidade jurídica e, presumivelmente, de patrimônio com que possa fazer frente às pendências.

Não favorece os recorrentes invocar o art. 40 da Lei 6.024/1974 como pretexto para o chamamento da pessoa do referido ex-administrador do banco, pois que esse dispositivo diz respeito à responsabilidade solidária por obrigações "assumidas durante sua gestão", ao passo que, no caso, pelo que se tira do confronto dos documentos de f., dos presentes autos, o título sob execução foi constituído depois de já cessada a liquidação extrajudicial, ao tempo em que esta havia se transmudado em liquidação ordinária (em 15.2.1990), quando, portanto, a instituição estava sendo gerida pelo liquidante.

No que se refere à pretendida desconsideração da personalidade jurídica, trata-se de questão que sequer foi levada ao exame do Juízo Monocrático, de sorte que enfocá-la, aqui, implicaria indevida supressão de um grau de jurisdição.

Ao que tudo indica, os agravantes ficaram desencorajados diante do informe do oficial de justiça quanto a não ter encontrado bens em poder do executado (ver certidão de f.), diante do que, porém, cabia-lhes reclamar o direito à indicação, ou mesmo valerem-se do concurso do juízo para apurar a existência de bens passíveis de penhora, em lugar de pedir a citação do ex-diretor Serafim Rodrigues de Moraes.

Apenas para o fim explicitado, em suma (ou seja, para cassar-se a decisão, na parte em que remeteu os exeqüentes à habilitação de seu crédito na liquidação ordinária do devedor), fica parcialmente provido o recurso.

Presidiu o julgamento o Juiz Itamar Gaino e dele participaram os Juízes Luiz Augusto de Salles Vieira e Térsio Negrato.

São Paulo, 5 de agosto de 2003.

Erbetta Filho, Relator.

Comentários de

Haroldo Malheiros Duclerc Verçosa

O caso sob exame é bastante simples, mas serve para mostrar uma tentativa inútil de responsabilização de ex-administrador e ex-controlador de instituição financeira com base em lei especial, *ad perpetuam*, ou seja, até que aquela venha a desaparecer definitivamente do mundo jurídico com a sua extinção.

Resumidamente, como resultado de motivos que não interessa examinar, o Agrobanco Banco Comercial S/A teve a sua liquidação extrajudicial decretada pelo Banco Central do Brasil, aplicando-se, então, a Lei 6.024/1974, de 13.6.1974. Esta lei prevê, como se sabe, um sistema especial de responsabilidade objetiva em seu art. 40, segundo o qual os ex-administradores e o ex-controlador de instituições financeiras respondem com o seu patrimônio pessoal pelas obrigações assumidas, até que se cumpram. Os primeiros, quanto às respectivas gestões. O segundo, pelo tempo em que tiver sido controlador da instituição, como tal conceituado na forma do art. 116 da Lei 6.404/1976.

O montante total da responsabilidade objetiva em causa corresponde ao patrimônio líquido negativo que o balanço ajustado vier a apresentar, o qual é levantado pelo liquidante extrajudicial. O valor apurado desta forma será dividido retroativamente quanto aos ex-administradores, segundo as gestões pelas quais a instituição financeira passou. Para cada gestão será estabelecida a soma equivalente aos prejuízos nela verificados, sendo que o total dos valores atribuídos às diversas gestões deverá corresponder ao montante total do patrimônio líquido negativo final.

No curso da liquidação extrajudicial do caso concreto, certamente nela tendo sido pagos todos os investidores e depositantes do banco liquidado, o Banco Central veio a suspender a liquidação extrajudicial, mas a sociedade teve obrigatoriamente que entrar em liquidação ordinária porque teve cassada por aquela Autoridade Monetária a sua autorização para funcionamento. Neste período de liquidação ordinária foi que nasceu a obrigação, cujo pagamento o credor pretendeu imputar ao ex-administrador e ex-controlador da antiga instituição financeira.

Como se sabe, com a decretação da liquidação extrajudicial, os administradores do Agrobanco perderam imediatamente o poder de administrar, cabendo ao liquidante dar seguimento ao processo de liquidação que, em quase tudo, é semelhante ao de uma falência, ou seja, em linhas gerais: arrecadação dos bens e documentos da massa falida (no caso, massa liquidanda); organização do quadro geral de credores; venda do ativo; e pagamento do passivo até as forças da massa.

Tanto no curso da liquidação extrajudicial quando da ordinária, os liquidantes são obrigados à realização de algumas despesas necessárias para o andamento do processo, classificadas como encargos e/ou dívidas da massa. Este é o caso da obrigação reclamada contra o ex-controlador/ex-administrador, pedido que não foi acatado corretamente pelo douto Juiz de Primeira Instância e pelo 1º Tribunal de Alçada Civil de São Paulo.

O réu não podia ser considerado responsável pela obrigação em tela porque: (i) ela nascera após o encerramento de sua gestão; (ii) nenhuma lei alberga previsão no sentido de que as pessoas que exercem tais funções em uma instituição financeira são seus avalistas *ad eternum*; e (iii) a Lei 6.024/1974 tem aplicação restrita a uma situação jurídica que havia se esgotado com a decretação da liquidação extrajudicial e com a perda dos poderes de administrar e de controlar a empresa.

Fala-se muito e desde muito tempo sobre a excessiva demora do Judiciário em dar resposta aos anseios de distribuição da justiça. É verdade, mas sabe-se, também, que o Judiciário, em geral, está assoberbado de trabalho pela enorme quantidade de processos diariamente distribuídos, dos quais muitos poderiam deixar de fazer parte desta conta infindável, como é o caso presente. Neste, o objetivo jurídico divisado revelava-se desde o início indubitavelmente absurdo, a partir do conhecimento das regras mais simples de direito, sem esquecermos a existência de normas particulares à espécie.

Achar que o Judiciário poderia dar guarida a tal pedido teria sido um *sonho de uma noite de verão*, que dura poucas horas e vê a clareza da verdade surgindo logo no horizonte. Ou, por outras palavras, uma quimera representada por *um peixe que jamais poderia ser oferecido no mercado* como *produto* juridicamente factível.

Pareceres

ARBITRABILIDADE SUBJETIVA. A COMPETÊNCIA DA ADMINISTRAÇÃO PARA A CELEBRAÇÃO DE CONVENÇÃO ARBITRAL

LUIZ GASTÃO PAES DE BARROS LEÃES

1. Consulta. 2. A competência da administração. 3. A convenção arbitral. 4. Conclusões.

1. Consulta

1.1 O Professor Ary Oswaldo Matos Filho nos honra com a seguinte Consulta, formulada em nome da T. C. P. S/A, T. C. S/A, T. N. C. P. S/A e A. C. S/A, doravante identificadas apenas como "Consulentes".

1.2 Em síntese, as companhias consulentes são todas sociedades por ações de capital aberto, controladas indiretamente pela N. Participações S/A. A N., por sua vez, é controlada, através de um acordo de acionistas, por Fundos de Previdência Privada, pelo O. F. e pelo O. M. S/A. Esses controladores entendem que as companhias consulentes lhes são devedoras de uma importância representativa, que decorreria do fato de que tinham contribuído significativamente para o incremento das mesmas, e, em contrapartida, sofrido um vultoso dano financeiro em razão dos desentendimentos existentes entre os acionistas que compõem o bloco de controle e entre estes e os sócios minoritários da N.

1.3 Pela alegada perda, os controladores pretendem receber reparação das próprias consulentes, a ser decidida e quantificada através de procedimento arbitral, a ser levado a efeito em Nova York.

1.4 Tendo em vista as dúvidas relativas aos poderes que a lei outorga aos administradores das companhias consulentes para a instauração de procedimento arbitral para decidir esse eventual litígio, assim como as circunstâncias de fato e de direito que cercam a questão acima sucintamente exposta, pergunta-se:

a) A diretoria das companhias consulentes teria competência para instaurar a arbitragem cogitada, a despeito de não existir disposição estatutária ou deliberação assemblear, ou mesmo decisão do conselho de administração, autorizando a adoção de tal modalidade de solução de controvérsias?

b) O compromisso arbitral constitui ato de gestão típico de administração?

c) Qual a natureza jurídica do compromisso arbitral? Caso seja contratual, e tendo em vista que o acordo de acionistas da controladora N. (Cláusula Terceira, item 3.1) condiciona todos os negócios entre as sociedades consulentes, por ela controladas, e os seus acionistas, à prévia aprovação por parte do conselho de administração da N., mediante voto qualificado, seria essa aprovação requisito de validade e eficácia desse compromisso?

d) Caso a competência para que a diretoria das companhias consulentes possa celebrar compromisso arbitral dependa da existência de previsão estatutária nesse sentido, seria necessária a alteração do estatuto das sociedades, adotando esse permissivo, mediante a aprovação em assembléia de acionistas representando no mínimo 66% do capital votante da sociedade, conforme requer o acordo de acionistas da N. (Cláusula Segunda, 2.1)?

e) Admitida a arbitragem pleiteada, nos termos acima expostos, poderiam submeter-se ao procedimento arbitral eventos passados ou somente situações presentes e futuras?

f) O fato de ser instituída a arbitragem para a solução da controvérsia entre a companhia e seus acionistas implicaria em reconhecimento ou renúncia de qualquer direito, pelas partes signatárias do compromisso arbitral?

1.5 Para esclarecimento dos fatos acima sumariados, a Consulta é informada com os seguintes documentos: o estatuto social da T. C. P. S/A, o estatuto social da T. C. S/A, o estatuto social da T. N. C. P. S/A, o estatuto social da A. C. S/A e o acordo de acionistas da N. S/A.

1.6 Para os fins de sistematização da matéria societária a ser aqui enfocada, analisar-se-á, inicialmente, os aspectos intrínsecos ao instituto da competência da sociedade e dos órgãos administrativos, no contexto da legislação aplicável, para, a seguir, abordar a problemática suscitada em cada quesito, que será respondido a final de cada tópico deste Parecer.

2. A competência da administração

2.1 A certos agrupamentos de indivíduos (sociedades) e a determinadas destinações patrimoniais (fundações), o Direito atribui *personalidade* e *capacidade*, equiparando as entidades abstratas assim geradas à própria pessoa humana, com aptidão para adquirir e exercer direitos e contrair obrigações. Enquanto, porém, a pessoa física encontra na sua capacidade a expressão plena de sua alteridade ou do seu poder de ação, com linhas de generalidade que lhe asseguram extensão ilimitada, as pessoas jurídicas ou morais, pela sua própria natureza, têm *capacidade jurídica limitada*, faltando-lhes a titularidade daqueles poderes que as transcendem, como os de família, de sucessão legítima e de outros inerentes à pessoa humana.

2.2 Com efeito, as pessoas jurídicas têm a sua capacidade restrita à órbita de sua atividade própria, tal como fixada nos atos constitutivos. As pessoas jurídicas são constituídas para cumprir uma determinada missão e, por conseguinte, dotadas de uma capacidade específica para cumpri-la. A essa capacidade especializada, ditada pela finalidade para a qual foram constituídas, dá-se o nome de "especialização estatutária" (*spécialité légale* ou *statutaire*, segundo a matriz francesa), correspondente continental do conceito de *ultra vires societatis*, vigente no direito anglo-americano. Segundo essas noções, a pessoa jurídica é constituída em razão de uma determinada finalidade, e só na medida em que se relaciona com esse escopo é que o ato realizado em seu nome é a ela imputável.[1]

2.3 O *objeto* da entidade, expresso no contrato ou no estatuto, é assim entendido como definição da capacidade da pessoa jurídica. Ou seja, a atividade das sociedades e das fundações não pode ultrapassar os limites do fim que lhe foi assinado convencionalmente no ato constitutivo, de sorte que os *atos estranhos* ao objeto da entidade, realizados ao arrepio dos limites dentro dos quais têm elas a capacidade de agir,

1. Cf. L. Michaud, *La Théorie de la Personnalité Morale et son Application en Droit Français*, t. II, 3ª ed., por Trotabas, Paris, 1932, ns. 232 a 234; James D. Cox *et alii*, *Corporations*, v. I, Boston, 1996, § 4.9; Caio Mário da Silva Pereira, *Instituições de Direito Civil*, v. I, Rio de Janeiro, 1961, n. 55, p. 221. Embora hoje muito atenuadas essas teorias continuam válidas para a configuração do fenômeno.

em princípio não as vinculam a terceiros. Não são necessariamente inválidos, mas inábeis para vincular a entidade representada, constituindo responsabilidade *pessoal* dos representantes infiéis.[2]

2.4 Não basta, porém, que alguns indivíduos se reunam, ou que se dê uma determinada destinação a um conjunto de bens, para que tenha nascimento a personalidade jurídica da entidade: é preciso que, além do fato externo da aglomeração das partes, ou da dotação dos bens, se estabeleça uma vinculação jurídica duradoura, que lhe imprima *unidade orgânica*, de tal sorte que a vontade da entidade se destaque das vontades individuais dos participantes, ou do instituidor. Em certas formas associativas simples, como, por exemplo, nas sociedades mercantis de pessoas, e nas fundações, essa organização das relações internas da entidade, é deixada à livre decisão dos seus fundadores. Nas sociedades anônimas, porém, o legislador impôs uma distribuição de poderes através de centros volitivos determinados.

2.5 A esses centros de poderes na sociedade anônima dá-se o nome de *órgãos sociais*. Assim, a sociedade anônima se organiza mediante a discriminação de poderes-funções, atribuindo-os a órgãos próprios, insuprimíveis e inconfundíveis: o órgão de deliberação, que expressa internamente a vontade da sociedade; o órgão de gestão, que executa a vontade social e gere a empresa, representando-a externamente; e o órgão sindicante, que fiscaliza a fiel execução da vontade social. Respectivamente, *assembléia geral*, *administração* e *conselho fiscal*. A liberdade negocial dos particulares, na organização de uma companhia, é, pois, restrita ao respeito devido a essa estrutura básica.

2.6 Reproduziu-se, destarte, no direito privado a mesma problemática da divisão de Poderes do direito constitucional, com o consectário de sua indelegabilidade.[3] A assembléia tem competência privativa para deliberar sobre determinadas matérias (Lei 6.404, art. 122). E as atribuições conferidas pela lei aos diretores e aos fiscais não podem ser outorgadas a outro órgão, criado pela lei ou pelos estatutos (idem, arts. 139 e 163, § 7º).

2.7 No entanto, cabe observar que se cada um desses órgãos básicos é dotado de poder próprio e exclusivo, eles não se posicionam no mesmo nível, organizando-se, em verdade, de forma hierárquica. Com efeito, no modelo legal, a assembléia geral é colocada como o órgão supremo, a quem é atribuído "poderes para decidir *todos* os negócios relativos ao *objeto da companhia*" (art. 121). Comparato lembra aqui a distinção entre *potestas* e *imperium*, desenvolvida na experiência jurídica romana: a primeira designaria um poder especializado e, a segunda, um poder geral, próprio da assembléia de acionistas.[4]

2.8 Todos esses órgãos, porém, inclusive a assembléia que detêm referida soberania, são dotados de poderes limitados à esfera de competência do próprio organismo societário, de que fazem parte, e que é definida pelo objeto social fixado no estatuto. O objeto social estatutário delimita, assim, o raio de atuação da entidade, ou seja, a sua capacidade (*capacity*) e, conseqüentemente, a autoridade ou o poder (*authority*) dos órgãos que a compõem. Daí a importância da definição *precisa* e *completa* do objeto social (ou seja, da atividade empresarial a que a sociedade se dispõe a desenvolver), constante do estatuto da companhia, por determinação imperativa da lei (Lei 6.404, art. 2º, § 2º).

2. Ettore Gliozzi, *Gli atti Estranei all'Oggetto Sociale nelle Società per Azioni*, Milão, 1970.

3. "Tra assemblea ed amministratori si stabilisce, a questo modo, una vera e propria divisione di poteri, analoga a quella esistente nella struttura dello Stato, fra parlamento e governo" (in Francesco Galgano, *La Società per Azioni*, Pádua, 1984, p. 200).

4. Fábio Konder Comparato, *O Poder de Controle na Sociedade Anônima*, 2ª ed., São Paulo, 1977, n. 2, p. 15.

2.9 À assembléia, entendida como órgão eminente da sociedade, é, de fato, atribuída poderes para decidir *todos* os negócios da sociedade, mas, como vimos, desde que estes se atenham ao objeto estatutário, como o enfatiza o art. 121, acima comentado. Dessa forma, ainda que a lei admita tenha a assembléia competência para a reforma do estatuto (Lei 6.404, art. 122, I), com poderes para promover inclusive a "mudança do objeto da companhia" (idem, art. 136, VI), não a libera, nas suas decisões, da limitação imposta pelo objeto da companhia, não lhe sendo permitida, por exemplo, a *ratificação* de atos estranhos ao objeto social, pois essa ratificação constituiria uma alteração *a posteriori* do estatuto, sem a observância das formalidades específicas impostas pela lei para as alterações do estatuto (idem, arts. 137, *caput*, e 57, § 2º, *a*). Permanece, portanto, cogente, para todos os órgãos da companhia, inclusive para a assembléia, o dever de se ater ao objeto estatutário.[5]

2.10 A importância do objeto social para delimitação da competência da sociedade e, por conseqüência, dos poderes dos administradores e dos sócios, é, aliás, acentuada na Exposição de Motivos do Projeto que se converteu na Lei 6.404, ao exigir que o estatuto defina o objeto social "de modo preciso e completo" (art. 2º, § 2º), "o que constitui providência fundamental para defesa da minoria, pois limita a área de discricionariedade dos administradores e acionistas majoritários e possibilita a caracterização das modalidades de abuso de poder" (*sic*). Decorre daí que o ato estranho à atividade social objeto de definição estatutária, e que extravasa da competência atribuída ao poder de gestão regular dos administradores, implicará, em princípio, na responsabilidade pessoal destes e não da companhia, como acentua a lei (Lei 6.404, art. 158).

2.11 É verdade que é a atividade empresarial, e não os atos ou negócios jurídicos, individualmente considerados, que ao estatuto cabe definir, de maneira precisa e completa, como objeto social.[6] Deflui, assim, dessa circunstância uma margem de flexibilidade quanto à inerência ou não de determinado ato ao objeto social, pois muitos desses atos revelam pertinência com o objeto da companhia quando vistos como *instrumentos* — ou como atos-meio, como diz Cerami[7] — para a consecução da finalidade social, ou encarados como decorrências desta. De fato, há uma série de atos e negócios jurídicos que, embora não previstos no objeto social estatutário, não conflitam com o escopo último da atividade societária, com ele se compatibilizando. Por mais díspares, portanto, que sejam esses atos singulares, eles são admissíveis quando orientados com a finalidade de promover a realização da atividade social.

2.12 Daí dizer a doutrina corporativa norte-americana, na esteira de seus constitucionalistas, que, na delimitação dos poderes dos administradores, além da especificação precisa e completa do objeto social (doutrina dos *enumerated powers*), deve-se também considerar um rol de atos que são uma conseqüência natural desses poderes específicos (doutrina dos *resulting powers*), bem como de poderes implícitos, que são necessários ao cumprimento do objeto da companhia (doutrina dos *ancillary* ou *implied powers*). Esses poderes só são

5. "Vincenzo Calandra Buonaura, *Trattato delle Società per Azioni. Amministratori*, v. 4, Turim, 1991, p. 212: "In conclusione, quindi, se si eccetua l'ipotesi del consenso della totalità dei soci — che presuppone una rinuncia al diritto di non partecipare delle sorti e dei attività diverse da quelle originariamente pattuite — l'assemblea, né in sede ordinaria né in sede straordinaria, potrà validamente deliberare l'autorizzazione o la ratifica di atti estranei all'oggetto sociale".

6. "(...) è attività rilevante non solo la ripetizione degli atti finali tipici, ma anche l'insieme di tutti gli atti 'diretti', in guisa di singoli elementi di un vasto procedimento, a quell'atto economico finale" (Gianluca La Villa, *L'Oggetto Sociale*, Milão, 1974, p. 48).

7. Vincenzo Cerami, "Gli atti estranei all'oggetto sociale", in *Rivista delle Società*, 1959, p. 661.

reconhecidos quando direcionados no sentido da execução do objeto social.[8]

2.13 Ora, o poder de representação social, atribuído pela lei à administração (Lei 6.404, art. 144), embora distinto do poder de gestão (tanto que pode haver administrador que não é titular do poder de representação), é um poder resultante deste e a ele está necessariamente vinculado (pois só dispõe do poder de representação o administrador, ou o mandatário por ele constituído), motivo pelo qual esse poder está também limitado ao âmbito do objeto social. A rigor, as sociedades não são propriamente "representadas" pelos órgãos administrativos nos atos jurídicos em que intervêm, já que, através dos mesmos, são elas próprias que se apresentam perante o mundo externo. Os administradores das sociedades, investidos do poder de representação, agem, destarte, encarnando-as, como se fossem a própria entidade. Na realidade, a representação pressupõe duas vontades, a do representante e a do representado, enquanto, no caso, há uma só vontade, que é a da entidade, exteriorizada pelos membros do órgão administrativo.

2.14 Os administradores exercem, pois, a chamada *representação orgânica*, agindo como se fossem a própria pessoa jurídica. Por conseqüência, natural que o poder de representação (ou de *presentação*, como queiram[9]) da administração deva estar circunscrito à capacidade jurídica da entidade representada, que, como dissemos, é limitada e orientada no sentido de determinada finalidade. Assim, *aos administradores é atribuído o poder de representar a sociedade em todos atos que se liguem à atividade empresarial objeto da companhia, salvo as restrições que decorram do estatuto, ficando-lhe interdito atuar fora desse campo específico.*

2.15 É nesse sentido que a Lei 6.404, de 1976, fala em obrigações contraídas "em virtude de ato regular de gestão" (art. 158, *caput*). Assinalava Carvalho de Mendonça, sob a vigência do Decreto 434, de 1891, que neste ponto não discrepa do atual: "Isso quer dizer que os administradores não podem praticar outras operações que as declaradas e compreendidas nos estatutos ao definir o objeto social. É um freio que se lhe impõe. Se excedem os poderes, não obrigam a sociedade para com terceiros, ainda que se julguem na boa-fé de poder usá-la; obrigam-se a si próprios pessoal e diretamente".[10]

2.16 Atos regulares de gestão, portanto, ainda segundo Carvalho de Mendonça, são "as operações compreendidas no objeto da sociedade, a dizer, todos os atos exigidos pela função normal da empresa" (ob. cit., v. 3, n. 713, p. 164). Essa limitação da capacidade dos administradores para os atos normais ou ordinários da empresa é da mais antiga tradição do direito brasileiro. Teixeira de Freitas no seu *Esboço de Código Civil*[11] já assim se posicionava nos arts. 3.123 e 3.124, *verbis*:

> Art. 3.123. A administração da sociedade reputar-se-á um mandato geral, só compreensivo dos negócios ordinários dela com todas as suas conseqüências.
>
> Art. 3.124. São negócios ordinários da administração da sociedade aqueles para os quais a lei não exige poderes especiais. Todos os outros negócios de sua administração serão reputados negócios extraordinários.

Não é diferente o comentário de Modesto Carvalhosa, em escólio ao art. 158 da Lei 6.404: "Serão ordinários os atos previstos no estatuto como de competência

8. Robert Charles Clark, *Corporate Law*, Boston-Toronto, 1986, § 3.3.1 e ss., pp. 114 e ss.; L. C. B. Gower, *The Principles of Modern Company Law*, Londres, 1957, p. 78; *Palmers' Company Law*, v. I, Londres, 1998, n. 3.303, p. 3.035.

9. A expressão é, como se sabe, utilizada por Pontes de Miranda, que fala em "órgão presentante", in *Tratado de Direito Privado*, Rio de Janeiro, t. 50, 1965, n. 5.331, p. 383.

10. J. X. Carvalho de Mendonça, *Tratado de Direito Comercial Brasileiro*, v. IV, Rio de Janeiro, 1940, n. 1.219, p. 78.

11. Edição do Ministério da Justiça e Negócios Interiores, de 1952, p. 946.

originária da diretoria (art. 143) ou do conselho de administração (art. 142). No que respeita à diretoria, será ordinária a administração que abrange os negócios jurídicos que podem ser celebrados pelos diretores independentemente de qualquer deliberação do conselho ou da assembléia geral. A administração extraordinária verifica-se quando os negócios jurídicos, para serem celebrados pelos diretores, dependem da aprovação do conselho de administração ou da assembléia geral, para sua eficácia".[12]

2.17 Por conseguinte, para se saber se determinado ato ou negócio jurídico está ou não dentro da competência representativa dos diretores, cumpre verificar se existe compatibilidade entre o ato e a atividade desenvolvida pela sociedade.[13] Ou seja, se o ato está dentro do objeto social.

2.18 Se o ato praticado excede o objeto social ou as restrições estatutárias, ele importará, como se disse, na responsabilidade pessoal do administrador, se bem que essas limitações não poderão ser opostas aos terceiros de boa-fé, vinculando necessariamente a sociedade ao ato. Nessa regra de inoponibilidade, prevalece o interesse de imprimir certeza às relações jurídicas, privilegiando a tutela de terceiros que celebram negócios jurídicos com a sociedade. A disciplina da representação da sociedade envolve, pois, interesses opostos: de um lado, o interesse da sociedade de se proteger contra os desvios de poder de seus administradores, e, de outro, o interesse de terceiros de proteger contra os abusos porventura praticados pelos representantes das sociedades com que se relacionam.[14]

3. A convenção arbitral

3.1 Nesse sentido, para se verificar se a administração das sociedades consulentes tem ou não competência para instaurar um procedimento arbitral para a solução de divergências com os acionistas integrantes do bloco de controle, cumpre submeter a convenção arbitral cogitada ao teste de capacidade e de autoridade, acima delineados. Como se sabe, por "convenção de arbitragem", a Lei 9.307, de 1996, entende duas formas pelas quais "as partes interessadas podem submeter a solução de seus litígios ao juízo arbitral": a cláusula compromissória e o compromisso arbitral (art. 3º). "A cláusula compromissória é a convenção através da qual as partes em um contrato comprometem-se a submeter à arbitragem os litígios que possam vir a surgir, relativamente a tal contrato" (art. 4º). "O compromisso arbitral é a convenção através da qual as partes submetem um litígio *[já existente]* à arbitragem de uma ou mais pessoas, podendo ser judicial ou extrajudicial" (art. 9º).

3.2 Nessas condições, a legitimidade dos diretores para a adoção de uma convenção arbitral — cláusula compromissória ou compromisso —, que afaste o juízo estatal na resolução de litígios em sede societária, deve ser apreciada à luz da extensão e da limitação dos poderes de representação substancial que a eles são atribuídos pela lei e pelo estatuto. O objeto social — encarado como limite do poder de gestão dos administradores —, funciona, as-

12. *Comentários à Lei de Sociedades Anônimas*, v. 3, São Paulo, 2003, p. 354.

13. Como dizia Tullio Ascarelli, "non è il tipo di atto che di per sé può dirsi in contrasto o in armonia col l'oggetto sociale, ma solo un determinato atto nella sua concretezza", cabendo reconhecer que "la valutazione al risguardo — e proprio perché si tratta di valutare concretamente un atto in relazione a tutto lo svolgimento dell'attività sociale ed anche ai propositi di futuro svolgimento di detta attività — non può (...) essere affidata che a soci ed amministratori" ("Fideiussione; conflito di interessi e deliberazioni di consiglio", in *Problemi Giuridici*, t. II, Milão, 1959, pp. 670-672). Também Giuseppe Ferri: "tutti gli atti che secondo la sua valutazione direttamente o indirettamente si pongano come mezzo a fine rispetto all'oggetto sociale", citado por E. Gliozzi, ob. cit., p. 109.

14. Sobre esse tópico, publicamos artigo de doutrina intitulado "O alcance das limitações estatutárias ao poder de representação dos diretores", in *RDM*-113/9, de jan.-mar. 1999.

sim, para confinar, dentro do mesmo espaço, a atuação representativa dos mesmos.

3.3 Cumpre advertir que não se põe em questão aqui a arbitrabilidade objetiva (*ratione materiae*) dos litígios que porventura possam surgir entre os acionistas e a companhia, ou entre os acionistas controladores e os acionistas minoritários, desde que versem divergências referentes a "direitos patrimoniais disponíveis", conforme requer o art. 1º da Lei 9.307/1966. É interessante assinalar que a arbitragem de tais questões chegou até ser obrigatória no direito societário brasileiro, por força do art. 294 do Código Comercial de 1850, abolida em 1866. O que aqui se indaga diz respeito à arbitrabilidade subjetiva (*ratione personae*), ou seja, da capacidade da sociedade comprometer em arbitragens para o desate desse gênero de controvérsia.[15]

3.4 Ora, em síntese, podemos desde logo dizer que, como aos administradores é atribuído o poder de representação da sociedade para realizar todos os atos que, direta ou indiretamente, se relacionem com a consecução do objeto social estatutário, cumpre reconhecer que os mesmos têm competência para comprometer a entidade que representam na celebração de qualquer convenção arbitral (cláusula compromissória ou compromisso arbitral), desde que e sempre que os litígios digam respeito à atividade empresarial objeto da companhia. Em sentido oposto, faz-se necessária a habilitação estatutária para que os administradores possam instituir procedimento arbitral para solver questões que ultrapassem o objeto social, e versem, portanto, matéria extraordinária, como são, desenganadamente, as divergências entre os acionistas ou entre estes e a companhia, alvo da presente Consulta.

3.5 Essa, aliás, é a orientação unânime no direito comparado, como o aponta a doutrina a mais recente, conforme enfatiza Olivier Caprasse, em seu livro *Les Sociétés et l'Arbitrage* (Bruxelas-Paris, Bruylant/ LGDJ, 2002, p. 256). Segundo Caprasse, a doutrina e a jurisprudência continental européia negavam, inicialmente, aos dirigentes das sociedades o poder de vincular as sociedades à arbitragem, à míngua de uma habilitação expressa, sob o argumento de que, na condição de mandatários da sociedade, os administradores estariam restritos a realizar atos de simples administração, enquanto as convenções arbitrais implicariam necessariamente em atos de disposição. A origem dessa colocação estaria em Pothier, para o qual no poder do administrador não se incluía o poder de transigir "sur les procès de la société", de sorte que, não podendo transigir, o administrador não poderia firmar compromisso arbitral em nome da sociedade.

3.6 Essa posição seria posteriormente rechaçada à medida que se impunha, em todos os quadrantes, a noção da "representação orgânica" dos administradores, quando os terceiros se colocam diretamente diante da própria entidade, da qual o órgão é parte integrante, e não de um *alter ego*, o mandatário. E a entidade, considerada em si mesma, tem plena capacidade para transigir e dispor: "Le législateur lui-même considérait donc que les administrateurs pouvaient en tous cas compromettre, sans qu'une habilitation ne soit nécessaire à cet effet, pour les litiges relatifs aux actes qu'ils pouvaient passer. Aujourd'hui plus personne ne conteste que, quel que soit le type de société, les dirigiants peuvent, pour le moins, compromettre au sujet des actes qu'ils peuvent poser, sans nécessité d'une habilitation expresse en ce sens".

3.7 A contrario sensu, pois, cumpre concluir que as divergências entre os sócios

15. João Bosco Lee, "O conceito de arbitrabilidade nos países do Mercosul", *Revista de Direito Bancário* 8/348, abr.-jun. 2000; Selma Maria Ferreira Lemes, "Arbitragem em propriedade intelectual", in *Revista de Direito Civil* 74/122; José Maria Rossani Garcez, "Arbitrabilidade no Direito brasileiro e internacional", *Revista de Direito Bancário* 12/337; Bernard Hanotiau, "L'arbitrabilité des litiges en matière de droit des sociétés", *Liber Amicorum Claude Reymond, Autour de l'Arbitrage*, pp. 97 e ss.

e a companhia, e, mais ainda, entre os sócios, embora sejam de natureza societária, não dizem respeito à atividade desenvolvida pela sociedade e, por conseqüência, escapam da área de gestão regular dos administradores, requerendo habilitação expressa para serem arbitráveis, a qual, nos termos da lei do anonimato, acima citados, somente adviria de previsão estatutária. E assim afirmamos porque, pela lei do anonimato, somente o estatuto pode atribuir aos administradores competência para realizar negócios extraordinários que escapem do objeto normal da sociedade. *Vale dizer, à míngua de habilitação estatutária expressa, os diretores não podem instituir procedimentos arbitrais senão com respeito a matéria que diga respeito à gestão ordinária e regular da atividade social.*[16]

3.8 É verdade que, pela lei, ao conselho de administração, se existente, compete eleger e destituir os diretores da companhia, fixando-lhes as atribuições, mas sempre "observado o que a respeito dispuser o estatuto" (Lei 6.404, art. 142, II). Também ao conselho de administração pode-se exigir que se manifeste previamente sobre atos e contratos, como a convenção arbitral, mas sempre "quando o estatuto o exigir" (idem, art. 142, VI). Ao estatuto da companhia, portanto, cabe, em primeira instância, definir se os diretores podem ou não comprometer a companhia, firmando convenção arbitral para o desate de controvérsias desse naipe. Sendo o estatuto omisso, o poder dos diretores de firmar convenção arbitral se reduz às demandas relativas aos negócios de gestão, delimitados pelo objeto social.

3.9 Que o estatuto é a instância apropriada para autorizar a companhia a celebrar convenção arbitral é fato reconhecido até pelo próprio legislador, ao admitir possa a sociedade adotar cláusula compromissória para solucionar divergências decorrentes da relação societária entre os acionistas controladores e os acionistas minoritários, ou entre estes e a companhia. Consagrando orientação consolidada no direito societário europeu e norte-americano,[17] a Lei 10.303, de 31 de dezembro de 2001, acrescentou ao art. 109 da Lei 6.404, de 1976, o § 3º, facultando ao estatuto das companhias a possibilidade de prever a instituição de cláusula de arbitragem para solucionar as divergências entre os acionistas, ou entre estes e a companhia, nos termos em que especificar.

3.10 Por extravasar o objeto social e, portanto, a atuação regular dos administradores, a arbitragem que tenha por objeto demanda entre sócios e entre estes e a companhia só poderá ser convencionada, seja através de cláusula compromissória, como previsto agora pela lei, seja através de compromisso, mediante a previsão expressa no estatuto, que dessa forma amplia a descrição do objeto social. Ora, não consta dos estatutos sociais das várias companhias consulentes a previsão da arbitragem para as questões surgidas entre os sócios, ou entre estes e a companhia.

3.11 Nessas condições, insta concluir que, no caso presente, os diretores dessas empresas podem comprometer as companhias, firmando convenção arbitral apenas e tão-somente com relação a matérias que se circunscrevem à órbita do seu poder regular de gestão, e que dizem respeito à atividade desenvolvida pela empresa, sendo-lhes vedado, contudo, instituir arbitragem cujo objeto da lide seja a controvérsia sur-

16. Sobre a arbitragem de atos extraordinários, que dizem respeito às relações entre a companhia e sociedades coligadas ou controladoras, diz Caprasse: "Esse debate apaixonante não teve, todavia, a repercussão nas relações entre o direito societário e o da arbitragem. Trata-se, com efeito, de uma discussão profunda, relativa à gestão das empresas, cujas circunstâncias são estranhas à dimensão contenciosa da arbitragem" (Olivier Caprasse, "A arbitragem e os grupos de sociedades", *Revista de Direito Bancário, do Mercado de Capitais e da Arbitragem* 21/340).

17. Cf. Alessandro Nigro, "Questioni vecchie e nuove in materia di clausola compromissoria negli statuti di società", in *Rivista delle Società*, 1968, pp. 175 e ss. V., tb., *Società per Azioni. Casi e Materiali di Diritto Commerciale*, t. I, Milão, 1974, pp. 84 e ss. e 331 e ss.

gida entre os acionistas, ou entre estes e a sociedade, em decorrência da relação associativa que os une.

3.12 No caso, há ainda duas agravantes. Em primeiro lugar, dispõe o item 2.1, da Cláusula Segunda, alínea XII, do acordo de acionistas da N. S/A, de outubro de 1998, que a própria alteração dos estatutos das sociedades consulentes (que a N. controla) somente poderá ser adotada em assembléia se contar com o voto afirmativo de acionistas representando, no mínimo, 66% do capital votante da sociedade. Em segundo lugar, mesmo que essa previsão venha a ser incluída nos estatutos das sociedades consulentes, os diretores das companhias controladas não serão livremente competentes para convencionar a arbitragem, já que o item 3.1, Cláusula Terceira, alínea III, do acordo da N., requer a aprovação pelo conselho de administração dessa sociedade, mediante o voto afirmativo dos conselheiros indicados por acionistas representando, no mínimo, 66% do capital votante da sociedade, *verbis*:

> 3.1 Dependerão da prévia aprovação do conselho de administração da N., com o voto afirmativo dos conselheiros indicados por acionistas representando, no mínimo, 66% do capital votante da sociedade ("Voto Qualificado").
>
> (...).
>
> III – qualquer *negócio* ou operação entre, de um lado, a *sociedade*, e, de outro, acionista dela, controladores, controladas ou coligadas de acionistas.

3.13 Se os negócios entre a sociedade e seus controladores dependem, para sua validade, da aprovação do conselho de administração da N., mediante o voto qualificado acima indicado, lícito é concluir que a arbitragem — que é também um *negócio jurídico* — está igualmente condicionada ao mesmo requisito, com o voto afirmativo de acionistas representando, no mínimo, 66% do capital votante da sociedade.

3.14 O negócio jurídico, tal como entendido e estruturado na sistemática brasileira (Código Civil, art. 104 e ss.), é toda declaração de vontade, polarizada no sentido de uma finalidade, hábil a produzir efeitos jurídicos queridos, que se divide em dois grupos, os unilaterais e os bilaterais. Os negócios bilaterais são aqueles que pressupõem duas declarações de vontade, com coincidência quanto ao objeto. Entre os negócios bilaterais inscrevem-se, portanto, os contratos. Pela Lei da Arbitragem brasileira, a convenção de arbitragem (cláusula compromissória e o compromisso) é definida como uma "convenção", ou seja, como acentua Carmona, reportando a Luigi Biamonti, como "um contrato de direito privado, estipulado com fim de produzir entre as partes efeitos processuais, obrigando-as a subtrair à competência da autoridade judiciária ordinária o conhecimento da controvérsia".[18]

3.15 Essa transferência do plano de competência para o conselho e para a assembléia, adotada pela N., na realização de certos atos, se justifica diante dos termos do dever de diligência que a lei atribui aos administradores (Lei 6.404, art. 153). A gravidade de certos atos aconselha essa medida, que não põe em questão propriamente o alcance do poder administrativo, significando antes uma obrigação de diligência no exercício da administração, como assevera Buonaura: "Quando l'atto (...) è potenzialmente destinato ad incindere in modo grave sui diritti di participazione e sugli interessi patrimoniali degli azionisti, è, infatti, ugualmente ipotizzabile un dovere degli amministratori di sottoporre la decisione all'assemblea dei soci (ou do conselho de administração). L'obbligo di consultare l'assemblea (ou o conselho de administração) no deriva, però, da un principio di competenza né rappresenta un momento necessário del processo formativo della decisione amministrativa, ma va ricon-

18. Carlos Alberto Carmona, *A Arbitragem no Processo Civil Brasileiro*, São Paulo, 1973, p. 76. Tanto que só podem valer-se da arbitragem para dirimir litígios relativos a direito patrimoniais disponíveis "as pessoas capazes de contratar" (Lei 9.307, art. 1º).

dotto al generale dovere di diligenza e correttezza nell'attuazione dell'incarico gestorio".[19]

4. Conclusões

4.1 Nessas condições, podemos responder aos quesitos da presente Consulta da seguinte forma:

a) À míngua de previsão expressa nos estatutos das companhias consulentes, habilitando os seus diretores a celebrar convenção arbitral para submeter as demandas surgidas entre sócios e entre estes e a sociedade, carece de legitimidade a iniciativa dos diretores de deflagrar o procedimento arbitral para a solução de divergências entre as consulentes e os seus controladores;

b) Os diretores que firmarem o compromisso arbitral, com o alcance acima, não estando habilitados para tanto, responderão civilmente pelos prejuízos que causarem à companhia (Lei 6.404, art. 158);

c) O compromisso arbitral, pactuado para a solução de litígios que tenham por objeto as matérias de competência ordinária dos diretores, independe de *habilitação expressa do estatuto* da companhia, estando esta implicitamente autorizada a firmá-lo, como ato regular de gestão que é, falecendo-lhes, porém, esse poder quando o objeto da lide diz respeito a divergência entre os acionistas, ou entre estes e a companhia, que excede a esfera da administração ordinária da sociedade;

d) Exercendo função jurisdicional, a arbitragem tem inegável origem contratual, e, nesse sentido, caso seja instituída através de compromisso entre as companhias consulentes e seus acionistas controladores, será necessária a aprovação prévia do conselho de administração da N., através do voto afirmativo dos conselheiros indicados por acionistas representando no mínimo 66% do capital votante da sociedade, nos termos da Cláusula Terceira, item 3.1, alínea III, do acordo de acionistas, pactuado pelas sociedades relacionadas;

e) Nessa mesma ordem de raciocínio, para a própria adoção do compromisso arbitral, faz-se mister, no caso *sub examine*, a introdução de permissivo expresso no estatuto das sociedades, o que, por força da Cláusula Segunda, item 2.1, alínea XII, do acordo de acionistas da controladora N., só poderá ser feito mediante a aprovação em assembléia geral da alteração estatutária com o sufrágio de acionistas representando, no mínimo, 66% do capital votante das sociedades;

f) Essas restrições, convencionadas no acordo de acionistas, atendem ao dever de diligência imposto por lei aos administradores e são sempre aconselháveis quando as decisões gestórias, embora se enquadrando na competência dos administradores, envolvem os direitos patrimoniais dos acionistas.

g) Não há, *in casu*, qualquer interferência do novo § 3º do art. 109 da Lei 6.404, de 1976, na medida em que os estatutos das sociedades consulentes não contemplam a cláusula compromissória, que determinaria a submissão de litígios eventuais, futuros e indefinidos, entre sócios, ou entre estes e a companhia, não tendo, portanto, ocorrido a derrogação da justiça ordinária, que decorreria da adoção dessa cláusula;

h) De resto, ao celebrar a convenção arbitral, mesmo quando o objeto da lide verse sobre atos de gestão regular, circunscritos à atividade ou objeto social, os administradores das sociedades estarão, de fato, renunciando à jurisdição estatal para adotar o juízo arbitral, e, por via de conseqüência, derrogando um direito essencial, constitucionalmente assegurado pela Lei Maior por uma cláusula pétrea (Constituição Federal, art. 5º, XXXV c/c art. 60, § 4º, IV). Daí a razão pela qual se impõe a habilitação estatutária para que os administra-

19. Cf. Vincenzo Calandra Buonaura, "Potere di gestione e potere di rappresentanza degli amministratori", no *Trattato delle Società per Azioni*, v. 4, Turim, 1991, p. 116.

dores, agindo em nome da companhia, tenham competência para fazê-lo.

4.2 Pelo exposto, somos da opinião de que carece de legitimidade a iniciativa dos diretores das companhias consulentes para deflagrar a arbitragem com a finalidade de apreciar as postulações dos sócios controladores, deduzidas em feitos em que se defrontam com outros acionistas das sociedades, com o objetivo de decidir e quantificar eventual perda sofrida pelos controladores junto às mesmas. Essa iniciativa, ao arrepio de habilitação estatutária, implicará na responsabilidade pessoal dos administradores, que responderão pelos prejuízos que provocarem nas companhias que representam.

São Paulo, 5 de abril de 2004.

Pareceres

A DESCONSIDERAÇÃO DA PERSONALIDADE JURÍDICA NA FALÊNCIA

PAULO FERNANDO CAMPOS SALLES DE TOLEDO

1. Relatório. 2. Teoria da desconsideração da personalidade jurídica. 3. As duas vertentes fundamentais. 4. A confusão patrimonial. 5. A verificação da fraude. 6-7. As sanções aplicáveis. 8-9. O reconhecimento judicial da desconsideração. 10. O caso em exame. Respostas aos quesitos.

1. Nos autos da falência de C. M. Indústria e Comércio Ltda., a credora G.-N. Comercial e Exportadora Ltda. requereu fosse desconsiderada a personalidade jurídica da falida. Alegava ter ocorrido fraude, praticada pelos sócios desta última, em benefício da sócia F., cujos diretores eram os mesmos da falida.

A falida impugnou a pretensão, reiterando manifestações anteriores, provocadas pela mesma credora. Salientou que sua sócia F. igualmente habilitou-se na falência, tendo sido determinada a inclusão do crédito, no valor de R$ 3.282.487,53. Acrescentou não ter havido infringência à lei e ao contrato social, nem excesso de poderes ou má-fé, e sim somente um insucesso comercial.

A douta Promotoria de Justiça pronunciou-se favoravelmente à credora, propondo, mais, fossem responsabilizadas todas as sócias da falida, pelo abuso de direito que entendia ter sido cometido.

O n. Síndico exarou cota em que reiterava sua posição antes expressa, no mesmo sentido da promoção ministerial.

A MM. Juíza, apreciando a hipótese, considerou ter a falida agido fraudulentamente, beneficiando sócios, furtando-se ao pagamento de obrigações assumidas e contraindo empréstimos ciente de que não seriam pagos. Desconsiderou, por isso, a personalidade jurídica da falida, para responsabilizar seus sócios, e determinou o arresto de bens suficientes para o pagamento dos créditos.

Contra essa r. decisão, E. S/A Indústria e Comércio, uma das sócias da falida, interpôs agravo de instrumento, com pedido de liminar. Alega não ter tido ciência do processo, não tendo sido observado o *due process of law*, sendo desrespeitados os princípios do contraditório e da ampla defesa. Argumenta que as três sócias participavam igualitariamente do capital da falida, não se podendo falar em controle. Aduz não ter havido favorecimento à credora C.

Observa ainda ser inaplicável a teoria da desconsideração da personalidade jurídica, ante a inexistência de fraude ou infração à lei ou ao contrato. Acrescenta que, não tendo exercido a gestão da falida, não poderia ser responsabilizado pelas obrigações sociais, sendo, nesse ponto, nula a r. decisão, porque não fundamentada. Pleiteia a concessão de liminar, dando-se efeito ativo ao agravo, para suspender-se a eficácia da r. decisão agravada, sendo, a final, provido o recurso, para afastar-se a desconsideração.

A liminar foi indeferida. Considerou o E. Desembargador Relator que "a agravante e as demais sócias serviram-se da falida para obter vantagens e causar prejuízos a terceiros". Anota ser desnecessária a propositura de demanda própria, e consigna que a defesa apresentada pela falida nos autos da falência, "aproveita a todas as suas sócias".

Tendo em vista o relatado, honraram-me as sócias da falida, por intermédio de seus doutos advogados, com um pedido de Parecer, objetivando o correto equacionamento jurídico da hipótese. Para isso, tecerei, a seguir, algumas considerações de ordem genérica, visando situar os temas a serem abordados, passando, após, ao exame do caso concreto, e, finalmente, oferecendo respostas aos quesitos apresentados pelas Consulentes.

Teoria da desconsideração da personalidade jurídica

2. A personalidade jurídica, esta criação do gênio humano que, de certo modo, o equipara ao Criador,[1] volta-se, às vezes, por artes do próprio homem, contra aquele que a gerou. Deixa à margem seus atributos e suas finalidades, e transmuda-se em instrumento a serviço da iniqüidade. A ordem jurídica, constatado o desvio, busca, por seu turno, os mecanismos de correção de rumos. E desconsidera, quando for o caso, a personalidade jurídica mal utilizada.

A matéria é objeto da teoria da desconsideração da personalidade jurídica, de que foi precursor, na doutrina, Rolf Serick, em trabalho apresentado à Universidade de Tübingen,[2] em 1953. Na jurisprudência, bem antes disso, em fins do século XIX, verificou-se o caso *Salomon vs. Salomon & Co.*, geralmente apontado como o marco inicial.[3] Nele, pelas decisões das instâncias inferiores, atingira-se o patrimônio do controlador da sociedade, superando-se a personalidade jurídica desta. Tais decisões, no entanto, foram reformadas pela *House of Lords*. Estava, no entanto, aberto o caminho.

Vale, nesse ponto, recordar que a pessoa jurídica apresenta, como uma de suas peculiaridades fundamentais, a circunstância de ter um patrimônio próprio, distinto daquele das pessoas que a compõem. Bem por isso, é meio jurídico hábil à limitação da responsabilidade: não é preciso que o sócio comprometa seu patrimônio pessoal pelas dívidas sociais (o que, naturalmente, varia conforme o tipo societário adotado).

Ora, a desconsideração da personalidade jurídica ataca exatamente o núcleo da pessoa moral. Põe de lado a individualidade de seu patrimônio e, como se não fosse ele a garantia dos credores da sociedade, busca, em outras esferas patrimoniais, novas bases de responsabilidade. Para ser ainda mais claro: outros patrimônios passam também a responder pelas obrigações sociais. Ou, inversamente, pelos débitos dessas pessoas, passa a responder igualmente o patrimônio da sociedade.

Para que essas conseqüências aconteçam, e tenham respaldo jurídico, é neces-

1. Veja-se, a propósito, a fábula da pessoa jurídica (*La Favola della Persona Giuridica*), contada por Galgano (*Il Rovescio del Diritto*, Milão, Giuffrè, 1991, *apud* Rachel Sztajn, "Sobre a desconsideração da personalidade jurídica", in *RT* 762/81-97, esp. pp. 81-82, abr. 1999), na qual se lê que a soberba humana, criando um ente assemelhado ao homem, provocou a ira divina, com a designação de juristas que demonstraram as fragilidades da pessoa jurídica, a ponto de Ascarelli (um dos personagens) afirmar que "pessoas são apenas os seres nascidos de ventre de mulher".

2. *Rechtsform und Realität juristicher Personen* (cf. trad. espanhola, de José Puig Brutau, *Apariencia y Realidad en las Sociedades Mercantiles*, Barcelona, Ariel, 1958).

3. Cf. Piero Verrucoli, *Il Superamento della Personalità Giuridica delle Societá di Capitali*, Milão, Giuffrè, 1964, pp. 90-92. Entre nós: Rubens Requião, *Curso de Direito Comercial*, 1º v., 25ª ed., São Paulo, 2003, p. 378.

sário, obviamente, que uns tantos requisitos sejam preenchidos. Para enunciá-los é conveniente ter em vista as principais concepções a respeito da teoria em foco.

As duas vertentes fundamentais

3. Na síntese de Fábio Ulhoa Coelho,[4] são duas as vertentes fundamentais em que se divide a doutrina a respeito da desconsideração da personalidade jurídica. De um lado, a subjetiva, fundada na conduta fraudulenta do agente. De outro, a objetiva, centrada na ocorrência de confusão patrimonial.

Note-se, a propósito, que, em ambas as hipóteses, há um desvio de função da pessoa jurídica. E, naturalmente, a fraude é elemento comum a boa parte das situações concretas em que se justifica desconsiderar a personalidade jurídica. A grande distinção está em que, no primeiro caso, deve-se comprovar a ocorrência de fraude. No segundo prescinde-se do exame da conduta dos sujeitos, fazendo-se uma análise objetiva da situação.

Pode-se acrescentar, sem descer a maiores particularizações sobre o tema, já que não se pretende aqui exaurir as possibilidades de classificação das diversas construções teóricas existentes,[5] uma terceira alternativa. Refiro-me à subcapitalização, ou seja, à inexistência de capital adequado para o desenvolvimento normal das atividades, em especial ao ser constituída a sociedade.[6]

4. *Curso de Direito Comercial*, v. 2, 6ª ed., São Paulo, Saraiva, 2003, n. 2.4, pp. 43-44,

5. Para um exame aprofundado das diversas concepções a respeito, cf. Calixto Salomão Filho, "A teoria da desconsideração da personalidade jurídica", in *O Novo Direito Societário*, 2ª ed., São Paulo, Malheiros Editores, 2002.

6. Cf. Calixto Salomão Filho, ob. cit., n. 5.2, pp. 186-187, e António Menezes Cordeiro, *O Levantamento da Personalidade Colectiva no Direito Civil e Comercial*, Coimbra, Almedina, 2000, n. 36.b, pp. 118-121.

A confusão patrimonial

4. Este, de acordo com Fábio Konder Comparato, o critério fundamental. E, consigna o autor expressivamente, "compreende-se, facilmente, que assim seja, pois, em matéria empresarial, a pessoa jurídica nada mais é do que uma técnica de separação patrimonial. Se o controlador, que é o maior interessado na manutenção desse princípio, descumpre-o na prática, não se vê bem porque os juízes haveriam de respeitá-lo, transformando-o, destarte, numa regra puramente unilateral".[7]

A grande vantagem da aplicação dessa técnica reside na facilitação da prova. Provar a fraude é das tarefas mais difíceis da atuação processual, o que leva não apenas a demoras, mas a incertezas quanto ao resultado. Por outro lado, constatar que os patrimônios de A e B se confundem é procedimento menos complexo e mais seguro, na medida em que se baseia em dados objetivos.

A verificação da fraude

5. Este o critério usualmente mais seguido. Implica, é certo, em maior dispêndio de energia das partes, porque exige a produção de provas contundentes. Permite, no entanto, abranger todas as hipóteses, de impossível enumeração, em que a fraude do agente faz da pessoa jurídica um escudo para encobrir ser ele o real sujeito dos negócios. A pessoa jurídica é aqui utilizada para limitar indevidamente a responsabilidade do agente, em prejuízo daqueles que com ele contratam.

As sanções aplicáveis

6. Conforme se adotar um ou outro dos critérios apontados (objetivo ou subjetivo), diferentes serão as conseqüências jurídicas.

7. *O Poder de Controle na Sociedade Anônima*, 3ª ed., Rio de Janeiro, Forense, 1983, n. 136, pp. 343-344.

Tratando-se de confusão patrimonial, a solução põe-se no plano da ineficácia relativa. Esta a sanção legal aplicável. A análise do negócio jurídico deve efetivar-se em diferentes níveis, adotando-se o procedimento a que Antonio Junqueira de Azevedo chama de "técnica de eliminação sucessiva": "Essa técnica consiste no seguinte: primeiramente, há de se examinar o negócio jurídico no plano da existência e, aí, ou ele existe, ou não existe. Se não existe, não é negócio jurídico, é aparência de negócio (dito 'ato inexistente') e, então, essa aparência não passa, como negócio, para o plano seguinte, morre no plano da existência. No plano seguinte, o da validade, já não entram os negócios aparentes, e sim, somente os existentes; aí, nesse plano, os negócios existentes serão, ou válidos, ou inválidos; se forem inválidos, não passam para o plano da eficácia, ficam no plano da validade; somente os negócios válidos continuam e entram no plano da eficácia. Nesse último plano, por fim, esses negócios, existentes e válidos, serão ou eficazes ou ineficazes (ineficácia em sentido restrito)".[8]

Quer isto dizer que os negócios que levaram à confusão patrimonial existem e são válidos. Não se discute sua validade. Não são nulos nem anuláveis. Apenas não geram efeitos em relação aos credores, por eles prejudicados. Para estes, é como se os negócios não tivessem sido praticados. Os atos geradores de confusão patrimonial não produzem efeito, com relação a eles.

Como decorrência, a própria personalidade jurídica, que seria o obstáculo para se atingir o patrimônio do efetivo agente do negócio, é desconsiderada. Se reconhecida a personalidade, os patrimônios estariam separados, e não poderiam ser atingidos para fins de responsabilização de seu titular. Desconsiderada a personalidade, ante a ineficácia relativa do negócio, o patrimônio do sócio pode ser objeto de constrição, como se a pessoa jurídica não tivesse sido constituída, e não tivesse passado a ter um patrimônio próprio.

Note-se que a solução não é inédita. A mesma sanção é prevista, por exemplo, para os atos praticados em fraude de execução. Estabelece o Código de Processo Civil que se sujeitam à execução os bens "alienados ou gravados de ônus real em fraude de execução".[9] Essas alienações e onerações não são nulas nem anuláveis, e sim ineficazes relativamente à execução.

7. Já em se cuidando de ato fraudulento outra será a sanção a ser imposta. A hipótese, aí, será qualificada como fraude contra credores. Note-se que, não havendo prejuízo a credores, não caberá falar em desconsideração da personalidade jurídica.

Ora, os negócios fraudulentos são anuláveis, por força do art. 171, II, do Código Civil. A análise, portanto, restringe-se aos planos da existência e da validade, não chegando ao da eficácia. Cumpre ainda notar que a gravidade maior do fundamento (fraude) justifica a severidade da sanção.

O reconhecimento judicial da desconsideração

8. Também aqui, as soluções se bipartem, conforme o critério adotado (objetivo ou subjetivo).

Quando a hipótese conduz à ineficácia relativa do negócio (ou seja, nos casos de confusão patrimonial), o reconhecimento judicial independe da propositura de processo autônomo. A ineficácia pode ser declarada incidentemente, no próprio bojo dos autos. Não exige a lei que se proponha ação, nem isso decorre de qualquer possível construção doutrinária ou jurisprudencial.

A jurisprudência vem se orientando no sentido da desnecessidade do ajuizamento

8. *Negócio Jurídico — Existência, Validade e Eficácia*, São Paulo, s/e, 1974, p. 74.

9. Art. 592, V. A jurisprudência nesse sentido é abundante, conforme anotam Theotônio Negrão e José Roberto Ferreira Gouvêa (*Código de Processo Civil e Legislação Processual em Vigor*, 35ª ed., São Paulo, Saraiva, 2003, n. 4 ao art. 593, p. 671).

de ação. Para exemplificar, cita-se o acórdão proferido no agravo de instrumento 155.854-4/8, da Colenda 7ª Câmara de Direito Privado do Egrégio Tribunal de Justiça, no qual foram referidos diversos julgados, destacando-se, de sua ementa, o seguinte ponto:

> *Falência. Desconsideração da personalidade jurídica. Declaração incidental. Possibilidade. Desnecessidade de prévia decisão judicial em processo de conhecimento.* Hipótese de ineficácia relativa, e não de invalidação dos negócios jurídicos, que permite a arrecadação dos bens como se ainda pertencessem à falida.[10]

Vale mencionar ainda que, na fraude de execução, em que também se cuida de ineficácia relativa do negócio,[11] é tranqüilo o entendimento de que não se faz necessário propor ação autônoma.[12] Os termos do dispositivo legal aplicável,[13] ao dizer que "ficam sujeitos à execução os bens alienados ou gravados em fraude de execução", são expressivos a respeito.

9. Bem diferente, entretanto, o meio a ser utilizado quando se tratar de negócio fraudulento. É que a anulabilidade depende, para ser judicialmente proclamada, da propositura de ação específica. Há norma legal expressa prevendo essa solução: o art. 177 do Código Civil.

De acordo com o referido dispositivo, "a anulabilidade não tem efeito antes de julgada por sentença, nem se pronuncia de ofício". Não pode, pois, ser objeto de mera decisão interlocutória, prolatada no curso do processo, exigindo sentença.[14]

Em abono do acima exposto, pode-se invocar a observação de Fábio Ulhoa Coelho, adepto da corrente subjetivista, para quem "o juiz não pode desconsiderar a separação entre a pessoa jurídica e seus integrantes senão por meio de ação judicial própria, de caráter cognitivo, movida pelo credor da sociedade contra o sócio ou seus controladores. Nessa ação, o credor deverá demonstrar a presença do pressuposto fraudulento".[15]

O caso em exame

10. Neste ponto passa-se a aplicar ao caso concreto os conceitos acima expostos.

10.1 A r. decisão desconsiderou a personalidade jurídica da falida, "para responsabilizar todos os seus sócios", e determinou o arresto de seus bens. Ao fazê-lo, estendeu a esses sócios os efeitos patrimoniais da falência. Não os declarou falidos, mas é como se o tivesse feito, na medida em que sujeitou seus ativos à falência. A única limitação é o montante do passivo. Daí resultam alguns aspectos a serem questionados.

Em primeiro lugar, se formos às regras da Lei de Falências buscar respaldo para o decidido, voltaremos sem apoio legal. A norma de que talvez se poderia cogitar seria a do art. 5º. Mas esta se reporta a uma situação diversa: a dos sócios solidária e ilimitadamente responsáveis pelas obrigações sociais.

Nos casos de responsabilidade ilimitada dos sócios, formam-se massas especiais, servindo os bens particulares arrecadados para o pagamento dos credores desses sócios. Com estes credores particulares concorrerão, pelo saldo de seus créditos, os credores sociais.[16]

A disciplina acima lembrada não se aplica ao caso dos autos, pela simples e boa razão de que as sócias da falida não assumiram responsabilidade ilimitada. Ao contrário, a falida é uma sociedade limitada, na qual, por ditame legal,[17] "a responsabi-

10. Rel. Desembargador Salles de Toledo, v.u., j. 29.11.2000, publicado, com comentários de Haroldo Malheiros Duclerc Verçosa, na *RDM* 120/165-172.
11. Cf. n. 6, *supra*.
12. Cf. Negrão e Gouvêa, ob. e loc. cits., n. 6.
13. Código de Processo Civil, art. 592, V.
14. Cf. Código de Processo Civil, art. 162, §§ 1º e 2º.
15. Ob. cit., p. 55.
16. Lei de Falências, arts. 71 e 128, III.
17. Código Civil, art. 1.052.

lidade de cada sócio é restrita ao valor de suas quotas", respondendo todos, no entanto, "solidariamente pela integralização do capital social". Não consta que o capital da sociedade não tenha sido integralizado, mas, mesmo que não tivesse sido, a responsabilidade de cada uma das sócias se resumiria a esse montante. De qualquer modo, não seriam elas responsáveis pelas obrigações sociais.

Por outro lado, como foi visto, o citado art. 5º refere-se a hipóteses de responsabilidade solidária. Ora, nos expressivos dizeres legais, "a solidariedade não se presume; resulta da lei ou da vontade das partes".[18] No caso, entretanto, nem as sócias da falida assumiram voluntariamente responsabilidade solidária, nem esta resulta de qualquer dispositivo legal. A menos que se entenda ter havido ilícito civil, em que os bens dos causadores do dano responderiam solidariamente pela reparação.[19] Mas aí não se trataria de responsabilidade *ilimitada*, como o exige a norma legal em foco.

10.2 Por outro lado, a extensão subjetiva determinada pela r. sentença implica em igualar todas as sócias. Todas teriam seus patrimônios atingidos. Mas o fundamento invocado — desconsideração da personalidade jurídica — não conduz a esse resultado.

A desconsideração destina-se, como não poderia deixar de ser, a alcançar os bens do controlador da sociedade, e não o dos sócios, indistintamente. A não ser que tenham eles atuado em *consilium fraudis*, mas aí a conduta fraudulenta ensejará a anulação do negócio jurídico, e não a desconsideração da personalidade jurídica. Incisiva, a propósito, a lição de Fábio Konder Comparato: "Um dado, porém, é certo. Essa desconsideração da personalidade jurídica é sempre feita em função do poder de controle societário. É este o elemento fundamental, que acaba predominando sobre a consideração da pessoa jurídica, como ente distinto dos seus componentes".[20]

Ora, na conceituação legal, controlador é quem seja "titular de direitos de sócio que lhe assegurem, de modo permanente, a maioria dos votos nas deliberações da assembléia geral e o poder de eleger a maioria dos administradores da companhia" e, além disso, "usa efetivamente seu poder para dirigir as atividades sociais e orientar o funcionamento dos órgãos da companhia".[21]

Como se percebe desde logo, não é em toda sociedade empresária que aparece a figura do controlador, de alguém cuja vontade prevaleça sobre a dos outros sócios e determine os rumos sociais. Basta que se pense numa sociedade formada por dois sócios, com iguais participações no capital. Qual deles será o controlador? Nenhum deles: as deliberações sociais dependerão do consenso entre ambos.

Em relação à falida também não se pode falar em sócio controlador. O capital social da falida é dividido em três partes iguais, atribuídas igualitariamente a cada uma das sócias. Nenhuma delas é controladora.

Daí resulta que, não se podendo falar, no caso dos autos, em sócia controladora, não se tem a quem imputar, pela desconsideração da personalidade jurídica da sociedade, responsabilidade pelas obrigações sociais. Não será, pois, com fundamento na chamada *disregard doctrine* que se poderá atingir o patrimônio pessoal das sócias.

10.3 A r. decisão de primeiro grau fundou-se, precipuamente, na ocorrência de fraude. A denegação das liminares, nos agravos interpostos, seguiu, basicamente, o mesmo rumo. Cabem algumas observações a respeito.

A primeira é a de que, ao optar-se pela fraude como fundamento para a descon-

18. Código Civil, art. 264.
19. Código Civil, art. 942, segunda parte.
20. Ob. cit., n. 110, p. 284.
21. Lei das Sociedades por Ações, art. 116.

sideração, a r. decisão pôs de lado o critério objetivo (baseado na confusão patrimonial) e, com isso, assumiu as peculiaridades e características próprias da vertente subjetivista. Assim é que não somente deveria demonstrar cumpridamente a existência de fraude, como também ser prolatada em ação específica, na qual fossem anulados os negócios jurídicos ensejadores da desconsideração.

Nenhum dos requisitos acima apontados foi preenchido. De um lado, é suficiente salientar que a r. decisão funda-se em *indícios*. Refere-se, literalmente, a "indícios da alegada fraude" e a "indícios de favorecimentos nos negócios realizados com os sócios", ambos presentes no laudo pericial contábil que instruiu o inquérito judicial. Ora, não se pode, com apoio simplesmente em indícios, imputar a alguém o cometimento de negócio fraudulento.

O segundo pressuposto também está ausente. Já foi visto que a r. decisão foi prolatada nos autos da falência, e não em ação autônoma, em processo de conhecimento. A via eleita seria a adequada unicamente se tratasse de desconsideração fundada em confusão patrimonial, o que não foi o caso.

Cumpre ainda anotar que os precedentes invocados pelas r. decisões denegatórias das liminares nos agravos não se afeiçoam à hipótese ora em exame. No primeiro deles (agravo de instrumento 130.814-4) consignou-se no corpo do v. acórdão a existência de "veementes indícios de fraude e de atos ilícitos", até porque as empresas "passaram a ser uma só" (o que faz supor tenham se confundido seus patrimônios, o que seria motivo para a desconsideração das personalidades). Nada disso aconteceu na hipótese em tela, bastando lembrar que a individualidade das sócias e da falida foi aqui preservada.

O segundo precedente citado é o REsp 63.652-SP, no qual se cuidou de duas sociedades que, na verdade, correspondiam a uma só pessoa jurídica (evidenciando a confusão patrimonial), "constituída com o escopo de fraudar credores". Na espécie destes autos, o fundamento da desconsideração foi bem outro, como se viu.

10.4 Assinale-se, mais, que a r. decisão agravada, além de ter sido proferida nos autos da falência, e não em processo de conhecimento, também não sucedeu a uma ampla produção de provas, como seria de se esperar, principalmente em tema de tanta repercussão para a vida das sociedades alcançadas. Houve, é certo, possibilidade de manifestações a respeito (da credora requerente, da falida, do n. Síndico, do Ministério Público). Não se facultou, contudo, aos interessados a produção de prova específica.

Nem se diga que, para isto serve, como prova emprestada, a perícia contábil apresentada no início do inquérito judicial. Não serve. E isto porque, antes de mais nada, cuida-se de peça produzida em procedimento de natureza inquisitiva, destinado a servir de apoio à eventual propositura de ação penal falimentar. E, segundo, porque, conforme noticiado na falência, o processo instaurado extinguiu-se, sendo arquivados os autos.

10.5 Também desperta a atenção do observador a circunstância de que a r. decisão foi proferida sem que tivessem tido oportunidade de intervenção as pessoas por ela atingidas. Nenhuma das três sócias foi convidada a manifestar-se nos autos. E isto apesar de se postular a sujeição dos patrimônios de cada uma delas aos efeitos da falência!

Foram, não se pode afastar a conclusão, infringidos os princípios constitucionais do contraditório, da ampla defesa, e do devido processo legal.[22]

Por outro lado, dar a palavra à falida não significa que as sócias desta tenham tido oportunidade de manifestação. A começar que são pessoas distintas, inconfundíveis. E, embora sendo sócias, tendo, pois, um

22. Constituição Federal, art. 5º, LIV e LV.

interesse comum na sociedade, não deixam de ter e de perseguir seus próprios interesses sociais, o que deve ser respeitado. Não será demais repisar: os patrimônios atingidos foram os seus, pela r. decisão (o da falida já havia sido, pelo decreto de quebra).

10.6 Um último ponto a salientar diz respeito ao arresto decretado. Desde logo, registre-se que o instituto da falência tem, para a constrição dos bens, um meio específico, o da arrecadação. Note-se, a propósito, que a arrecadação é equiparável ao arresto (tanto que uma e outra ensejam, quando for o caso, a oposição de embargos de terceiro[23]).

Na falência, vale recordar, há, desde logo, como efeito imediato da quebra, o "penhoramento abstrato" (a expressão é de Pontes de Miranda) de todos os bens do falido,[24] sendo nulos a partir do decreto falimentar todos os negócios praticados pelo devedor a eles referentes.[25] E, mais do que isso, esses mesmos bens, já penhorados abstratamente, devem ser arrecadados na falência. Não se fazia necessário, portanto, o arresto, para atingir concretamente os bens das sócias da falida.

Cabe acrescentar que o arresto, para ser determinado, pressupõe o atendimento de requisitos legais, ausentes no caso dos autos. Assim é que o art. 813, II, do Código de Processo Civil, ao dispor acerca do arresto, estabelece que este tem lugar quando o devedor com domicílio certo ausenta-se ou tenta ausentar-se, aliena ou tenta alienar bens etc. O elenco não se aplica às sócias da falida (que, para efeitos do previsto no dispositivo, corresponderiam às *devedoras* a que se refere o texto legal).

E mais: em momento algum a r. decisão assevera ou sugere que as sócias da falida poderiam ter, em virtude da desconsideração, qualquer atitude prejudicial aos credores. Assim, também não estão presentes os requisitos genéricos exigíveis para a concessão de cautelar (o risco de dano e o perigo de demora). Quanto a este, não será demais anotar que a r. decisão foi prolatada cerca de oito anos após o decreto de falência. A simples menção ao lapso temporal decorrido afasta, de modo eloqüente, a presença do segundo requisito.

23. Código de Processo Civil, art. 1.046.
24. Cf. Lei de Falências, art. 39.
25. Lei de Falências, art. 40, § 1º.

Respostas aos quesitos

Passo a responder aos quesitos formulados pelos ilustres Consulentes.

À ***primeira indagação*** ("*Qual a composição societária da C. M.? Pode-se considerar alguma das sócias controladora da C. M.?*") respondo que a sociedade empresária C. M. Indústria e Comércio Ltda., hoje falida, é formada por três sócias, com igual participação no capital social (1/3 cada uma). Essas três sócias são as seguintes: G. Comércio e Serviços Ltda., F. do Brasil S/A e E. S/A Indústria e Comércio (sucessora de I. T. S/A).

Tendo em vista essa composição societária, pode-se afirmar, com absoluta segurança, que inexiste, na hipótese, cotista controladora. O controle depende de participação no capital apta a assegurar o predomínio nas deliberações sociais e a eleger a maioria dos administradores. Se todas são sócias em partes iguais, nenhuma delas pode isoladamente deter o controle.

A assertiva é relevante para o correto equacionamento da hipótese, na medida em que, sem um controlador (que seria o beneficiário das vantagens indevidas e o causador de prejuízo aos credores) não faz sentido desconsiderar a personalidade jurídica da sociedade. A técnica não existe para alcançar bens de terceiros em geral, mas, sim, para atingir o patrimônio daquele que serviu-se da personalidade para, resguardada sua esfera patrimonial, prejudicar credores. E esse resultado só pode ser conseguido por quem tenha o controle da sociedade. A imputação, por isso, deve restringir-se ao controlador.

À ***segunda indagação*** (*"As empresas sócias da C. M. foram intimadas para se manifestarem a respeito da desconsideração da personalidade jurídica? O fato da falida ter sido intimada e estar representada nos autos implica na desnecessidade da intimação de suas sócias sobre a referida desconsideração? Os princípios do devido processo legal e do contraditório foram atendidos no que tange às sócias da C. M.?*") respondo não terem tido as sócias da falida oportunidade de serem ouvidas sobre o pedido de desconsideração. Sem ouvi-las, não poderia ter sido prolatada decisão sobre matéria de interesse delas (a submissão de seus patrimônios aos efeitos da falência).

A omissão não é suprida pela intervenção da sociedade, que não se confunde, como sujeito de direitos e obrigações na ordem jurídica, com as sócias que a integram. Os interesses de cada uma são distintos entre si, e igualmente distinguem-se dos interesses da falida. A intimação das sócias era, portanto, indispensável, sob pena de invalidar-se a r. decisão.

A omissão é particularmente grave, uma vez que implicou em desrespeito aos princípios constitucionais do contraditório, da ampla defesa, e igualmente do devido processo legal. Quanto a este, cabe ressaltar que não somente não se ouviram as sócias da falida, mas também não se abriu oportunidade de regular produção de provas, nem se instaurou o processo adequado para o reconhecimento da desconsideração com fundamento em fraude.

À ***terceira indagação*** (*"Quais os requisitos necessários para a concessão do arresto? Isto foi observado na espécie?*") respondo que os requisitos exigíveis para o deferimento do arresto são os previstos no art. 813 do Código de Processo Civil. Todas as hipóteses aí enumeradas têm em comum o objetivo de impedir que o devedor venha a frustrar a execução, prejudicando seus credores.

Pode-se acrescentar que, de um modo genérico (uma vez que o arresto é medida cautelar *específica*), o procedimento aplica-se também aos casos em que "houver fundado receio de que uma parte, antes do julgamento da lide, cause ao direito da outra lesão grave e de difícil reparação".[26]

No caso concreto, o certo é que, além do arresto revelar-se desnecessário (porque surtiria o mesmo efeito determinar a arrecadação dos bens das sócias, meio específico de constrição previsto na Lei de Falências, e aplicável, por exemplo, à arrecadação dos bens particulares do sócio solidário[27]), nada existe que faça presumir a possibilidade de prejuízo aos credores, em decorrência da conduta das sócias da falida. Não se justificava, portanto, a concessão do arresto.

À ***quarta indagação*** (*"Contra quem foi instaurado o inquérito judicial na sempre mencionada falência?*") respondo que, da exposição do n. Síndico[28] consta referências aos representantes legais da falida, tendo sido a ação penal falimentar movida contra os membros do Conselho de Administração e três diretores da sociedade. Não será demais acrescentar, visando melhor esclarecer os pontos objeto deste Parecer, que a defesa no inquérito judicial foi apresentada pela falida, uma vez que, segundo se alegou, o Síndico não indicou os responsáveis nem os dispositivos penais aplicáveis. As sócias da falida não foram intimadas a participar do procedimento.

À ***quinta indagação*** (*"Os simples indícios de fraude apontados no laudo pericial contábil apresentado no inquérito judicial instaurado na falência da C. M. foram apurados no curso daquele feito? Tais indícios seriam suficientes para a aplicação da teoria mencionada?*") respondo

26. Código de Processo Civil, art. 798.
27. Lei de Falências, art. 71.
28. Cf. Lei de Falências, art. 103.

negativamente. Em primeiro lugar, tanto no inquérito judicial — que, por sua qualidade de peça informativa destinada a servir de base à eventual propositura de ação penal falimentar, não poderia mesmo conter prova concludente, respaldada por pronunciamento jurisdicional — quanto no processo criminal que se lhe seguiu, não se apurou a efetiva ocorrência de fraude. Quanto à ação penal, cumpre notar que esta se acha extinta e arquivados os autos.

Esses indícios de fraude (quem assim os qualificou foi a própria MM. Juíza *a quo*) não poderiam servir para a aplicação da teoria da desconsideração da personalidade, mesmo em se admitindo que esta possa fundar-se em negócio fraudulento, o que é questionável. O reconhecimento da fraude deve decorrer de um juízo de valor formado com base em provas sólidas, e não em meros indícios. Observe-se que a fraude está sempre ligada ao disfarce, ao engodo, ao engano, de modo que, para descobrir-se a verdade dos fatos é preciso afastar toda uma camada que a encobre. Não é tarefa fácil, exigindo, do aplicador da lei, cautela em dobro, somente viável com o uso de elementos de convicção seguros, descartando-se os simples indícios.

À ***sexta indagação*** (*"Em que consiste a teoria da desconsideração da personalidade jurídica e quais os requisitos fundamentais para sua aplicação?"*) respondo que a *disregard doctrine* consiste, basicamente, numa técnica jurídica de afastamento da personalidade quando esta tiver sido utilizada para função diversa daquela para a qual foi instituída. Um dos atributos fundamentais da personalidade jurídica é a separação patrimonial, uma vez que as pessoas jurídicas têm seus próprios patrimônios, distintos dos de seus integrantes. Ocorre que se pode fazer mal uso da personalidade jurídica, pondo esta como escudo para impedir o acesso dos credores ao patrimônio pessoal do efetivo responsável pela obrigação, formalmente assumida pela sociedade. Afastando-se a personalidade jurídica desta, é possível alcançar o patrimônio individual do efetivo responsável.

Para que se aplique a desconsideração da personalidade jurídica há dois critérios fundamentais, um baseado na fraude e outro na confusão patrimonial. No primeiro caso é preciso, obviamente, comprovar-se a fraude. No segundo, mais adequado não somente porque objetivamente constatável, mas, também, porque se examina o negócio no plano da eficácia, prescinde-se da análise da ocorrência de fraude. Havendo confusão patrimonial, desconsidera-se a personalidade jurídica.

Na segunda hipótese, além do requisito objetivo da comprovação de confusão patrimonial, cumpre perquirir também se houve prejuízo a credores, e se o beneficiário é o controlador da sociedade.

À ***sétima indagação*** (*"Para sua aplicação em um processo falimentar, de forma a estender os efeitos da falência para a pessoa dos sócios, quais os procedimentos a serem observados?"*) respondo que os procedimentos variam, conforme a orientação que se adotar quanto à fundamentação.

Quando a desconsideração tiver por base a fraude, o reconhecimento desta depende de sentença a ser prolatada em processo de conhecimento. Desse modo, o negócio fraudulento será anulado. Não se pode, por simples decisão interlocutória, prolatada no processo em que se noticiou a ocorrência de fraude, determinar a desconsideração da personalidade jurídica. Cabe ainda notar que, sem o ajuizamento de ação específica, não seria possível aos litigantes exercitar seus direitos processuais constitucionais, em especial os referentes ao devido processo legal e à ampla produção de provas.

A solução será mais simples quando se tratar de confusão patrimonial. Aqui, não será necessária a propositura de processo específico, uma vez que dela não depende a sanção cabível (ineficácia relativa do negócio), a qual pode ser imposta pelo juiz no bojo dos autos em que a situação tiver sido comprovada. O pronunciamento judicial pode dar-se, conseqüentemente, por decisão interlocutória.

À **oitava indagação** ("*Esses princípios foram observados na falência da C. M.?*") também respondo negativamente. É que a r. decisão optou por fundar-se na fraude, de modo que seria exigível a propositura de demanda específica, não sendo viável, nesse caso, desconsiderar-se a personalidade jurídica por simples decisão interlocutória.

Por outro lado, cumpre relembrar que as sócias da falida não tiveram oportunidade de se manifestar a respeito do pedido de desconsideração.

À **nona indagação** ("*O fato das sócias serem credoras da falida, por mútuo, poderia ser considerado um benefício em detrimento dos demais credores e poderia constituir fundamento para a desconsideração da personalidade jurídica?*") respondo que as sócias, ao habilitarem-se como quirografárias, estão se pondo na mesma posição dos credores sem garantia, em absoluta igualdade com eles.[29] Não se pode dizer que estejam com isso prejudicando os credores, nem se pode exigir delas que deixem de pretender receber seus créditos. Se o fizessem, estariam descumprindo o dever legal de agir no interesse da empresa, ao praticar ato de liberalidade às custas da companhia, o que é vedado expressamente pela Lei das Sociedades por Ações.[30] Mesmo em se tratando de empresa coligada, não pode esta ser favorecida em prejuízo da companhia.[31]

Do exposto se infere que não podem esses empréstimos feitos à hoje falida servir de base à desconsideração da personalidade jurídica desta. Daí não decorreram prejuízos aos credores, os quais, pelo contrário, puderam continuar negociando com uma empresa ainda em atividade e que, não fora esses socorros financeiros, provavelmente teria quebrado antes. Sem prejuízo aos credores, sem sócio controlador beneficiado, sem fraude, e sem confusão patrimonial, não há como enxergar-se na hipótese motivo para aplicar a teoria da desconsideração.

À **décima indagação** ("*Eventual má administração da empresa configuraria fundamento para a desconsideração da personalidade jurídica?*") respondo que não. Pela administração da companhia são responsáveis seus administradores (diretores e conselheiros de administração). Note-se, a propósito, que, nos termos do art. 153 da Lei das S/A, "o administrador da companhia deve empregar, no exercício de suas funções, o cuidado e diligência que todo homem ativo e probo costuma empregar na administração dos seus próprios negócios".[32] Não o fazendo, responde pelos danos advindos de suas ações e omissões.

29. Cumpre notar que, no caso *Arnold vs. Phillips* (narrado por Comparato, in ob. cit., n. 136, p. 345), o controlador, tendo feito empréstimos com garantia real à companhia, que havia sido constituída com capital evidentemente reduzido para o vulto das operações contratadas, procurou receber seu crédito quando a empresa se tornou insolvente, arrematando em leilão a fábrica, o que obviamente prejudicava os credores. Na falência da companhia, a execução foi julgada ineficaz, e determinado ao controlador que concorresse na quebra como simples credor quirografário. E isto, é claro, porque, nessa qualidade, não estaria ele prejudicando a coletividade de credores.

30. Cf. art. 154, § 2º, *a*.

31. Lei das Sociedades por Ações, art. 245.

32. O legislador, nesse ponto, deveria ter ido mais adiante, e feito uso da expressão adotada pelo direito alemão: "dirigente de empresa consciencioso" [AktG § 93 (1)], ao invés de repetir a tradicional fórmula romana do *vir diligens ac probus*, que o velho Código Comercial do Império já havia substituído pela referência ao "comerciante ativo e probo" (v. art. 142). Cf., sobre o tema, Paulo Fernando Campos Salles de Toledo, *O Conselho de Administração na Sociedade Anônima*, 2ª ed., São Paulo, Atlas, 1999, n. 2.6.1, pp. 54-55.

Não seria demais enfatizar que, por motivo da má administração da sociedade empresária, não há como desconsiderar sua personalidade jurídica para atingir o patrimônio de seu controlador. Não estão aí presentes as hipóteses abrangidas pela teoria da desconsideração.

E, finalmente, à ***décima primeira indagação*** ("*Face a todo o exposto, foi correta a decisão objeto desta Consulta ou merece reforma?*") sou obrigado a indicar, em resposta, a segunda alternativa. A r. decisão efetivamente merece ser reformada, pois:

a) adotou como fundamento a fraude, quando deveria ter examinado a hipótese sob o prisma da confusão patrimonial, caso em que seria certamente indeferido o pleito de desconsideração da personalidade jurídica;

b) tendo acolhido o critério subjetivo, deveria ter remetido as partes para as vias próprias, já que somente por meio de ação específica poder-se-ia anular o negócio fraudulento e desconsiderar a personalidade jurídica;

c) por igual motivo, não poderia a questão ser dirimida por decisão interlocutória, sendo exigível a prolação de sentença em processo de conhecimento;

d) de qualquer maneira, a discussão da matéria não poderia deixar de ter sido ampla, nem poderiam ter sido omitidas as oportunidades de manifestação das sócias da falida;

e) caso fosse possível admitir a desconsideração, esta somente poderia atingir o patrimônio da controladora, qualificação não aplicável a nenhuma das sócias da falida, o que afasta de vez a incidência da teoria em tela no caso dos autos.

São Paulo, 21 de agosto de 2003.

Nota Bibliográfica

CURSO DE DIREITO COMERCIAL, volume 1, de Haroldo Malheiros Duclerc Verçosa*

MARCOS PAULO DE ALMEIDA SALLES

No exato momento em que a passagem do milênio pareceria não trazer qualquer "grande novidade", vemos, ao contrário, que figuras jurídicas tradicionais do século XIX que percolaram por todo o século XX, não estão mais a produzir pleno efeito no limiar de século XXI.

Como se vê da história do Barão de Mauá, capitulada por Jorge Caldeira,[1] soluções inteligentemente improvisadas pelos comerciantes nem sempre levam ao sucesso e nem necessariamente evitam a quebra. A "banca rota" das feiras da Idade Média, continuam a ecoar na análise que se faz da legislação falimentar, especialmente voltada à preservação da atividade do então comerciante, hoje empresário, que desde o seu aparecimento no mundo do profissionalismo, mereceu tratamento específico e organizadamente protetivo, ao contrário do elenco de obrigações assumidas individualmente, no mundo civil, que sempre nos levam à execução em *capitis diminutio* do Direito Romano, apesar dos impedimentos ao falido.

A autonomia do Direito Comercial sempre esteve a merecer o tratamento enclausurado no consuetudinário que lhe é próprio, pois se regra por normas relativas ao comportamento recíproco que os pares entendem necessário à prática da atividade econômica organizada.

Fácil de compreender, porém, difícil de ministrar, são esses elementos que compõem o edifício estruturador de todo um ramo do direito que se ocupa de tráfico, elevado à categoria de produção para a satisfação dos desejos humanos, por meio da cadeia de fornecimento que se especializa na atividade satisfativa do consumo.

Impulsiona-se o processo produtivo por meio do estímulo à esperança, à expectativa de que venha a haver infinitos desejos a serem satisfeitos, de modo a banalizar a disputa pela oferta, à vista da outra margem de mercado, qual seja a dos portadores de infinitas necessidades insatisfeitas, ou melhor, por satisfazer.

Nos paradigmas do século XX vamos encontrar a formação do contrato por meio do consentimento por adesão de uma das partes às condições pré-dispostas pela outra, sem o critério histórico da pré-pactuação recíproca dessas mesmas condições, colocando o aderente em postura vulnerável em relação ao ofertante.

Segue-se, assim, a ordem pública a regular o comportamento da comunidade no atingimento às duas margens do caudaloso "rio mercado", para cujas margens se

* São Paulo, Malheiros Editores, 2004.

1. Jorge Caldeira, *Mauá, Empresário de Império*, São Paulo, Cia. das Letras, 1995.

dirigem tanto os membros da cadeia produtiva a modelar concorrencialmente a oferta, como, do outro lado, se aproximam os infinitos representantes das demandas.

Com vistas a mergulhar nesse rio, partindo de margens que não são plácidas, constrói-se toda uma doutrina destinada à visão dos caminhos a percorrer, no reunir os fatores de produção, para desenvolver-se toda uma "atividade econômica organizada para a produção de bens ou serviços" voltada àquele procedimento satisfativo.

Este é o mote do trabalho que envolve os professores e os alunos do histórico Direito Comercial. Mote este que se vê profunda e amplamente desenvolvendo, no plano geral do *Curso de Direito Comercial*, que o ilustre Professor Haroldo Malheiros Duclerc Verçosa se propôs a ofertar aos estudantes e estudiosos da matéria, com seus óculos voltados para o século XXI.

Recebe o público neste momento, que ansioso já estava, o 1º volume dos dez planejados, que consagra a "Teoria Geral do Direito Comercial e das Atividades Empresarias Mercantis", juntamente com a "Introdução à Teoria Geral da Concorrência e dos Bens Imateriais". A oferta ao leitor, permite-lhe abrir os horizontes para o terreno em que pretende o ilustre autor trafegar, ganhando, por meio da clareza na exposição e da qualidade nas informações, a fixação do leitor no texto, sempre curioso do que virá mais à frente, tornando, assim, a leitura prazerosa e profícua.

Não descuida o autor da atualidade representada pelo desenvolvimento atingido pela humanidade no albor do século XXI, a que já nos referimos, pelo respeito que dedica aos alunos, permitindo-lhes, com a humildade própria do didata, vejam-no atualizado por meio da rede informatizada. Como acentua o Professor Luiz Gastão Paes de Barros Leães em seu prefácio à obra "uma sociedade sujeita a rápida e constante modificação induz a transformações constantes do Direito positivo as quais tornam imediatamente superados textos legislativos elaborados em regime às vezes muito próximo. Comprometendo-se a conservar o *Curso* atualizado e franqueando ao leitor o acesso a essa atualização, o estudante não corre o risco do anacronismo".

Temos a certeza de que não somente aos alunos a obra trará conforto, mas, principalmente, aos professores, colegas que dela virão a fazer uso constante no preparo de suas preleções e conferências, pois, neste repositório permanentemente atualizado, encontrarão farto material pedagógico. A subdivisão proposta para os capítulos imprime satisfatório nível de detalhamento, traduzindo a preocupação do autor em ser preciso na construção do edifício a que se propôs.

Membro do grupo de discípulos que, assim como nós, iniciaram sua vida pós-acadêmica reconhecidos pelo saudoso Professor Oscar Barreto Filho, Haroldo Verçosa aprimorou-se no estudo e no ensino do Direito Comercial, adquirindo seus conhecimentos na estrutura do mais completo microssistema jurídico de normas específicas que compõe o Direito brasileiro, qual seja, o Sistema Financeiro Nacional, parte especial das normas constitucionais abrangidas pelo Título *Da Ordem Econômica e Financeira*.

Cuidadoso em todas as suas preocupações com o mais respeitoso acolhimento ao leitor, em especial aos estudantes, o Professor Verçosa, sem dúvida, preenche a lacuna que já se estava a criar neste início do milênio com esta obra que merece ser lida e merecerá ser colecionada para muitas consultas.

Nota Bibliográfica

TÍTULOS DE CRÉDITO

Teoria Geral e Títulos Atípicos em face do Novo Código Civil (Análise dos Arts. 887 e 903): Títulos de Crédito Eletrônicos (Alcance e Efeitos do Art. 889, 3º e Legislação Complementar),

de Mauro Rodrigues Penteado (coordenador)*

MARCOS PAULO DE ALMEIDA SALLES

Já não é de hoje que o ilustre Professor Mauro Rodrigues Penteado organiza os seus Cursos de Pós-Graduação na tradicional escola do Largo de São Francisco, de modo a permitir seja, ao seu término, elaborada uma coletânea de trabalhos com vistas ao aprofundamento cientifico do tema então escolhido.

Desta feita, porém, sua Excia. ultrapassou as expectativas ao proporcionar ao mundo jurídico um instante de profunda meditação com a amplitude que foi dada à recente publicação *Títulos de Crédito*, da Editora Walmar, em que os autores por ele coordenados se esmeraram em tratar de analisar a teoria geral do instituto, à luz do novo Código Civil, com vistas à atipicidade nele contida, assim como por ele ampliada para os títulos eletrônicos, ricos em legislação complementar.

Retorna à minha memória a presença de Antonio Mercado Júnior nas reuniões do "Instituto Brasileiro de Direito Comercial Comparado e Biblioteca Tullio Ascarelli", quando aquele profundo conhecedor do Decreto 2.044, de 1908, que regulava a matéria dos títulos de créditos no sistema jurídico brasileiro, debatia com o saudoso Professor Mauro Brandão Lopes este capítulo do projeto do Código Civil, quando de sua autoria, devido não só ao aparecimento destas novas figuras, como também frente à oportuna homologação pelo Brasil, por meio do Decreto 57.663/1966, da Lei Uniforme de Genebra.

Estes fatos trouxeram à lume a organização que o Professor Mauro Brandão Lopes houvera dado ao Capítulo dos Títulos de Crédito, no então projeto do novo Código, com vista a dar amplitude à visão que lhe dava o saudoso Professor, a respeito da possibilidade de previsão legal para a criação e emissão de títulos de crédito, não necessariamente adrede tipificados, mas tão-somente admitidos pela lei, matéria que implicou em acalorados debates.

Mais tarde, ainda nas mesmas tertúlias acadêmicas, passa a ser alvo da curiosidade científica a rápida evolução tecnológica da eletrônica, que passou a permear o mundo empresarial brasileiro, pondo em risco a eficiência da duplicata, título de crédito que se tornou o exemplo clássico de uma viável atipicidade, regulada pela Lei 5.474/1968, especialmente para o sistema jurídico brasileiro. Nessa época, inspirado

* São Paulo, Editora Walmar, 2004.

em Michael Vasseur, o Professor Newton de Lucca, que já tratara da teoria dos títulos de crédito, avalia os efeitos da *lettre de change rélévé*, em "a cambial extrato".

A aparente e insólita demora na promulgação do Código Civil de 2002 deu ensejo, no mundo jurídico, a esses e outros estudos sobre figuras que pairavam na vontade de projetistas e legisladores, levando a doutrina a aprimorar, com seu elevado espírito crítico, o teor científico que merecem, especialmente na regência autônoma do Direito Comercial, as figuras que decorrem dos frutos da prática mercantil e empresarial.

Tenho certeza de que o leitor, assim como eu, encontrará nas páginas desta obra não apenas a dedicatória que Mauro Rodrigues Penteado exprimiu em suas "notas prévias" mas, e principalmente, a dedicação que ele colocou em toda a sua ordenação e posterior coordenação, em harmonia com os seus colaboradores, mais que alunos, desse Curso de Pós-Graduação dedicado à figura dos títulos de crédito.

Merece ser relembrada a "exposição complementar do Professor Mauro Brandão Lopes" a respeito de observações sobre o Livro I, Título VIII — *Dos Títulos de Crédito* — que veio compondo toda a exposição de motivos do Anteprojeto do Código Civil em 1973, quando tratava dos negócios unilaterais no referido Livro I, "Pode parecer a crítico desavisado que, com esse arranjo abandona o Anteprojeto a posição doutrinária segundo a qual a natureza da obrigação no título de crédito é a declaração unilateral de vontade do subscritor. Não foi essa manifestamente a intenção do Anteprojeto; a teoria da declaração unilateral de vontade, já consagrada no Decreto n. 2.044, está reafirmada nas Convenções de Genebra e é hoje pacífica. A remoção da parte relativa aos títulos de crédito para um Título a parte do Livro I têm outra razão; o tema é de tal modo importante que merece tratamento isolado".

Com esta colocação, relembra o saudoso Professor, que este tratamento explicitamente voltado àquela figura jurídica de que tão bem tratara Ascarelli na Teoria Geral, estava inclusive a merecer ampliações com a presença da "porta aberta às necessidades econômicas e jurídicas do futuro", que estão a representar os títulos de crédito inominados, como podemos apreciar na obra sob comentário quando (à fl. 359) trata do art. 903, sobre as "premissas estruturais do projeto".

Outro importantíssimo estudo que a obra nos apresenta é aquele referente aos títulos de crédito eletrônicos, em que se busca apreciar comparativa e isoladamente se há consistência ou deformação dos caracteres básicos dos elementos elencados pela teoria geral em títulos de crédito. Neste aspecto pareceu-nos importante a alteração introduzida pela legislação no conceito de título de crédito postulado por Vivante, ao preferir atribuir-lhes a condição de continente do direito, ao invés de sua simples menção.

Pareceu-nos assim que a declaração unilateral de vontade aposta pelo emitente Professor, deu-lhe, no instante da criação, a incumbência de fazer o título conter o direito a ser exercitado, o que torna mais abrangente este fato constitutivo quando se vem de substituir a cartularidade pela literalidade eletrônica.

Os autores desta obra conjunta, coordenados pelo Professor Mauro Rodrigues Penteado, analisam os arts. 887 a 903 do Código Civil de 2002, dando especial ênfase ao art. 889, versando sobre a Teoria Geral e Títulos Atípicos e em especial Título de Crédito Eletrônicos. Como afirma aquele ilustre Professor nas notas introdutórias, sobre as novidades que revolucionam "a teoria e a prática dos negócios jurídicos e títulos de crédito, alterando radicalmente a disciplina geral da matéria entre nós, sobretudo ao portador (cuja suspensão atualmente parcial, não deixa de ser circunstancial), por conferir ampla tutela ao possuidor de boa-fé, em oposição ao que sucedia na vigência do Código revogado, pondo-o a salvo até mesmo da reivindicação de proprietário do título".

Ao titular os capítulos, sua Excia. deu-lhes, ao mesmo tempo, o caminho científico que merecem, e o mote necessário a despertar sobre eles o interesse de cada um de nós, seus leitores, recomendando-se, assim, não apenas a leitura deste trabalho, mas sua consulta permanente. Assim é de se salientar uma vez mais a amplitude e a profundidade da contribuição do ilustre Professor Coordenador, cuja modéstia fê-lo ubicar-se em ordem alfabética no elenco dos autores que tão bem soube coordenar, mas que a nosso ver merecia estar abrindo os trabalhos, dando-lhes a moldura sobre o gênero.[1]

1. Foi na primavera de 1933 que Carnelutti se deu conta de que "proprio la teoria dei titoli di credito è diventata, o dir poco, una specie di enigmistica nel campo del diritto", e é no outono de 2004 que Mauro Rodrigues Penteado procura dar mais um grande passo no desvendar desse enigma, com a publicação desta coletânea de trabalhos universitários sobre o tema, à luz da mais recente legislação (Francisco Carnelutti, *Teoria Giuridica della Cicolazione*, Pádua, CEDAM, 1933, p. VIII).

GRÁFICA PAYM
Tel. (011) 4392-3344
paym@terra.com.br

RDM 134

DOUTRINA: A OBRIGAÇÃO DE MELHORES ESFORÇOS (*BEST EFFORTS*) – Luiz Gastão Paes de Barros Leães • LINEAMENTOS DA REFORMA DO DIREITO SOCIETÁRIO ITALIANO EM MATÉRIA DE INVALIDADE DAS DELIBERAÇÕES ASSEMBLEARES – Erasmo Valladão A. e N. França • DESCONSIDERAÇÃO DA PERSONALIDADE JURÍDICA E GRUPOS DE SOCIEDADES – Eduardo Secchi Munhoz • ***ATUALIDADES:*** O AVAL, O CÓDIGO CIVIL E OS BANCOS – Werter R. Faria • INTERRUPÇÃO DA PRESCRIÇÃO PELO PROTESTO CAMBIAL – Vinícius Jose Marques Gontijo • A LEI DE SOCIEDADES ANÔNIMAS SOB A ÓTICA DOS PRINCÍPIOS CONSTITUCIONAIS – Norma Jonssen Parente • AS SOCIEDADES ANÔNIMAS E O *INTERIM MANAGEMENT* – Rodrigo R. Monteiro de Castro e Marcelo Knopfelmacher • NOTAS SOBRE AS SOCIEDADES FICTÍCIAS, OU DE FAVOR – José Inacio Ferraz de Almeida Prado Filho • UNA EXPERIENCIA COMPARADA RECIENTE: LA LEY CONCURSAL ESPAÑOLA – Javier Valle • PROPRIEDADE INDUSTRIAL E TRANSFERÊNCIA DE TECNOLOGIA NO DIREITO TRIBUTÁRIO BRASILEIRO – Heleno Taveira Tôrres • AS PARCERIAS PÚBLICO/PRIVADAS – João Luiz Coelho da Rocha • ALCA E UNIÃO EUROPÉIA: INTERESSES ESPECÍFICOS E GERAIS DA POLÍTICA ECONÔMICA BRASILEIRA – Frederico Augusto Monte Simionato • ARBITRAGEM NA CONCESSÃO DE SERVIÇOS PÚBLICOS. ARBITRABILIDADE OBJETIVA. CONFIDENCIALIDADE OU PUBLICIDADE PROCESSUAL? – Selma M. Ferreira Lemes • *RATING* E RISCO-PAÍS – Renato Sampaio Brígido • TELECOMUNICAÇÕES NO BRASIL: BALANÇO E PERSPECTIVAS – Umberto Celli Junior e Cláudia Silva de Santana • BANCO CENTRAL DO BRASIL – PROCEDIMENTOS DE REGISTRO DE INVESTIMENTOS ESTRANGEIROS DIRETOS – EMPRÉSTIMOS EXTERNOS – Thereza Maria Sarfert F. Montoro e Mariana Martins Ribeiro • ***ESPAÇO DISCENTE:*** A SOCIEDADE EM CONTA DE PARTICIPAÇÃO E OS CONTRATOS DE INVESTIMENTO COLETIVO: PARALELISMO E ASSIMETRIA – Flavio Augusto Picchi • ***JURISPRUDÊNCIA COMENTADA:*** INSTITUIÇÃO FINANCEIRA. RESPONSABILIDADE DE EX-ADMINISTRADOR POR OBRIGAÇÃO ASSUMIDA NA FASE DE LIQUIDAÇÃO ORDINÁRIA – Haroldo Malheiros Duclerc Verçosa • ***PARECERES:*** ARBITRABILIDADE SUBJETIVA. A COMPETÊNCIA DA ADMINISTRAÇÃO PARA A CELEBRAÇÃO DE CONVENÇÃO ARBITRAL – Luiz Gastão Paes de Barros Leães • A DESCONSIDERAÇÃO DA PERSONALIDADE JURÍDICA NA FALÊNCIA – Paulo Fernando Campos Salles de Toledo • ***NOTA BIBLIOGRÁFICA:*** *CURSO DE DIREITO COMERCIAL*, v. 1, de Haroldo Malheiros Duclerc Verçosa – Marcos Paulo de Almeida Salles • *TÍTULOS DE CRÉDITO. Teoria Geral e Títulos Atípicos em face do Novo Código Civil (Análise dos Arts. 887 e 903): Títulos de Crédito Eletrônicos (Alcance e Efeitos do Art. 889, 3ª e Legislação Complementar)*, de Mauro Rodrigues Penteado (coord.) – Marcos Paulo de Almeida Salles

MALHEIROS EDITORES